困學紀聞

四部備要

子部

中華書局據通行本校刊

桐鄉陸費逵總勘

杭縣高時顯
杭縣吳汝霖輯校

杭縣丁輔之監造

春王正月諸說
胡傳周未嘗
改月

衰矣天子不巡狩故曰迹熄不巡狩則太史不采風觀俗不采國風則詩亡矣春秋所以作也〔安溪李文貞公曰〕畿內之地亦有風謠雖兩周盛時豈能無風王朝卿士賢人閔時念亂雖既東之後豈盡無雅只可以正變分治亂不可以風雅分盛衰也觀二南體製不進於頌東遷後猶有魯頌況雅乎然西周不見所謂風東京亦無復雅者意畿內醇美之詩悉附於二南以爲正風而衰亂之音則別爲王風以爲變至雅之無東則序詩者失之也今觀所謂平王之孫齊侯之子赫赫宗周褒姒滅之周宗既滅今也日蹙國百里明是王畿有正風東遷有變雅之證況風詩是王者命太史采陳而行賞罰之典於春秋所取之義尤切奈何專以無雅爲詩亡〔常熟嚴氏虞惇讀詩質疑曰〕詩何以作爲王迹作也文武成康之盛無論矣幽厲失道板蕩無章然而流風遺澤故在也東遷而後齊晉主盟猶戴共主方漢雖横尚貢包茅忠臣義士抒憤懣之詞思婦勞人陳危苦之語雖非一軌於正然猶羣知有王迹未熄詩未亡也桓文既沒中國無霸於是郟鄏大鼎狡起於荆尸潙汭遺封下夷於九縣雖有志士仁人無所施忠言讜論無所用迹既熄詩既亡矣詩以刺譏諷諫存王迹於未湮春秋以筆削褒誅扶王迹於已墜春秋所以繼詩亡而作詩不亡春秋不作可也蓋自楚莊入陳殺徵舒而夫子刪詩止此矣是之謂詩亡〔又顧氏日知錄曰〕邶鄘衛王列國之名其始於成康之世乎惟周王撫萬邦巡侯甸而太師陳詩以觀民風其采於商之故都者則繫之邶鄘衛其采於東都者則繫之王王亦周初太師之本名其采於列國者則各繫之其國至驪山之禍先王之詩率已闕軼而孔子所錄者皆平王以後之詩此變風所由名也詩雖變而太師之本名則不敢變此十二國之所以猶存其舊也又曰二南也豳也大小雅也皆西周之詩也至於幽王而止惟何彼襛矣爲平王以後之詩其餘十二國風則東周之詩也王者之迹熄而詩亡西周之詩亡也詩亡而列國之事迹不可得而見於是晉之乘楚之檮杌魯之春秋出焉是之謂詩亡然後春秋作也周頌西周之詩也魯頌東周之詩也成康之世魯豈無詩而今亦已亡矣故曰詩亡列國之詩亡也其作於天子之邦者以雅以南以豳以頌則固未嘗亡也此論雖與諸說互異而足以互相證明

春王正月。程氏傳曰。周正月非春也。假天時以立義耳。胡氏傳曰。以夏時冠月。垂法後世。以周正

春秋名義左氏言時先經諸證夏時冠周月之非

紀事。亦無其位不敢自專朱文公謂以書考之凡書月皆不著時疑古史記事例如此至孔子作春秋然後以天時加王月以明上奉天時下正王朔之義而加春於建子之月則行夏時之義亦在其中。〔案〕以上朱子答張南軒書以程子假天時以立義考之則是夫子作春秋時特加此四字以繫年見行夏時之意如胡氏之說則周亦未嘗改月而夫子特以夏正建寅之月爲歲首月下所書之事是周正建子月事自是之後月與事常差兩月恐聖人制作不如是錯亂無章也劉質夫說似亦以春字爲夫子所加但魯史謂之春秋似元有此字。〔朱子答林擇之書云〕三代正朔以元祀十有二月考之則商人但以建丑之月爲歲首而不改月號以孟子七八月十一月十二月之說考之則周人以建子之月爲歲首而不改時以書一月戊午厥四月哉生明之類攷之則古史例不書時以程子假天時以立義考之云云〔又朱子答胡平一曰〕凡此之類反覆推說儘有可通

春秋字數
春秋謹嚴
學春秋爲切近法
用夷禮則夷之
史皇邪正相半
詩亡然後春秋作
詩春秋相表裏
楚詩夏南無中國
魯莊忘父讎婚齊

困學紀聞注卷十八

餘姚翁元圻載青輯

春秋〔元圻案〕〔李氏燾作謝疇春秋古經序曰〕司馬遷言春秋文成數萬張晏曰春秋才萬八千字誤也今細數之更缺一千四百二十八字　〔春秋說題辭曰〕孔子作春秋一萬八千字是張晏所本

春秋之法韓文公謹嚴二字盡之學春秋之法呂成公切近二字盡之〔元圻案〕〔韓退之進學解〕周誥殷盤佶屈聱牙春秋謹嚴左氏浮誇易奇而法詩正而葩　〔程子曰〕禮一失則爲夷狄再失則爲禽獸聖人恐人之入於禽獸也故春秋之法中國而用夷禮則夷之韓愈言春秋謹嚴深得其旨　〔呂成公左氏傳說十八論〕楚史皇之言半正半邪初間與子常說楚人惡子而好司馬數句便是李林甫盧杞一等人子常欲奔史皇曰安求其事難而逃之將何所入子必死之到得子常不用他言出奔鄭便自死於軍後面一段便是張巡顏杲卿一等人於是知大段奸僞底人尚自知恥畏義這箇人平日不會克私意於愛憎勝負之間消磨未盡前面教子常奪司馬之功致於亡楚看他後面死於軍本是箇知恥畏義底人緣他愛憎勝負之間不曾克私意論其罪考其實與李林甫盧杞罪一等可爲學者深戒何況未有史皇之畏義於愛憎勝負安得不十分消磨學須是切近看這般事方會長進

詩亡然後春秋作詩春秋相表裏詩之所刺春秋之所貶也小雅盡廢有宣王焉春秋可以無作也王風不復雅君子絕望於平王矣然雅亡而風未亡清議蓋凜凜焉擊鼓之詩以從孫子仲

爲怨則亂賊之黨猶未盛也無衣之詩待天子之命然後安則篡奪之惡猶有懼也更齊宋晉秦之伯未嘗無詩禮義之維持人心如此魯有頌而周益衰變風終于陳靈而詩遂亡夏南之亂諸侯不討而楚討之中國爲無人矣春秋所爲作與〔何云〕精義先儒所未逮　〔全云〕此亦是儒者之言聖人未必即是此意魯莊公忘父讎與齊爲婚尚何責於諸侯之不討夏南○〔元圻案〕〔衛風小序〕擊鼓怨州吁也衛州吁用兵暴亂使公孫文仲將而平陳與宋國人怨其勇而無禮也　〔公是先生弟子記〕〔無衣之詩其惠足以得民其智足以使臣其力足以兼國然而不自安也待天子之命然後安　〔鄭康成詩譜序曰〕孔子錄懿王夷王時詩訖於陳靈公淫亂之事謂之變風變雅〔正義曰〕陳靈公魯宣公十年爲其臣夏徵舒所弒變風齊邶爲先陳最在後變雅則處其間故鄭舉其終始也　宣公十年陳夏徵舒弒其君平國十一年楚人殺陳夏徵舒　〔孫氏復春秋發微曰〕言楚人者與楚討也徵舒弒君天子不能誅諸侯不能討而楚人能之故孔子與楚討也〔胡氏傳曰〕其稱楚人殺夏徵舒諸夏之罪自見矣　〔汪氏師韓韓門綴學一〕王迹熄而詩亡趙氏以頌聲不作爲亡朱子以無雅爲亡考范寧穀梁傳集解序曰就太師而正雅頌因魯史而作春秋列黍離於國風齊王德於邦君所以明其不能復雅政化不足以被羣后也陸德明謂平王東遷政遂微弱詩不能復雅下列稱風孔穎達謂王爵雖在政教纔行於畿內化之所及與諸侯相似也風雅繫政廣狹王爵雖尊猶以政狹入風然則降王於國風而雅亡其說固不自朱子始矣然雖無雅猶有風也且政衰何以謂之迹熄乎呂成公謂雅亡而風未亡清議猶懍懍焉變風終於陳靈而詩遂亡陸清獻嘗取其說而言之不詳余於近代儒者得數說焉〔桐城方氏中履古今釋疑曰〕大一統之禮莫大乎巡狩述職之典今周

亦儘有可難雖嘗遍問前輩亦未有決然不可移之說竊謂與其求必通而陷於鑿似不若闕之之爲愈見文集五十八

石林葉氏〔全云〕葉夢得著春秋三種考左傳祭足取麥穀鄧來朝以爲經傳所記有例差兩月者是經用周正而傳取國史有自用夏正者失於更改也〔劉原父曰〕穀鄧經書夏朝傳云春朝此傳所據者以夏正記事也石林之說蓋本於此陳氏後傳〔全云〕止齋作曰以夏時冠周月則魯史也夫子修春秋每孟月書時以見魯史每正月書王以存周正蓋尊周而罪魯也張氏〔全云〕清江張洽朱子弟子集傳曰周官布治言正月之吉此周正也而以夏正爲正歲詩七月言月皆夏時而以周正爲一之日可見兼存之法〔朱子答呂晦叔書曰〕詩中月數又似不曾改如四月維夏六月徂暑之類故某向者疑其並行也沙隨程氏曰周正之春包子丑寅月呂成公講義於春字略焉蓋闕疑之意〔閻按〕春秋魯史記之名孔子前已然年有四時不可偏舉四字以爲書號故交錯互舉取春秋二字耳此豈春秋特筆哉〇〔元圻案〕石林春秋攷已佚四庫全書從永樂大典裒輯得十之七八其統論二云左氏記事大抵先經一時如隱書冬宋人取長葛左氏以爲

秋桓書夏穀伯綏來朝鄧侯吾離來朝左氏以爲春僖五年春晉侯殺申生左氏傳于四年十二月十年正月晉里克弑卓及荀息左氏記于九年十一月等疑皆從舊史之文舊史之序時亦皆本於夏正蓋旣以正歲爲歲首則時有不得亂時不得亂則月亦不得易春秋所以易之者蓋編年以繫事而正朔王法之所謹不得不本周正也 〔陳止齋春秋後傳〕隱元年春王正月傳曰魯謂之春秋者其書法以四時冠月也以夏時冠周月非周之舊典也西周之史言時皆夏時也言月皆周月也言時皆夏時於周官見之季春出火非周三月季秋納火非周九月仲夏斬陰木非周五月仲冬斬陽木非周十一月之類言月皆周月於書見之康誥三月召誥二月不言夏洛誥十二月不言春多方五月畢命六月不言秋伊訓十二月不言冬之類未有以夏時冠周月者也惟詩以夏正數月至豳風於周正月則變風謂之一之日以夏時冠周月則魯史也云云 〔張氏洽春秋集傳〕春王正月傳曰按胡氏以爲商周雖改正朔而實未嘗改月故有夏時冠周月之說今按周人改月之證見於書傳坦然明甚但以當時兼存夏正故於經傳之閒互見迭出後人因此或迷而不覺至胡氏又惑於商書之說臆決而爲此言耳其實非也何以言之周官于布治言正月之吉此周正也而以夏正爲正歲所謂正歲十有二月令斬冰此其證之尤章明者又如七月流火九月授衣此夏正也而以周之正月爲一之日觱此二者可以見其兼存之驗矣其兼存之何也周人雖以天統改用建子而以夏數之得天故未嘗廢而於因事當用之時每存之也 〔書錄解題春秋類〕春秋傳二卷伊川程子撰又春秋傳三十卷通例一卷通旨一卷徽猷閣待制建安胡安國康侯撰又春秋傳十二卷劉絢質夫撰二程門人其師亟稱之 劉質夫春秋傳程沙隨春秋傳張洽春秋集傳經義攷皆云已佚唯張洽集傳余近得抄本共二十六卷內缺十八至二十二二十三至二十六七卷 洽字元德清江人嘉定初進士歷官著作佐郎卒諡文憲

元年義取體仁

胡文定胡安國諡文定春秋傳曰。元卽仁也。仁人心也。龜山與胡康侯第六書謂其說似太支離。恐改元初無此意。〔原注〕東萊集解亦不取 〔全云〕文定之說固腐甚然頗淵源於漢志〇〔元圻案〕〔葉石林春秋傳曰〕易曰元者善之長也君子體仁足以長人未有始卽位而不求其爲仁者也故不曰一年而曰元年與

隱十年無正
隱不書即位

侵伐之數及
義例

胡傳意同〔董子對策〕曰一者萬物之所從始也元者辭之所謂大也謂一爲元者視大始而欲正本也〔羅氏泌路史餘論曰〕大哉乾元萬物資始此天之所爲用也至哉坤元萬物資生此地之所爲用也然則稱元者直欲其奉元以養物而成德亦所以示正本謹始而已矣蓋從董子〔漢書律歷志〕一元典歷始曰元傳曰元善之長也共養三德爲善又曰元體之長也合三體而爲之原故曰元

隱元年有正月。後十年皆無正月。陸淳曰。〔春秋集傳微旨卷二〕元年有正。言隱當立。而不行即位之禮。十年無正。譏隱合居其位。而不正以貽禍。〔元圻案〕〔書錄解題〕春秋集傳纂例十卷辨疑七卷唐給事中吳郡陸質伯淳撰初潤州丹陽主簿趙郡啖助叔佐明春秋傳洋州刺史河東趙匡伯循質從助及伯循傳其學質本名淳避憲宗諱改焉〔隱十一年穀梁傳曰〕隱十年無正隱不自正也元年有正所以正隱也陸氏之說本此〔葉石林傳曰〕隱何以不書即位將以治隱也隱受國於惠公則正私其志而欲以讓桓則不正其必曰是桓之位而非吾之所得居也故書正月以見正不書即位以治其不正不書非不即位也以爲有其位而不能居是以沒之以正其志也其說亦本穀梁

春秋書侵者才五十八。〔閻按〕胡傳以爲侵六十而書伐者至於二百一十三。蘇氏謂三傳侵伐之例非正也。有隙曰侵。有辭曰伐。愚謂孟子曰。春秋無義戰。非皆有辭而伐也。〔元圻案〕〔莊二十九年左傳曰〕凡師有鐘鼓曰伐無曰侵輕曰襲莊十年公羊傳曰觕者曰侵精者曰伐〔隱五年穀梁傳曰〕苞人民

古文卽位爲卽立輸平渝平、相通

毆牛馬曰侵斬樹木壞宮室曰伐〔東萊春秋集解取陸淳纂例趙子曰〕凡師稱罪致討曰伐無名行師曰侵之說〔王晳春秋皇綱論〕侵伐取滅篇亦取之〔石林葉氏傳曰〕聲其罪而討曰伐伐備鐘鼓不聲其罪而直討曰侵侵密聲有鐘鼓而不作罪大則伐小則侵賊賢害民則伐之負固不服則侵之大司馬之法也天子在上諸侯不得擅相討春秋之世征伐自諸侯出雖無適而不爲僭然其名則竊取之矣蓋兼取左氏趙氏之說似與孟子意合〔書錄解題〕春秋集傳十二卷蘇轍撰專本左氏不得已乃取二傳啖趙蓋以一時談經者不復信史或失事實故也

金石錄。鼎銘有云。王格大室卽立。按古器物銘凡言卽立。或言立中庭。〔案〕立中庭諸本皆作中立庭今從閣本皆當讀爲位。蓋古字假借。其說見鄭氏注儀禮。秦泰山刻石猶如此。〔案〕此皆趙明誠古鼎銘跋尾文在金石錄卷十二愚按周禮小宗伯掌建國之神位。此下疑脫鄭氏注三字故書位作立。鄭司農云。立讀爲位。古者立位同字。古文春秋經。公卽位爲公卽立。蓋古字通用。〔正義曰〕古文春秋者漢藝文志云春秋古經十二卷是此古文經所藏之書文帝除挾書之律此本然後行於世故稱古文詛楚文〔歐陽公集古錄〕秦誓巫咸文一作秦誓文今流俗謂之詛楚文變輸盟刺。卽渝字。朱文公引以證公穀。鄭人來輸平。卽左氏渝平也。〔原註〕

春秋筆削與文辭異游夏不能贊一辭

胡文定謂以物求平恐未必然〇〔元圻案〕〔惠氏九經古義〕聘禮及廟門公揖入立於中庭棟案立讀爲位〔史記周本紀云〕武王既入立於社南今周書克殷解文也案其文云王入即位于社是立字當作位也古鐘鼎文如周毛父敦銘及盄和鐘銘立字釋者皆訓爲位又周邾敦銘云毛伯內門立中庭周戠敦銘云蘇公入右戠立中庭北鄉韋宏嗣許叔重皆云列中庭之左右曰位明立字亦當作位釋者仍訓爲本字非也〔朱子語類〕鄭人來渝平渝變也蓋魯先與宋好鄭人卻來渝平謂變渝舊盟以從新好也公穀作輸平胡文定謂以物求平也恐不然但言輸則渝之意自在其中如秦詛楚文云變渝盟刺若字義則是如此其意則只是渝字也〔詛楚文〕見古文苑一其文曰楚王熊相庸回無道淫邪甚亂宣侈競從變渝盟刺〔韓元吉校本云〕渝石作輸變渝盟刺刺字不可解〔東坡詛楚文詩王注〕載詛楚文作變渝盟制當從之

史記孔子世家文辭有可與人共者至於爲春秋筆則筆削則削子夏之徒不能贊一辭〔案〕〔程子春秋傳序曰〕辭不待贊也言不能與於斯耳

曹子建與楊德祖書〔見文選四十二〕昔尼父之文辭與人通流至於制春秋游夏之徒乃不能措一辭李善注引史記曰子游子夏之徒不能贊一辭今本無子游二字〔元圻案〕〔孝經鉤命決曰〕孔子在庶德無所施功無所就志在春秋行在孝經以春秋屬商孝經屬參〔文選曹攄思友人詩注〕引論語崇爵讖曰子夏共操仲尼微言以當素王俱不及子游惟春秋說題辭曰孔子作春秋一萬八千字九月而書成以授游夏游夏之徒不能改一字與文選引史記同

十四人求周史記百二十國寶書

星霣如雨爲修後語棄取寶書得六十國春秋非魯專名

公羊疏按閔因敘云。昔孔子制春秋之義。使子夏等十四人求周史記。得百二十國寶書。〔原注〕今經止有五十餘國通戎夷宿潞之屬僅有六十〔閻案〕墨子曰吾見百國春秋〔莊七年傳云。不修春秋曰。雨星不及地尺而復。君子修之曰。星霣如雨。何氏曰。不修春秋。謂史記也。古者謂史記爲春秋。劉原父謂何休以不修春秋。百二十國寶書。三禮春秋。〔閻案〕三禮二字疑不可曉反覆窮思似是修爲二字質諸公羊傳疏頗合因自笑曰邢邵言日思誤書更是一適〔全云〕三禮二字當是三註謂其稿累易而成○案公羊傳首疏實作脩爲則閻氏之說爲有據　朱文公謂一一書不傳。不得聖人筆削之意。〔元圻案〕〔經義考〕閔氏因春秋敘佚按閔因未詳何時人徐氏公羊傳疏引之孔子得百二十國寶書其敘中之言也考春秋緯感精符考異郵說題辭咸有此文而徐氏獨據其敘或出於緯書之前未可定也〔徐彥疏曰〕周史而言寶書者寶者保也以其可世世傳保以爲戒也又問曰若然公羊之義據百二十國寶書以作春秋今經止有五十餘國通戎夷宿潞之屬僅有六十何言百二十國乎答曰其初求也實得百二十國史但有極美可以訓世有極惡可以戒俗者取之若不可爲法者皆棄而不錄是以止得六十國也〔史通六家篇曰〕汲冢瑣語記太丁時事爲夏殷春秋又有晉春秋記獻公十七年事〔國語云〕晉羊舌肸習於春秋〔左傳〕昭二年晉韓宣子來聘見魯春秋斯則春秋之目事匪一家〔又按竹書紀年〕其所記事皆與魯春秋同孟子曰晉之乘楚之檮杌而魯謂之春秋其實一也然則乘與紀年檮杌其皆春秋之別名者乎故墨子曰吾見百國春秋蓋皆指此也〔朱子

荆公不爲春秋
荆公以莘老詆春秋
雅言無春秋

偶讀漫記云〕劉原父嘗病何休以不修春秋百二十國寶書三禮春秋而予反病二書之不
傳不得深探聖人筆削之意也〔隋書經籍志〕春秋公羊解詁十一卷漢諫議大夫何休注
〔書錄解題〕春秋公羊傳疏三十卷不著撰人名氏唐志亦不載〔廣川藏書志云〕世傳徐
彥撰不知何據然亦不能知其定出何代意其在貞元長慶後也景德中侍講邢昺校定傳之
〔經義考〕曰公羊傳有不修春秋則魯之春秋也周燕齊宋皆有春秋
載在墨子合以晉乘楚檮杌鄭志百國春秋之名僅存其八而已

王介甫答韓求仁問春秋曰。此經比他經尤難。蓋
三傳不足信也。尹和靜云。介甫不解春秋。以其
難之也。廢春秋非其意。朱文公書臨漳所莘四經後亦曰。春秋
義例。時亦窺其一二大者。而終不能自信於心。
故未嘗敢措一辭。〔全云〕〔祁寬所輯和靖語錄〕海陵周茂振謂荆公妒孫
莘老之言不可復加而遂詆爲斷爛朝報乃屬刻辭今觀
和靖此語可以釋然○〔元圻案〕〔臨川集答韓求仁書曰〕至於春秋三傳既不足信故於諸
經尤爲難知辱問皆不果答亦冀有以亮之〔周茂振跋孫莘老春秋經解曰〕先君傳春秋
於先生嘗言荆公初欲傳春秋而莘老之書已出忌之遂詆聖經曰斷爛朝報也〔經義考〕
一百八十一王氏安石左氏解一卷存林希逸曰尹和靖言介甫未嘗廢春秋廢春秋以爲斷
爛朝報皆後來無忌憚者託介甫之言也韓玉汝有子宗文上介甫書請六經之旨介甫皆答
之獨於春秋曰此經比他經尤難蓋三傳皆不足信也和靖去介甫未遠其言如此〔楊龜
山作孫莘老春秋經解序〕曰熙寧之初崇儒尊經訓迪多士以爲三傳異同無所考正於六
經尤爲難知故春秋不列於學官非廢而不用也〔陸農師答崔子方書曰〕荆公不爲春秋
蓋嘗聞之矣公曰三經所以造士春秋非造士之書也學者求經當自近者始學得詩然
後學書學得書然後學禮三者備春秋其通矣故詩書執禮子所雅言春秋罕言以此

春秋以懼見人性

書尹氏齊崔氏義

周衰諸侯有史
小史掌邦國之志
國史有內外左右

鶴山李明復春秋集義序曰。春秋由懼而作。書成而亂賊懼。亂賊蓋陷溺之深者。而猶懼焉。則人性固不相遠也。其說本於呂成公講義。〔元圻案〕〔經義考〕呂氏祖謙春秋講義一卷存黃震曰成公講義亦少年之作但不至如博議之太刻耳〔汪藻作張根春秋指南序曰〕彼亂臣賊子者豈曉然知道理之人哉一見春秋而知懼焉非懼聖人之書也懼天下是非之公也

書尹氏卒。〔案〕隱公三年左傳作君氏此從公穀此尹氏立王子朝之始也。昭公二十三年書齊崔氏出奔衛。宣公十年此崔杼弒其君之始也。襄公二十五年比事觀之。履霜堅冰之戒明矣。聖人絕惡於未萌。必謹其微。何云迂遠無當〇〔元圻案〕〔公羊隱三年傳〕其稱尹氏何貶曷為貶譏世卿非禮也注尹氏世立王子朝齊崔氏世弒其君　王氏此條元程端學春秋本義引之〔石林春秋傳曰〕尹氏卒貶世卿也春秋之世內諸侯之嗣有如尹氏者其後卒以擅立君諸侯之大夫世爵有如齊崔氏者其後卒以弒君故尹卒以氏書崔杼出奔以氏書以為是世卿者所為故各因其事一見法焉

薛士龍春秋旨要序。謂先王之制。諸侯無史。天子有外史。掌四方之志。而職於周之太史。隱之時始更魯歷〔案〕魯歷書錄解題作周歷而為魯史。諸侯之有史。其周

日食推驗不盡合
莊十八年不入食

之衰乎。費誓秦誓列於周書。甘棠韓奕。編之南雅。鳥在諸侯之有史也。晉乘始於殤叔。秦史作於文公。〔史記秦本紀〕文公十三年初有史以紀事民多化者 王室之微。諸侯之力政焉耳。文在浪語集卷三十 止齋後傳因之。朱文公語錄 以爲諸侯若無史。外史何所稽考而爲史。古人生子。則閭史書之。見禮記內則 閭尚有史。況一國乎。〔原注〕愚謂酒誥曰矧太史友內史友則諸侯有史矣〔閻按〕成王封伯禽有史有典策有春秋之制也○〔元圻案〕〔陳氏傅良春王正月傳曰〕古者諸侯無私史有邦國之志則小史掌之而藏周室魯人所謂周人御書晉人所謂辛有之二子董之晉于是有董史者也是故費誓繫于周書漢汝江沱至於譚大夫下國之詩皆編入于南雅自三史作而國自爲史矣〔自注〕本常州先生薛氏〔楊氏簡春秋解〕自敘呂氏大圭春秋或問亦從薛常州說〔隋書經籍志〕云古者天子諸侯必有國史以紀言行夏殷以上左史記言右史記事周則大史小史內史外史分掌其事而諸侯之國亦置史官〔書錄解題〕春秋經解十二卷指要二卷知常州永嘉薛季宣士龍撰其序專言諸侯無史季宣博學通儒不事科舉陳止齋師事之〔黃氏仲炎春秋通說〕〔一〕荀悅亦云古者天子諸侯有事必告於廟廟有二史

春秋日食三十六。有甲乙者三十四。曆家推驗精者不過二十六。〔原注〕有日朔者二十六以周曆考之朔日失二十五魯曆校之又失十三 唐一行得

交會後有不食頻食日食之頻有脫簡

二十七。原注朔差者半本朝衞朴得三十五。獨莊十八年三月古今算不入食法。〔閻案〕春秋三十六日食有誤五爲三者莊公十八年僖公十二年是有誤三爲二者文公元年是有誤十爲七者宣公八年是有誤九爲六者昭公十七年是有以後月作前月不應閏而閏先時者隱公三年桓公三年十七年莊公二十五年三十年是有以前月作後月應閏而不閏後時者宣公十七年成公十七年襄公十五年二十七年昭公十五年定公十二年是至僖公十五年五月之交宜在四月然乃亥時月食非日食何誤至此蓋史失其官閏餘乖次從古未有過於春秋之世則難信亦未有過春秋之書者也 衞朴以莊公十八年三月獨不入食法不知法推是歲五月壬子朔申時日食〔元史郭守敬曰〕蓋誤五爲三是也詳見余潛邱劄記〇〔元圻案〕〔夢溪筆談十八〕淮南人衞朴精於曆術一行之流也春秋日食三十六諸曆通驗密者不過得二十六唯一行得二十七朴乃得三十五唯莊公十八年一蝕今古算皆不入蝕法疑前史誤耳自夏仲康五年癸巳歲至咸寧六年癸丑凡三千二百一年書傳所載日蝕凡四百七十五衆曆考驗雖各有得失而朴所得爲多

漢日食五十三。後漢七十二。唐九十三。曆法一百七十三日有餘一交會。〔案〕此隱公三年正義文然春秋隱元年至哀二十七年凡三千一百五十四月唯三十七食。是雖交而不食也。襄二十一年九月十月。二十四年七月八月頻食。是頻交而食也。〔原注〕漢高帝三年十月十一月亦頻食〔閻按〕比月頻食此理所絕無者曆家如姜岌一行皆言之鑿鑿不必西法爲然余嘗意襄公二十一年二十四年之前之後必有某公某年爲冬十月庚辰朔日有

書時月多闕文

食之者又有爲八月癸巳朔日有食之者脱其餘於彼而錯其餘於此事固有之理或一解秦雲九頻以爲然〇〔元圻案〕〔隱公三年左傳注〕日月動物雖行度有大量不能不小有盈縮故有雖交會而不食者或有頻交而食者〔正義曰〕戰國及秦曆紀全差漢來漸候天時始造其術劉歆三統以爲五月二十三分月之二十而日一食空得食日而不得加時漢末會稽都尉劉洪作乾象曆始推月行遲疾求日食加時後代修之漸益詳密今爲曆者推步日食莫不符合但無頻月食法故漢興以來殆將千歲爲曆者皆一百七十三日有餘而始一交會未有頻月食者今頻月而食乃是正經不可謂之錯誤也〔注〕不能定故未之言〔又襄二十四年左傳正義〕劉炫曰漢末以來八百餘載考其注記都無頻月日食之事計天道轉運古今一也但其字則變古爲篆改篆爲隸書則縑以代簡紙以代縑傳寫致誤失其本真也

西疇崔氏〔全云〕涪陵崔子方彥直曰春秋桓四年七年。無秋冬。定十四年。無冬。桓十七年。〔案〕十七當作十四閣何本俱誤作七書夏五而闕其月。莊二十二年。書夏五月。而闕其事。僖二十八年。書壬申。而不繫之月。桓十年。書五月。而不繫之夏。昭十二年。書十二月。而不繫之冬。郭公。仲孫忌。與凡日食而不繫朔與日者皆闕也。〔元圻案〕〔桓公四年杜注〕國史之記必書年以集此公之事書首時以成此年之歲故春秋有空時而無事者今不書秋冬首月史闕文他皆放此〔宋趙氏鵬飛春秋經筌〕桓四年七年無秋冬闕文也何休附會以爲桓無王故貶去二時此妄說也十二公之中惟桓一公最多闕文五年春正月甲戌之下闕事併甲戌己丑書陳侯鮑卒十二年十一月一月之中兩書丙戌十四

春秋事之深切著明也

春秋有律之斷例

春秋如用藥治病

公矢魚於棠

年夏五闕月十月日食闕日〔書錄解題〕春秋經解十六卷本例例要一卷涪陵崔子方彥
直撰紹聖中罷春秋取士子方三上書乞復之不報遂不應進士舉黃山谷稱之曰六合有佳
士曰崔彥直其人不游諸公然則其賢而有守可知矣〔經義考〕崔氏經解佚本例例要存
〇〔案〕今本題曰西疇居士春秋本例共二十卷書錄作一卷誤也王氏所引不見於本例蓋
經解之文 西疇之說、元程端學春秋本義引之

孟子題辭〔案〕趙岐作仲尼有云我欲託之空言。不如載之。行事之深切著明也。太史公自序。聞之董生曰。子曰。我欲載之空言不如見之行事之深切著明也。〔春秋繁露俞序篇〕孔子曰吾因其行事而加乎王心焉以爲見之空言不如行事博深切明正義云。此春秋緯文。愚謂緯書起哀平閒。董生時未有之。蓋爲緯書者。述此語耳。〔元圻案〕〔隋書經籍志〕孟子十四卷趙岐注〔後漢書趙岐傳〕岐字邠卿京兆長陵人也初名嘉生於御史臺因字臺卿多所述作著孟子章句三輔決錄傳於時〔程子曰〕詩書載道之文春秋聖人之用五經之有春秋猶法律之有斷例也律令惟言其法至斷例則始見法之用詩書如藥方春秋如用藥治病聖人之用全在此書故曰不如見之行事之深切而著明

公矢魚于棠。〔案〕隱公五年公穀經文俱作觀魚此從左傳朱文公語類曰據傳。曰則君不射。是以弓矢射之。如漢武親射蛟江中之

正二三月書王書王之月總數二三月書王存二代

類按淮南時則訓季冬命漁師始漁天子親往射魚則左氏陳魚之說非矣〔全云〕左氏之陳魚則竭澤淮南之射魚則取其大者畢竟不同至其云則君不射之射恐是不射其利耳○〔元圻案〕〔漢書武帝紀〕元封五年冬行南巡狩至於盛唐望祀虞舜於九嶷登灊天柱山自潯陽浮江親射蛟江中獲之　〔葉石林春秋考五〕古者祭必親射牲故必因四時之田而取之臧僖伯始言春蒐夏苗秋獮冬狩皆于農隙以講武事末言鳥獸之肉不登于俎皮革齒牙骨角毛羽不登于器則公不射射之爲言蓋矢也豈隱公本以觀魚不因于狩而假射牲以爲之名乎則觀正當爲矢不當言陳　〔黃氏仲炎春秋通說一〕後世如秦始皇幸瑯琊候大魚出射之漢武帝射蛟江中皆魯隱之爲也　〔朱竹垞曰〕兪成宋慶歷中著螢雪叢談謂以矢爲觀非也引周禮矢其魚鱻而食之直作射解

春秋正月書王者九十二。二月書王者二十有三。三月書王者一十九。〔原注〕元年不以有事無事皆書王　何休謂二月三月皆有王者。以存二王之後。〔原注〕二月殷之正月三月夏之正月　先儒以爲妄。〔元圻案〕〔孫氏復春秋尊王發微〕隱公三年春王二月說曰聲公之年正月書王者九十二二月書王者二十三月書王者一十七春秋之法唯元年不以有事無事皆書王正月餘年事在正月則書正月事在二月則書二月事在三月則書三月　王氏與孫氏之說互異以書王之月總數計之王氏共得一百三十四孫氏共得一百二十九今春秋經公穀止於哀公十四年書王之月共得一百三十二左氏終於哀公十六年十五十六兩年皆書春王正月恰得一百三十四與王氏總數合蓋通志堂所栞尊王發微文有脫誤可藉以校正〔伊川程子經說〕事在二月則書二月事在三月則書三月無事則書時書首月　〔隱公三年公羊傳注〕二月三月皆有王者二月殷之正月三月夏之正月也王者存二代之後使

紀侯大去國爲生名

隕霜不殺菽

統其正朔所以尊先聖通三統〔左傳隱公元年正義曰〕服虔亦云孔子作春秋於春每月書王以統三王之正謂周室之臣民尊夏殷之舊主每月書王敬奉前代授之人情未見其可杞宋不奉周正周人悉尊夏殷則是重過去而忽當今尊二國而慢時主其爲顛倒不亦甚乎

紀侯大去其國〔莊公四年〕陳齊之〔全云〕字長方王信伯弟子謂聖人蓋生名之〔案記曰諸侯失地名〕大名也若漢欒大是也愚按以大爲紀侯之名本劉質夫〔何云〕國滅身竄故從卒例亦復近理 質夫名絢程門弟子〇〔元圻案〕〔史記封禪書〕欒成侯上書言欒大欒大膠東宮人故嘗與文成將軍同師〔漢書漢武帝紀〕今遣博士大等六人分循行天下〔師古曰〕褚大也〔儒林傳〕有蘭陵褚大〔經義考〕陳氏長方春秋傳佚張昶曰長方字齊之其先長樂人居吳中步里紹興間以進士終江陰軍教授〔胡氏寧曰〕伊川先生以大者紀侯之名罪其不能死社稷也〔呂氏集解常山劉氏曰〕大者紀侯之名也生名之著失地也

魯哀公問仲尼曰春秋之記曰冬十二月實霜不殺菽何爲記此仲尼對曰此言可以殺而不殺也夫宜殺而不殺桃李冬實天失道草木猶犯干之而況於人君乎此韓非書所載也〔此內儲說上篇文〕以魯論焉用殺之言觀之恐非夫子之言也法家

有蜮有蜚有蟘

魯僖遭旱修政

者流託聖言以文其峭刻耳。胡文定公春秋傳

取之未詳其意。〔何云〕夫所謂焉用殺者蓋以上失其道蚩蚩之民罹于刑辟或非其罪當以教化先之非縱捨姦慝宜殺而不殺也舜攝位

而四凶伏其辜孔子攝相七日而誅少正卯殺一人而生千萬人何嘗非惟辟作威之道而迂儒以法家稱引故疑之乎〔又云〕非之言自不足據○〔元圻案〕公羊經文僖公三十三年

十二月霣霜不殺草左傳穀梁傳皆作十月定公元年十月霣霜殺菽三傳同今韓非子云冬十二月霣霜不殺菽合二事而一之足證其說之無稽

沙隨春秋例目二云有蜮。莊十八年或考隸古春秋作有蟘。

爾雅食葉蟘。音特。〔原注爾雅〕蜚蠦蜰卽負盤臭蟲劉歆曰負蠜誤矣〔江休復雜志〕唐彥猷有舊本山海經說蜚處淵則涸行木

則枯疑春秋所書卽此物若是負蠜不當云有謂之多可也○〔元圻案〕〔呂氏春秋任地篇〕又無螟蜮〔高誘注〕蜮或作螣食心曰螟食葉曰蜮兗州謂蜮爲螣音相近也〔邵學士晉涵

爾雅釋蟲正義曰〕說文云蟘蟲食苗葉者左傳疏引李巡云食禾葉者言其假貸無厭故曰蟘也蟘通作螣〔月令云〕仲夏行冬令百螣時起鄭注螣蝗之屬是蜮蟘螣一也〔劉敞春秋

傳〕以爲非中國之獸未詳所據又曰蜚又名負盤廣雅云負蠜蟅也〔孔穎達云〕本草曰蜚厲蟲也然則蜚是臭惡之蟲害人衣物故左氏傳曰有蜚不爲災亦不書也春秋經傳皆云有

蜚則此蟲一名蜚一名蠦蜰而舍人李巡皆云蜚蠦一名蜰非也此蟲一名負盤漢書及左傳註多作負蠜以此下有草蟲負蠜故相涉誤耳今按說文亦云蜚臭蟲負蠜也是蜚亦有負蠜

之名也〔漢書五行志〕蜚劉歆以爲負蠜也性不食穀食穀爲災介蟲之孽〔山海經〕東山經曰太山有獸焉其狀如牛而白首一目而蛇尾其名曰蜚行水則竭行草則死見則天下

大疫〔經義考〕程氏迥春秋顯微例目宋志一卷佚

郎顗謂魯僖遭旱。修政自勅。時雨自降。然春秋於

僖公世書雨書雩

春秋以名勸懲

僖公初書雨。已而書雩。已而書大旱。公之德衰矣。〔閻按〕〔晉袁甫傳〕公羊有言魯僖甚悅故致旱此何休註也○〔元圻案〕〔後漢書郎顗傳〕顗字雅光北海安邱人也陽嘉二年顗詣闕拜章帝使對尚書顗對曰魯僖遭旱修政自勅下鐘鼓之懸休繕治之官雖則不寧而時雨自降注春秋考異郵曰僖公三年春夏不雨於是僖公憂閔元服避舍釋更徭之逋罷軍寇之誅去苛刻峻文慘毒之教所蠲浮令四十五事雨大澍也　僖三年六月雨穀梁傳曰雨云者喜雨也喜雨者有志乎民者也僖十一年秋八月大雩十三年秋九月大雩二十一年夏大旱公羊傳曰何以書記災也穀梁傳曰雩得雨曰雩不得雨曰旱　〔黃氏仲炎曰〕富公弼告神宗曰願陛下不以今日得雨爲喜更以累年災異爲憂此可以言春秋矣

名不可不謹也。春秋或名以勸善。或名以懲惡。袞鉞一時。薰蕕千載。東漢豪傑恥不得豫黨錮。慕其流芳也。我朝鐫工之微。不肯附名黨碑。懼其播惡也。名教立而榮辱公。其轉移風俗之機乎。〔閻按〕鐫工安民李仁甫長編作李姓非余親至西安中碑林辨之〔集證〕〔邵氏聞見前錄〕常安民以鐫字爲業崇寧二年蔡京又自書元祐姦黨爲大碑頒于郡縣令刻石安民當鐫字辭曰民愚人固不知立碑之意但如司馬相公者海內稱其正直今謂之姦邪民不忍刻也府官怒欲加之罪民泣曰被役不敢辭乞免鐫安民二字于石末恐得罪後世聞者愧之〔王明清揮麈錄〕九江碑工李仲寧刻字甚工黃太史題其居曰琢玉坊崇寧初詔郡國刊元祐黨碑姓名呼使仲寧仲寧曰小人家舊貧窶止因開蘇內翰黃學士詞翰遂至飽暖今日以爲姦不忍下手議之者曰賢哉士大夫之所不及也○〔元圻案〕〔後漢書皇甫規傳〕規字威明安定朝那人也拜度遼將軍及黨事大起天下名賢多見染逮規雖爲名將素譽不高自以西

公如京師非以朝

歸賵二書法母以子貴

州豪傑恥不得豫乃先自上言臣前薦故大司農張奐是附黨也又臣昔論輸左校時太學生張鳳等上書訟臣是爲黨人所附也臣宜坐之朝廷知而不問

公如京師。成十三年非禮也晉楚可以言如京師不可以言如於是朝覲之禮廢矣。何云精義○〔元圻案成十三年杜注〕伐秦道過京師因朝王〔胡氏傳曰〕如京師見諸侯之慢也因會伐而行矣〔張氏洽集註曰〕春秋以諸侯事周之禮久闕而因行於伐秦之役若沒而不書是盡廢其僅存之禮也若書以爲朝于京師則是舉百年之墜典亦非其實也故書如京師而不言朝以見其行禮之不專〔趙氏鵬飛經筌曰〕凡諸侯相朝皆書如如公如晉如齊皆朝也不曰朝而曰如尊天子也唯朝王則曰朝公朝於王所是也尊內則曰朝滕薛來朝是也

仲子之賵宰書其名。成風之賵。王不書天。正三綱也。公羊氏乃有母以子貴之說謂之知春秋之義可乎。漢章帝不以尊號加於賈貴人。晉明帝不以尊號加於荀豫章君。猶近古也。〔元圻案〕〔隱元年經〕天王使宰咺來歸惠公仲子之賵程子曰春秋之時嫡妾僭亂聖人尤謹其名分仲子繫惠公而言故正其名不曰夫人曰惠公仲子謂惠公之仲子妾稱也以夫人之禮賵人之妾不天亂倫之甚也然春秋之始天王之義未見故不可去天而名咺以見其不王王臣雖微不名況於宰乎〔文五年經〕王使榮叔歸含且賵程子曰天王成妾母爲夫人亂倫之甚失天理矣不稱天義已明稱叔存禮也〔劉原甫曰〕一則名其宰而見貶一則去其天以示譏〔隱公元年公羊傳曰〕隱長又賢何以不宜立立適以長不以賢立子以貴不以長桓何以貴母貴也母貴則子

何以貴子以母貴母以子貴〔後漢書皇后紀〕賈貴人南陽人建武末選入太子宮中元二年生肅宗而顯宗以爲貴人帝既爲太后所養專以馬氏爲外家故貴人不登極位賈氏親族無受寵榮者及太后崩迺策書加貴人王赤綬安車一駟永巷宮人二百〔晉書后妃傳〕豫章君荀氏元帝宮人也生明帝明帝即位封建安君至成帝咸康元年始別立廟於京都

齊桓胥命爲伯

齊僖稱小伯

齊侯衛侯胥命于蒲。〔桓公三年〕荀子曰。春秋善胥命。程子胡文定皆善之。劉原父〔春秋傳〕以爲自相命。非正也。止齋〔春秋後傳〕亦以爲相推長也。於是齊僖稱小伯。黎之臣子亦以方伯責衛宣。〔下云桓文之事其所由來者鮮矣止齋自註本薛氏〕愚謂齊衛胥命。此伯者之始。其末也。齊魏會於徐州以相王。〔事見史記魏世家襄王元年註徐廣曰徐今薛縣〕霜凝冰堅。其來漸矣。〔全云春秋之末撓霸局者亦齊衛也於是齊景思更霸而率衛靈以伐晉〇〔元圻案〕王氏此條本朱子語類問於張洽之說〔荀子大略篇〕不足於言者說過不足於信者誠言故春秋善胥命而詩非屢盟其心一也〔桓公三年公羊傳〕胥命者何相命也何言乎相命近正也此其爲近正奈何古者不盟結言而退〔程子胡傳〕皆善其不盟詛與公羊荀子同〔劉氏敞傳曰〕胥命者何相命也何言乎相命古者有方伯有州牧有卒正有連率命于天子正也諸侯有相命非正也齊太公之後東州之侯也衛康叔之後北州之侯也〔又意林曰〕時齊僖公自以爲小伯而狄人追逐黎侯黎之臣子亦以方伯連率之職責衛宣公故此胥命者以方伯之事自相命也〔張氏洽春秋集傳曰〕齊之胥命正齊桓非命伯而專征之權與春秋謹書之志王命不行列國授霸從此階也下逮戰國諸侯欲稱王則齊魏會于笠澤以相王秦昭王欲稱帝則使人致東帝於齊僭竊交私百進一揆故知胥命者春秋謹霸政擅命之始也〔朱子語類〕自相命而至

書郊書雩皆有故

昭定書蒐爲權移下

於相王自相王而至於相帝勢必如此〔國語〕及平王末而晉秦齊楚代興秦景襄於是乎取周土晉文侯於是乎定天子齊莊僖於是乎稱小伯楚蚡冒於是乎始啓濮〔旄邱詩序〕狄人迫逐黎侯寓於衛衛不能脩方伯連率之職黎之臣子以責於衛也

書郊九。皆卜不吉。僖三十一年成十年襄七年十一年 失時成十七年九月定十五年五月哀元年四月 牛災宣三年成七年 則書之。書大雩二十一。皆在午未申之月。桓五年秋僖十一年秋八月十三年秋九月成三年秋七年秋襄五年秋八年秋九月十六年秋十七年九月二十八年秋八月昭三年八月六年秋九月八年秋十六年九月二十四年秋八月二十五年秋七月上辛大雩季辛又雩定元年九月七年秋是年九月十二年秋 建巳之雩。常事不書。

〔元圻案〕〔胡傳楊子曰〕天子之制諸侯庸節節莫差於僭僭莫重於祭祭莫重於地地莫重於天諸侯而祭天其僭極矣聖人於春秋欲削而不存則無以志其失爲後世戒悉書之乎則歲事之常有不勝書者是故因禮之變而書於策或以卜或以時或以望或以牲或以牛於變之中又有變焉者悉書其事 桓五年秋大雩左傳書不時也凡祀啓蟄而郊龍見而雩始殺而嘗閉蟄而烝過則書〔杜注〕龍見建巳之月〔程子曰〕大雩歲之常祀不能皆書也故因其非時則書之遇旱災則非時而雩書之所以見其非禮且志旱也

三書蒐於昭公之時。兵權在大夫。昭八年蒐於紅十一年大蒐於比蒲二十二年大蒐於昌間

再書蒐於定公之時。兵權在陪臣。定十三年十四年大蒐于比蒲○〔元圻案〕〔劉氏敞春秋傳曰〕曷爲不言公公不得與於蒐爾公曷爲不得與於蒐三家者專魯而分之政令出焉公民食焉爾 〔家鉉翁詳說〕蒐軍政也魯自宿意如盜竊兵柄舉國中邱甸卒乘皆爲己之私有昭公不能君以是故也今意如死陽虎繼亂三家之勢少戢正魯君可以有爲之日而定公庸且弱苟安目前而不能爲魯國深長慮兵柄可收而不能收公室自是無復與之望

定公書元先即位春秋志火存陳

春秋三書孛孛變甚於彗齊景使禳彗

矣

定公六月即位而於春夏書元年（隱元年）正義謂漢魏以來雖於秋冬改元史於春夏即以元年冠之因於古也通鑑漢建安二十五年之初漢尚未亡即以為魏黃初元年朱文公謂奪漢太速與魏太遽非春秋存陳之意（何云）是時昭公既薨不書元年則遂無君矣故定雖未即位而先以元年繫之又春秋之變例也漢魏之事惟光武建武之元以六月即位可從此例以更始失政天下亟望有君故也若延康黃初之予奪春秋之罪人也（全云）温公亦非奪漢與魏只是要書法一例其實書法何嘗不可變通○（元圻案）（朱子與呂成公書曰）温公舊例皆以後改者為正此殊未安如漢建安二十五年之初漢尚未亡今便作魏黃初元年奪漢太速與魏太遽大非春秋存陳之意恐不可以為法（昭公九年公羊傳）陳已滅矣其言陳火何存陳也穀梁傳火不志此何以志閔陳而存之也（書錄解題編年類）資治通鑑二百九十四卷目錄三十卷丞相温公河內司馬光撰初光嘗約戰國至秦二世如左傳體為志八卷以進神宗悅之遂命論次歷代君臣事迹起周威烈迄乎五代就祕閣置局神宗御製序賜名資治通鑑

春秋三書孛（文十四年昭十七年哀十三年）而昭十七年有星孛於大辰申須曰彗所以除舊布新也史記天官書劉更生封事云春秋彗星三見則彗孛一也晏子春

星孛東彗見西

恆星不見星隕

秋。齊景公睹彗星。使伯常騫禳之。晏子曰。孛又將出。彗星之出。庸何懼乎。則孛之爲變。甚於彗矣。〔原注〕齊有彗星見於傳而經不書〔何云〕經不書益見彗小於孛矣〔集證〕〔漢文紀〕有長星出於東方文穎曰彗孛長三星其形象小異孛星光芒短其光四出蓬蓬孛孛也彗星光芒長參參如掃彗長星光芒有一直指或竟天或十丈或一丈二丈無常也〕○〔元圻案〕〔後漢書天文志上〕孛之爲言猶有所傷害有所妨蔽所以除穢而布新也〔注〕晏子春秋曰齊景公睹彗星使伯常騫禳之晏子曰不可此天教也日月之氣風雨不時彗星之出天爲民之亂見之又一日景公見彗星出而泣晏子問之公曰寡人聞之彗星出其所向之國君當之今彗星出而向吾國我是以悲晏子曰君之行義回邪無德於國穿陂池則欲其深以廣也爲臺榭則欲其高且大也賦斂如撝奪誅戮如仇讎自是觀之孛又將出彗星之出庸何懼乎果如晏子之言孛之與彗相似匪同〔史記齊世家〕亦載晏子之語孛作茀〔今本晏子春秋內篇諫上〕景公睹彗星召伯常騫使禳去之晏子曰此天教也彗星之出天爲民之亂見之故詔之妖祥以戒不敬今君若設文而受諫謁聖賢人雖不去彗星將自亡今君嗜酒而幷于樂政不飾而寬于小人近讒好優惡文而疏聖賢人何暇在彗茀又將見矣〔又外篇〕記彗見者二其文皆與後漢書所引晏子不同王氏此條據章懷注

星孛東方。哀十三年冬在於越入吳之後。哀十三年夏彗見西方。〔史記六國表〕秦孝公元年在衛鞅入秦之前。天之示人著矣。〔元圻案〕〔綱目〕周顯王八年彗星見西方衛公孫鞅入秦

齊桓之將興也。恆星不見。星隕如雨。晉文之將興

沙鹿崩

晉霸由師武臣力

晉納捷菑弗克

晉侵齊以喪還

也。沙鹿崩。自是諸侯無王矣。晉三大夫之命爲侯也。九鼎震。自是大夫無君矣。人事之感。天地爲之變動。故董子對策曰。天人相與之際。甚可畏也。〔元圻案〕〔呂氏集解〕莊七年恆星不見云云襄陵許氏曰王運將終而霸統方起之祥也又僖十四年沙鹿崩許氏曰恆星不見星隕如雨齊桓之祥也沙鹿崩晉文之祥也齊桓將興而天文墮晉文將興而地理決王道之革也〔史記周本紀〕威烈王二十三年九鼎震命韓趙魏爲諸侯

晉自武獻以來。以詐力彊其國。故傳曰。晉人虎狼也。文十三年 晉人無信。僖三十三年 晉所以霸。師武臣力也。宣十二年 春秋書晉人納捷菑于邾。弗克納。晉士匄帥師侵齊。至穀。聞齊侯卒。乃還。此孟子所謂彼善於此者。君子與之。義理之在人心。不可泯也。剝之上九。一陽尚存。春秋之作。見人心之猶可正也。〔元圻案〕〔文十四年公羊傳曰〕非吾力不能納也義實不爾克也引師而去之故君子大其弗克納也〔陸氏微旨中趙氏曰〕弗克納言失之於初而得之於末也淳聞於師曰據三傳之說晉師皆有名氏則必非微者矣書曰人何也曰廢置諸侯王者之事人臣專之罪莫大焉夫子善其聞義能徙故爲之諱也〔襄十九左傳〕聞喪而還禮也〔公羊傳〕大其不伐喪也

晉通吳疲楚
楚通越撓吳

列國之變。極於吳越。通吳以疲楚者晉也。成七年巫臣之爲也通越以撓吳者楚也。事詳國語春秋於是終焉。唐以南詔攻吐蕃。而唐之亡以南詔。本朝以女真滅契丹而中原之亡以女真。女真之將亡也。吾國又不監宣和。而用夾攻之策。不知春秋之義也。〔全云〕端平之禍不在夾攻而在妄取三京或云元人志在盡吞天下卽無入洛之師未必不覬覦而動曰果爾則雖不夾攻而元亦滅金之後亦自加兵於宋況女真之讎必無不報之理〇〔元圻案〕左傳成七年巫臣請使於吳晉侯許之吳子壽夢說之乃通吳於晉吳始伐楚伐巢伐徐子重奔命〔吳語〕楚申包胥使於越越王句踐問焉曰吳國爲不道求殘我社稷宗廟以爲平原弗使血食吾欲與之徼天之衷請問戰奚以而可包胥曰夫戰知爲始仁次之勇次之越王曰諾乃召五大夫曰王孫包胥既命孤矣〔通鑑〕〔唐紀〕德宗貞元四年吐蕃發兵將寇四川亦發雲南兵雲南內雖附唐外未敢叛吐蕃亦發兵屯於瀘北韋皐知雲南計方猶豫乃爲書遺雲南王敘其叛吐蕃歸化之誠使東蠻轉致吐蕃吐蕃始疑雲南遣兵屯會川以塞雲南趣蜀之路雲南怒引兵歸國由是雲南與吐蕃大相猜阻歸唐之志益堅吐蕃失雲南之助兵勢始弱矣貞元十年異牟尋襲擊吐蕃大破之取十六城遣使來獻捷請復南詔號宣宗大中十三年南詔酋龍稱皇帝國號大理遣兵陷播州懿宗咸通元年南詔攻邕州陷之四年陷交趾五年寇嶲州寇邕州十年陷嘉州十一年攻成都〔岳珂桯史九〕宣和將伐燕用其降人馬植之謀由登萊航海以使於女真約盡取遼地而分之子女玉帛歸女真土地歸我〔續通鑑〕徽宗宣和九年金主遣李善慶女真散覩持國書來修好詔蔡京等諭以夾攻遼之意七年遼亡欽宗靖康元年金師陷京城又理宗紹定五年時與蒙古兵合圍汴京蒙古再遣王檝來京湖議夾攻金史嵩之以聞朝臣皆以爲可遂復讎之舉獨趙范不喜曰宣和海上之盟厥初甚堅迄

城邢列三國稱師

城緣陵書諸侯

城楚邱封衞

以取禍不可不鑒帝不從命嵩之報使許之〔明張溥書馮琦宋史紀事本末〕三京之復後曰遼爲宋敵金爲宋仇敵者可以存可以亡者也仇者可以亡必不可以存者也八陵之辱二帝之慘懷而不報者百餘年矣會有可乘雖死不顧必欲鑒宣和之海上而忘靖康之北狩凡爲臣子其誰堪之故滅金之役正也三京之復亦正也其復而不果者失在進之太速守之不固非盡始謀者過也

邢有狄難已遷於夷儀。三國之師城邢。俾反其國都。故列三國稱師。以著其功。僖元年 淮夷病杞。方伯不能斥逐蠻夷。使杞人安其都邑。乃城緣陵。使遷。故書諸侯而不列序。僖十四年 狄入衞。踰年齊侯方城楚邱。以處文公。故但書城楚邱。而不著其城之者。僖二年 書愈略者。功愈降也。沙隨程氏云〔元圻案〕春秋僖公元年春齊師宋師曹伯次於聶北救邢夏六月邢遷於夷儀齊師宋師曹師城邢僖十四年春諸侯城緣陵傳諸侯城緣陵而遷杞焉不書其人有闕也〔正義曰〕元年齊師宋師曹師城邢傳稱具邢器用而遷之師無私焉故具列三國之師詳其文以美之也今此總云諸侯不具書其所城之人爲其有闕也故總言諸侯以譏之　僖二年春王正月城楚邱胡傳桓公帥諸侯城之而封衞也不數桓公不與諸侯專封也〔呂氏集解曰〕先儒以爲諸侯之義不得專封夫所謂專封者以此地畀此人也則謂之專封固不可也如同時諸侯有相滅亡天子不能令方伯不能救天下諸侯力能救而復之則是蹈仁而踐義也而以是爲專封是嫂溺援之以手而以爲罪也析義最精〔經義考〕〔程氏迥春秋傳〕宋志二十卷佚

齊桓之霸十二會
兵車衣裳會數
九合不必通糾
盟首止復書諸侯
盟洮序先王人
晉文會盟逼王畿
晉盟王子虎
桓文正譎事證

齊桓之霸。自盟于幽。莊十六年至會于淮。僖十七年凡十有二會。而孔子稱九合諸侯〔繼序按〕周秦漢魏以九合諸侯對一匡天下者數十處大戴記並有再爲義王句管子又有三匡天子句證之周語又云一合諸侯者又證之左傳有云再合諸侯三合大夫者知與富辰所云糾合宗族展喜所云糾合諸侯不同也但管子國語云乘車之會三史記云乘車之會六穀梁傳云衣裳之會十有一均與論語參差而鄭康成韋昭范甯顏師古陸德明司馬貞亦各以意說劉氏意林曰。始于幽。終于淮。合者九。崔氏曰。道其不以兵車而已。莊十六年。九國盟于幽。二十七年。五國又盟于幽。僖元年。六國會于檉。二年。四國盟于貫。五年。八國會王世子于首止。七年。五國盟于甯母。八年。王人與七國會于洮。九年。宰周公與七國會于葵邱。十三年。七國會于鹹。凡九合諸侯也。牡邱之盟。僖十五年陽穀之會。僖二年淮之會。蓋有兵車矣。〔繼序按〕洮鹹是兵車穀梁傳有明文陽穀是衣裳范甯注有明文西疇失考○案崔西疇此說黃氏日抄九引之胡氏通旨曰。桓公霸四十二年。會盟凡二十有一。獨稱九合。舉衣裳之會爾。穀梁傳。衣裳之會十有一。論語疏謂不取北杏及陽穀爲九。史記兵車之會三。乘車之會六。其說不同。朱文公謂九。春秋傳作糾。展喜犒師之詞二云爾。〔方樸山云〕若以九爲糾則未可概曰不以兵車矣況九糾通用他亦無證〔繼序按〕莊子禹九雜天下之川九糾亦有通用者故朱子註楚辭亦破九爲糾〔集證曰〕論語釋文史記云兵車之會三乘車之會六〔穀梁傳云〕衣裳之會十一〔范甯註云〕十三年會北杏又會柯十四年會鄄十五年又會鄄十六年會幽二十七年又會幽僖元年會檉二年會貫三年會陽穀五年會首止七年會甯母凡十一會鄭不取北杏及陽穀爲九也槐按今本穀梁注十三年下無又會柯有僖九年會葵邱皋邢疏所引皆同胡氏通旨因之然鄭康成注論語亦有柯無葵邱則釋文所引范甯注當有所本

李氏韶世紀序晉伯文紀二云。桓公會不邇三川。盟不加王人。〔案〕〔國語〕西周三川皆震注涇渭汭也僖公五年經夏公及齊侯宋公陳侯衛侯鄭伯許男曹伯會王世子於首止秋八月諸侯盟于首止註閒無異事復稱諸侯者王世子不盟故也王之世子尊與王同齊桓行霸翼戴天子尊崇王室故殊貴世子〔宋高氏閌集註曰〕此復舉諸侯者尊王世子不敢與之盟也會者辨上下之禮修和好之道而王世子與焉猶之可也盟者以不相信也若王世子亦與焉則是以所不信者加之王世子與約束諸侯無異故齊侯不敢盟世子而與諸侯自盟諸侯自盟所以定世子也　僖公八年公會王人齊侯宋公衛侯許男曹伯陳世子款盟于洮〔公羊傳曰〕王人者何微者也曷爲序乎諸侯之上先王命也

文公會畿內。盟子虎矣。〔僖公二十八年傳〕王子虎盟諸侯于王庭〔二十九年經〕會王人晉人宋人齊人陳人蔡人秦人盟于翟泉註翟泉今洛陽城內大倉西南池水也〔程子曰〕晉文連年會盟皆在王畿之側而此盟復迫王城又與王人盟强逼甚矣故諱公諸侯貶稱人惡之大也

春秋甚幽而明

春秋無達例

董子深於春秋

桓公寧不得鄭不納子華。事見僖七年左傳懼其獎臣抑君。文公則爲元咺執衛侯矣。事見僖二十八年經傳此夫子所以有正譎之辨。〔元圻案〕〔經義考〕胡氏寧春秋通旨宋志一卷未見〔吳萊後序〕曰胡氏正傳三十卷傳外又有總貫條例證據史傳之文二百餘章子寧彙集之名曰春秋通旨〔李琪春秋王霸列國世紀編自序〕琪少竊妄意敘東周十有四王之統合齊晉十有三伯之目舉諸侯數十大國之系皆世爲之紀不失全經之文略備各代之實猶子韶爲之補續其未成黃虞稷曰琪字孟開吳郡人仕國子司業書成於嘉定辛未

春秋繁露曰春秋甚幽而明無傳而著。此竹林篇文又曰易無達吉〔何云〕吉疑作占〔集證〕〔按說苑奉使篇引傳曰〕詩無通故易無通吉春秋無通義如說苑所引則仍當作達吉詩無達詁春秋無達例〔閻按〕今繁露例兩作辭陸農師稱之又曰不由其道而勝不如由其道而敗。此俞序篇文攻媿〔閻按〕攻媿樓鑰號謂真得夫子心法。〔元圻案〕〔陸農師答崔子方書曰〕夫經一而足春秋之傳不係舊史存否何如若聖人作經又待魯史而傳是二而足也故曰春秋甚幽而明無傳而著其設方立例不可以一方求亦不可以多方得譬如天文森布一衡一縮各有條理久視而益明易曰化而裁之存乎變推而行之存乎通神而明之存乎其人豈獨易也哉故曰詩無達詁易無達吉春秋無達例要在變而通之耳〔樓攻媿繁露後序曰〕仲舒對策爲古今第一余竊謂惟仁人之對曰正其誼不謀其利明其道不計其功又有言曰不由其道而勝不如由其道而敗此類非一是皆真得吾夫子之心法蓋深於春秋者也〔春秋繁露注〕見卷五十八頁今第九頁

董仲舒春秋決獄 漢廷多以春秋斷獄 公孫宏以春秋繩吏

董仲舒春秋決獄。其書今不傳。太平御覽載二事。其一引春秋許止進藥。其一引夫人歸于齊。通典載一事。引春秋之義。父爲子隱。應劭謂仲舒作春秋決獄二百三十二事。(原注)隋唐志十卷○(案)應劭語見後漢書本傳及晉書刑法志今僅見三事而已。(閻按)藝文類聚亦載一事御史中丞衆議薛況之罪。孔季彥斷梁人之獄。(集證)(按北堂書鈔)聽訟門引孔叢子梁人娶後妻後妻殺夫其子又殺之孔季彥過梁梁相曰此子當以大逆論季彥曰昔文姜與弒魯桓春秋去其姜氏絕不爲親禮也且手殺重於知情是子宜以非司寇而擅殺當之皆以春秋合於經誼。終軍之詰徐偃。則論正而心刻矣。呂步舒使治淮南獄。窮驗其事。蓋仲舒弟子不知其師書者也。公孫宏以春秋之義繩臣下。見漢書刑法志張湯請博士弟子治尚書春秋補廷尉史。見本傳是以春秋爲司空城旦書也。胡文定公曰。春秋立法謹嚴。而宅心忠恕。斯言足以證漢儒之失。(原注)

〔鹽鐵論文學曰〕呂步舒弄口而見戮　〔閻案〕文學當作丞相史〇〔元圻案〕〔太平御覽六百四十〕載董仲舒決獄曰甲乙與丙爭言相鬭丙以佩刀刺乙甲卽以杖擊丙誤傷乙甲當何論或曰毆父也當梟首論曰臣愚以父子至親也聞其鬭莫不有怵惕之心扶伏而救之非所以欲詬父也春秋之義許止父病進藥於其父而卒君子原心赦而不誅甲非律所謂毆父不當坐　〔案〕甲乙與丙甲下疑脫父字　又曰甲夫乙將船會海盛風船沒溺流死亡不得葬四月甲母丙卽嫁甲欲皆何論或曰甲夫死未葬法無許嫁以私爲人妻當棄市議曰臣愚以爲春秋之義言夫人歸於齊言夫死無男有更嫁之道也婦人無專制擅恣之行聽從爲順嫁之者歸也甲又尊者所嫁無淫之心非私爲人妻也明於決事皆無罪名不當坐　〔通典六十九〕養兒弟子爲後後自生子議云東晉成帝咸和五年散騎侍郎賀嶠妻于氏上表云董仲舒時有疑獄曰甲無子拾道旁棄兒乙養之以爲子及乙長有罪殺人以狀語甲甲藏匿乙甲當何論仲舒斷曰甲無子振活養乙雖非所生誰與子之詩云螟蛉有子蜾蠃負之春秋之義父爲子隱甲宜匿乙詔不當坐又一事曰甲有子乙以乞丙乙後長大而丙所成育甲因酒色謂乙曰汝是吾子乙怒杖甲二十甲以乙本是其子不勝其忿自告縣官仲舒斷之曰甲能生乙不能長育以乞丙於義已絕矣雖杖甲不應坐〇〔案〕通典本二事厚齋因同爲于氏所引故以爲一事也否則傳刻時誤二爲一並誤四爲三也　〔漢書薛宣傳〕哀帝初博士申咸給事中毀宣不供養行喪服不宜列朝省宣子況數聞其語賕客楊明欲令創咸面目使不居位會司隸缺況恐咸爲之遂令明遮斫咸宮門外斷鼻脣身八創事下有司御史中丞衆等奏況疑咸受修言修宣之弟以毀謗宣知咸給事中恐爲司隸舉奏宣而公令明迫切宮闕要遮創戮近臣不與凡民忿怒爭鬭者同臣聞敬近臣爲近主也禮下公門式路馬君畜產且猶敬之春秋之義意惡功遂不免於誅上浸之源不可長也況首爲惡明手傷功意俱惡皆大不敬明當以重論及況皆棄市廷尉直以爲律曰鬭以刃傷人完爲城旦其賊加罪一等與謀者同罪傳曰遇人不以義而見疻者與痏人之罪鈞惡不直也咸厚善修而數稱宣惡不可爲直況以故傷咸計謀已定後聞置司隸因前謀而趣明非以恐咸爲司隸故造謀也本爭私變雖於掖門外傷咸道中與凡民爭鬭無異今以況爲首惡明手傷爲大不敬公私無差春秋之義原心定罪原況以父見謗發忿怒無它大惡陷死刑恐非法意明當以賊傷人不直況與謀者皆爵減完爲城旦上以問公卿議臣丞相光大司空師丹以中丞議是自將軍以下至博士

議郎皆是廷尉況竟減罪一等徙敦煌〔又終軍傳〕元鼎中博士徐偃使行風俗偃矯制使膠東魯國鼓鑄鹽鐵還奏事張湯劾偃矯制大害法至死偃以爲春秋之義大夫出疆有可以安社稷存萬民顓之可也有詔下軍問狀軍詰偃曰古者諸侯國異俗分百里不通時有聘會之事安危之勢呼吸成變故有不受辭造命顓己之宜今天下爲一萬里同風故春秋王者無外偃巡封域之中稱以出疆何也且鹽鐵郡有餘臧正二國廢國家不足以爲利害而以安社稷存萬民爲辭何也又詰偃膠東南近琅邪北接北海魯國西枕泰山東有東海受其鹽鐵偃度四郡口數田地率其用器食鹽不足以并給二郡邪將勢宜有餘而吏不能也何以言之偃矯制而鼓鑄者欲及春耕種贍民器也今魯國之鼓當先具其備至秋乃能舉火此言與實反者非偃已前三奏無詔不惟所爲不許而直矯作威福以從民望干名采譽此聖明所必加誅也枉尺直尋孟子稱其不可今所犯罪重所就者小偃自予必死而爲之邪將幸誅不加欲以采名也偃窮詘服　〔漢書五行志〕使仲舒弟子呂步舒持斧鉞治淮南獄以春秋顓斷於外不請〔又董仲舒傳〕先是遼東高廟長陵高園殿災仲舒居家推說其意草稾未上主父偃候仲舒私見嫉之竊其書而奏焉上召視諸儒仲舒弟子呂步舒不知其師書以爲大愚於是下仲舒吏〔史記酷吏張湯傳〕湯決大獄欲傅古義乃請博士弟子治尚書春秋補廷尉史　〔史記儒林傳〕竇太后好老子書召轅固生問老子書固曰此是家人言耳太后怒曰安得司空城旦書乎〔注〕徐廣曰司空主刑徒之官也〔駰案漢書音義曰〕道家以儒法爲急比之於律令　〔禮月令正義〕引鄭志獄夏曰鈞臺殷曰羑里周曰圜土秦曰囹圄漢曰若盧魏曰司空〔說文〕獄司空也　〔蕭山王紹蘭曰〕白孔六帖引決獄二事其一甲爲武庫卒盜強弩弦一時與弩異處當何罪論曰兵所居比司馬闌入者兇重武備責精兵也弩蘗機郭弦軸異處盜之不至盜武庫兵陳論曰大車無輗小車無軏何以行之甲盜武庫兵當棄市乎以上二論皆或說曰此下仲舒所斷雖與弩異處不得弦不可謂弩矢射不中與無矢同不入與無鏃同律曰此邊鄙兵所贓直百錢者當坐棄市其一君獵得麑使大夫持以歸道見其母隨而鳴感而縱之君慍議罪未定君病恐死欲託孤幼乃覺之曰大夫其仁乎遇麑以仁況人乎乃釋之以爲子傅於議何如仲舒曰君子不麛不卵大夫不諫使持歸非也然而中感母恩雖廢君命縱之可也然則春秋決獄宋時猶有六事可考厚齋何以但云三事乎〔又曰〕朱竹垞經義考亦云藝文類聚有引決獄君獵得麑一事今考類聚卷六十六是引韓子孟孫獵得麑事非引

禘太廟致夫人

濟西田許田賂齊鄭

決獄蓋朱闓俱誤記六帖爲類聚耳○〔案〕〔經義考〕董子春秋決事十六篇漢志作公羊治獄七錄作春秋斷獄新舊唐書作春秋決獄崇文總目作春秋決事比

劉原父深於春秋。然議郭后祔廟。引春秋禘于太廟用致夫人。致者不宜致也。且古者不二嫡。當許其號而不許其禮。張洞非之。曰按左氏哀姜之惡。所不忍道。而二傳有非嫡之辭。敞議非是。然則稽經議禮難矣哉。〔元圻案〕僖八年禘于太廟用致夫人左傳以夫人爲哀姜公羊以爲齊之媵女先至脅公使立爲夫人者穀梁以爲言夫人而不以姓氏非夫人也立妾之辭也　〔李仁甫長編一百九十〕仁宗嘉祐四年八月知制誥劉敞言伏聞禮官倡議欲祔郭氏於廟臣竊惑之昔春秋之義夫人不薨於寢不赴於同不反哭於廟則不言夫人不稱小君郭后之廢雖無大罪然亦既廢矣及其追復也許其號而不許其禮且二十餘年今一旦欲以嫡后之儀致之於廟恐其未安於春秋也禘于太廟用致夫人致者不宜致也不宜致者以其不薨於寢不祔于姑也古者不二嫡則萬世之後宗廟之禮豈臣子所能擅輕重哉〔禮官張洞駁議曰〕郭氏正位中宮母儀天下無大過惡陛下閔其偶失謙恭旋復位號位號既復則謚冊祔廟安得並停況引春秋禘于太廟用致夫人之例據左氏則哀姜之惡所不忍道考二傳之說復有非嫡之文以證本朝之事恐非其當若曰不薨於寢不祔於姑則郭后之沒不得其所責當歸於朝廷死者何罪而始儼宸極終不廟食耶　張洞師事劉子望孫明復見石守道上范文正公書周益公跋歐陽公與張洞書曰洞字仲通開封人晁无咎雞肋集有傳任潁州推官文忠實爲守甚重之官至工部郎中

桓以許田賂鄭。〔桓元年〕宣以濟西田賂齊。〔宣元年〕身爲不義。

取郜鼎納莒僕寶
貨范鞅竊寶弓
三叛人以邑來
魯如京師之數
魯朝聘大國之數
王使聘魯之數
魯隱奔天王喪

而以賂免。取宋郜鼎。桓二年納莒僕寶玉。文十八年左傳人欲橫流。天理滅矣。末流之敝。貨范鞅而昭公不入矣。昭二十七年竊寶弓而盜臣肆行矣。定八年受女樂而孔子遂去矣。三叛人以邑來。襄二十一年邾庶其昭五年莒牟夷三十一年黑肱知利而不知義矣。孟子是以有不奪不饜之戒。〔元圻案〕〔呂氏春秋集解〕襄陵許氏曰桓公既弒以許田賂鄭宣公既弒以濟西田賂齊夫負不義於天下則所藉以行者惟利而已是以桓宣之計若出一軌〔桓二年胡氏傳曰〕弒逆之賊不能致討而受其賂器置於太廟以明示百官是教之習爲夷狄禽獸之行也公子牙慶父仲遂意如之惡又何誅焉

公如京師者一。成十三年朝王所者二。案俱在僖二十八年時晉文以城濮之戰勝楚襄王勞文公于踐土已而狩于河陽也卿大夫如京師者五。僖三十年文元年八年宣九年襄二十四年其餘如是而朝聘於大國。史不絕書。〔集證〕公如齊十二晉二十楚二大夫聘列國五十六尊卑之分不明。強弱之力是視。記禮者以魯爲有道之國。道焉在哉。〔元圻案〕禮記明堂位是故魯王禮也天下傳之久矣天下以爲有道之國王使來聘者八隱七年凡伯九年南季桓四年渠伯糾五年仍叔之子八年家父莊二十三年祭叔僖三十年周公宣十年王季子又錫命者三賵葬者四歸脤者一〔宋羅大經鶴林玉露二〕春秋之時天王之使交馳於列

衞人立晉不書公子
衞本都徙處

國而列國之君如京師者絕少夫子謹而書之固以正列國之罪而端本澄源之意其致責於天王者尤深矣唐之藩鎮猶春秋之諸侯也〔杜陵詩云〕諸侯春不貢使者日相望蓋與春秋同一筆〔隱三年公羊傳何休注云〕時天王崩魯隱往奔喪而不見於經按隱公果有奔喪之舉春秋必大書而特書之不知何休何據而云然

衞人立晉。〔隱四年〕不稱公子者。宣公淫亂。此狄入衞之兆也。居中國去人倫。變華而狄。以滅其國。東徙渡河。終不復還舊封。詩以鶉之奔奔在定之方中之前。其戒深矣。故於晉始立名之。〔何云〕此論甚嚴恐亦未必允也竊意州吁與晉其母皆賤故不稱公子〔全云〕晉烝庶母於未立之前其不稱公子宜矣〇〔元圻案〕〔朱子詩集傳〕衞本都河北朝歌之東淇水之北百泉之南其後不知何時并得邶鄘之地至懿公為狄所滅戴公東徙渡河野處漕邑文公又徙居楚邱　〔閔二年狄入衞胡氏傳曰〕衞北州大國狄何以能入乎臣昔嘗謂河南劉奕曰史氏記繁而志寡如班固載諸王淫亂事盡削之可也奕曰必若此言仲尼刪詩如牆有茨鶉之奔奔桑中諸篇何以錄於國風而不削乎臣不能答後以問楊時曰此載衞為狄所滅之因也故在定之方中之前因是攷於歷代凡淫亂者未有不至於殺身敗家而亡其國者　〔宋高氏閌春秋集注曰〕晉桓公之弟先公之子於次當立春秋不與其立而去其公子以明先君之子孫苟不由天子之命皆不可立也蓋春秋別嫌明微以晉有可立之理故聖人特於疑似之間而發明不當立之義亦足以備一解

春秋書入國諸義

書狄入衞。〔閔二年〕書楚子入陳。〔宣十一年〕不忍諸夏見滅於夷狄。故稱入焉。書吳入郢。〔定四年〕楚昭出奔。猶有君也。

獻六羽稅畝書初史表書初本春秋

陳同甫春秋屬辭公會戎盟戎齊鄭聘盟使弟世子忽歸鄭許叔入於許納幣覿用幣

申包胥求救。猶有臣也。故不言楚。書於越入吳。哀十三年國無人焉。如升虛邑。故言吳。〔何云〕其意蓋深痛乎伯顏之入臨安也。然於春秋之旨亦密○〔元圻案〕書吳入州來。其懲子重子反之讒慝貪惏以致禍乎。書楚人入鄆。其懲莒之城惡而不爲備乎。

禮樂自天子出。而獻六羽焉。非天子不制度。而稅畝焉。故皆書曰初。〔葉夢得傳曰〕初謹始也 史記表於秦書初立西時。初租禾。初爲賦。取法乎春秋。〔元圻案〕隱公五年初獻六羽。〔公羊傳曰〕譏初僭諸公也。天子八佾。諸公六。諸侯四。天子三公稱公。王者之後稱公。其餘大國稱侯。小國稱伯子男。〔劉氏敞權衡曰〕魯隱公以前。蓋未嘗舞六佾於羣公之廟。今立仲子廟。又當下羣公。疑於所舞。故問衆仲也。衆仲不知諸侯名位不同。禮亦異數。因天子八佾。遂兼稱諸侯六佾。致魯僭諸公之禮也。此春秋所以書其初也 宣公十五年初稅畝。〔杜注〕公田之法。十取其一。今又履其餘畝。復十收其一 〔史記十二諸侯年表〕秦襄公八年初立西時。祠白帝。〔六國表〕秦簡公七年初禾租。秦孝公十四年初爲賦

陳同甫春秋屬辭。公會戎于潛。公及戎盟于唐。隱二年桓二年曰聖人不與戎狄共中國。故中國不與戎狄共禮文。齊侯使其弟年來聘。隱七年桓三年鄭伯使其弟語來盟。桓十四年曰諸侯以國事爲家事。聖人以國事

鄭伯逃盟　乞盟　宋公會盂　戰泓　盟翟泉　圍鄭　衛遷帝邱　及狄盟　城虎牢　戍虎牢　城杞　城成周

為王事鄭世子忽復歸于鄭。（桓十五年）許叔入于許（桓十五年）曰。不能大復國于諸侯則力不足以君國不能公復國于諸侯。則義不足以有國。公如齊納幣（莊二十二年）大夫宗婦覿用幣（莊二十四年）曰。父子之大義不以夫婦而遂廢。〔案〕〔杜預注〕公不使卿而親納幣母喪未再期而圖昏非禮也　夫婦之常禮不以強弱而有加。鄭伯逃歸不盟。（僖五年）鄭伯乞盟（僖八年）曰。去就不裁於大義則舉動無異於匹夫。（僖五年）〔左傳正義釋例曰〕國君而逃師棄盟違其典儀棄其章服羣臣不知其謀社稷不保其安此與匹夫逃竄無異故例在上曰逃　宋公會于盂戰于泓。（僖二十一年二十二年）曰。與夷狄共中國者。必不能與夷狄爭中國。〔公羊〕僖二十一年傳宋公與楚子期以乘車之會公子目夷諫曰楚夷國也強而無義請君以兵車之會往宋公曰不可吾與之約以乘車之會自我為之自我墮之不可終以乘車之會往楚人果伏兵車執宋公以伐宋〔胡傳〕夫盟主者所以合天下之諸侯攘夷狄尊王室者也宋公欲繼齊桓之烈而與楚盟會豈攘夷狄尊王室之義乎　盟于翟泉。（僖二十九年）晉人秦人圍鄭。（僖三十年）曰。銳於合諸侯者。必有時而惰。工於假大義者。必有

羊舌肸習於春秋

時而拙。晉文翟泉之會尋踐土之盟且謀伐鄭也鄭上年會溫朝王今一不預盟卽加之兵晉秦同役而不同心卒不能得志於鄭也狄圍衛衛遷于帝邱。僖三十一年衛人侵狄。衛人及狄盟。僖三十二年曰。避夷狄之兵。以見小國之無策。要夷狄之好。以見中國之無霸。〔胡傳〕衛爲狄所滅東徙渡河齊桓公攘夷狄封之而衛國忘亡今又爲狄所圍避狄難也而中國衰微夷狄强盛衛侯不能自强於政治晉文無卻四夷安諸夏之功莫不見矣遂城虎牢。襄二年戍鄭虎牢。襄十年曰。公其險於天下所以大霸者制敵之策。〔陸氏春秋集傳微旨卷下〕淳聞於師曰諸侯之大夫取他國之邑相與而城之非正也城虎牢以安中國息征伐故聖人許之而不繫之於鄭也歸其險於一國所以成霸者服叛之功。〔蘇氏轍集解曰〕諸侯旣城虎牢非鄭地矣而繫之鄭諸侯將服鄭而歸之故致其意也城杞。襄二十九年城成周。昭三十二年曰。大夫之於諸侯不自嫌城杞之役合十一國之大夫則列國之於王室何以辨。〔穀梁傳〕天子微故諸侯之大夫相率而城之〔胡傳〕不曰城京師而曰城成周與列國等矣其發明經旨簡而當。〔元圻案〕〔葉水心書龍川集後曰〕同甫集有春秋屬辭三卷放今世經義破題乃昔人連珠急就之比而寄意尤深遠

晉語司馬侯曰。羊舌肸習於春秋。楚語申叔時曰。

春秋爲國史大名

學春秋始終俱宜

五霸即五伯

三代之五霸春秋五霸說各異

霸爲諸侯伯

教之春秋皆在孔子前所謂乘檮杌也魯之春秋韓起所見昭二年左傳公羊傳所云不脩春秋也〔方樸山云〕〔左傳正義〕周禮釋言之備矣○元圻案〔杜預春秋序正義〕按外傳申叔時司馬侯乃是晉楚之人其言皆云春秋不言乘與檮杌然則春秋是其大名晉楚私立別號

康節邵子學於李挺之〔全云〕李之才穆脩弟子先覩以陸淳〔全云〕陸伯淳啖助弟子春秋欲以表儀五經既可語五經大旨則授易終焉此學自春秋而始也橫渠張子謂非理明義精殆未可學說見性理拾遺朱子謂春秋乃學者最後事此學至春秋而終也〔元圻案〕〔柳宗元陸文通墓表〕吳郡陸先生質與其師友天水啖助洎趙匡能知聖人之旨故春秋之言及是而光明著春秋集注十篇辨疑七篇微旨二篇〔真西山讀書記春秋要指〕張子曰春秋之書在古無有乃仲尼所自作惟孟子爲能知之非理明義精殆未可學先儒未及此而治之故其說多鑿〔朱子答魏元履書曰〕春秋前輩以爲此學者最後一段事蓋非理明義精則止是較得失考同異心緒轉雜與讀史傳撫故實無以異

孫明復〔全云〕泰山先生孫復春秋總論曰周禮九命作伯得專征諸侯孟子所謂五霸者伯也李泰伯常語司馬公迂書皆用此說通鑑謂王〔案〕王閩本誤作五今從何本霸無異

長之說
分三公爲二
伯一公
王霸無異道

道。先儒非之。愚按五伯見左傳成二年。杜氏注二云夏伯昆吾。商伯大彭。豕韋。周伯齊桓晉文。〔國語史伯曰〕昆吾爲夏伯矣大彭豕韋爲商伯矣以霸爲伯可也。而非孟子則過矣。〔溫公疑孟曰〕堯舜湯武之於仁義也皆性得而身行之也五霸則强焉而已假者文具而實不從之謂也文具而實不從其國家且不可保況能霸乎雖久假而不歸猶非其有也

邵子於五霸。取秦穆晉文齊桓楚莊。〔閻按〕杜註五伯本服虔來見毛詩疏此三代之五伯也 〔集證〕〔按應劭風俗通〕五霸夏昆吾商大彭豕韋周齊桓晉文〔趙岐注〕孟子五霸謂齊桓晉文秦繆宋襄楚莊〔師古漢書注〕異姓諸侯王表五伯則從杜預應劭之說同姓諸侯王表則又云齊桓宋襄晉文秦穆吳夫差白虎通並存二說其後一說謂齊桓晉文秦繆楚莊吳闔閭顧寧人謂言三代之五伯當如杜氏之說言春秋之五伯當如趙氏之說列越王句踐而去宋襄○〔元圻案〕〔李氏覯盱江集卷三十二常語下〕或問自漢以來孰王孰霸曰天子也安得霸哉自王以上天子號也帝亦稱皇王亦稱帝霸諸侯號也霸之爲言伯也所以長諸侯也豈天子所得爲哉 〔司馬溫公迂書曰〕合天下而君之之謂王王者必立三公三公分天下而治之曰二伯一公處乎內皆王官也周衰二伯之職廢齊桓晉文糾合諸侯以尊天子天子因命之爲侯伯脩舊職也伯之語轉而爲霸霸之名自是興自孟荀氏而下皆曰由王道而王由伯道而霸道豈有二哉得之有淺深成功有小大耳 〔讀史管見卷二〕漢宣帝甘露元年帝曰漢家自有制度本以霸王道雜之〔司馬氏曰〕王霸無異道三代之隆禮樂征伐自天子出則謂之王天子微弱諸侯有能尊王室者則謂之霸皆本仁祖義任賢使能顧名位有尊卑德澤有深淺耳非若黑白甘苦之相反也王道霸雜正猶美玉之與碔砆不可同年而語也仲尼之徒無道桓文之事今乃斷然著論謂王霸同途豈春秋之旨哉 〔朱子綱目〕取胡氏之說 〔邵子觀物外篇下〕秦穆公有功於周能遷善改過爲霸者之最晉文侯世世勤王遷平王於洛次之齊桓公九合諸侯不以兵車又次之楚莊强大又次之宋襄

王不書天

桓去秋冬二時

春秋有天法王法

春秋爲盡性之書春秋爲傳心要

三忠臣書及三叛人書名書克段許止明孝弟書仲子成風維綱常

公雖霸而力微會諸侯而爲楚所執不足論也〔四庫全書總目春秋類〕宋孫復春秋尊王發微十二卷考中興書目別有復春秋總論三卷今佚

錫桓公命。莊元年 葬成風。文五年 王不書天。〔案〕〔陸淳纂例啖助曰〕不稱天王寵篡弑以瀆三綱也與葬成風引爲夫人使妾並嫡無以異故其文一施之〔黃氏日抄八孫氏曰〕不書天者貶之愚謂孫說是也豈有貶天子禮。桓四年七年去秋冬二時。〔公羊傳〕〔桓公四年何休注云〕去二時者桓公無王而行天子不能誅故爲貶又桓七年注云去二時者桓公以火攻人君故貶〔左傳杜注〕以爲史闕文他放此〔胡傳呂氏集解〕朱子皆從杜注 此天法也。不書即位名天子之宰貶諸侯討大夫此王法也。孟子謂天子之事。邵子謂盡性之書。胡文定謂傳心之要典也。〔元圻案〕一〔邵子觀物外篇下〕春秋皆因事而褒貶豈容人特立私意哉人但知聖人之筆削爲天下之至公不知聖人之所以爲公也如因牛傷則知魯之僭郊因初獻六羽則知舊僭八佾因新作雉門則知舊無雉門豈孔聖人有意於其間故曰春秋盡性之書也〔胡文定春秋傳序〕春秋乃史外傳心之要典於以反身日加脩省及其既久積善成德上下與天地同流自家型國措之天下

明天理正人倫莫深切於春秋。三忠臣書及。〔何云〕三忠臣書及嘉其能與君共存亡也○案桓二年宋孔父莊十二年宋仇牧僖十年晉荀息〔伊川經說〕人臣死君難書及以著其節 而爲義者勸焉三叛人書名。注見前 而不義者懼焉。書克段隱元年許止

郜鼎衞寶以義利書
遇清會稷以亂書

宣定立於仲季
叔孫昭子殺豎牛
晉文請隧弗許

昭十九年而孝弟行矣。書仲子成風。而綱常立矣。注見前書郜鼎桓二年衞寶。〔莊六年〕齊人來歸衞俘〔黃氏日抄曰〕齊人主兵伐衞故分俘獲於諸侯俘三傳皆作寶諸儒多從之胡氏援俘厥寶玉爲說合以經文爲正而義利辨矣。書遇於清。〔隱四年左傳〕公與宋公爲會未及期衞人來告亂夏公及宋公遇于清清之遇不能討州吁弒君之罪而宋公反聽州吁之言合陳蔡魯衞以伐鄭故書以示貶會于稷。〔桓二年〕公會齊侯陳侯鄭伯于稷〔陳氏傳良後傳曰〕會未有言其所爲者其曰成宋亂弒君之禍接迹於天下於是焉始也向也合五國之君大夫以定州吁而州吁訖於討今也合四國之君以立華督督遂相宋莊弒君之禍接迹於天下四君爲之也而亂賊之黨沮矣。

宣之於仲遂。定之於意如。以私勞志大誼。不若叔孫昭子遠矣。晉文公以定襄王而請隧。王弗許曰。班先王之大物以賞私德。又曰。余敢以私勞變前之大章。事在僖公二十五年亦見周語眞文忠文章正宗以此篇爲首。其有感于寶慶之臣乎。〔閻按〕寶慶理宗初卽位乙酉改元之臣謂史彌遠懔懔焉春秋之法也。〔元圻案〕左傳文十八年文公二妃敬嬴生宣公敬嬴嬖而私事襄仲宣公長而屬諸襄仲冬十月仲殺惡及視而立宣公〔杜注〕惡太子視其母弟卽位宋卽定公昭公之弟季孫意如立之〔定公元年〕夏叔孫成子逆公之喪于乾侯公子宋先入戊辰公〔昭公四年〕叔孫卒牛立昭子而相之五年昭

趙鞅入晉陽書叛

襄王以狄出淮夷列諸侯之會

子即位朝其家衆曰豎牛禍叔孫氏使亂大從殺嫡立庶必速殺之豎牛懼奔齊孟仲子殺諸塞關之外　史彌遠字同叔浩之子嘉定元年拜右丞相兼樞密使寧宗太子詢薨復立宗室貴和爲皇子寧宗崩廢貴和擁立理宗皆彌遠主之朝廷初不預聞也寶慶六年改封魯國公拜太傅加爵會稽郡王獨相理宗九年擅權用事專任憸壬　〔書錄解題總集類〕文章正宗二十卷參知政事眞德秀希元撰自序云以明義理切世用爲主其體本乎古而旨近乎經者然後取焉否則辭雖工亦不錄其目凡四曰辭命曰議論曰敘事曰詩賦

晉陽以叛書聖筆嚴矣公羊氏乃謂逐君側之惡穀梁亦云以地正國漢之亂賊晉之彊臣唐之悍將假此名以稱亂甚於詩禮發冢者也〔元圻案〕〔定十三年經〕晉趙鞅入于晉陽以叛又曰晉趙鞅歸于晉〔公羊傳曰〕此叛也其言歸何以地正國也其以地正國奈何晉趙鞅取晉陽之甲以逐荀寅與士吉射荀寅與士吉射者曷爲者也君側之惡人也此逐君側之惡人曷爲以叛言之無君命也〔穀梁傳曰〕此叛也其以歸言之何也貴其以地反也貴其以地反則是大利也非大利也許悔過也許悔過則何以言叛也以地正國也以地正國則何以言叛其入無君命也　〔胡氏傳曰〕趙鞅之入拒范中行也而直書曰叛何也人臣專土與君爲市則是篡弒之階堅冰之戒豈無以自己之義乎後世大臣有困於讒間遷延居外不敢釋兵卒以憂死者亦未明人臣之義故爾故直書入於晉陽以叛入者不順之辭叛者不赦之罪

平王之遷戎爲之也注見卷三襄王之出狄爲之也僖二十四年春秋之筆戎爲先狄次之其末也淮夷列諸侯之會昭四年天下之變極矣

春秋特書正名分
成宋亂宋災故
用致夫人
溴梁之會書大夫

公在乾侯

書君出居及在之巽

春秋以道名分。〔莊子語邵子曰〕春秋爲君弱臣強而作故謂之名分之書其特書皆三綱之大者。曰成宋亂。桓公二年稷之會以宋督弗討而貨賂是取也。曰宋災故。襄公三十年澶淵之會以蔡般弗討而細故是卹也。曰用致夫人。以嫡妾無辨而宗廟之禮亂也。曰大夫盟。襄公十六年溴梁之會以君弱臣彊而福威之柄移也。吁其嚴乎。〔元圻案〕〔劉敞春秋傳〕會者講禮正刑一德紀天下也蔡侯弑其君而不誅宋災而謀之微矣〔僖八年〕秋七月禘于太廟用致夫人〔公羊傳曰〕用者何用者不宜用也致者何致者不宜致也禘用致夫人非禮也夫人何以不稱姜氏貶曷爲貶譏以妾爲妻也其言以妾爲妻柰何蓋脅于齊媵女之先至者也

沈既濟書中宗曰帝在房陵。孫之翰范淳夫用其例。春秋公在乾侯之比也。沙隨程氏謂二子不以敬王之例書居而引諸侯之在他國者。其考春秋而未熟者歟。〔何云〕沙隨之引例可謂精審其曰帝在東宮者於文義尤有礙又作史必從實錄嗣聖紀元僅一月耳今自甲申以至甲辰皆冠以嗣聖凡二十年是又採孫氏西齋錄之僻論而以無爲有孔子修春秋當不若是也朱文公詩以爲范太史受說伊川。然既濟之議乃其始也。〔閻按〕初吳兢撰國史爲則天本紀次高

宗下既濟奏議以爲則天皇后進以彊有退非德讓史臣追書當稱爲太后不宜曰上中宗雖降居藩邸而體元繼代本吾君也宜稱皇帝不宜曰廬陵王睿宗在景龍前天命未集假臨大寶於誼無名宜曰相王未容曰帝且則天改周正朔立七廟天命革矣今以周廁唐列爲帝紀考於禮經是謂亂名中宗嗣位在太后前而敘年製紀反居其下方之躋僖公是謂不智昔漢高后稱制獨有王諸呂爲負漢約無遷鼎革命事時孝惠已歿子非劉氏不紀呂后尙誰與哉議者猶謂不可況中宗以始年卽位季年復祚雖尊名中奪而天命未改足以首事表年何所拘閡而列爲二紀魯昭公之出春秋歲書其居曰公在乾侯君在雖失位不敢廢也請省天后紀合中宗紀每歲首必書孝和在所以統之曰皇帝在房陵太后行某事改某制紀稱中宗而事述太后名不失正禮不違常矣夫正名所以尊王室書法所以觀後嗣且太后遺制自去帝號及孝和上謚開元冊命而后之名不易今祔陵配廟皆以后禮而獨承統於帝是有司不時正失先旨若后姓氏名諱才藝智略崩葬日月宜入皇后傳題其篇曰則天順聖武皇后云議不行今唐書則帝紀后傳兩收則天殆亦參用其說焉○〔元圻案〕閻氏所引卽唐書沈既濟本傳文傳稱既濟蘇州吳人不載其字 〔孫氏甫唐史論斷上〕論曰武后僭竊位號唐史臣脩實錄撰國史者皆爲立紀繫后事於帝王之列僞國於有唐之史名體大亂史法大失矣後史臣沈既濟奏議曰中宗以始年登大位季年復大業雖尊名中奪而天命未改足以首事云云此得春秋之法足證唐史之失也故從其議書武后事於中宗紀中武后改元僞是妄作今起嗣聖繼以景龍武后所改但存其名備證他事而不以表年焉所以崇帝統而黜僭號也〔范氏祖禹唐鑑七〕昔季氏出其君魯無君者八年春秋每歲必書公之所在及其居乾侯也正月必書曰公在乾侯不與季氏之專國也自司馬遷作呂后本紀後之爲史者因之故唐史亦列武后於本紀其於紀事之體則實矣春秋之法則未周也故臣復繫嗣聖之年黜武氏之號以爲母后禍亂之戒竊取春秋之義雖獲罪於君子而不辭也 中宗卽位稱嗣聖元年二年武后遷帝於房州唐鑑自三年至十四年正月皆書帝在房州十五年復立帝爲太子十六年至二十一年皆書帝在東宮故義門云有礙 〔項氏家說程迥可久曰〕春秋書王在畿內曰居於翟泉出王畿曰出居於鄭諸侯在境內曰公居於鄆出境曰公在乾侯唐鑑用春秋書法中宗則宜曰帝居房陵不宜曰在 〔葉石林春秋攷十五〕昭公在鄆曰居於鄆在乾侯曰在乾侯居之與在別內外也居者據而有之之辭則在者止焉於是之辭鄆雖小我猶居之

雩閱蒐稱大肆大眚書大雩二十一

盟溴梁會中爲書變中之會兆於宋

則在上而尊矣乾侯寓於他人之境國君而至此亦不足以敵矣此足以證沙隨之說〔書錄解題史部編年類〕唐史論斷三卷天章閣待制陽翟孫甫之翰撰甫以唐書繁重遺略多失體法乃修爲唐史用編年體自康定元年逮嘉祐元年成七十五卷爲論九十二首甫歿朝廷取其書留禁中今惟諸論存焉又唐鑑十二卷翰林學士成都范祖禹淳父撰祖禹脩通鑑分主唐史元祐初上此書攷其治亂興廢之由爲三百六篇

大雩。大閱。大蒐。肆大眚。凡以大言者。天子之禮也。書魯之僭。月令曰大雩帝。天子雩上帝。諸侯雩山川。經書大雩二十有一。非禮也。賈逵云。言大別山川之雩。〔原註〕諸侯雩上帝於是季氏旅泰山矣○〔元圻案〕孫氏尊王發微桓六年大閱大蒐謂天子田莊二十二年肆大眚書稱眚災肆赦易曰赦過宥罪此天子之事也〔莊四年胡傳〕凡大閱大雩大蒐而謂之大者譏其僭也〔宋趙鵬飛春秋經筌〕周冬教大閱礬三軍盡舉而閱之所以必於仲冬今六月耕耨之時其能無妨於農乎聖人書之以著其非時說者以大閱爲僭天子之禮愚謂大之爲僭惟大雩爲然大閱兵之名與治兵何異莊公治兵以爲常而桓公大閱以爲僭何邪〔又曰〕肆赦也眚過也赦大過也或者以爲僭天子故書大若然則當書曰大肆眚矣安得曰肆大眚邪〔伊川程子曰〕大眚而肆之其失可知凡赦何嘗及得善人諸葛在蜀十年不赦審此爾無僭天子之說然則趙氏之說爲可從

溴梁之盟。大夫無君。申之會。諸侯皆狄。春秋之大變也。有雞澤之盟。而後有溴梁之盟。有宋之盟。

溴梁之會兆雞澤

魯不會北杏鄄中之會魯不至齊師宋師次郎魯不亟於從齊楚

而後有申之會。君臣夷夏之分。謹其微而已。〔程易田云〕此條與左傳異而大夫無君之義則公穀言之綦詳〔公羊傳曰〕諸侯皆在言大夫盟徧刺天下之大夫視君若贅旒然穀梁傳曰諸侯在而不曰諸侯之大夫大夫不臣也漢書五行志論災異亦詳及之曰至於襄公晉侯爲溴梁之會天下大夫皆奪君政又曰襄公十六年五月甲子地震劉向以爲先是雞澤之會諸侯盟大夫又盟是歲三月諸侯爲溴梁之會而大夫獨相與盟五月地震矣其言天戒與時政相應如此故穀梁傳曰諸侯盟又大夫相與私盟是大夫張也宋之盟在襄公二十七年申之會在昭公四年左傳於楚有褒無貶惟胡氏傳曰天下之大變也於溴梁無君臣之分於宋而無夷夏之辨又曰申之會不殊淮夷者以在會諸侯皆爲夷狄之行王法所當斥持論極有關係王氏說蓋本此〔又按何休注公羊傳曰〕楚子主會行義故君子不殊其類所以順楚而病中國故廬陵李氏曰胡氏不殊淮夷說本何休但休以爲能行義爲齊誅慶封與胡氏異瑤田謂何氏貶中寓褒云順楚病中國語意深微論古不爲無所見而胡氏所見者大矣○〔元圻案〕孫氏尊王發微襄公三年雞澤之會叔孫豹及諸侯之大夫盟言諸侯之大夫十六年溴梁之會直曰大夫盟不言諸侯之大夫者雞澤之會諸侯始失政也至於溴梁之會則又甚矣溴梁之會政在大夫也不言諸侯之大夫者大夫無諸侯故也〔又曰〕中國自宋之會政在大夫諸侯不見者十年昭四年書楚子蔡侯陳侯鄭伯許男徐子滕子頓子胡子沈子小邾子宋世子佐淮夷會于申者威文既死中國不振制在夷狄故也

諸侯之主盟。自齊桓始也。北杏鄄之會。魯不至。及幽之盟而始會焉。則魯不亟於從霸也。夷狄之主盟。自楚靈始也。申之會。魯不至。及薳啓彊之召而後如楚焉。事見昭七年左傳則魯不亟於從狄也。故曰

魯一變至於道。〔全云〕此亦未審情事之言齊襄殺魯桓而魯莊尙從之安在齊桓之霸而反不從乎特以乾時長勺乘邱之怨未平故勿遽耳以楚師伐齊取穀魯僖從楚在從晉之先安在其不急於從狄申之會特畏晉不至耳○〔元圻案〕〔陳氏止齋春秋後傳〕莊十年齊師宋師次於郎桓公所甚汲汲者魯也苟不得魯不可以合諸侯宿師於郎將以詘魯耳而北杏之會不至鄄會不至則猶未得志於魯也不苟於從齊是人心猶有周也不苟於從楚是人心猶有晉也魯一變至於道孔子所以有志於魯也　左傳成四年欲求成於楚而叛晉若非季文子非我族類之言則魯之從楚久矣

二尹氏以非禮書

幽王之尹氏。不能世吉甫之賢。而秉國不平。西周所以夷於列國也。景王之尹氏。又世太師之惡。而私立王子朝。東周所以降於戰國也。〔元圻案〕隱公三年夏四月辛卯尹氏卒〔胡傳曰〕尹氏天子大夫世執朝權爲周亂階家父所刺秉國之均不平謂何者是也因其告喪與立子朝以朝奔楚皆以氏書者志世卿非禮爲後鑑也

魯大夫陪臣僭竊

魯秉禮之國也。大夫不止僭諸侯。而旅泰山。以雍徹。僭天子矣。陪臣不止僭大夫。而竊寶弓。祀先公。見定公八年經傳僭諸侯矣。

左氏
左傳字數
諸儒論三傳得失

左氏〔元圻案〕〔鄭晰老曰〕春秋左氏傳一十九萬六千八百四十五字此合經文計之

三傳皆有得於經而有失焉。左氏善於禮。〔何云〕左氏言禮多誤

公羊善於讖。穀梁善於經。鄭康成之言也。此六藝論之文左氏豔而富。其失也巫。穀梁清而婉。其失也短。公羊辨而裁。其失也俗。范武子之言也。此范甯穀梁傳集解自序文左氏之義有三長。二傳之義有五短。劉知幾之言也。此史通申左篇文左氏拘於赴告。公羊牽於讖緯。穀梁窘於日月。劉原父之言也。原父語檢公是集及春秋傳權衡意林皆不載當攷左氏失之淺。公羊失之險。穀梁失之迂。崔伯直之言也。[案]崔伯直春秋經解十六卷本例例要一卷[注]見本卷十頁今頁五今惟例要刊入通志堂經解中左氏失之淺三句例要中無此文左氏之失專而縱。公羊之失雜而拘。穀梁不縱不拘而失之隨。晁以道之言也。此晁景迂三傳說事莫備於左氏。例莫明於公羊。義莫精於穀梁。或失之誣。[何云]誣亦當爲巫或失之亂。或失之鑿。胡文定之言也。[胡文定又曰]左氏敘事見本末公羊穀梁辭辯而義精學經以傳爲案則當閱左氏玩辭以義爲主則當習公穀左氏傳事不傳義。是以詳於史而

左氏三病十一事疑
左氏有秦孝公後事
左邱明在孔子前
左氏非邱明八驗

事未必實。公羊穀梁傳義不傳事。是以詳於經而義未必當。葉少蘊之言也。（此葉夢得春秋傳自序文）左氏史學。事詳而理差。公穀經學。理精而事誤。朱文公之言也。（朱子曰）左氏是史學。公穀是經學。史學者記得事却詳。於道理上便差。經學者於義理上有功。然記事多誤。（又曰）左氏曾見國史。考事頗精。只是不知大義。公穀考事甚疏。然義理却精。二人乃是經生。往往不曾見國史。（呂氏大事記曰）左氏熟於事。公穀深於理。蓋左氏曾見國史。而公穀乃經生也。學者取其長舍其短。庶乎得聖人之心矣。啖趙以後。憑私臆決。甚而閣束三傳。（韓文公贈玉川子詩曰）春秋三傳束高閣。獨抱遺經究終始。是猶入室而不由戶也。（方樸山云）啖趙以後云云。宋景文之言也。（全云）公穀理亦未盡精。

呂成公（左氏續說）謂左氏有三病。周鄭交質。不明君臣之義。一也。以人事附會災祥。二也。說管晏之事則善。說聖人之事則陋。三也。王介甫疑左氏爲六國時人者十一事。（原註）介甫左氏解一卷。其序謂爲春秋學餘二十年。館閣書目以爲依託。○（元圻案）（呂成公春秋左氏傳續說綱領）左氏只有三般病。除却此三病。便十分好。所謂三病者。左氏生於春秋時。爲習俗所移。不明君臣大義。視周室如列國。如記周鄭交質。此一病也。又好以人事附會災祥。夫禮儀動

左氏去孔子八十年

作古人固是於此見人吉凶亦豈專係於此此二病也記管晏之事則盡精神纔說聖人便無氣象此三病也〔書錄解題春秋類〕左氏解專辨左氏爲韓魏趙殺智伯事去孔子六七十年決非邱明〔葉石林春秋攷三〕春秋終於哀十四年而孔子卒傳終二十七年後孔子卒十三年辭及韓魏知伯趙襄子之事而名魯悼公楚惠王夫以春秋爲經而續之知孔子者固不敢爲是矣以年攷之楚惠王卒去孔子四十七年魯悼公卒去孔子四十八年趙襄子卒去孔子五十三年察其辭僅以哀公孫於越盡其一世之事爲經終泛及後事趙襄子爲最遠而非止於襄子不知左氏後襄子復幾何時豈有與孔子同時非弟子而如是其久者乎以左氏爲邱明自司馬遷失之也唐趙氏雖疑之而不能必其說今攷其書雜見於秦孝公以後事甚多以予觀之殆戰國周秦之間人無疑也〔鄭漁仲六經奧論四〕啖助曰論語所引邱明乃史佚遲任之類左氏集諸國史以釋春秋後人謂左氏爲邱明非也趙匡曰公穀皆左氏之後人不知師資幾世左邱明乃孔子以前賢人而左氏不知出於何代今以左氏傳質之則知其非邱明也左氏終紀韓魏知伯之事又舉趙襄子之謚若以爲邱明自獲麟至襄子卒已八十年矣使邱明與孔子同時不應孔子既沒七十有八年之後邱明猶能著書此左氏爲六國人明驗一也左氏戰于麻隧秦師敗績獲不更女父又云秦庶長鮑庶長武帥師及晉師戰于櫟秦至孝公時立賞級之爵乃有不更庶長之號明驗二也左氏云虞不臘矣秦至惠王十二年初臘明驗三也左氏師承鄒衍之說而稱帝王子孫案齊威王時鄒衍推五德終始之運明驗四也左氏言分星皆準堪輿案韓魏分晉之後而堪輿十二次始於趙分曰大梁之語明驗五也左氏云左師展將以公乘馬而歸案三代時有車戰無騎兵惟蘇秦合從六國始有車千乘騎萬匹之語明驗六也左氏序呂相絕秦聲子說齊其爲雄辯狙詐真游說之士捭闔之辭明驗七也左氏之書序晉楚事最詳如楚師熸猶拾瀋等語則左氏爲楚人明驗八也據此八節可以知左氏非邱明是爲六國時人無可疑者或問伊川曰左氏是邱明否曰傳無邱明字故不可考真知言歟 王介甫左氏解今不傳荊公集亦無此序其所疑十一事不可得聞矣故兼取石林漁仲之說以見其大概

左氏立學以言劉氏

漢武帝好公羊。宣帝善穀梁。皆立學官。左氏嘗立

左氏出張蒼家無傳處秦為劉氏

敬仲畢萬後非先見陶唐氏劉氏沙鹿崩為新都兆夜明為釋氏生

而復廢。賈逵以為明劉氏之為堯後。始得立。不以學之是非。而以時之好惡。末哉。漢儒之言經也。（閻按）賈逵雖明劉氏為堯後止令逵選高才生二十人教以左氏與簡紙經傳各一通未嘗立學官立學官乃光武因陳元之言然旋立旋廢（全云）得立學官在曹魏正始中○（元圻案）（漢書儒林傳）武帝時瑕丘江公與董仲舒並仲舒通五經能持論江公吶於口上使與仲舒語不如仲舒而丞相公孫宏本為公羊學比輯其義卒用董生於是上因尊公羊家詔太子受由是公羊大興太子既通公羊復私問穀梁而善之宣帝即位聞衛太子好穀梁以問韋賢夏侯勝及史高皆魯人也言穀梁本魯學公羊氏乃齊學宜興穀梁時蔡千秋為郎召與公羊家並說上善穀梁說擢千秋為諫議大夫（左傳文十三年正義傳）說處秦為劉氏尋討上下其文不類深疑此句或非本旨蓋以為漢室初興捐棄古學左氏不顯於世先儒無以自申劉氏從秦從魏其源本出劉累插註此辭以媚於世明帝時賈逵上疏云五經皆無證圖讖明劉氏之為堯後者而左氏獨有明文竊謂前世藉此以求道通故後引之以為證耳（隋書經籍志一）左氏漢初出張蒼之家本無傳者文帝時賈誼為訓詁授趙人貫公劉歆考正欲立於學諸儒莫應建武中韓歆請立而未行陳元又上書訟之乃以李封為左氏博士封卒遂罷其後賈逵服虔並為訓解至魏遂行於世

八世之後莫之與京。（莊二十二年）其田氏篡齊之後之言乎。公侯子孫必復其始。（閔元年）其三卿分晉之後之言乎。其處者為劉氏。（文十三年）其漢儒欲立左氏者所附益乎。皆非左氏之舊也。（何云）以處者為劉氏為後儒所附益者孔氏正義已劇論之若使為劉歆輩所附

正義左氏立學語誤

益則班固去歆不遠肯著之高帝紀乎新都之篡以沙鹿崩爲祥釋氏之熾以恆星不見爲證蓋有作俑者矣〔元圻案〕〔呂成公左傳說二〕左氏所載敬仲畢萬之言蓋左氏之生適當戰國之初田魏始興故諂誣其祖以神下民當時民無有知者左氏惑於流俗之見故亦從而書之〔宋董逌廣川書跋慶都碑〕劉焯嘗謂左氏稱在夏爲陶唐氏其處者爲劉氏非魯史本文乃漢儒欲其傳特爲此語以漢出堯後〔漢書元后傳〕孝元皇后王莽之姑也莽自謂黃帝之後黃帝八世生虞舜以嬀爲姓至周武王封舜後嬀滿於陳十三世生完完字敬仲奔齊姓田氏十一世田和有齊國三世稱王至王建爲秦所滅項羽封建孫安爲濟北王至漢興安失國齊人謂之王家因以爲氏安孫遂生賀字翁孺徙魏元城委粟里元城建公曰昔春秋沙麓崩晉史卜之曰陰爲陽雄土火相乘故有沙麓崩後六百四十五年宜有聖女興其齊田乎今王翁孺徙正值其地日月當之元城郭東有五鹿之虛卽沙鹿地也後八十年當有貴女興天下云〔文選王屮頭陀寺碑〕周魯二莊親昭夜景之鑒注顯微吳縣記曰佛法未詳其始而典籍亦無聞焉魯莊七年夜明佛生之日也〔左氏傳曰〕莊公七年辛卯夜恆星不見夜明也〔瑞應經曰〕到四月八日夜明星出時佛從右脅墮地卽行七步

正義云和帝元興十一年鄭興父子奏上左氏始得立學遂行於世至章帝時賈逵上春秋大義四十條〔案〕此杜預春秋序正義文下云以詆公羊穀梁又與左氏作長義愚嘗攷和帝元興止一年安得有十一年一誤也鄭興子衆終於章帝建初八年不及和帝時二誤也〔後漢書鄭衆傳〕章帝建初六年代鄧彪爲大司農

八年卒官章帝之子爲和帝後先失序二誤也釋文序

錄亦云元與十一年皆非也〔元圻案〕〔正義曰〕劉歆欲建立左氏春秋諸儒博士或不肯置對歆因

移書於太常博士責讓之和帝元興十一年鄭興父子及歆創通大義奏上左氏〔案前漢書王莽傳〕歆以地皇四年自殺安得於和帝時與鄭興父子奏上左氏耶〔鄭興傳〕與善左氏

傳天鳳中從劉歆講正大義爲得其實新莽六年改元天鳳十二年改元地皇〔後漢書興衆傳〕亦不書奏上左氏事

杜序優柔語所本

優而柔之使自求之大戴禮孔子之言也〔案〕〔杜預春秋序正義云〕

大戴禮子張問入官學之篇有此文也 東方曼倩客難 杜元凱左氏傳序 皆用之〔元圻案〕〔漢書東

方朔傳〕朔字曼倩平原厭次人也著論設客難己用位卑以自慰諭論中用大戴禮語顏氏不注所出

穆后聲子婦人謚春秋中婦人以謚著

老泉謚論云婦人有謚自周景王穆后始〔案〕穆后見昭十五年傳

愚按魯惠公聲子已有謚〔左傳〕〔首章正義曰〕謚法不生其國曰聲 在春秋

之初〔閻按〕文姜亦不從夫謚金仁山謂特謚爲文也計必有秀慧之質晨雞之才者〔方心醇云〕哀姜成風敬嬴皆不從夫謚文姜沒於莊公時以子謚毋恐未必如所

云也○〔元圻案〕〔四庫全書總目史部政書類〕謚法四卷宋蘇洵撰自周公謚法以後歷代言謚者有劉熙來奥沈約賀琛王彥威蘇冕扈蒙之書然皆雜糅附益不爲典要至洵奉詔編

定六家謚法乃取春秋廣謚及諸家之本刪訂考證以成是書後鄭樵通志謚略大都因此書而增補之〔謚論〕又曰匹夫有謚自東漢之隱者始宦官有謚自東漢之孫程始蠻夷有謚

自東漢之莎車始〔路史論謚法曰〕夫婦人之典周三后其著者也而穆王之盛姬亦有哀淑人之謚見於穆天子傳匹夫之典夷齊其著者也而齊之黔婁已謚曰康見於高士傳其來久

羽數以八爲佾

矣

衆仲對羽數服杜之說不同服虔云天子八八至士二八則當每佾八人杜預云天子六八十四人至士四人〔案〕〔隱五年正義曰〕何休說如此服虔以用六爲六八四十八大夫四爲四八三十二士二爲二八十六杜以爲舞勢宜方行列既減即每行人數亦宜減故同何說則人數如其佾數宋太常傅隆以杜預爲非謂八音克諧然後成樂故必以八人爲列〔何云〔韋昭國語注云〕八人爲佾備八音也降殺以兩減其二列耳預以爲一列又減二人至士止餘四人豈復成樂傅隆語見宋書樂志一劉原父春秋權衡一謂士無舞特牲少牢皆士禮無用樂舞之儀〔閻案〕〔今本宋書樂志〕故必以八人爲列人誤作八列誤作例王氏所見本尙古〇〔元圻案〕〔范甯穀梁傳注〕佾之言列八人爲列〔通典樂五引蔡邕月令章句曰〕天子八佾諸侯六大夫四士二佾舞列也每佾八人〔又樂七〕宋文帝元嘉十四年太常博士傅崇議夫舞者所以節八音也八音克諧然後成樂故樂必以八人爲列自天子至士降殺以兩兩者減其二列耳杜以謂一列又減二人至士止餘四人豈復成樂〔按服虔注左傳云〕天子八八諸侯六八大夫四八士二八其議甚允春秋鄭伯納晉悼公女樂二八晉以一八賜魏絳此樂以八人爲列之證也若如議者唯天子有八則鄭應納晉二六晉應賜絳一六也〔呂氏春秋先識覽察微篇曰〕禘于襄公之廟也舞者二人高誘注禮天子

傳中生而稱謚
苦成叔非謚

富辰成鱄言
周封建

八佾諸侯六佾六佾者四十八人〔朱子論語八佾注〕雖兼載服杜之說而意主服氏

石碏曰。陳桓公方有寵於王。公羊傳。公子翬恐若其言聞乎桓於是謂桓曰。吾為子口隱矣。俱見隱四年荀子堯問篇周公曰。成王之為叔父。穆天子傳。亦云穆滿。皆生而稱謚。紀事之失也。〔閻按〕顧寧人歷引生而稱謚及魯語鮑國謂子叔聲伯曰子何辭苦成叔之邑以成為謚不知下文稱苦成氏晉語稱苦成叔子左傳苦成叔敖寗殖曰苦成家其亡乎則成非謚蓋亦邑名〔集證〕〔日知錄二十三〕漢書張敖傳呂后數言張王以魯元故不宜有此劉敬曰史家記事或有如此追言謚者史記貫高與張敖言謂帝為高祖公羊傳公子翬與桓公言吾為子口隱矣皆此類傳記中如國語國策史記荀子呂氏春秋淮南子說苑諸書多是生時稱謚皆後人追為之辭也自東京以下即無此語文益謹而格謚卑矣〇〔元圻案〕穆天子傳六卷注見卷四二十五頁今十三頁

富辰言周公封建親戚。凡二十六國。僖二十四年成鱄言武王兄弟之國十有五人。姬姓之國四十人。〔原注〕史記云〕文武成康所封數百而同姓五十五與此同〇〔案〕成鱄語見昭二十八年史記語見漢興以來諸侯年表序文武史記作武王荀子儒效篇謂周公立七十一國。姬姓獨居五十三人。漢諸侯王表謂周封國八百。同姓五十有餘。後漢章和章帝十二年改元章和

石祁子言可訓世

臣無二心天之制原繁臣節可議

元年詔謂周之爵封千有八百姬姓居半（詔載阜陵質王延傳）當以成鱄之言爲正皇甫謐亦云武王伐紂之年夏四月乙卯祀於周廟將率之士皆封諸侯國四百人兄弟之國十五人同姓之國四十人（〔閻按〕富辰首舉國名皆文王之子武王之弟明十六人何以言成鱄十五人當爲正〇〔元圻案〕王氏謂以成鱄之言爲正蓋指封建親戚不止二十六國耳故廣引荀子史記漢表以證閻氏似誤規）

宋人請猛獲於衛衛人欲勿與石祁子曰天下之惡一也（莊十二年）名臣之言可訓萬世蓋祁子之學識見於不沐浴佩玉之時（事見檀弓）衛多君子淵源有自來矣

原繁曰臣無二心天之制也（莊十四年）此天下名言萬世爲臣之大法西山讀書記取之博議貶繁恐未爲篤論（〔全云〕此有感於劉王之輩〇〔元圻案〕〔博議曰〕原繁自莊公之世用事於朝歷忽亹儀突之變國四易主入則事之出則舍之視立君如傳舍觀原繁對）

鄭伯謂燭之武

上思利民爲忠

厲公之辭曰苟主社稷國內之民其誰不爲臣信如是說則苟據君位者皆無所擇篡亦君也僭亦君也盜亦君也讐亦君也爲臣者皆操此心則人君將安所恃乎甚矣繁之姦也據此繁之爲人原有可議節取其言可也（書錄解題）左氏博議二十卷呂祖謙撰方授徒時所作自序曰春秋經旨概不敢僭議而枝辭贅語則舉子所資課試也（西山讀書記君臣篇）於左傳取荀息狐突解揚箴尹之言而未及原繁當更攷

鄭伯謂燭之武曰若鄭亡子亦有不利焉（僖三十年）觀魏受禪碑（載三國魏文帝紀注）唐六臣傳（五代史）利蓄而樂亡者有矣

〔元圻案〕六臣張文蔚蘇循楊涉張策薛貽矩趙光逢也（歐陽修五代史曰）予嘗至繁城讀魏受禪碑見漢之羣臣稱魏功德而大書深刻自列其姓名以夸耀於世（又讀梁實錄）見文蔚等所爲如此未嘗不爲之流涕也夫以國予人而自夸耀及遂相之此非小人孰能爲也宋帝㬎德祐二年八月以王積翁爲福建招討使十一月王積翁叛降元先是積翁棄南劍州行都遣人納款於元至是元軍侵福安積翁爲內應遂與王剛中同降留夢炎宋之狀元宰相變心仕虜文天祥留燕王積翁請釋爲道士留夢炎不可曰天祥出復號召江南置吾等於何地天祥遂遇害張天如曰宋之逆賊前莫惡於劉整後莫醜於夢炎非苟論也王氏此二條皆有感而發

君之於民亦曰忠季良曰上思利民忠也（桓六年）子之於親亦曰慈內則云慈以旨甘聖賢言忠不顓於事君爲人謀必忠於朋友必忠告事親必忠養（內則）以善教人以利及民無適非忠也〔元圻案〕董子繁露亦曰教以

正時之義合素問言

杜氏長曆置閏之失

愛使以忠〔真西山劉氏傳忠錄後序曰〕聖賢之言忠不顓於事君爲人謀必忠也於朋友必忠告也事親必忠養也至於以善教人以利愛民無適而非忠也

素問。立端於始。表正於中。推餘於終。而天度畢矣。注謂立首氣於初節之日。示斗建於月半之辰。退餘閏於相望之後。此可以發明左氏正時〔文元年〕之義。〔何云〕回回曆有閏日而無閏月似本之此〇〔元圻案〕〔素問六節藏象論〕曰日行一度月行十三度而有奇焉故大小月三百六十五日而成歲積氣餘而盈閏矣立端於始表正於中推餘於終而天度畢矣注端首也始初也表彰示也正斗建也中月半也推退位也言立首氣於初節之日示斗建於月半之辰退餘閏於相望之後是以閏之前則氣不及月閏之後則月不及氣故常月之制建初立中閏月之紀無初無中縱歷有之皆他月節氣也故歷無云某候某閏月節閏月中也素問注見後卷九第十四頁今七頁

通鑑外紀目錄。云杜預長曆〔案〕〔王隱晉書曰〕杜預著春秋長曆至老乃成摯虞賞之經義考云已佚今四庫書從永樂大典裒集成書既違五歲再閏。又非歸餘於終。但據春秋經傳考日辰朔晦。前後甲子不合。則置一閏。非曆也。春秋分記〔全云〕程公說作云長曆於隱元年正月朔則辛巳。二年則乙亥。諸曆之正皆建子。而預之正獨建丑焉。日有不在其月。則改易閏餘。彊

王貳于號
王叛王孫蘇
左氏文多乖
於名分

以求合。故閏月相距。近則十餘月。遠或七十餘月。劉羲叟起漢元以來為長曆。通鑑目錄用之。〔閻按〕〔春秋長曆論〕止有言當順天以求合非為合以驗天二語是　〔集證〕〔大衍曆議〕列國之曆不可以一術齊矣而長曆日有不在其月則改易閏餘欲以求合故閏月相距近則十餘月遠或七十餘月此杜預所甚繆也夫合朔先天則經書日蝕以糾之中氣後天則傳書南至以明之其在晦二日則原乎定朔以得之列國之曆或殊則稽於六家之曆以知之此四者皆治曆之大端而預所未曉也○〔元圻案〕〔文五年正義曰〕春秋之世曆法錯失〔杜惟勘經傳〕上下日月以為長曆若日月同者則數年不置閏若日月不同須置閏乃同者則未滿二十二月頻置閏所以異於常曆釋例云據經傳微旨考日辰晦朔以相發明為經傳長曆未必得天蓋春秋當時之曆也據杜此言正是為合以驗天非順天以求合也　〔通鑑外紀注〕見卷五四十一頁今二十頁〔四庫全書別史類題要曰〕恕是書摭周威烈王以前事迹為外紀又著目錄年經事緯上列閏朔天象下列外紀之卷數悉與司馬光通鑑目錄例同〔書錄解題三〕春秋分記九十卷邛州教授眉山程公說伯剛撰以春秋經傳倣司馬遷書為年表世譜曆天文五行地理禮樂征伐官制諸書自周魯而下及小國夷狄皆彙次之時有所論發明成一家之學公說積學苦志早年登科值逆曦之亂憂憤以死年纔三十七　經義考云未見今　四庫書著錄　劉羲叟字莊輿恕之子陳振孫曰司馬公通鑑目錄倣史記年表年經國緯用劉羲叟長曆氣朔而撮新書精要散於其中

王貳于號。桓五年王叛王孫蘇。宣十六年曰貳。曰叛。於君臣之義失矣。不可以訓。通鑑周紀三赧王元年書燕叛齊。而大事記非之。〔方樸山曰〕公羊傳昭公將弒季氏亦類此然孟子明書燕人叛　〔全云〕溫公於陳霸先之攻王琳亦失書法○〔案〕〔大事記解題四〕通鑑書燕人叛齊

燕之於齊爿叛也遂人殺齊戍春秋書曰齊人殲于遂不謂之叛也孟子非作史其曰燕人叛特因用齊人之語耳

書蜀漢寇魏。〔通鑑魏紀四〕明帝太和五年二月漢丞相亮帥諸軍入寇圍祁山又明帝青龍二年二月亮悉大衆十萬由斜谷入寇 而綱目非之。書晉寇梁。〔通鑑後梁紀〕太祖開平元年十二月晉兵寇洛州 而讀史管見非之。況天子之於臣乎。〔全云〕左氏之失極多其無君臣之辨亦不止此如王使王孫蘇訟于晉及晉人討萇宏之類○〔元圻案〕〔通鑑綱目十五〕漢後主建興八年發明曰諸葛孔明左右昭烈爲漢討賊聲大義於天下功雖不就名則正矣通鑑於孔明伐魏之舉反以入寇書之則是以討賊之人名之爲賊耳綱目於魏兵犯境書之爲寇然後名正言順而正僞之辨始明固非好爲立異也正前人之未正卒歸之是亦所以更相發明云爾〔讀史管見二十七後梁紀〕司馬氏自以正閏之際非所敢知然蜀魏分據則書諸葛亮入寇是以魏爲正矣梁晉交爭而書晉兵寇洛州是以梁爲正矣孟子曰今天下地醜德齊莫能相尚先主武侯繼不爲興復漢室其人品高賢固自冠冕三國乃以曹氏壓之若河東雖出蕃夷然忠功義烈蓋唐末第一流而又顯然斥爲梁寇地雖數倍德則不倫是以成敗論事而不要義理之實豈所以訓哉然則如何以兩下相殺書梁晉之事以北伐魏賊紀蜀兵之出然後當於人心矣〔洪景盧容齋三筆〕王貳于虢杜氏謂不復專任鄭伯也王叛王孫蘇杜氏曰叛者不與也夫以君之與臣而言貳與叛豈理也哉晉平戎於王單襄公如晉拜成劉康公徼戎將伐之叔服曰背盟而欺大國不義晉范吉射趙鞅交兵劉氏范氏世爲昏姻萇宏事劉文公故周與范氏趙鞅以爲討夫以天子之使出聘侯國而言拜成謂周於晉爲欺大國諸侯之卿跋扈於天子而言討皆於名分爲不正其他如晉邢侯殺叔魚叔魚兄叔向數其惡而尸諸市其於兄弟之誼爲勿篤矣而託仲尼之語云殺親益榮杜氏又謂榮名益己以弟陳尸爲兄榮尤爲失也〔書錄題解四〕大事記十二卷解題十二卷通釋一卷呂祖謙撰自敬王三十九年以下采左氏傳歷代史皇極經世通鑑稽古錄輯而廣之及漢征和三年而止解題者略具本末或附以己意多所發明通釋者經典綱要孔孟格言以及歷代名儒大議論又讀史管見三十卷禮部侍郎胡寅明仲撰以通鑑事實而義少故爲此書議論宏偉嚴正間有感於時事其於熙豐以來接

冀國冀戎
顛軨鄍三門
冀幷於晉封
郄芮

民未知禮未
生共

民受天地之
中以生

於紹興權奸之禍尤寓意焉

晉假道于虞。曰冀爲不道。入自顛軨。伐鄍三門。杜氏以冀亭爲冀國。〔案〕〔僖二年杜注〕冀國名平陽皮氏縣東北有冀亭嘗攷之東漢西羌傳。渭首有冀戎。史記云。秦武公伐而縣之。漢天水郡之冀縣也。〔秦本紀〕武公十年伐邽戎冀戎初縣之〔集解地理志〕隴西有上邽縣應劭曰即邽戎邑也冀縣屬天水郡入顛軨者。蓋冀戎。〔原注〕前此虢公敗犬戎於渭汭蓋亦渭首之戎但秦之縣冀在晉假道于虞之前蓋其餘種也晉自有冀邑。〔原注〕冀缺爲卿復與之冀〔閻按〕〔杜注〕冀即晉之冀亭最是王氏以爲漢縣則今伏羌縣也距虞千有餘里○〔元圻案〕〔後漢書郡國志〕河東郡大陽有虞城有下陽城有顛軨阪皮氏有冀亭〔水經〕河水又經大陽縣南注地理志曰北虢也〔孔安國傳〕傅說隱於虞虢之間即此地傅巖東北十餘里即巔軨阪左傳所謂入自巔軨者也〔穆天子傳〕南登於薄山顛軨之隥乃宿于虞是也〔又〕砥柱山亦謂之三門矣山在虢城東北大陽城東也〔路史國名紀三〕冀幷於晉郄芮封之漢之隮縣今隸晉有冀亭在皮氏東北〔傳云〕冀爲不道者據此三說則閻氏說是也〔路史國名紀四〕鄍冥也郟之平陸東北二十里有鄍城冀伐之者

子犯曰。民未知禮。未生其共。〔僖二十七年〕生之一字。與樂記易直子諒之心。油然生矣。孟子樂則生矣之生同。溫公省試民受天地之中以生論。以生爲

民生在勤

元愷之才皆德

狄之酆舒

鯀禹並言世繼矢辭

活其說以爲民受天地之中則能活也朱文公謂此說好〔元圻案〕温公論今傳家集不載

楚箴曰民生在勤宣十二年生如生於憂患之生蓋心生生不窮勤則生矣生則烏可已也怠焉則放放則死矣故公父文伯之母曰民勞則思思則善心生〔全云〕思則善心生此生字稍別

古者以德爲才十六才子是也見文公十八年如狄之酆舒見宣十五年晉之智伯〔晉語〕荀瑤有五賢而甚不仁瑤即智伯也齊之盆成括見孟子以才稱者古所謂不才子也〔元圻案〕〔范淳父唐鑑曰〕周公制禮作樂孔子以爲才然則古之所謂才者兼德行而言也後世之所謂才者辨給以禦人詭詐以用兵僻邪險詖趨利就事是以天下多亂職斯人之用於世也〔謝疊山曰〕唐虞以上無才德之分如臯陶九德皆才也舜舉元愷之才皆德也

禹鯀之子也史克於鯀曰世濟其凶而於禹曰世濟其美論其世則鯀非美也於此見立言之難

貴能貧賤有恥證史

楚夏州衛戎州秦夏聲

葵邱申禁見管子

〔方樸山云〕正義已言之〇〔元圻案〕〔文十八年正義曰〕史克方欲盛談美惡說事必當增甚故其言美惡有太過之辭禹則鯀之子也說禹則云世濟其美說鯀則云世濟其凶明其餘亦有太過非其實也

貴而能貧。〔案〕鄭伯張語見襄二十二年張文節。〔全云〕知白〇〔案〕知白字用晦滄州清池人在相位以盛滿爲戒謚文節司馬公有焉。能賤而有恥。晉郤缺語見文十三年劉道原陳無已。有焉。〔閻按〕富而能臣見定十三年注能執臣禮〇〔元圻案〕〔司馬温公訓儉曰〕張文節爲相自奉養如爲河陽掌書記時所親或規之曰公今受俸不少而自奉若此外人頗有公孫布被之譏公歎曰人之常情由儉入奢易由奢入儉難吾今日之俸豈能常有身豈能常存一旦異於今日家人習奢已久不能頓儉必致失所豈若吾居位去位身在身亡常如一日乎〔蘇子瞻司馬温公行狀曰〕公不事生產買第洛中僅庇風雨有田三頃喪其夫人質田以葬惡衣菲食以終其身〔司馬温公劉道原十國紀年序曰〕道原家貧至無以給旨甘一毫不妄取於人其自洛陽南歸也時已十月無寒具光以衣襪一二事及舊貂褥贐之固辭強與之行及潁州悉封而返之於光而不受於佗人可知矣父渙字凝之歐陽永叔作廬山高以美之〔王稱東都事略〕陳師道字無已徐州彭城人元祐中蘇軾傅堯俞孫覺薦於朝爲徐州教授除祕書省正字家素貧自罷歸彭城或累日不炊妻子愠見不恤也

楚有夏州。〔案〕宣十一年杜注示討夏氏所獲也以夏變夷衛有戎州。哀十七年以夷變夏。〔閻按〕楚復封陳鄉取一人焉以歸謂之夏州夏氏也〔何云〕夏州蓋志夏徵舒之伐也而豈用夏之謂乎戎州或其地故有戎焉未可因其名而罪衛蒯聵固云我姬也何戎之爲〔全云〕深寧特有感言之耳秦有夏聲不必謂其變西戎之俗

管子大正篇。〔案〕〔唐書藝文志丙部法家類〕尹知章注管子三十卷　大正原作大匡避宋太祖諱作正管仲曰君會

齊桓五禁有躬蹈者

晉文合諸侯中禁

趙衰以壺飱事封原

其君臣父子則可以加政矣公曰會之道奈何曰諸侯毋專立妾以爲妻毋專殺大臣毋國勞毋專予祿士庶人毋專棄妻毋曲隄毋貯粟毋禁林行此卒歲則始可以罰矣君乃布之於諸侯諸侯許諾受而行之孟子所謂五禁略見於此呂成公曰如內政之類桓公於五命之戒亦未免有所犯故左氏隱而不書使後世不知桓公躬言之而躬自蹈之也說苑反質篇晉文公合諸侯而盟曰無以美妾疑妻無以聲樂妨政無以姦情害公無以貨利示下亦五禁之意傳記不載

趙衰以壺飧從徑餒而弗食故使處原僖二十五年韓非子外儲說左下曰晉文公出亡箕鄭挈壺餐而從迷而

諸侯諒闇用吉禮

伯宗伐潞不待諸釁

失道。與公相失。餓而不敢食及文公反國曰輕忍飢餒之患而必全壺餐是將不以原叛乃舉以爲原令。此即趙衰事也。

杜預解傳。云諸侯諒闇國事皆用吉禮。文元年議太子服。云高宗無服喪之文。唯稱不言而已。〔案〕事見晉書禮志中飾經舞禮。不可以訓。〔全云〕凡諸侯諒闇或天子有大慶則用吉禮謂國事用吉謬矣預之見黜於從祀未爲過也。〇〔元圻案〕〔隱元年正義曰〕晉書杜預傳云太始十年元皇后崩依漢魏舊制既葬帝與羣臣皆除服疑皇太子亦應除否預以爲古者天子諸侯三年之喪始服齊斬既葬除喪服諒闇以居心喪終制不與士庶同禮預又作議曰周景王有后世子之喪既葬除喪而宴樂晉叔向譏之曰三年之喪雖貴遂服禮也王雖不遂宴樂以早此亦天子喪事見於古也稱高宗不言喪服三年而云諒陰三年此釋服心喪之文也譏景王不譏其除喪而譏其宴樂早則既葬應除而違諒闇之節也案今晉書杜預傳無此文禮志有之文亦小異

伯宗伐潞曰。後之人或者將敬奉德義以事神人。而申固其命若之何待之。宣十五年樂毅伐齊曰。待彼悔前之非。改過恤下而撫其民則難慮也。羊祜伐吳曰。若更立令主。雖有百萬之衆。長江未可

西陸朝覿出冰
火出夏爲三月

窺也。此皆兵家權謀。惟恐人之遷善。豈所謂以善養人者哉。〔集證〕〔按通鑑晉王濬上疏曰〕孫皓荒淫凶逆宜速征伐若皓死更立賢主則强敵也與羊祜語同○〔元圻案〕〔通鑑周紀四〕赧王三十一年燕王以樂毅爲上將軍伐齊樂毅曰齊王伐功矜能謀不逮下廢黜賢良信任諂諛政令戾虐百姓怨懟今軍皆破亡若因而乘之其民必叛君不遂乘之待彼悔前之非云云〔又晉紀二〕武帝咸寧四年帝遣張華就羊祜問伐吳籌策祜曰孫皓暴虐已甚於今可不戰而克若皓不幸而沒吳人更立令主云云　〔晏子春秋〕景公欲伐魯晏子曰不可魯好義而民戴之伯禽之治存焉不若修德而待其君之亂也其君離上怨其下然後伐之則義厚而利多亦與伯宗等同意　〔泰誓曰〕時哉不可失似亦有此意此先儒所以致疑於古文也周世宗謂南唐使臣鍾謨曰歸語汝主可及吾時完城郭繕甲兵據守要害爲子孫計庶幾威德之言矣

西陸朝覿。其說有三。服氏謂春分奎晨見東方。杜氏謂三月奎朝見。鄭氏謂四月昴朝見。爾雅。西陸昴也。釋天文劉炫云。鄭爲近之。詩三星在天。其說有二。毛氏以爲參。十月始見。鄭氏以爲心。三月見東方。朱文公詩傳從鄭說。〔元圻案〕〔昭四年正義曰〕傳言西陸朝覿於傳之文未知何宿覿也服虔以爲二月日在婁四度春分之中奎始朝見東方以是時出冰月令仲春天子乃獻羔啓冰是也服虔又以此言出之卽是仲春啓冰故爲此說案下句再言其藏其出復此藏出之文言其出之也朝之祿位賓食喪祭於是乎用之卽是班冰之事非初啓也安得以出之爲啓冰也如鄭玄答其弟子孫皓問云西陸朝覿謂四月立夏之時周禮夏班冰是也與杜說異禮亦通也劉炫云

春分奎星已見杜注夏三月仍云奎始朝見非其義也杜鄭及服三說鄭爲近之〔唐風綢繆篇毛傳〕三星參也在天始見東方也三星在天可以嫁娶矣箋云三星心也心有尊卑夫婦父子之象又爲二月之合宿故嫁娶者以爲候焉昏而火星不見嫁娶之時也今乃見其在天則三月之末四月之中見於東方矣故云不得其時〔正義曰〕漢書天文志云參白虎宿三星毛以秋冬爲昏時故云三星在天可以嫁娶王肅云謂十月也孝經援神契云心三星中獨明是心亦三星也天文志云心爲明堂也大星天王前後星子屬〔毛詩李黃集解〕李迂仲曰鄭以仲春昏而火星不見嫁娶之時也今已見在天非其時爾故詩人舉其昏姻失時而刺之故曰三星在天然三星一名大火歐以爲參火皆三星則知鄭說爲得矣以其所見之月候嫁娶早晚爲有理此言是也若以三星爲心星見失嫁娶之時則下文今夕何夕見此良人文義相屬也夫仲春之月心星未見至三月四月則見而在東方左氏曰火出於夏爲三月周官季春出火言三月之時已失其時矣況於在隅在戶乎在隅則四月之末五月之中在戶則五月之末六月之中月令仲夏之月昏心中是也

韓宣子譽嘉樹

季子有嘉樹。韓宣子譽之。服虔云。譽游也。宣子游其樹下。夏諺曰。一游一譽。爲諸侯度。〔原注孟子注〕引苑宣子豫焉苑字誤〔集證〕按譽通作豫〔王元長曲水詩序〕優游暇豫〔李善注引孫子兵法曰〕人效死而上能用之雖優游暇譽令猶行也○〔元圻案〕服說見昭二年正義　趙岐注見孟子雪宮章〔一杜注〕譽其好也〔正義曰〕若是游其樹下宣子本自無言武子何以輒對故杜以爲譽其美好也

宋伯姬婦中伯夷

宋伯姬。先儒謂婦人之伯夷。〔案〕〔程氏遺書二十二下〕問獨宋共姬書首尾最詳何故曰賢伯姬故詳錄之昔胡先生嘗說伯姬是婦人中伯夷爲其不下堂而死也〔呂氏春秋集解高郵孫氏曰〕伯姬之行蓋婦人之伯夷也左氏謂女而不婦。襄十二年非也。陸淳又以爲非可繼可傳之道。胡文

衛賜貞子成子生謚

定讖之謂以此卜其貪生惜死不知命矣。愚謂淳黨叔文而不羞。由其不知命也。〔元圻案〕〔劉氏敞春秋權衡六〕如共姬之守禮死義不求生以害生亦可免矣反謂之不婦乎易曰恆其德貞婦人吉共姬恆之矣所謂婦也〔陸淳春秋集傳微旨下〕淳聞于師曰聖人之教爲可傳也爲可繼也伯姬之行曠代而無一人非可傳可繼之道經文既無褒異當從左氏之說〔胡傳〕易曰恆其德貞婦人吉而或以爲共姬女而不婦非也女德不貞婦道不明能全其節守死不回見於春秋者宋伯姬耳聖人冠以夫謚書於春秋曰葬宋共姬以著其賢聲勵天下之婦道也〔劉向列女傳曰〕伯姬者魯宣公之女成公之妹也既嫁於恭公七年恭公卒伯姬寡至平公時伯姬嘗遇夜失火左右曰夫人少避火伯姬曰婦人之義保傅不俱夜不下堂保母至矣傅母未至也左右曰夫人少避火伯姬曰婦人之義傅母不至夜不可下堂越義求生不如守義而死遂逮於火而死所記較三傳爲詳〔陳振孫曰〕陸質本名淳以避憲宗諱改焉梁陸澄七世孫仕通顯黨王叔文侍憲宗東宮會卒不及貶

衛侯賜北宮喜謚曰貞子。賜析朱鉏謚曰成子。〔昭二十年〕是人臣生而謚也。〔何云〕杜氏注云皆未死而賜謚及墓田傳終而言之近得不全宋槧本作皆死而賜謚及墓田傳終言之少未字而義尤協意尤明似勝王氏所據之本〔又云〕蓋出於湯自云吾武甚矣 魏明帝。有司奏帝制作興治。爲魏烈祖。是人君生而謚也。〔閻按〕孫威謂此當年而逆制祖宗未終而豫自尊顯是也 何屺瞻告余頃得宋槧本不全左傳恰有昭二十年衛賜北宮喜事杜注云皆死而賜謚及墓田傳終言之較近刻少未字而字意尤明義尤協似勝王氏所據之本王氏本與吾輩今日同余擊節曰若果未死賜謚是豫凶事非禮也杜當以爲譏不應云終言之一字之增何啻霄壤宋槧本真寶也〔方樸山云〕死而賜謚常事耳何以書且文承戊辰殺宣姜之下宛似一時

豢龍氏御龍氏

甯殖愧諸侯之策

先二子鳴

子文逃富晏子不受富

之事義門云云猶疑未可依據○〔元圻案〕若賜謚與殺宣姜為一時事則注不應曰傳終言之〔三國魏明帝紀〕景初元年有司奏武皇帝撥亂反正為魏太祖樂用武始之舞文皇帝應天受命為魏高祖樂用咸熙之舞帝制作興治為魏烈祖樂用章武之舞三祖之廟萬世不毀注孫盛曰夫謚以表行廟以存容皆於既沒然後著焉未有當年而逆制祖宗未終而豫自尊顯昔華樂以厚斂致譏周人以豫凶違禮魏之羣司於是乎失正

蔡墨曰。國有豢龍氏。有御龍氏。昭二十九年 後漢有侍御史擾龍宗。豈其苗裔歟。〔集證三國志董卓傳注〕英雄記曰卓欲震威侍御史擾龍宗詣卓白事不解劍立撾殺之〔通志氏族略四〕引風俗通云陶唐氏之後有劉累學擾龍事夏孔甲賜氏曰御龍氏擾龍氏劉累之後漢有侍御史擾龍羣

甯殖愧諸侯之策。襄二十年 賈充憂謚傳其惡不可掩也。是以知可欲之謂善。〔元圻案〕〔晉書賈充傳〕模字思範深為充所信愛充年衰疾劇恆憂己謚傳模曰是非久自見不可掩也模是賈充從子

左氏曰。先二子鳴。襄二十一年 莊子曰。子以堅白鳴。見德充符 昌黎送東野序言鳴字本於此。

人生求富。而子文逃之。富人之所欲。而晏子弗受。襄二十八年 庶幾乎無欲矣。〔元圻案〕〔楚語〕成王每出子文之祿必逃王止而後復人謂子文曰人生求富而子逃之何也對曰夫

鄭僑任怨

司城子罕之賢

非斯誣子罕劫君

子罕以不受玉爲賢

從政者以庇民也民多曠者而我取富焉是勤民以自封也死無日矣我逃死非逃富也

僑不以防怨爲害。而怨自弭。〔案〕蓋指襄三十一年不毀鄉校昭四年作丘賦事故僑與鄭俱昌。斯以分過爲忠。而過益彰。故斯與秦俱亡。〔元圻案〕〔史記蕭相國世家上曰〕吾聞李斯相秦皇帝有善歸主有惡自與今相國多受賈豎金而爲民請吾苑以自媚於民故繫治之王衞尉曰秦以不聞其過亡天下李斯之分過又何足法哉

韓非曰。宋君失刑。而子罕用之。故宋君見劫。〔案〕語見二柄篇李斯曰。司城子罕相宋。身行刑罰。以威行之。期年遂劫其君。語見史記李斯列傳愚按襄九年。宋樂喜爲司城以爲政。卽子罕也。左氏載其言行。襄十五年十七年傳載子罕事皆賢之檀弓亦稱之。檀弓載子罕哭陽門介夫事賢大夫也。宋世家無子罕劫君之事。非斯乃與田常並言。不亦誣乎。〔左傳襄公六年〕子罕逐子蕩不言其奉君命豈因此而誣其專刑乎戰國策謂忠臣令誹在己。譽在上。宋君奪民時以爲臺。而民非之。子罕釋相爲司空。

民非子罕而善其君此卽左氏分謗之事(見襄十七年)司城宋之司空也(左傳桓六年宋以武公廢司空注武公名司空廢爲司城)宋無兩子罕則非斯之言妄矣史記鄒陽曰宋信子罕之計而囚墨翟(見本傳)漢書作子冉文穎注以子冉爲子罕皆所未詳(閻按)(韓非子外儲說右下)兩載司城子罕謂宋君曰慶賞賜與民之所喜也君自行之殺戮誅伐民之所惡也臣請當之宋君曰諾處期年子罕殺宋君而奪政與田常事宛似自屬誣罔然王氏竟未讀此○(元圻案)(呂氏春秋異寶篇)宋之野人耕而得玉獻之司城子罕子罕不受野人請曰此野人之寶也願相國爲之賜而受之也子罕曰子以玉爲寶我以不受爲寶故宋國之長者曰子罕非無寶也所寶者異也(又召類篇曰)孔子曰夫脩之於廟堂之上而折衝乎千里之外者其司城子罕之謂乎宋在三大萬乘之閒子罕之時無所相侵邊境四益相平公元公景公以終其身其惟仁且節歟(史記索隱曰)左氏司城子罕姓樂名喜乃宋之賢臣也 韓非子言子罕必與田氏俱說疑篇曰齊田恆宋子罕魯季孫意如晉僑如衞子南鄭太宰欣楚白公周單荼燕子之此九人者之爲其臣也皆朋黨比周以事其君隱正道而行私曲又曰田成子取齊司城子罕取宋外儲說右下兩載司城子罕亦兩及田常李斯蓋踵其說耳韓詩外傳說苑稱子罕專政去君與韓非子略同(近仁和梁氏玉繩曰)戰國時宋亦有昭公其時亦有子罕逐君擅政如韓非子韓詩外傳淮南說苑諸書所說耳

臧文仲廢六關(文二年) 家語(顏回篇)云置六關注謂文仲置關以稅行者故爲不仁(何云)置之爲廢猶治之爲亂香之爲臭古人用字多如此○(元圻案)(宣八年公羊傳)去

萇宏違天

楚克陳爲天道

其有聲者廢其無聲者注廢置也置者不去也

氣志有交勝之理。治亂有可易之道。故君相不可以言命。多福自我求。哲命自我貽。故聖賢可以言天。天者理而已。以萇宏爲違天。定元年是人臣不當扶顛持危也。以楚克有陳爲天道。昭九年是夷狄可以猾夏亂華也。〔原注趙氏震揆曰〕左氏之害義未有甚於記女寬之論萇宏也自昔聖賢未嘗以天廢人殷既錯天命王子則曰自靖自獻周天命不又大夫則曰黽勉從事治亂安危天之天也危持顚扶人之天也以忠臣孝子爲違天則亂臣賊子爲順天矣而可哉○〔元圻案〕〔全氏經史問答曰〕左氏喜言前知故於萇宏之死求其先兆而不得則以此當之其說在外傳爲尤詳然可謂誣妄之至假如其言則是人臣當國事將去必袖手旁觀方肯合於明哲保身之旨而知其不可而爲之者皆有天殃宇宙更無可支拄之理成敗論人之悖一至於此唐柳子厚呂化光牛思黯已非之矣〔柳子厚弔萇宏文曰〕豈成城以夸功矣哀清廟之將殘嫉彪子之肆誕兮彌皇覽以爲謏〔呂温古東周城銘序曰〕萇宏城成周晉女叔寬曰天之所壞不可支也萇宏違天必受其咎左氏明徵以爲世規俾持顚之臣沮其勝氣非所以勵尊王垂大順也〔牛僧孺訟忠云〕萇宏之城成周也晉女叔寬謂宏違天不免也〔國語衞彪傒又云〕長叔支天有咎也支天壞違天也人道補天反常也誘人城周誑人也左邱明皆然其言若是則帝王不務爲政而務稱天命下不務竭忠而務別興衰矣必謂天壞不支自古無中興之君乎衰運不補自古無持危之臣乎〔宋史藝文志〕趙震揆春秋類論四十卷朱竹垞經義考云佚〔按〕王氏困學紀聞載趙氏類論一條云云卽原注所引是也其趙氏爵里竹垞亦不詳載蓋已無可考

召陵皐鼬蔡衞異長
會盟異長
晉楚互長

命孔子司寇稱祖

夷庚爲平道

劉文公合諸侯于召陵及皐鼬將長蔡於衞衞侯使祝佗私於萇宏乃長衞侯於盟定四年考之春秋是年三月會于召陵蔡侯已在衞侯之上矣五月盟於皐鼬不序諸侯經無長衞之文傳不足信也〔閻按〕盟與會不同盟較會之次爲重傳固云乃長衞侯於盟非會也會在召陵蔡在衞上盟在皐鼬衞則在蔡上異地復異事王氏於此析猶未精〔全云〕宋虢二盟皆是楚先于晉而經仍以晉先楚蓋亦晉長于會而楚長于盟故宋公兼享晉楚之大夫仍是趙孟爲客可證也左氏以爲先有信則妄矣〔方樸山云〕閻按得之〇〔元圻案僖二十八年經正義曰〕會之班次以國大小爲序及其盟也王官臨之異姓爲後故載書之次與會異也定四年召陵之會傳稱祝佗言於萇宏曰踐土之盟衞成公不在夷叔其母弟也猶先蔡萇宏說告劉子乃長衞侯于盟如彼傳文則踐土召陵二盟衞皆先蔡而經書諸國之序二會皆蔡在衞先者釋例曰周之宗盟異姓爲後故踐土載書齊宋雖大降於鄭衞斥周而言止謂王官之宰臨盟者也其餘雜盟未必皆然踐土召陵二會蔡在衞上時國次之至盟乃正其高下者敬恭明神本其始也是言盟會異次之意也閻氏之說本此

韓詩外傳卷第八受命者必以其祖命之孔子爲魯司寇命之曰宋公之子弗甫何孫魯孔某命爾爲司寇〔原注〕古重世族故命必以祖〇〔元圻案〕〔常武之詩曰〕王命卿士南仲太祖太師皇父亦此意

文選補亡詩蕩蕩夷庚〔案〕〔李善注引王隱晉書曰〕束皙字廣微嘗覽古詩惜其不備故作詩以補之李善

齊入晉孟門

匠慶以小君喪責卿

注夷常也。引毛傳 辯亡論旋皇輿於夷庚。〔李善注孫盛曰〕陸機著辯亡論辯吳之所以亡也論有上下二篇語見上篇 注引繁欽辨惑吳人以船檝爲輿馬以巨海爲夷庚庚者藏車之所。〔注又引臧榮緒晉書曰〕司徒王謐議曰夷庚未入皇輿旋館 愚按左傳成十八年披其地以塞夷庚正義謂平道也二字出於此選注誤。〔集證〕〔按李周翰補亡詩注〕夷平也蕩蕩平道萬物從之而生也呂延濟辯亡論注皇輿帝車也夷平庚道也五臣注與左傳正義同

齊伐晉。入孟門。襄二十三年 孟門山在慈州文城縣林成己春秋論。謂孟門卽孟津誤矣晉裴秀客京相璠撰春秋土地名。其說多見於水經注。〔閻按〕〔胡朏明曰〕唐文城縣卽今山西平陽府吉州此孟門則近朝歌杜注以爲晉隘道非也文城河中之石槽山也余禹貢錐指冀州壺口下辨甚詳〔集證〕〔史記齊太公世家〕上太行入孟門 索隱曰孟門山在朝歌東北〔隋志春秋土地名三卷〕晉裴秀客京相璠等撰唐志同水經第十六穀水條注京相璠與裴司空季彥修晉輿地圖作春秋土地名

匠慶謂季文子曰子爲正卿而小君之喪不成不終君也。君長誰受其咎。襄四年 呂文靖全云呂申公夷簡於李辰

衛公叔發名拔

顏高弓六鈞
冉有用矛樊
遲爲右
有若宵攻

妃之喪其意本於此。〔元圻案〕李宸妃仁宗生母也〔王鞏聞見近錄曰〕李太后薨未發喪將以妃禮葬之執政對吕文靖留身曰昨夕聞有宮嬪薨章獻皇后卽引仁宗起過屏後獨坐簾下曰相公欲閒諜人家子母耶文靖曰陛下爲劉氏血食計則早正典禮后默不語遂遷於皇儀殿以后禮葬之及章獻上仙閒言不入者文靖力也〔又曰〕仁宗初撤簾聽政一日遽出詣奉仙寺發李后棺視之其顏如生上慟而後改卜由是羣疑悉亡

衞公叔發。見襄二十九年注謂公叔文子論語孔注作公孫拔集注云公孫枝蓋傳寫之誤。〔閻按〕鄭氏注檀弓亦云名拔或作發〔集證〕〔按後漢吳亘傳注〕亦引作公孫枝〇〔元圻案〕〔錢氏養新錄曰〕予嘗見倪士毅四書輯說載朱文公論語注曰公叔文子衞大夫公孫拔也〔又引吳氏桂曰〕拔皮八反俗本作枝誤乃知今所行集注本非考亭之舊厚齋所見亦是誤本

史記仲尼弟子顏高字子驕見仲尼弟子列傳定八年傳公侵齊門於陽州士皆坐列曰顏高之弓六鈞皆取而傳觀之陽州人出顏高奪人弱弓籍邱子鉏擊之與一人俱斃豈卽斯人與家語弟子解作顏刻孔子世家云過匡顏刻爲僕古者文武同方冉有用矛樊遲爲右哀十一年有若與微虎之宵攻哀八年則

飛矢行人上下

顏高以挽強名無足怪也。〔集證〕〔顏氏家訓誡兵篇〕顏氏之先本乎鄒魯仲尼門徒升堂者七十有二顏氏居八人焉春秋之世顏高顏息顏羽之徒皆一鬬夫爾據此顏黃門不以春秋之顏高爲仲尼弟子之顏高也〇〔元圻案〕〔全氏經史問答六〕厚齋攷古最覈獨此條稍未審孔門之顏高少孔子五十歲見於家語然則生於定公之八年陽州之役蓋別是一顏高也〔史記〕家語之年多不可信惟是不問其生之年但以其死定公八年斃陽州而何以十四年尚能御孔子以過匡

攻媿跋語用飛矢在上行人在下。迂齋引熙寧八年。舊弼韓富文三公之對愚攷春秋釋例曰使以行言。言以接事。信令之要於是乎在。舉不以怒。則刑不濫。刑不濫則兩國之情得通。兵有不交而解者。皆行人之勳也。是以雖飛矢在上走驛在下。〔原注〕見正義〇襄十一年 攻媿之言本此。〔原注〕嘉熙庚子愚試胄闈王圖南發策亦用此二語 〔閣按〕王氏淳祐元年辛丑進士前一年爲嘉熙四年庚子故猶試國子監也〇〔元圻案〕〔樓氏鑰攻媿集書魏丞相奉使事實目〕隆興二年金以兵壓境右丞相壽春魏公時在淮東宣諭司議幕召對授使節敵勢方張事變叵測所謂飛矢在上行人在下而公握節抗議動中事機氣勁詞直要約遂定迄今三十年邊境晏然厥功茂矣 〔續通鑑長編二百六十二〕熙寧八年四月蕭禧之再來上賜韓琦富弼文彥博曾公亮手詔問以待遇之要禦備之方弼言臣歷觀春秋洎戰國時諸侯兩兵已合飛矢在上走使在下其間辨說解釋遂各交綏而退却復

五十凡母弟有二
春秋書法凡例

靡滅浞立少康

盟好者比比皆是 蕭禧契丹使臣來請地界者

釋例終篇云稱凡者五十。其別四十有九。蓋以母弟二凡其義不異故也隋志有春秋五十凡義疏二卷。(元圻案)(書錄解題)春秋釋例十五卷杜預撰預既爲集解別集諸例及地名譜第歷數相與爲部凡四十部唐劉蕡爲之序 春秋釋例久佚 四庫全書從永樂大典錄出(案)提要曰是書以經之條貫必出於傳傳之義例統歸於凡左傳稱凡者五十其別四十有九皆周公之垂法史書之舊章仲尼因而修之以成一經之通體諸稱書不書先書故書不言不稱書曰之類皆所以啓新緒發大義謂之變例亦有舊史所不書適合仲尼之意者仲尼卽以爲義非互相比較則襃貶不明故別集諸例及地名譜第歷數相與爲部先列經傳數條以包通其餘而傳所述之凡繫焉更以己意申之名曰釋例 此條所引亦見杜預春秋序正義 (宣十七年左傳)凡太子之母弟公在曰公子不在曰弟凡稱弟皆母弟也(正義曰)此例再言凡者前凡明稱母弟之文適子及妾子之等後凡明書稱弟者皆母弟之義 (馬氏繹史九十九春秋雜記總論曰)春秋書法有典策之舊禮全經之通例傳所稱發凡五十是也有一事之變例特起之新義傳所謂書不書稱不稱言不言先書追書故書書曰之類二百八十有五是也經有例而傳無凡者多矣又不止五十也又曰聖人之作春秋也有依凡之例有違凡之例有魯史之例有參酌衆國之例有二百餘年之例有一時一事特起之例有人所共見之例有大義違疑聖心獨斷之例云云分晰最爲精審文多不能全載

魏絳曰。靡自有鬲氏。收二國之燼。以滅浞而立少康。(襄四年)杜氏謂靡夏遺臣事羿者。眞文忠辯之曰。靡忠於王室如此。考其本末。乃事相非羿也。豈

師曠歌北風南風

讒鼎崇鼎岑鼎

有夏之忠臣而肯事羿者哉張宣公曰若靡可謂忠之盛者矣〔閻按〕靡於后羿被殺後始奔有鬲氏故曰曾事羿注非無因〔全云〕夷羿雖簒帝相仍居商邱浞簒羿又二十年始弑靡前此仍事相至此始奔有鬲凡竹書所言皆不足信而此條較左氏爲畧以其情事當如此也若相在而靡已事羿尚得爲忠乎閻說非也然閻亦專據左氏而誤耳〔方樸山云〕常山顏杲卿初亦迎祿山衣紫袍後乃倡義亦何嫌也○〔元圻案〕〔帝王世紀曰〕初夏之貴臣曰靡事羿羿死逃於有鬲氏收斟尋二國餘燼殺寒浞立少康與杜注同〔張南軒答李叔文書曰〕邵康節皇極經世以寒浞滅相係于壬寅少康克復舊物乃在癸未凡四十一年方少康在襁褓而夏之臣靡固有滅寒浞而立之之心經營許久乃遂其志若靡者可謂忠之盛者矣

師曠驟歌北風又歌南風襄十八年服氏注北風無射夾鐘以北南風姑洗南呂以南律是候氣之管氣則風也〔元圻案〕服注云云見周禮二十三正義無射夾鐘作夾鐘無射〔襄十八年杜注〕歌者吹律以詠八風南風音微故曰不競也師曠唯歌南北風者聽晉楚之強弱〔正義曰〕律呂雖有十二其風有八八風者乾風不周坎風廣莫艮風調震風明庶巽風清明離風景坤風涼兌風閶闔八方之風風別先有音曲總吹律呂以詠八方音曲今師曠以律呂歌南風音曲南風音微不與律聲相應故云不競服虔以爲卯酉以北律呂爲北風以南爲南風與杜八風義違蓋即指周禮疏所引之說也〔周禮疏〕但曰注云不著名氏厚齋因左傳正義而知爲服氏注

讒鼎之銘昭三年服氏注疾讒之鼎明堂位所云崇鼎是也一云讒地名禹鑄九鼎於甘讒之地故曰

鄭志宋志

取長葛經傳異時左氏雜用三正

讒鼎正義謂二說無據愚考韓子說林曰齊伐魯索讒鼎魯以其贋往齊人曰贋也魯人曰真也齊曰使樂正子春來吾將聽子（見說林下篇）新序呂氏春秋皆曰岑鼎（新序節士篇呂覽季秋紀審己篇紀岑鼎事與說林略同惟樂正子春作柳下惠）二字音相近然則讒鼎魯鼎也明堂位魯有崇鼎服注不爲無據（〔繼序按〕廣韻冬侵二部古音相通故崇讒岑可轉寫其收崇入東部收讒入咸者誤也）

謂之鄭志以明兄弟之倫謂之宋志以正君臣之分（〔元圻案〕〔隱元年左傳書曰〕鄭伯克段于鄢段不弟故不言弟如二君故曰克稱鄭伯譏失教也謂之鄭志不言出奔難之也　〔襄元年左傳〕春己亥圍宋彭城非宋地追書也於是爲宋討魚石故稱宋且不登叛人也謂之宋志杜注成十八年楚取彭城以封魚石故曰非宋地夫子治春秋追書繫之宋登成也不與其專邑叛君故使彭城還繫宋）

宋人取長葛（隱六年）經以爲冬傳以爲秋劉原父謂左氏雜取諸侯史策有用夏正者有用周正者（〔元圻案〕原父說見春秋權衡　〔朱子跋李少膺脞說石林葉氏考左氏所記〕祭足取麥穀鄧來朝三事以爲經傳所記有例差兩月者是經用周正而傳取國史直自用夏正者失於更改也　〔日知錄四〕隱公三年夏四月鄭祭足帥師取溫之麥秋又取成周之禾若以爲周正則麥禾皆未熟四年秋諸侯之師敗鄭徒兵取其禾而還亦在九月之上是夏正六月禾亦未熟注云

左氏爲古學公羊先左行爲今鄭賈條左氏長義左氏大官廚公羊爲賣餅家

夏五艮八

取者盡芟踐之終是可疑按傳中雜取三正多有錯誤左氏雖發其例於隱之元年曰春王周正月而閒有失於改定者文多事繁固著書之君子所不能免也

公羊疏。左氏先著竹帛。故漢時謂之古學。公羊漢世乃興。故謂之今學。〔何云〕以其中經古文故謂之古學公羊家已行於世以今文教授故謂之今學楊氏疏謬矣是以五經異義云。〔全云〕許叔重作古者春秋左氏說。今者春秋公羊說。鄭衆作長義十九條。十七事論公羊之短。左氏之長。賈逵作長義四十條。云公羊理短。左氏理長。以上俱見何休公羊傳序文正義魏鍾繇謂左氏爲太官。公羊爲賣餅家。〔元圻案〕〔後漢書儒林傳〕許慎以五經傳說臧否不同於是撰爲五經異義〔又鄭興傳〕子衆字仲師年十二從父受左氏春秋作春秋難記條例受詔作春秋刪十九篇〔又賈逵傳〕字景伯尤明左氏傳國語爲之解詁五十一篇上疏獻之肅宗立特好古文尚書左氏傳詔逵入講帝善逵說使出左氏傳大義長於二傳逵於是具條奏之曰臣謹擿出左氏三十事尤著明者斯皆君臣之正義父子之紀綱其餘同公羊者什有七八至如祭仲紀季伍子胥叔術之屬左氏義深於君父公羊多任於權變其相殊絶固以甚遠〔三國志魏裴潛傳注魏略〕嚴幹特善春秋公羊司隸鍾繇不好公羊而好左氏謂左氏爲太官而謂公羊爲賣餅家故數與幹辯析長短〔隋書經籍志〕春秋左氏長經二十卷漢侍中賈逵章句○〔集證〕按太官北堂書抄引魏略作太官廚

權載之〔全云〕文公德輿字問左氏云夏五之闕。桓十四年艮八之占。襄九年

舜出於虞幕
虞幕非虞思

穆有塗山之會

名對也〔元圻案〕〔唐書權德輿傳〕字載之未冠以文章稱諸儒閒德宗聞其材召爲太常博士自太常卿拜爲禮部尚書同中書門下平章事謚曰文〔四庫全書目錄〕權文公集十卷　試明經策問曰夏五之闕雖繫月而何嫌艮八之占於兼山爲何義〔襄九年傳注曰〕連山歸藏二易皆以七八爲占故言遇艮之八正義曰遇八謂艮之第二爻不變者是也

史趙曰自幕至於瞽瞍無違命舜重之以明德寘德於遂〔昭八年〕魯語幕能帥顓頊者也有虞氏報焉韋昭注云幕舜之後虞思也爲夏諸侯鄭語虞幕能聽協風以成樂物生者也注亦以爲舜後虞思按左氏則幕在瞽瞍之先非虞思也〔閻按〕〔金仁山前編〕亦辨舜出於虞幕祖顓頊不祖黃帝之說頗悉○〔元圻案〕〔金仁山前編曰〕考之於書曰嬪於虞是虞者有國之稱也參之國語史伯之言曰成天地之大功者其子孫未嘗不章虞夏商周是也虞幕能聽協風以成樂物生者也夏禹能平水土以品處庶類者也商契能和合五教以保於百姓者也周棄能播殖穀蔬以衣食民人者也其後皆爲王公侯伯夫以虞幕並稷契而言則幕爲有功始封之君虞爲有國之號而舜所自出以王天下者也攷之左氏史趙之言曰自幕至于瞽瞍無違命舜重之以明德夫自幕至於瞽瞍則非自黃帝昌意顓頊窮蟬敬康勾望橋牛以至瞽瞍也〔楊升菴集羅泌云〕嘗見漢劉耽所書呂梁碑序虞舜之世曰舜祖幕生窮蟬窮蟬生敬康敬康生喬牛喬牛生瞽瞍質之史記蓋同

穆有塗山之會〔昭四年〕注在壽春東北說文〔山部〕嵞會稽

塗山有四

將以璠璵斂孔子稱璵璠止斂

山一曰九江當嵞山也。民以辛壬癸甲嫁娶。按漢地理志九江郡當塗應劭注禹所娶塗山侯國有禹虛。蘇鶚演義謂宣州當塗塗誤也。東晉以淮南當塗流民寓居於湖僑立當塗縣以治之。唐屬宣州。（集證）唐志宣州宣城郡當塗武德三年以縣置南豫州八年州廢來屬漢之當塗乃今濠州鍾離也。（元圻案）（吳仁傑兩漢刊誤補遺）十（滕撫傳）徐鳳築城於當塗山中注今宣州當塗縣山（蘇鶚演義云）塗山有四一會稽二渝州三濠州四嵞山國禹娶之今宣州當塗也（仁傑按書正義引左傳解云）塗山在壽春縣則禹娶嵞山非宣之當塗縣隸太平州按圖經無所謂塗山者則四塗山之說亦自不審范蔚宗自于郡國志當塗注云徐鳳反于此章懷太子不悟何也（蘇文忠濠州七絕有塗山詩云）樵蘇已入黃能廟烏鵲猶朝禹會村自注云下有禹廟山前有禹會村又云仁傑按有兩當塗縣一在九江一在宣州九江之當塗以塗山得名故城在唐屬濠州是也宣之當塗則晉成帝時以當塗流人過江在于湖者僑立爲當塗縣大業十年屬宣州是也宣之當塗晉成帝始置東都固未之有

季平子卒。陽虎將以璵璠斂。仲梁懷弗與。（定五年）呂氏春秋云孔子徑庭而趨歷級而上曰以寶玉收譬之猶暴骸中原也。（案）（呂覽孟冬紀安死篇）魯季孫有喪孔子往弔之入門而左從容也主人以璵璠收孔子徑庭而趨云云高誘注喪季平子意如之喪也說文（玉部璠字注）云孔子曰美哉璵璠遠而

范武子家事治　宣子吉射之敗

公孫成多饗大利

猶秉周禮齊猶有禮

望之奐若也。近而視之瑟若也。一則理勝。二則孚勝。初學記（玉類）引逸論語曰。璠璵魯之寶玉也。（原注）下與說文同 其即季孫之事歟。

范武子之德本於家事治。（襄二十七年） 宣子不能守家法。乃縱女祁之惡。信子鞅之讒。錮逐欒盈。幾危晉國。（襄二十一年） 忝厥祖矣。再傳而吉射亡。（定公十三年） 宜哉。（元圻案）一（孝經曰）家事理故治可移於官

子周公之孫也。多饗大利。猶思不義。（哀十五年） 子贛之責公孫成也。劉歆亦少愧哉。（全云）此爲趙孟頫輩發○（元圻案）全注三箋本入於上條之下恐誤今改入本條（厚齋挽袁進士鏞詩云）天柱不可折柱折勢莫撐九鼎不可覆鼎覆人莫扛袁公烈丈夫獨立東南方欲以一己力代國相頡頏適遭宋祚移恥爲不義戕奮然抱志起誓欲掃欃槍拔劍突前麾手回日月光賊勢愈猖獗山摧失忠良嗚呼絕倫志不得騁才長妻孥悉從溺枯骨誰爲襄忠烈動天地游魂爲國殤山水倍堪悲抱恨徹穹蒼穹蒼幸一息庶幾紀星霜西風白楊路哀猿號崇岡解劍挂墓柏泣下沾衣裳惜哉時不利抽毫述悲傷此詩載甬上耆舊詩第二卷

猶秉周禮。（閔元年） 齊猶有禮。（僖三十三年） 觀猶之一字。則禮廢

隱桓時大雪

近寶則公室貧

晉去故絳居新田

久矣。

呂向注雪賦〔文選謝惠連雪賦曰〕盈尺則呈瑞於豐年袤丈則表沴於陰德曰。隱公之時。大雪平地一尺。是歲大熟。爲豐年。桓公之時。平地廣一丈。以爲陽傷陰盛之證。按左氏於隱公二云。平地尺爲大雪。不言是歲大熟。桓公事無所據。其說妄矣。桓八年冬十月。雨雪。建酉之月而雪。未聞其廣一丈也。〔元圻案〕〔書錄解題總集類〕六臣文選六十卷唐工部侍郎呂延祚開元六年表上號五臣集注五臣者常山尉呂延濟都水使者劉承祖男良處士張銑呂向李周翰也以李善注惟引事不說意義故復爲此注後人併與李善原注合爲一書名六臣注

柳子晉問魏絳之言。近寶則公室乃貧。按左傳成六年。此乃韓獻子之言。〔閻按〕〔東坡石鍾山記〕魏獻子之歌鐘也獻當作莊　〔何云〕詩文中誤用事有自誤者有因古人之誤而亦誤者如晉問作魏絳乃出水經注非不記左傳故以示博此又一例也〔方樸山云〕朱子註論語夏瑚商璉亦因舊註非不知與明堂位戾也　〔繼序按〕包鄭註論語賈服杜注左傳皆云夏曰瑚○〔元圻案〕〔水經六〕澮水下注曰春秋成公六年晉景公謀去故絳欲居郇瑕韓獻子曰土薄水淺不如新田有汾澮以流其惡遂居新田　〔四庫全書校本〕〔案〕原本及近刻六年訛作元年晉景公訛作悼公韓獻子訛作魏獻子今據左傳改正若如晉問所云豈韓之訛作魏唐時本已然與　晁無咎嘗取晉問以續楚辭曰枚乘七發

班固不足離騷楚辭王逸洪慶善注

隨會知政盜奔秦趙襄子勝翟有憂色祁奚救叔向欒盈誤樂達隨會趙文子相距年

蓋以微諷吳王濞毋反晉問亦七蓋效七發以諷時君薄事役而隆道實云

劉勰辨騷。班固以爲羿澆二姚。與左氏不合。洪慶善曰。離騷用羿澆等事。正與左氏合。孟堅所云謂劉安說耳。〔元圻案〕楚辭卷一離騷經王逸序注班固離騷經章句序云昔在孝武博覽古文淮南王安序離騷傳以國風好色而不淫小雅怨誹而不亂若離騷者可謂兼之蟬蛻濁穢之中浮游塵埃之外皭然泥而不滓推此志雖與日月爭光可也斯論似過其真又說五子以失家巷謂五子胥也及至羿澆少康二姚有娀佚女皆以所識有所增損然猶未得其正也故博采經書傳記本文以爲之解 〔文心雕龍辨騷篇曰〕昔漢武愛騷而淮南作傳以爲國風好色而不淫小雅怨誹而不亂若離騷者可謂兼之班固以爲露才揚己忿懟沈江羿澆二姚與左氏不合崑崙元圃非經義所載 〔書錄解題楚辭類〕楚辭十七卷漢護都水使者光祿大夫劉向集後漢校書郎南郡王逸叔師注知饒州曲阿洪興祖慶善補注逸之注雖未能盡善而自淮南王安以下爲訓傳者今不復存其目僅見於隋唐志獨逸注幸而尚傳興祖從而補之於是訓詁名物詳矣 此條所引洪慶善語見楚辭卷一辨騷注

列子載隨會知政。羣盜奔秦。趙襄子勝翟有憂色。皆格言也。而謂隨會時有趙文子。又謂孔子聞襄子之言。其先後差齵。凡諸子紀事若此者衆。〔方樸山云〕了此則不必辨矣 說苑。善說篇 載祁奚救叔向。以欒盈爲樂達。

孔子趙襄子相距年宣子桓子之誤

杜氏世族譜疑

〔閻按〕欒盈史記作欒逞避惠帝諱也欒達二字乃欒逞傳寫之訛非說苑本然王氏偶未契勘及此　〔何云〕蓋得之傳聞不見史冊故耳　范宣子爲范桓子皆誤。〔元圻案〕〔列子說符篇〕晉國苦盜有郄雍者能視盜之貌察其眉睫之閒而得其情晉侯使視盜千百無遺一焉晉侯喜告趙文子文子曰吾君恃伺察而得盜盜不盡矣且郄雍必不得其死焉俄而羣盜謀曰吾所窮者郄雍也遂共盜而殘之晉侯聞之大駭立召文子而告之曰果如子言郄雍死矣然取盜何方文子曰周諺有言察見淵魚者不祥智料隱慝者有殃且君欲無盜莫若舉賢而任之而教明於上化行於下民有恥心則何盜之爲於是用隨會知政而羣盜奔秦又趙襄子使新穉穆子攻翟勝之取左人中人使遽人來謁之襄子方食而有憂色左右曰一朝而兩城下此人之所喜也今君有憂色何也襄子曰夫江河之大也不過三日飄風暴雨不終朝日中不須臾今趙氏之德行無所施於積一朝而兩城下亡其及我哉孔子聞之曰趙氏其昌乎夫憂所以爲昌也喜者所以爲亡也勝非其難者也賢主以此持勝故其福及後世齊楚吳越皆嘗勝矣然卒取亡焉不達乎持勝也唯有道之主爲能持勝　士會繼趙盾爲政在晉景公七年趙文子乃盾之曾孫相去幾八十年孔子卒於周敬王四十一年元王元年趙襄子始立

攷古編謂歐陽公論二帝三王世次差舛。發端於杜佑通典。〔案〕今本攷古編無此語　按釋例世族譜已有此疑。則發端乃杜預也。〔閻按〕曹魏時博士張融難王肅亦以五帝非黃帝子孫相續次者又前於預○〔元圻案〕〔通典四十二〕吉禮夏后氏禘黃帝而郊鯀注司馬遷五帝本紀云舜則黃帝九代孫禹之曾孫禹帝元孫計不合如此之差懸恐馬遷之誤　〔歐陽公帝王世次圖序曰〕遷所作本紀出於大戴禮世本諸書今因其說圖而考之堯舜夏商周同出於黃帝堯之崩也下傳其四世孫舜舜之崩也復上傳其四世祖禹而舜禹皆壽百歲稷契於高辛爲子乃同父異母之兄弟今以其世次而下之湯與王季同世湯下傳十六世而爲紂王季下傳一世而爲文王二世而爲武王是文王以十五世祖臣事十五世孫紂而武王以十四世祖伐十四世孫而代之王何其謬哉　〔文十八年正義〕世族譜

臧岑校本左傳杜預手定左傳岑之敬策春秋

取史記之說又從而譏之云[按]鯀則舜之五世從祖父也而及舜共爲堯臣堯則舜之三從高祖而妻其女此史記之可疑者[案]今本世族譜無此文[四庫全書總目子部雜家類]考古編十卷宋程大昌撰論經義異同史傳繆誤多所訂證

雍熙中(太宗九年改元雍熙)校九經。史館有宋臧榮緒。梁岑之敬所校左傳。諸儒引以爲證。孔維謂不可按據。杜鎬引正觀勑以經籍訛舛。由五胡之亂。學士多南遷。中國經術浸微。今並以六朝舊本爲證。持以詰維。維不能對。云[原注]見談苑[全]云楊文公億作太平興國(太宗初元年號)中。校漢書。安德裕取西域傳山川名號字之古者。改附近人集語。錢熙謂人曰。予於此書。特經師授。皆有訓說。豈可胸臆塗竄。以合詞章。[原注]見晏元獻公書[案]此晏殊答樞密范給事書見宋文鑑一百十二觀鎬熙之言。則經史校讎。不可以臆見定也。[閻按]齊武帝賜晉安王子懋以杜預手所定左傳梁蕭琛得三輔相傳班固眞本漢書此二書當更奇[何云]自靖康亂後北學益衰○[元圻案][書錄解題小說家類]談苑十五卷丞相宋庠公序所錄楊文公億言論初文公里人黃鑑從公游纂其異聞奇說名南陽談藪宋公刪其重複分爲二十一門改曰談苑[南齊書高逸傳〕臧榮緒東莞莒人也惇愛五經謂人曰昔呂尚奉丹書武王致齋降位李釋教誡並有禮敬之儀因甄明至道乃著拜五經序論嘗以宣尼生庚子日陳五經拜之自號被褐先生傳言太祖爲揚州徵榮緒爲主簿不到蓋宋人而隱於齊者故王氏仍以宋係之〔陳書文學傳〕岑之敬字思禮南陽棘陽人也年十六策春秋左氏制旨孝經義擢爲高第〔南齊書武十七王傳〕晉安王子懋字雲昌世祖第七子也撰春秋例苑三十卷世祖曰知汝嘗以讀書在心足爲深欣也賜杜預手所定左傳及古今善言〔梁書〕蕭琛字彥瑜蘭陵人始琛在宣城有北僧南度惟賫一葫蘆中有漢書序傳僧曰三輔舊老相傳以爲班固真本琛固求得之其書多有異今者　孔維字爲則開封雍邱人九經及第淳化初官工部侍郎受詔校五經疏義　杜鎬字文周無錫人博貫經史舉明經解褐集賢校理歷官工禮二部侍郎　安德裕字益之一字師皋河南人開寶二年登甲科至道中知睦州還判太府寺　錢熙字大雅泉州南安人善屬文李昉深加賞重爲之延譽令與子宗諤游遂登甲科

前輩學識日新日進。東坡詠三良。其和淵明者。與在鳳翔時所作〔何云〕鳳翔所作本之康成議論夐殊。呂成公博議。論公孫敖二子。及續說則謂宗子有君道。趙宣子使與駢送賈季帑。則謂古人風俗尚厚。博議非是可以見進德修業之功。〔集證〕魏慶之詩人玉屑昔之詠三良詩有王仲宣曹子建陶淵明柳子厚曾無一語辨其非是者唯坡公和陶云殺身故有道大節要不虧君爲社稷死我則同其歸顧命有治亂臣子得從違魏顆真孝愛三良安足希審如是言則三良不能無罪東坡一篇冠絶千古〔苕溪漁隱云〕東坡秦穆公墓詩意全與和三良詩意相反蓋是少年時議論如此至其晚年所見益高超人意表此揚雄所以悔少作也○〔元圻案〕〔文選曹植三良詩〕秦穆先

齊晉楚霸先服鄭虎牢成皋制一地

下世三良皆自殘〔王粲詠史詩〕臨歿要之死焉得不相隨〔注〕劉德漢書注曰黃鳥之詩刺秦穆公要之從死秦風黃鳥序黃鳥哀三良也國人刺穆公以人從死而作是詩也〔箋云〕從死自殺以從死〔東坡詠秦穆公墓云〕昔公生不誅孟明豈有死之日而忍用其良乃知三子殉公意亦如齊之二子從田橫蓋從自殺之說　〔四庫全書總目春秋左氏傳〕續說十二卷宋呂祖謙撰是編繼左氏傳說而作以補所未及故謂之續說久無傳本今見於永樂大典者以傳文次第排比之猶可成帙其中如臾駢送狐射姑之帑孟獻子愛公孫敖二子兩條俱以博議所言爲非是則是書當成於晚年矣　〔呂成公左氏傳〕續說卷五文六年盡具其帑與器用財賄條云左氏詳書之者蓋見得纖悉周盡向博議論趙宣子特地遣臾駢送狐射姑之帑全不是蓋古人風俗尙厚卻不如此又卷六文十六年孟獻子愛穆伯二子條云獻子告季文子亦已信之矣二子皆死亦自愧不安而死孟獻子正是宗子宗子有君道博議所論此事非是

齊晉楚之霸。皆先服鄭。范雎李斯之謀。皆先攻韓。蓋虎牢之險。天下之樞也。在虢曰制。在鄭曰虎牢。在韓曰成皋。虢叔恃險而鄭取之。鄭不能守而韓滅之。韓又不監而秦并之。秦之亡也。漢楚爭之。在德不在險。佳兵者好還。信夫。〔閻按〕〔戰國策三〕晉既破智氏將分其地段規曰分地必取成皋韓王曰成皋石溜之地也無所用之段規曰不然臣聞百里之厚而動千里之權者地利也王用臣言則韓必取鄭矣王曰善果取成皋是成皋不待鄭亡而久入晉矣○〔元圻案〕莊公二十七年爲齊桓之十九年同盟于幽陳鄭服也僖公二十九年晉文公盟諸侯于翟泉謀伐鄭也文公十四年爲楚莊王之二年同盟于新城從于楚者服注從楚

魯之家法不修
桓宣簒兄
文哀淫亂
成風事季友
敬嬴事襄仲

者陳鄭宋〔戰國策范雎曰〕秦韓之地形相錯如繡秦之有韓若木之有蠹人之病心腹天下有變爲秦害者莫大於韓王曰寡人欲收韓韓不聽爲之奈何范雎曰舉兵而攻滎陽則成
皋之路不通北斬太行之道則上黨之兵不下一舉而攻宜陽則其國斷而爲三韓見必亡焉得不聽韓聽而霸事可成也〔史記始皇本紀〕李斯因說秦王請先取韓以恐他國於是使
斯下韓〔范雎曰〕今韓魏中國之處而天下之樞也〔漢書地理志〕成皋故虎牢亦名制左傳所謂巖邑也〔正義括地志云〕成皋故縣在洛州汜水縣西南汜音似〔鄭語史伯謂
鄭桓公曰〕子男之國虢鄶爲大虢叔恃勢鄶仲恃險君若以周難之故而寄帑與賄焉不敢不許周亂而弊是驕而貪必將背君君若以成周之衆奉辭伐罪無不克矣〔史記韓世家〕
哀侯二年滅鄭因徙都鄭〔秦始皇本紀〕十七年內史騰攻韓得韓王安盡納其地以其地爲郡〔項羽本紀〕漢之四年項王進兵圍成皋漢王逃楚遂拔成皋項王乃自東擊彭越漢
王則引兵渡河復取成皋〔吳起傳〕武侯浮西河而下中流顧而謂吳起曰美哉山河之固此魏國之寶也起對曰在德不在險〔老子曰〕以道佐人主者不以兵强天下其事好還又
曰夫佳兵者不祥物或惡之

欲治國者先齊家。家之不齊。莫甚於魯衛。觀詩可
見已。衛不足言也。魯自括戲之爭。而桓宣皆簒
兄矣。自文姜之亂。而哀姜襲其跡矣。自成風事
季友。哀姜成風事俱見閔二年而敬嬴事襄仲矣。〔何云〕內言不踰閾成風聞季友之繇而事之非家法也然宋
儒不察文義遂使與共仲通於哀姜同科則誣古良臣矣襄仲雖有弒君之大惡亦非烝于敬嬴也〔全云〕厚齋亦未嘗指爲烝淫也家法不修。故
曰魯衛之政。兄弟也。然衛多君子。魯無君子者。

周人以諱事神

春秋不非君臣同名

斯焉取斯風化猶嬍也畏清議者亦曰何以見魯衞之士〔哀十四年〕政治雖濁風俗不衰與漢之東都同〔元圻案〕邶風雄雉匏有苦葉新臺鄘風鶉奔序皆以爲刺宣公宣姜也齊風敝笱載驅猗嗟序以爲刺文姜齊襄魯莊也〔史記魯世家〕武公九年與長子括少子戲西朝周宣王王立戲爲魯太子武公歸而卒戲立是爲懿公九年懿公兄括之子伯御與魯人攻弑懿公而立伯御爲君伯御卽位十一年周宣王伐魯殺其君伯御立稱是爲孝公〔隱十一年〕羽父請殺桓公將以求太宰公曰爲其少故也吾將授之矣羽父懼反譖公於桓公而請弑之文公十八年文公二妃敬嬴生宣公敬嬴嬖而私事襄仲襄公長而屬諸襄仲仲殺惡及視而立宣公

周人以諱事神名終將諱之〔案桓六年正義曰〕自殷以往未有諱法諱始於周〔方樸山云〕以諱事神名終將諱之釋文從名字句絕曲禮注云生者不相辟名衞侯名惡大夫有石惡君臣同名春秋不非〔昭七年〕衞侯惡卒穀梁傳曰鄉曰衞齊惡今曰衞侯惡此何爲君臣同名也君子不奪人名不奪人親之所名重其所以來也疏曰其並存者則不諱若卒哭而後無容得斥君名蓋捨名而稱字耳理道要訣云自古至商子孫不諱祖父之名周制方諱〔原注〕夷狄皆無諱漢宣帝〔三年〕詔曰古天子之名難知而易諱也其更諱詢則生而稱諱矣〔何云〕生而稱諱自漢宣始博議謂名子者

投璧誓白水

求諸侯莫如勤王 辰嬴事無閫內法 木瓜美齊桓 唐風不錄晉文 定太子迎襄王正譎

當爲孫地出顏氏家訓。風操篇〔閻按孔疏引熊氏曰〕石字誤當作名字蓋大夫有名惡者謂齊惡非石惡也

河圖曰。崑山出五色流水。其白水入中國名爲河。〔集證〕引見後漢張衡傳注 故晉文公投璧于河曰。有如白水。〔僖二十四年〕〔何云〕此不足憑宏詞人俗習如此〔三箋載閻云〕崑字下當有崙字有如白水即有如皎日也〔集證〕〔御覽六十一引山海經曰〕崑崙山縱橫萬里高萬一千里去嵩山五萬里有青河白河赤河黑河環其墟其白水出東北取曲向東南流爲中國河百里一小曲千里一大曲

狐偃曰。求諸侯莫如勤王。僖二十五年 荀彧以此勸曹操迎獻帝。〔原注〕〔彧之言曰〕晉文公納周襄王而諸侯景從〔案〕荀彧語見通鑑漢獻建安元年 豈誠於爲義者。故曰譎而不正。淮南之書謂晉文得之乎閨內。失之乎境外。繆稱訓 非也。辰嬴之事。僖二十三年 閨內之法安在哉。詩如衛風木瓜。猶美齊桓。而唐風不錄晉文。亦以是夫。〔元圻案〕詩序木瓜美齊桓公也衛有狄人之敗桓公救而封之衛人欲厚報之而作是詩也〔宋王晳春秋皇綱論〕齊桓之定太子也不欲使惠王廢嫡庶之正是其本志故仲尼謂之一正天下首止之會是也晉文公之迎襄王也藉以求諸侯信義之名非其至誠而狐偃勸以繼文之業王城之師是也以其不本尊王之義故謂之譎而不正

介子推曰。身將隱。焉用文之。〔傳二十四年〕君子之潛也。名不可得聞。先儒謂召平高於四皓。〔何云〕召平嘗事秦晚年失侯爲漢相客惡得賢〔案〕召平高於四皓乃朱子語申屠蟠賢於郭泰。〔集證〕按廣韻十六蒸應字下云漢有應曜隱於淮陽山中與四皓俱徵曜獨不至時人語曰南山四皓不如淮陽一老應劭其八代孫也召平當以應曜易之○〔元圻案〕〔胡致堂讀史管見五〕議者以郭泰申屠蟠不罹黨錮之禍比肩而譽之愚謂有道固賢矣而名在八顧未若蟠之以不見成德也及董卓擅朝收召名士蔡邕荀爽陳紀韓融皆畏卓暴戾無敢不至而蟠獨從容高臥竟以不屈其用晦如愚風度高且遠矣

邵子〔觀物內篇四〕曰。修夫聖者。秦穆之謂也。蓋取其悔過自誓。胡文定謂文四年見伐不報。始能踐自誓之言矣。尸子稱穆公明於聽獄。斷刑之日。揖士大夫曰。寡人不敏。〔北堂書抄不敏下有教不至三字〕使民入於刑。寡人與有戾焉。二三子各據爾官。無使民困於刑。〔集證〕引見御覽六百三十六此雖大禹之泣辜。無以過。以此坊民猶有立威於棄灰者。〔閻按〕嘗謂秦穆公曰其君實惡其民何罪楚共王曰其自爲謀也則過矣其爲吾先君謀也則忠大哉二君之言可爲萬世法○〔元圻案〕尸子注見卷五南風之詩條〔說苑〕禹出見罪人下車問而泣之〔吳越春秋〕南到計於蒼梧而見縛人禹拊其背而哭曰天下有道民不罹辜天下無道罪

及善人此吾德薄不能化民證也〔韓非子仲尼說〕隕霜而殺法刑棄灰〔說苑〕秦法棄灰於道者刑

楚之興也篳路藍縷。宣十二年其衰也翠被豹舄。昭十二年國家之興衰視其儉侈而已。〔全云〕此有感於南宋湖山之華綺

樂王鮒毀叔向。襄二十一年以平公不好賢也。梁邱據不毀晏子。以景公好賢也。二臣皆從君者。易地則皆然。〔原注〕劉貢父詩云顧子曰昔梁邱據之諫景公也於房晏嬰之諫景公也於朝。然晏嬰之忠著於竹素。梁邱之佞于今不絕。〔原注〕顧夷義訓唐志在儒家〔集證〕引見御覽四百五十七梁邱據豈能諫景公哉。斯言謬矣。〔全云〕梁邱據果能諫於房亦何佞之有〔集證〕〔隋志儒家〕顧子十卷晉陽州主簿顧夷撰亡〇〔元圻案〕近刻三劉文集公非集祇存詩四首公是集有雜詩一首云齊有梁邱據晉有樂王鮒據能愛晏嬰鮒能讒叔譽二臣嬖兩朝事君爲悅豫景有尚賢志據逆以爲助平失宥善心鮒乃速其去毋以據爲賢易地則同趣或本貢父詩而誤入原父所輯集中近得四庫全書所輯公是集五言古詩多至十二卷獨不載是詩其爲貢父作無疑

或求名而不得。如向戌欲以弭兵爲名。而宋之盟。其名不列焉。襄二十七年或欲蓋而名章。如趙盾僞出

齊豹盜三叛人

春秋無賢臣論

原伯魯不說學

奔。宣二年〔胡傳〕是盾僞出而實與聞乎故也崔杼殺太史。襄二十五年將以蓋弑君之惡。而其惡益著焉。推此類言之。可見謹嚴之法。求名非謂齊豹。名章不止三叛也。〔元圻案〕〔杜預春秋序曰〕懲惡而勸善求名而亡欲蓋而章書齊豹盜三叛人名之類是也〔正義曰〕齊豹衞國之卿春秋之例卿皆書其名氏齊豹忿衞侯之兄起而殺之欲求不畏彊禦之名春秋抑之書曰盜盜者賤人有罪之稱也邾庶其黑肱莒牟夷三人皆小國之臣並非命卿其名於例不合見經竊地出奔求食而已不欲求其名聞故書其名使惡名不滅

孫郃論春秋無賢臣。蓋諸侯不知有王。其臣不能正君以尊王室。此孟子所以卑管晏也。〔全云〕孫郃唐末拾遺吾鄉前輩也春秋無賢臣論以見當時藩府諸臣之無心王室〔集證晁氏讀書志四〕孫郃文纂一卷唐孫郃字希韓四明人乾寧四年進士好荀孟揚之書慕韓愈舊四十卷浙江志孫郃奉化人唐末為左拾遺朱温篡唐著春秋無賢臣論一卷郎超然肥遯著書紀年悉用甲子以示不臣之義〇〔元圻案〕〔孫郃春秋無賢臣論曰〕陪臣於諸侯君父也諸侯於周王亦君父也陪臣於周義猶大父也今春秋陪臣張公室侵王室弱周以强諸侯是弱祖而强父佐諸侯而敵周是佐父而敵祖遂使姬周削弱祀號而已桓文雖以為霸何能正之反有封禪請隧之僭管晏雖有其功何能諫之而有反坫毀孔之惡於是風教大壞海內焚如人不堪命何耶無賢臣也

周之替也。自原伯魯之不說學。昭十八年秦之亡也。自子楚之不習誦。〔元圻案〕〔呂成公大事記〕周赧王五十八年十二月秦質子異人逃歸〔解題曰〕按戰國策異人至不韋使楚服而見王后說其狀高

季氏貳魯侯

天警晉違天

楚辟我吏何效

其嚳曰吾楚人也而自子之乃變其名曰楚王使子誦子曰少棄捐在外嘗無師傅所教學不習於誦王罷之秦之焚書蓋兆於此　漢高祖素不說學亦二世而亡

史墨對趙簡子曰。天生季氏以貳魯侯。又曰。君臣無常位。自古已然。昭三十二年　簡子在晉。猶季氏在魯也。史墨之對。其何悖哉。張雎陽責尹子奇曰。未識人倫。焉知天道。〔閻按〕張雎陽語以前惟郭璞嘗遇顏含欲爲之筮含曰年在天位在人修己而天不與者命也守道而人不知者性也自有性命無勞蓍龜皆理學精言　尹子奇按通鑑當作令狐潮〇〔元圻案〕通鑑唐紀肅宗至德元載令狐潮圍張巡于雍邱巡使郎將雷萬春於城上與潮相聞賊弩射之面中六矢而不動潮疑其木人使諜問之乃大驚遙謂巡曰向見雷將軍方知足下軍令矣然其如天道何巡謂之曰君未識人倫焉知天道〔張雎陽詩曰〕不辨風雲色安知天地心忠義之至乃欲以人勝天

今天或者大警晉也。宣十二年士伯之言　畏長而能自修者也。雖晉之彊。能違天乎。宣十五年伯宗之言　怠而不自彊者也。

叔向曰。楚辟我衷。若何效辟。昭六年杜注辟邪也衷正也　王魏公之於寇萊公曰。不可學他不是。〔集證〕〔朱子名臣言行錄引龜山語錄云〕王魏公在中書寇公在密院中書偶倒用了印寇公須勾吏人行遣他日樞密亦用倒了印中書吏人呈覆亦欲行遣公問吏人汝等且道密院當初行遣倒用印者是否曰不是公曰既是不是不可學他不是

君子違不適讎

儒爲二國憂

申包胥似張子房

棼冒勃蘇即包胥

公山不狃曰君子違不適讎國所託也則隱〔哀八年〕斯言也蓋有聞於君子矣背君父以覆宗國者不狃之罪人也〔全云〕斯言也爲呂文煥劉整范文虎諸人言之○〔元圻案〕〔張天如書宋史紀事本末文謝之死後曰〕景定以來劉整以瀘州叛呂文煥以襄陽叛陳奕以貴州叛呂師夔以江州叛范文虎以安慶叛數人者皆宋大將買似道所親厚也金城湯池社稷所寄一朝反戈魚羊食人入寇招叛爲虜前驅呂文福昝萬壽紛起效尤亂莫制矣

齊人歌曰唯其儒書以爲二國憂〔哀二十一年〕春秋之季已輕儒矣至戰國而淳于髡有賢者無益之譏秦昭王有儒無益之問末流極於李斯〔元圻案〕〔荀子儒效篇〕秦昭王問孫卿子曰儒無益於人之國孫卿子曰儒者法先王隆禮義謹乎臣子而致貴其上者也

申包胥似張子房天下士也楚破矣請秦師以却吳〔定四年〕韓士矣借漢兵以滅秦其相似一也入郢之讎未報則使越爲之謀以滅吳〔原注〕見吳語韓王成之讎未報則從漢爲之謀以滅項其相似二也

包胥逃賞莫敖大心沈尹戌

楚君既入而逃賞。定五年漢業既成而謝事。其相似三也。自夏靡之後。忠之盛者二子而已。然楚國復興。〔案〕周敬王十五年楚昭復國歷十三君至負芻而爲秦所滅計二百八十三年而韓祀不續。天也。子房之志則伸矣。我思古人。唯漢諸葛武侯可以繼之。鞠躬盡力。死而後已。此卽武侯後出師表語見三國志本傳注其志一也。若梁之王琳。唐之張承業。功雖不就。抑可以爲次矣。不當以功之成否論。吁。春秋亡國五十二。未見其人也。遂之四氏。僅能殲齊戍。其亡而復存者。唯一包胥。豈不難哉。太史公傳伍員而不傳包胥。非所以勸忠也。戰國策楚莫敖子華曰。昔吳與楚戰于柏舉。三戰入郢。棼冒勃蘇贏糧潛行。上崢山。踰深谿。蹠穿膝暴。七日而薄秦朝。鶴〔何云〕閣校作雀疑善本隺字之誤立不轉。晝吟宵哭。七日不得告。水漿無入口。秦遂出革車千乘。卒萬人屬之子滿。〔原注〕左氏作蒲與子虎下塞以東。與吳人戰於濁水。〔全云〕楚無濁水疑是澨水字相近而誤大敗之。棼冒勃蘇。卽申包胥也。豈棼冒之裔。楚之同姓歟。〔嘉定錢氏大昕曰〕棼者楚之訛冒者昬之訛卽古文申字勃蘇與包胥聲相近〔鮑彪戰國策注曰〕定四年以爲申包胥吳師道補注曰棼冒卽蚡冒勃蘇包胥聲相近淮南修務訓云。申包胥贏糧跣走。走疑當作足跋涉谷行。上峭山。赴深谿。游川水。犯津關。躐蒙蘢。蹶沙石。蹠達膝。曾繭重胝。七日七夜至於秦庭。鶴跱而不食。晝吟宵哭。面若死灰。顏色黴黑。涕液交集。以見秦王。亦與子華之言同。所謂莫敖大心。深入吳軍而死。〔修務訓〕吳與楚戰莫囂大心撫其御之手曰今日距强敵犯白刃蒙矢石戰而身死卒勝民治全我社稷可以庶幾乎遂入不返以左氏考之。卽左司馬戌也。見定四年戌者。葉公諸梁之父也。諸梁定白公之亂。不有其功。而老於葉。事見哀十六年其聞包胥之風。而師法之歟。〔元圻案〕張良大父父五世相韓秦滅韓良悉以家財求客刺秦王爲韓報仇後從沛公西入武關說以破秦之策事詳史記項羽本紀留侯世家　〔新序〕昭王復國而賞始於包胥包胥曰輔君安國非爲身也救急除害非爲名也功成而受賞是賣勇也遂逃賞終身不見〔史記留侯世家〕留侯乃稱曰家世相韓及韓滅不愛萬金之資爲韓報仇强秦天下振動今以三寸舌爲帝者師此布衣之極於良足矣願棄人間事從赤松子遊耳乃學辟穀道引輕身〔北齊書王琳傳〕琳字子珩會稽山陰人也梁元爲魏圍逼徵琳赴援師次長沙知魏平江陵已立梁王詧乃爲梁元舉哀三軍縞素陳霸先推立敬帝以侍中司空徵琳不從命陳武帝遣將侯安都周文育等誅琳乃受梁禪逆戰于沌口禽安都文育初魏克江陵之時永嘉王莊年甫七歲逃匿人家琳迎還湘中及敬帝立出質于齊請納莊爲梁王文宣遣兵援送拜琳爲梁丞相琳乃遣兄子叔寶赴鄴奉莊纂梁祚於郢州及陳霸先卽位琳乃輔莊次于濡須口陳遣吳明徹襲湓城琳遣巴陵太守任忠大敗之屬陳氏結好於齊使琳更聽後圖陳將吳明徹進兵圍之城陷被執殺之琳故吏朱瑒致書陳尚書徐陵求琳首曰梁故建寧公琳當亂離之辰總方伯之任輕躬殉主以身許國徒蘊包胥之念終遘萇宏之眚〔五代史宦者傳〕張承業字繼元唐僖宗時宦者也晉王病且革以莊宗屬承業曰以亞子累公等莊宗常兄事承業軍國之事皆委承業承業亦盡心不懈天祐十八年莊宗已諾諸將卽皇帝位承業方臥病聞之自太原肩輿至魏諫曰大王父子與梁血戰三十年本欲雪國家之讎而復唐之社稷今元兇未滅而遽以尊名自居非王父子之初心且失天下望不可莊宗謝曰此諸將之所欲也承業曰不然梁唐晉之仇賊而天下所共惡也今王誠能爲天下去大惡復列聖之深讎然後求唐後而立之使唐之子孫在孰敢當之使唐無子孫天下之士誰可與王爭者臣唐家一老奴耳誠願見大王之成功然後退身田舍使百官送出洛東門而令路人指而歎曰此本朝敕使先王時監軍也豈不臣主俱榮哉莊宗不聽承業乃仰天大哭曰吾王自取之誤老奴矣不食而卒〔班孟堅古今人表〕有申包胥而無棼冒勃蘇是一人也乃於中下列沈尹戌復於中中列莫敖大心則以一人爲二人矣

邾文公之知命。文十三年楚昭王之知天道。哀六年惠王之知

惠王知志
裨竈梓愼所
言
宋景公時熒
惑徙舍

趙宣子感鉏
麑

志。〔哀十八年〕其所知有在於卜祝史巫之外者。裨竈言
鄭之將火。或中或否。子產謂焉知天道。〔昭十八年〕梓愼
言魯之將水。昭子曰旱也。秋大旱。如昭子之言。
〔昭二十四年〕亦非知天者也。故聖人以人占天。〔何云〕揚子語〇〔元圻案〕〔
法言五百篇〕或問聖人占天乎曰占天地若此則史也何異曰史以天占人聖人以人占天〔呂氏春秋制樂篇〕宋景公時熒惑在心子韋曰禍當於君雖然可移於相公曰相所與治
國家者也而移死焉不祥子韋曰可移於民公曰民死寡人將誰爲君乎寧獨死子韋曰可移於歲公曰歲害則民饑民饑必死爲人君而殺其民以自活也其誰以我爲君乎是寡人之命
固盡已子無復言矣子韋曰君有至德之言三天必三賞君是夜熒惑果徙三舍與、鄭文公之知命相類〔文選張衡思元賦曰〕愼竈顯以言天兮占水火而妄訊
鉏麑之於趙宣子。〔宣二年〕沐謙之於司馬楚之。誠敬之
感人至矣。商君載甲操戟。李林甫重關複壁。不
亦愚乎。〔何云〕如費禕者又可戒也〇〔元圻案〕〔魏書司馬楚之傳〕楚之晉宣帝弟馗之八世孫劉裕立楚之規欲報復劉裕深憚之遣刺客沐謙害楚之楚之待
謙甚厚謙夜詐疾知楚之必自來因欲殺之楚之聞謙病果自齎湯藥往省之謙感其意乃出匕首於席下以狀告遂委身以事之其推誠信物皆此類也〔史記商君列傳〕趙良曰君之
出也後車十乘從車載甲多力而駢脅者爲驂乘持矛而操闟戟者旁車而趨此一物不具君固不出〔唐書姦臣傳〕林甫自見結怨者衆憂刺客竊發其出入廣騶騎先驅百步傳呼呵
衛金吾爲清道公卿辟易趨走所居重關複壁絡板甃石一夕再徙家人亦莫知也〔三國志蜀費禕傳〕禕字文偉延熙十五年命禕開府十六年歲首大會魏降人郭循在坐禕歡飲

春秋書災異
隕石六鷁
有雲夾日
天子有日官

沈醉爲循手刃所害

春秋書災異不書祥瑞。所以訓寅畏防怠忽也。災異古史官之職。〔何云〕周官馮相氏保章氏敘于太史小史之後內史外史之前則其職之相關可知矣 隕石六鷁宋襄以問周內史。僖十六年 有雲夾日楚昭以問周太史。哀六年 在漢則太史公掌天官。張衡爲日官。我朝舊制。太史局隸祕書。凡天文失度。三館皆知之。淳熙孝宗在位十二年改元淳熙 中。熒惑入斗。同修國史李燾類次漢元鼎至宣和四十五事以進。熒惑犯氐。祕書丞蔣繼周言氐者邸也。譯傳宜備非常。不淹旬。都進奏院災。蓋每有星變。館吏以片紙錄報故得因事獻言。自景定〔閻按〕理宗在位三十六年庚申改元 後。枋臣〔閻按〕枋臣謂賈似道 欲抹殺災異。三館遂不復知。甲子。〔閻按〕景定五年 彗星宮中見之。乃下求言之詔。則蒙蔽可見。壬申。〔閻按〕

宋襄求諸侯敗泓楚靈卜得天而辱

國有人無人諸證不有君子不能國無謂秦無人

度宗咸淳八年地生毛。明年失襄陽。災異其可忽哉。爲人臣不知春秋之義。其禍天下極矣。叔輒所以哭日食也。〔闇按〕馬貴與言古太史所職掌者察天文記時政蓋合占候紀載之事以一人司之故其時象緯有變而紀錄無遺〔元圻案〕〔史記太史公自序曰〕太史公既掌天官不治民〔後漢書張衡傳〕衡字平子南陽西鄂人也安帝雅聞衡善術學公車特徵拜郎中再遷爲太史令設客問作應間以見其志云有間余者曰吾子性德體道篤信安仁約己博藝無堅不鑽以思世路斯何遠矣曩滯日官今又原之注日官史官也左傳曰天子有日官〔宋史李燾傳〕燾字仁甫眉州丹稜人淳熙十年太史言十一月朔日當食心八分燾係上古今日食是月者三十四事奏曰心天王位其分爲宋十一月於卦爲復方潛陽時陰氣乘之故比他食爲重非小人害政即敵人窺中國〔玉海三天文書下〕淳熙十年上憂熒惑嘗入斗李燾言天道遠惟正人事可以弭災類次漢元鼎至宣和四十五事以進此當是一事而傳之者互異

宋襄求諸侯而敗于泓。〔僖二十二年〕楚靈卜得天下而辱於乾溪。〔昭十三年〕淮南子〔詮言訓〕。曰侯而求霸者必失其侯。霸而求王者必喪其霸。

臧孫於魯曰。國有人焉。〔襄二十三年〕師慧於宋曰。必無人焉。〔襄十五年〕襄仲於秦曰。不有君子。其能國乎。〔文十二年〕有士五人。晉文所以霸也。〔昭十三年〕有太叔儀。有母弟鱄。衛

大夫不氏不名

獻所以入也（襄十四年）有趙孟有伯瑕有史趙師曠有叔向女齊晉所以未可媮也（襄三十年）曰子無謂秦無人（文十三年）曰無善人則國從之（襄二十六年）國之存亡輕重視其人之有無而已（案東方朔曰）得士者强失士者亡（梅福曰得士則重失士則輕）舜有臣五人武王有亂臣十人殷有三仁周有八士之人也始可謂之有虞有宮之奇項有范增不能有其有矣（史記高祖本紀）子房蕭何韓信此三人者皆人傑也吾能用之此吾所以取天下也項羽有一范增而不能用此其所以為我擒也魏之窺吳則曰彼有人焉賈生言天下倒懸則曰猶為國有人乎（賈生之語見漢書本傳陳政事書）此皆以人為盛衰也（何云）以賈生之言終之深傷時無王導謝安耳〇（元圻案）（容齋隨筆十三）傳曰不有君子其能國乎古之爲國言辭抑揚率以有人無人爲輕重晉以詐取士會於秦繞朝曰子無謂秦無人我謀適不用也楚子反曰以區區之宋猶有不欺人之臣可以楚而無乎宋受鄭賂鄭師慧曰宋必無人魯盟臧紇之罪紇曰國有人焉賈誼論匈奴之嫚侮曰倒懸如此莫之能解猶爲國有人乎後之人不能及此然知敵之不可犯猶曰彼有人焉未有圖也一士重於九鼎豈不信然

隱公之大夫多不氏猶可言未命也宋昭公之大

隱不爵名大夫

宋三世無大夫

君弒稱君稱國

魯宗人釁夏守禮

夫多不名則說者不一矣。〔元圻案〕〔宋王晳春秋皇綱論卿書名氏篇〕隱公之卿多不氏蓋隱公以庶長自嫌若同於攝故所用之卿亦不正命皆去族以別之傳曰隱不爵命大夫此說是也〔僖二十五年〕宋殺其大夫左氏無傳杜注曰其事未聞於例為大夫無罪故不稱名〔公羊傳曰〕宋三世無大夫三世內娶也穀梁傳曰其不稱名姓以其在祖之位尊之也文七年宋人殺其大夫左傳曰不稱名衆也且言非其罪也公羊傳曰何以不名宋三世無大夫三世內娶也穀梁傳曰稱人以殺誅有罪也文八年宋殺其大夫司馬宋司城來奔左傳曰司馬握節以死故書以官司馬蕩意諸來奔效節於府人而出亦書以官皆貴之也正義曰死者不稱名無罪故也公羊傳曰司馬者何司城者何皆官舉也曷為皆官舉宋三世無大夫三世內娶也穀梁傳曰司馬官也司城官也其以官稱無君之辭也　三傳之說已不同如此至宋儒或各從一傳或各自為說不可殫述矣王氏論而不斷蓋闕疑之意

春秋誅亂臣賊子。左氏謂稱君君無道也。〔宣四年〕穀梁謂稱國以弒其君君惡甚矣。〔成十八年〕安定先生曰是啓亂臣賊子之言也。其為害教大矣。〔元圻案〕宣公四年夏六月乙酉鄭公子歸生弒其君夷傳曰凡弒君稱君君無道也稱臣臣之罪也杜注稱君謂唯書君名而稱國以弒言衆所共絕也稱臣者謂書弒者之名以示來世　成公十八年正月庚申晉弒其君州蒲穀梁傳曰稱國以弒其君君惡甚矣疏曰於此發傳者以州蒲二年之閒殺四大夫故於此發惡例也

宗人釁夏之守禮。〔哀二十四年〕聖人遺化也。後世犯葵邱之禁者多矣。漢之劉輔。魏之棧潛。我朝之鄒浩

夫差報越

守經據古。其有魯宗人之風乎。〔閻按〕劉輔諫成帝不宜立趙婕妤爲后棧潛諫文帝不宜立郭貴嬪爲后○〔元圻案漢書劉輔傳〕輔河間宗室也成帝欲立趙倢伃爲皇后輔上書謂觸情縱欲傾於卑賤之女欲以母天下惑莫大焉語曰腐木不可以爲柱卑人不可以爲主天人之所不與必有禍而無福 〔三國志魏后妃傳〕文德郭皇后太祖爲魏王時得入東宮太子卽王位后爲夫人及踐阼爲貴嬪甄后之死由后之寵也黃初三年文帝欲立爲后中郎棧潛上書曰春秋書宗人釁夏云無以妾爲夫人之禮齊桓誓命于葵邱亦曰無以妾爲妻若因愛登后使賤人暴貴臣恐後世下陵上替開張非度亂自上起也 〔東都事略〕鄒浩字志完常州晉陵人也舉進士除右正言時章惇用事旣已廢孟后遂立劉氏爲皇后浩上疏曰仁宗皇后郭氏與美人尙氏爭寵致罪仁宗廢后幷斥美人選於貴族而立慈聖光獻所以遠嫌爲萬世法也孟氏果與賢妃爭寵而致罪則幷斥美人以示至公固有仁宗故事存焉乞追停冊禮別選賢族

夫差之報越。定四年 其志壯矣。燕昭報齊似之。取其大節而略其成敗可也。慕容盛之討蘭汗。其言曰免不同天之責。凡在臣民皆得明目當世。君子猶有取焉。況吳乎。〔全云〕此爲天水諸宗子言之○〔元圻案〕〔戰國策〕燕昭王收破燕後卽位卑身厚幣以招賢者欲將報讎往見郭隗先生爲築宮而師之樂毅自魏往鄒衍自齊往劇辛自趙往士爭湊燕燕王弔死問生與百姓同其甘苦二十八年國殷富士卒樂佚輕戰於是以樂毅爲上將軍伐齊齊兵敗閔王出走 〔晉書載紀慕容盛傳〕盛寶之庶長子也寶爲蘭汗所殺盛馳進赴哀汗妻乙氏泣涕請盛汗亦哀之遣其子穆迎盛舍之宮內盛潛結大謀會穆討蘭難等斬之大饗將士汗穆皆醉盛夜因如廁袒而踰牆入於東宮與李旱等誅穆衆皆踴躍進攻汗斬之〔通鑑晉紀〕安帝隆安二年載慕容盛告廟令曰賴五祖之休文武之力宗廟社稷幽而復顯不獨孤以眇眇之身

王子朝以典籍奔楚老聃萇弘存文獻

晉楚之臣能互知政

郯戰爲楚霸盛衰

蕭魚爲晉霸盛衰

以樂賞魏絳

范宣子假羽毛

免不同天之責凡在臣民皆得明目當世　慕容盛之言晉書不載而通鑑載之故曰君子有取

周之大寶鎭河圖大訓列焉。見尚書顧命易象在魯。三墳五典在楚。周不能有其寶矣。然而老聃之禮。萇宏之樂。文獻猶存。（何云）此指趙復姚樞許衡之徒言之及王子朝以典籍奔楚。（閻按）奔楚在魯昭公二十六年事在倚相之後於是觀射父倚相。（何云）左史倚相子朝以前人皆誦古訓以華其國。以得典籍故也。區區一鼎。與懷璧同。其能國乎。（閻按）楚昭王失國猶賴蒙穀入大宮負雞次之典以浮于江逃於雲夢中昭王反蒙穀獻典五官得法而百姓大治非典籍之力乎○（元圻案）（家語）南宮敬叔與俱之周問禮於老聃問樂於萇弘歷郊社之所考明堂之則察廟朝之制孔子喟然曰吾乃今知周公之聖與周之所以王也　蒙穀事見戰國策

古之謀國者。知彼知己。如良醫察脈。如善奕觀棋。德刑政事典禮不易。楚自克庸以來。此晉臣之知楚也。宣十二年晉君類能使之。此楚臣之知晉也。襄九年皆以紀綱風俗知之。楚自郯之後。宣十二年晉自蕭魚

春秋終請討陳恆

孔門皆忠於魯國

之後。〔襄十一年〕精神景象非昔矣。〔元圻案〕〔呂成公左傳說〕宣公十二年晉楚戰于邲晉師敗績楚莊既勝晉不肯築京觀此不敢自居功之意既伐陳因申叔之言即封之既入鄭因其君有禮復封其地退然不敢自滿引詩書之言宛有儒者氣象及其過周問鼎之輕重遽然陵轢天子聘齊不假道于宋聘晉不假道于鄭而又陵辱諸侯所謂儒者氣象已不復見又襄九年秦景公使士雅乞師于楚將以伐晉楚子許之子囊止之子囊歷數晉國之德政自任賢使能至于工賈皂隸政事本末無不備知如親立於晉朝此一段當以邲之戰參看當時楚莊王方强如晉士會范武子雖晉之臣而能歷數楚國之德刑政事卒乘軍旅之事如親歷楚之朝晉楚兩强國所以兩立百有餘年者蓋其國各有腹心之臣互觀兩國之政表裏洞見不敢輕略故如此一盛一衰一治一亂其腹心骨髓一一見得是以晉楚之霸業各至於百年又曰晉悼公之霸至蕭魚之會霸業成就與齊桓晉文同悼公自即位以來許多工夫積累到三駕而楚不敢與爭此悼公一時之盛處然雖盛于蕭魚亦衰于蕭魚君臣之間志得意滿且以樂賞魏絳言八年之中九合諸侯如樂之和無所不諧其君之驕可見如戚之會范宣子假羽毛於齊齊人有之已僭耳悼公不能正其罪今宣子假而私有之以大夫而僭天子之禮則其臣之驕亦可知而悼公之衰墮亦可見霸業日衰不無自也　王氏此條似隱括呂成公諸說

請討陳恆之年春秋終焉夫子之請討也將以見之行事請討不從然後託之空言。〔閻按〕馬公驌告余曰使孔子請討而得也經大書曰齊陳恆弒其君壬公伐齊殺陳恆春秋二百餘年一大快也請而不得春秋可以絕筆矣春秋之作以亂臣賊子之故其不作亦以亂臣賊子之故哉

杜氏注云。仲尼之徒皆忠於魯國。〔見哀十五年〕史記。〔仲尼弟子列傳〕載夫子之言曰夫魯父母之國國危如此二三

手文魯虞友
古篆

春秋虞氏微
傳
虞荀張蒼傳
左氏

子何爲莫出。此夫子之訓也。〔全云〕然則深寗之拜疏出關豈得已哉宋史不知本末書之曰遯使與曾淵子輩同科當改正

仲子有文在手。曰爲魯夫人。隱元年成季昭三十二年唐叔昭元年有文在手。曰友曰虞。正義。云石經古文虞作㕦魯作㐂。手文容或似之。友及夫人當有似之者〔閻按〕吾鄉張文潛生而有文在手曰耒故以爲名而字文潛陸務觀云〇〔元圻案〕〔歐陽公集古錄〕載揚南仲韓城鼎銘釋文魯古作㐂與說文合而董逌廣川書跋云劉炫謂有文在手曰魯疑不得若此其後得古文此字傳模已久又改爲㐂字李陽冰以文當如圖蓋爲魯也秘閣有銅尊銘作圖公諸儒不能考定以爲㽞者非也以古文考之以圖爲魯在漢猶然

藝文志。春秋虞氏微傳二篇。〔案〕〔史記十二諸侯年表序〕趙孝成王時其相虞卿上采春秋下觀近世亦著八篇爲虞氏春秋按劉向別錄。云虞卿作抄撮九卷。授荀卿。卿授張蒼。引見杜預春秋序正義然則張蒼師荀卿者也。左氏傳漢初出蒼家。〔許氏說文解字序〕北平侯張蒼獻左氏春秋傳書亦有功於斯文矣。浮邱伯亦荀卿門人。申公事之。受詩是爲魯詩。經典序錄。根牟子傳趙人荀卿子。荀卿子傳魯

儉德之共

伯宗以直言不容晉國武子好盡言

人大毛公是爲毛詩荀卿之門有二人焉李斯韓非不能玷其學也〔原注〕〔毛詩傳〕以平平爲辨治又以五十矢爲束皆與荀子同〔全云張蒼本傳〕言蒼無所不通恐或過情然要其多學可知且賈太傅出其門則亦偉矣又云尚有高賢如穆生〔又鹽鐵論〕有苞邱子尤高〔繼序按〕苞邱子即浮邱伯○〔元圻案〕〔史記老子韓非列傳〕韓非者韓之諸公子也喜刑名法術之學與李斯俱事荀卿〔荀子儒效篇〕分不亂於上能不窮於下治辨之極也詩曰平平左右亦是率從是言上下之交不相亂也楊倞注詩小雅采菽之篇毛云平平辯治也議兵篇負服矢五十个〔惠氏九經古義五〕采采卷耳不盈傾筐傳云頃筐易盈之器也荀卿子引此詩亦云頃筐易滿也卷耳易得也然而不以貳周行大雅行葦云敦弓既堅傳云天子敦弓敦與琱古今字荀卿子云天子彫弓諸侯彤弓正義以天子彫弓爲事不經見非也

御孫曰儉德之共也侈惡之大也莊二十四年古之格君心者必以儉董仲舒對策乃謂儉非聖人之中制公孫宏亦云人主病不廣大舒宏正邪雖殊而啟武帝之侈心則一也〔何云〕董子乃言不可無制度文章與宏言殊也○〔元圻案〕〔史記公孫宏列傳〕宏爲人恢奇多聞嘗稱以爲人主病不廣大人臣病不節儉　余兄静軒先生曰國奢則示之以儉國儉則示之以禮

伯宗好直言而不容於晉成十五年國武子好盡言而不容於齊成十八年小人衆而君子獨也漢士習於諂諛

而以汲長孺爲戇。〔全云〕以爲戇猶可且以爲忮朱游爲狂。晉士習於曠達而以卞望之爲鄙。君子之所守不以習俗移也。〔元圻案〕〔史記汲鄭列傳〕汲黯字長孺濮陽人也天子方招文學儒者上曰吾欲云云黯對曰陛下內多欲而外施仁義奈何欲效唐虞之治乎上默然怒變色而罷朝謂左右曰甚矣汲黯之戇也〔漢書朱雲傳〕雲字游魯人也上書求見公卿在前雲曰臣願賜尚方劍斬佞臣一人以厲其餘上問誰也對曰安昌侯張禹上大怒曰小臣居下訕上廷辱師傅罪死不赦御史將雲下左將軍辛慶忌叩頭殿下曰此臣素著狂直於世使其言是不可誅其言非固當容之〔晉書卞壼傳〕壼字望之濟陰冤句人也阮孚每謂之曰卿恆無閑泰常如含瓦石不亦勞乎壼曰諸君以道德恢宏風流相尚執鄙吝者非壼而誰

晉不討大夫之逆

列國大夫之無君晉爲之也。會於戚而不討孫林父。會於夷儀而不討崔杼。會於適歷而不討季孫意如。君臣之義不明而大夫簒奪之禍晉自及矣。晉語趙宣子曰大哉天地其次君臣然宣子能言之而躬自犯之。〔元圻案〕〔襄十五年經〕書衛侯出奔齊杜注諸侯之策書孫甯逐衛侯〔左傳〕晉侯問衛故於中行獻子對曰不如因而定之衛有君矣冬會于戚謀定衛也〔襄二十五年經〕書崔杼弒其君光公會晉侯某某于夷儀〔呂氏春秋集解泰山孫氏曰〕齊人弒莊公以求成逆之大者晉侯不能執而討之以定齊國之亂曷以宗諸侯宜乎大夫日熾自是卒不可制也〔昭三十一年經〕書季孫意如會晉荀躒于適歷〔唐陸淳春秋集傳微旨下〕淳聞於師曰意如

弗問斬袪斷旃讎

晉之從政者新

逐君之臣也晉不罪之而反與爲會晉侯之爲盟主可見矣荀躒之爲人臣可知矣〔史記晉世家〕靜公二年魏武侯韓哀侯趙敬侯滅晉後而三分其地靜公遷爲家人晉絶不祀

趙宣子趙盾之字也宣二年經書趙盾弑其君夷皐

寺人披之斬袪僖二十四年芋尹無宇之斷旃昭七年其讎一也披請見而晉文讓之無宇執人於宮而楚靈赦之楚靈之量優於晉文矣〔方樸山云〕晉文聞披言亦遽見之矣此論未公漢高帝之赦季布魏武帝之免梁鵠吳景帝之遣李衡皆有君人之量〔全云〕一是英雄一是奸雄一是中主之寬大者〇〔元圻案〕〔史記季布列傳〕朱家謂滕公曰季布何大罪而上求之急也滕公曰布數爲項羽窘上故必欲得之朱家曰臣各爲其主項氏臣可盡誅邪滕公待閒果言如朱家指上乃赦季布〔三國志魏武紀注衞恆四體書勢序曰〕梁鵠以攻書至選部尚書於是公欲爲洛陽令鵠以爲北部尉鵠後依劉表及荆州平公募求鵠鵠懼自縛詣門署軍假司馬〔三國志吳孫休傳〕休權第六子權薨休弟亮承統徙休於丹陽郡太守李衡數以事侵休亮廢孫綝迎休御正殿大赦改元詔曰丹陽太守李衡以往事之嫌自拘有司夫射鉤斬袪在君爲君遣衡還郡勿令自疑休謚景帝

楚伍參曰晉之從政者新宣十二年謂荀林父也士彌牟曰晉之從政者新定元年謂范鞅也一以喪師敗于邲一以失諸侯定四年書曰人惟求舊〔閻按〕謂荀林父新從政在本月范鞅新從政僅十日新字奇確〔何

申叔豫戒薳子馮

國語非邱明作

左傳國語互異

云〕新謂任未久非驟居執政之謂〇〔元圻案〕〔呂成公左傳說六〕宣公十二年晉楚戰于邲說曰荀林父以晉之名臣統元帥之權而不能制一先縠者蓋新進之徒威德未孚於人故如此楚嬖人伍參謂晉之從政者新論林父最切當大抵賢才處事或至敗事者未必其才之不足處事之不審特其素望之未孰於人以至敗事古之人所以四十而仕五十而爲大夫蓋欲使涵養積習威望在人已孰然後可以從政若是養之無素驟居人上鮮有不敗事者

以近事爲鑒。則其言易入。申叔豫以子南戒薳子馮是也。〔襄二十二年〕告君亦然。樊噲諫高帝曰。獨不見趙高之事乎。爰盎諫文帝曰。獨不見人彘乎。〔元圻案〕〔史記樊噲列傳〕高祖嘗病甚惡見人噲乃排闥直入上獨枕一宦者臥噲見上流涕曰陛下病甚大臣震恐不見臣等計事顧獨與一宦者絕乎且陛下獨不見趙高之事乎帝笑而起〔又袁盎列傳〕上幸上林皇后愼夫人從其在禁中常同席坐及坐布席袁盎引卻愼夫人坐愼夫人怒不肯坐上亦怒盎曰妾主豈可與同坐哉陛下所以爲愼夫人適所以禍之陛下獨不見人彘乎上說召語愼夫人賜盎金五十斤〔賈誼陳政事疏曰〕臣竊跡前事賈山至言曰臣不敢以久遠諭願借秦以爲喻亦此意

劉炫謂國語非邱明作。〔原注傳〕言鄢陵之敗苗賁皇之爲楚語云雍子之爲與傳不同傳元云國語非邱明作有一事而二文不同〔按〕劉炫語見襄二十六年正義傳元語見哀十三年正義〔方樸山云〕左傳哀元年秋戰吳師在陳楚大夫皆懼惟子西曰二三子恤不相睦無患吳矣於楚語則以懼吳爲子西語無患吳爲藍尹亹之言此亦互異之一〔繼序按傳〕言鄢陵之敗晉語作苗棼皇與左傳同楚語異〔又按〕晉惠公卒左傳在九月國語在十月納公子重耳左傳在明年正月國語在是年十二月〔又按〕棠棣詩左傳云召穆公作國語云周文公哀十三年黃池之會吳語作吳公先插左傳則先晉人

葉少蘊云。古有

左氏爲楚倚相後左邱失明有國語

臧文仲玉磬告糴

左氏左邱氏太史公稱左邱失明厥有國語見漢書本傳今春秋傳作左氏而國語爲左邱氏則不得爲一家文體亦自不同其非一家書明甚左氏〔原注〕王荆公以爲六國時人蓋左史之後以官氏者朱文公謂左氏乃左史倚相之後故其書說楚事爲詳〔原注〕鄭漁仲云左氏世爲楚史　鄭漁仲語見所著春秋地名譜自述司馬公謂左氏欲傳春秋先作國語國語之文不及傳之精也〔閻按〕黄楚望書出極辨以左氏爲楚人之非蓋均載晉楚之事辭意間多與晉而抑楚是也〔繼序按漢志〕有公羊外傳穀梁外傳〇〔元圻案〕〔韋昭國語解敘〕孔子發憤於舊史垂法於素王左邱明因聖言以攄意託王義以流藻其明識高遠雅思未盡故復采錄前世穆王以來下訖魯悼智伯之誅以爲國語其文不主於經故號曰外傳〔葉少蘊春秋統論三〕司馬遷班固以邱明爲名則左爲氏矣然遷復言左邱失明厥有國語按姓譜有左氏左邱氏遷以左邱爲氏則傳安得名左氏耶

臧文仲以玉磬告糴於齊見魯語容齋三筆書博古圖謂左傳無玉磬之說非也〔元圻案〕〔書錄解題雜家類〕容齋隨筆續筆三筆四筆各十六卷五筆十卷翰林學士鄱陽洪邁景盧撰每編皆有小序五筆未成書〔三筆十三〕再書博古圖曰予讀博古圖其謬妄不可殫舉當政和宣和間蔡京爲政禁士大夫不得讀史而春

伯宗索士畢陽送州犂於荊

知果別族爲輔氏張孟談遇智過

秋三傳真東高閣故其所引用絕爲乖盾〔周雲雷磬曰〕春秋魯饑臧文仲以玉磬告糴于齊按經所書但云臧孫辰告糴于齊左氏亦無玉磬之說〔國語四〕魯莊公時臧文仲以鬯圭玉磬如齊告糴

晉語。伯宗索士庇州犂。得畢陽。〔案韋昭注〕索求也庇覆也州犂伯宗子伯州犂也及欒弗忌之難。諸大夫害伯宗。畢陽實送州犂於荊。畢陽之孫豫讓見戰國策。晉畢陽之孫章祖孫皆以義烈著。所謂是以似之者。太史公不書於傳。故表而出之。〔集證〕〔吳師道戰國策注〕豫讓義士也史遷列之刺客而蘇氏古史亦謂之非賢失之矣朱子綱目附見于三晉始命之下則以其事在前不得特書以表之爾大事記解題略見而記不書未知呂子之旨

晉語。知宣子將以瑤爲後。知果曰不如宵也。弗聽。知果別族於太史爲輔氏。〔原注〕通鑑取此戰國策。知伯率趙韓魏章張孟談因朝智伯而出遇智過轅門之外。智過入見智伯曰。二主殆將有變。智過言之不聽。出更其姓爲輔氏。〔原注〕韓非子同云更其族〔案〕韓非子十過篇載智過事智過卽智果也。〔全〕云

邇者騷離騷離離騷皆楚言

鳴玉以相非武子王孫圉對趙鞅語

通鑑以事屬鄒疵　二說之先後不同。〔集證〕〔古今人表〕知過繫於趙襄子之後從戰國策也師古曰知過即知果○〔元圻案〕〔國語〕作知果國策作智過當云智過卽知果也閻何本皆作智過卽智果也蓋仍顏師古之誤

楚語。伍舉曰。德義不行則邇者騷離而遠者距違〔原注〕注騷愁也離畔也　伍舉所謂騷離。屈平所謂離騷。皆楚言也。揚雄爲畔牢愁。與楚語注合。〔元圻案〕〔史記屈原列傳〕屈原者名平楚之同姓也憂愁幽思而作離騷離騷者猶離憂也〔漢書揚雄傳〕又怪屈原文過相如至不容作離騷自投江而死以爲遇不遇命也何必湛身哉乃作書往往摭離騷文而反之自岷山投諸江流以弔屈原名曰反離騷又旁離騷作重一篇名曰廣騷又旁惜誦以下至懷沙一卷名曰畔牢愁注李奇曰畔離也牢聊也與君相離愁而無聊也

皇王大紀。景王二十一年。〔原注〕襄三十年　楚公子圍至晉。晉趙武子鞅。鳴玉以相。按楚語。王孫圉聘於晉。定公饗之。趙簡子鳴玉以相。蓋楚昭王時。鞅者武之孫也。今以王孫圉爲公子圍。以鞅爲武之子。皆誤〔元圻案〕〔皇王大紀五十五〕景王二十年冬楚王遣使聘于諸侯公子圍至晉晉趙武子鞅鳴玉以相晉侯曰白珩楚之寶也圍應曰楚有觀射父者能作訓辭以令於諸侯有左史倚相者朝夕獻善敗於寡君使無忘先王之業有藪曰雲連徒州金木竹箭之所生皮革羽毛之所出以備軍賦是則楚之寶矣鞅有慚色　皇王大紀注見二十二頁今十二頁

子產稱公孫稱國臧僖伯氏爲追稱

依暌歷莘前華後河

古者。孫以王父字爲氏。成十五年公羊傳文子產。子國之子。國語謂公孫成子。左傳謂公孫僑。〔原注〕子產之子始爲國氏致堂作子產傳曰。國僑非也。〔閻按〕子產之子左傳謂之國參〔集證〕左傳魯公子彄或云字子臧子臧孫達公子尾字施父子施伯見齊語鄭子然子國之弟其子然丹是皆以父之字爲氏者〔又按文心雕龍才略篇〕國僑以修辭扞鄭〔舊唐書高宗本紀〕顯慶二年遣使祭鄭大夫國僑〔徐彥伯傳〕存其家邦國僑之言也〔薛登傳〕子皮讓國僑〔史通模擬篇云〕左傳前稱子產則次見國僑唐以前皆稱子產爲國僑也○〔元圻案〕〔昭四年〕子產作邱賦渾罕曰國氏其先亡乎〔隱五年正義〕僖伯名彄字子臧世本云孝公之子諸侯之子稱公子公子之子稱公孫公孫之子不得祖諸侯乃以王父之字爲氏計僖伯之孫始得以臧爲氏今於僖伯之上已加臧字蓋以僖伯是臧氏之祖傳家追言之也〔後漢書〕王充王符仲長統傳論國子流遺愛之體〔王當春秋臣傳〕子產鄭卿公孫僑也一字子美諡曰國

鄭語。依暌歷莘。史記鄭世家注。莘作華。水經注。黃水逕華城西。史伯曰。華君之土也。韋昭曰。華國名。秦白起攻魏。拔華陽。司馬彪曰。華陽在密縣。〔案〕此水經二十二洧水又東過鄭縣南注文括地志。華陽城在鄭州管城縣南。可以證今本之誤。〔原注〕按下文前華後河則上文當作華〔閻案〕此證致精朱鬱儀反以酈注華字誤誤矣〔何云〕明道本前華後河正作華〔方樸山云〕據今本國語華字雖俱作莘字然其上云若克二邑韋昭注云二邑虢鄶其下云鄢蔽補丹依暌歷莘君之土也注云言克虢鄶則此八邑皆可得也下又云

晉竇犨鳴犢二人

若前莘後河左洛右濟注云莘莘國也〔按〕此上下注語則兩莘字明是兩地一爲邑一爲國不得合幷且其注莘字係於前莘後河句下而又云莘莘國也與酈氏所引亦不同酈氏改竄韋注割截國語以兩爲一而王氏從之愚亦有疑〔集證鄭氏詩譜〕引史伯作依𩠼歷華太平御覽一百五十九州郡部引鄭語亦作依𩠼歷華今河南開封府鄭州周爲管叔封邑後爲鄭國漢置中牟縣隋置管城縣華陽城在今鄭州南○〔元圻案〕〔史記鄭世家〕虢鄶果獻十邑注虞翻曰十邑謂虢鄶鄔蔽補丹依𩠼歷華也索隱曰國語云太史伯曰若克二邑鄔蔽補丹依𩠼歷華君之土也可知國語古本華不作莘矣

晉語。竇犨對趙簡子曰。君子哀無人。不哀無賄。哀無德。不哀無寵。哀名之不令。不哀年之不登。味其言。見其賢矣。史記孔子世家孔子將西見趙簡子。聞竇鳴犢之死。臨河而歎。索隱云鳴犢犨字。通鑑外紀。於周敬王二十八年。書簡子殺鳴犢。三十年書竇犨對簡子。誤也。〔集證容齋四筆漢書劉輔傳〕谷永等上書曰趙簡子殺其大夫鳴犢孔子臨河而歎顏師古曰戰國策說二人姓名云鳴犢鐸犨而史記古今人表並以爲鳴犢竇犨蓋鐸犢及竇其聲相近故有不同耳余按今本史記孔子世家乃以爲竇鳴犢舜華〔說苑權謀篇云〕晉有澤鳴犢犨其不同如此○〔元圻案〕〔索隱云〕鳴犢犨字孔子世家作竇鳴犢舜華是以鳴犢竇犨爲一人也〔師古劉輔傳注云〕今永等指舉殺鳴犢一人不論竇犨是以爲二人而班氏古今人表中上亦列鳴犢竇犨爲二外紀蓋從班氏

非國語非非國語

子太叔九言

越得歲吳伐之凶

江端禮（集證云字季恭）嘗病柳子厚作非國語乃作非非國語東坡見之曰久有意爲此書不謂君先之也然子厚非國語而其文多以國語爲法（閻按）東坡續楚語論卽東坡非非國語（集證）唐志柳宗元非國語二卷○（元圻案）柳子厚與呂溫論非國語書曰嘗讀國語病其文勝而言尨好怪以反倫其道舛逆而學者以其文也咸嗜閱焉至比六經是聖人之道翳也余與不自制以後世之訕怒乃黜其不臧究世之謬凡爲六十七篇命之曰非國語（經義考二百九）江氏端禮非非國語佚又劉氏章非非國語佚黃瑜曰劉章有文名病王充作刺孟柳子厚作非國語乃作刺刺孟非非國語江端禮虞槃亦作非非國語是非非國語有三書也又會氏于乾非非國語一卷佚案此則非非國語有四（宋徐度却掃編曰）張嵲舍人言柳子厚平生爲文章專學國語讀之既精因得掇拾其差失著論以非之　江端禮臨川人劉原父之甥也弟端本詩入江西宗派

古以一句爲一言左氏傳子太叔九言（定四年）論語一言蔽之曰思無邪秦漢以來乃有句稱今以一字爲一言如五言六言七言詩之類非也（閻按戰國策）臣請三言而已矣蓋一言臣請烹是古以一字爲一言不爲非（又按盧六以曰）論語子貢問有一言而可以終身行之者乎子曰其恕乎亦以一字爲一言是論語已有兩例也○（元圻案）東方朔自謂十六學詩書誦二十二萬言十九學孫吳兵法亦誦二十二萬言似亦以一字爲一言也

史墨曰越得歲而吳伐之必受其凶杜牧注孫子

刑書刑鼎竹刑三尺法二尺四寸

曰歲爲善星不福無道火爲罰星不罰有德嘉定中（閻按）寧宗在位十四年戊辰曰官言五福太一臨吳分眞文忠公除江東漕朝辭劉子奏漢之肇造以寬仁得民而不在五星之聚井漢書高紀元年冬十月五星聚於東井晉之卻敵以將相有人而不在歲星之臨吳昭三十二年（元圻案）（孫子計篇曰）天者陰陽寒暑時制也杜牧注左傳昭三十二年夏吳伐越史墨曰不及四十年越其有吳乎越得歲而吳伐之必受其凶注曰存亡之數不過三紀歲星三周三十六歲故曰不及四十年也此年歲在星紀星紀吳分也歲星所在其國有福吳先用兵故反受其殃哀二十二年越滅吳至此三十八歲也夫吳越之君德均勢敵闔閭興師志於吞滅非爲拯民故歲星福越而禍吳秦之殘酷天下誅之上合天意故歲星禍秦而祚漢熒惑罰星也宋景公出一善言熒惑移三舍而延二十七年以此推之歲爲善星不福無道火爲罰星不罰有德（書錄解題兵書類）注孫子二卷唐中書舍人杜牧之撰

子產鑄刑書昭六年趙鞅荀寅鑄刑鼎昭二十九年至鄧析竹刑定九年則書於竹簡矣然甫刑云明啓刑書其來已久漢杜周傳不循三尺法注謂以三尺竹簡書法律也朱博亦云奉三尺律令以從事鹽鐵論詔聖篇乃云二尺四寸之律古今一也蓋律書以

能忍恥無害趙宗

辛伯諗周桓公疑妻疑室疑相

二尺四寸簡舉其大數謂之二尺曹褒新禮寫以二尺四寸簡漢禮與律令同錄其制一也〔集證〕漢禮樂志叔孫通所撰禮儀與律令同錄藏於禮官○〔元圻案〕〔漢書朱博傳〕博字子元杜陵人遷琅邪太守文學儒吏時有奏記稱說云云博見謂曰如太守漢吏奉三尺律令以從事耳亡奈生所言聖人道何也又曰廷尉治郡斷獄以來且二十年亦獨耳剽日久三尺律令人事出其中〔後漢書曹褒傳〕褒字叔通魯國薛人次序禮事依準舊典雜以五經讖記之文撰次天子至於庶人冠婚吉凶終始制度以爲百五十篇寫以二尺四寸簡奏上會和帝卽位褒乃爲作章句帝遂以新禮二篇冠

趙襄子曰以能忍恥庶無害趙宗乎〔哀二十七年〕說苑談叢云能忍恥者安能忍辱者存呂居仁謂忍詬二字古之格言學者可以詳思而致力〔閻按〕呂覽尹鐸謂趙簡子曰敦顏而上色者忍醜　嘗戲謂韓信屈於市之少年步騭屈於郡之豪傑何淮陰人偏能忍辱耶亦一異〔何云〕杜有道妻嚴氏與有道從子預書云忍辱至三公〔方樸山云〕陸遜亦云能忍辱負重〔全云〕忍辱二字亦當別白杜婦之言易流於馮道○〔元圻案〕〔屈子離騷〕屈心而抑志兮忍垢而攘尤

內有疑妻之妾此宮亂也庶有疑室之子此家亂也朝有疑相之臣此國亂也〔此管子短語君臣下篇文〕管子之言卽辛伯之諗周桓公也〔桓十八年〕然管子能言之而不

左氏以成敗論人

以多文辭舉是禮

能格齊桓之心。

朱子(語類)曰。左氏之失。在以成敗論人。愚嘗觀蔡邕獨斷。引王仲任曰。君子無幸而有不幸。小人有幸而無不幸。(闇按)與論衡不同。王氏所擇精矣(案)(論衡幸偶篇)孔子曰君子有不幸而無有幸小人有幸而無不幸韓文公(與衛中行書)謂君子得禍爲不幸。而小人得禍爲常。君子得福爲常。而小人得福爲不幸。亦仲任之意。斯言可以正左氏之失。

宋人享趙文子。叔向爲介。司馬置折俎。禮也。仲尼使舉是禮也。以爲多文辭。(襄二十七年)服虔云。以其多文辭。故特舉而用之。後世謂之孔氏。聘辭以孔氏有其辭。故傳不復載也。正義謂孔氏聘辭不知事何所出。(元圻案)(惠氏九經古義八)司儀問君客再拜對君問大夫客對君勞客客再拜稽首注云問君曰君不恙乎對曰使臣之來寡君命臣于庭問大夫曰二三子不恙乎對曰寡君命使臣于庭二三子皆在勞客曰道路悠遠客甚勞勞介則曰二三子甚勞王伯厚曰此亦見說苑鄭氏所述蓋古禮也賈疏云未知所出何文

是謂一終言星

益爲皋陶子

皋陶庭堅不祀

庭堅卽夷堅

或云是孔子聘問之辭棟按襄廿七年春秋傳曰仲尼使舉是禮也以爲多文辭服虔云以其多文辭故特舉而用之後世謂之孔子聘辭此書漢時猶存故鄭引之或說非無據也

是謂一終。一星終也。襄九年今俗語云一匝。匝閣本作帀淮南子詮言訓以數雜之壽。憂天下之亂。猶憂洪水之少。泣而益之也。〔原注〕朱子作數集〔集證〕今本符言篇作數算白帖引作數集注。雜。匝也。人生子。從子至亥爲一匝。原注俗語出於此〔集證〕今本高誘注無人生子三字呂氏春秋圜通篇天道之圜精也氣一上一下圜周復雜無所稽留高誘注雜猶匝也廣韻二十七合雜字下注云雜匝也集也

或以益爲皋陶之子。列女傳。睪子生五歲而贊禹。曹大家注。皋陶之子伯益也。〔原注〕李邕爲李思訓碑云睪子贊禹甘生相秦睪與皋同林少穎謂伯益卽伯翳。其後爲秦。臧文仲聞六蓼滅曰。皋陶庭堅不祀忽諸。文公五年使皋陶猶有後於秦。則文仲之言。不若此之甚也。〔原注〕列子夷堅聞而志之服虔注卽庭堅也　閻按伯益爲皋陶之子亦見高誘注呂氏春秋及鄭氏詩譜陸德明音義詳古文尙書疏證卷四第五十八條〇〔元圻案〕〔林少穎尙書全解三〕或以益爲皋陶之子是未必然伯益卽伯翳也其後爲秦在春秋之時浸以強盛使伯益果皋陶之子則秦乃皋陶之後而臧文仲聞六與蓼滅曰皋陶庭堅不祀忽諸德之不建民之無援哀哉使皋陶猶有後於秦則文仲之言不若是之甚也

嫠不恤緯
齊女有禮
莒婦投紡

誰能去兵證
史

〔案史記云〕帝禹立而舉皋陶薦之且授政焉卒封皋陶之後於六或在許而後舉益任之政以是觀之則益與皋陶不得爲一族也明矣　〔漢書藝文志儒家類〕載劉向所序六十七篇注曰新序說苑世說列女傳頌圖也　〔隋書經籍志雜傳類〕列女傳十五卷劉向撰曹大家注

嫠不恤緯。昭二十四年　齊女有禮。成二年　漆室女憂君況委質爲臣者乎。〔原注〕〔列女傳〕魯漆室女〔韓詩外傳云〕魯監門之女嬰　莒婦投紡〔復其夫之讎而不知其君與不恤緯者異矣　〔何云〕婦以夫爲天　〔集證列女傳〕魯漆室邑之女過時未適人當穆公之時君老太子幼女倚柱而嘯旁人聞之心莫不慘慘者鄰婦從之遊謂曰何哭之悲子欲嫁乎吾爲子求偶漆室女曰嗟乎吾憂魯君老而太子少也〔韓詩外傳二〕魯監門之女嬰相從績中夜而泣涕其偶曰何爲而泣也嬰曰吾聞衛世子不肖所以泣也○〔元圻案〕莒婦投紡事見左傳昭十九年

漢世祖罷郡國都尉。〔何云〕讀後漢書深以此爲光武之失不謂厚齋固言之須詳爲注釋本末　晉武帝去州郡武備其害皆見於後唐穆宗之銷兵。則不崇朝而變生焉故曰誰能去兵。〔何云〕厚齋蓋傷宋初防節鎮尾大之禍削其兵權卒出外患疊乘莫之能禦也　〔集證唐蕭俛傳〕穆宗初兩河底定俛與段文昌當國謂四方無虞勸帝密詔天下鎮兵十之一歲限一爲逃死不補謂之銷兵既而籍卒逋亡無生業聚爲盜賊會朱克融王庭湊亂燕趙一日悉收用之朝廷調兵不克乃募市人爲合戰輒北遂復失河北○〔元圻案〕〔後漢書百官志五〕每屬國置都尉一人比二千石典兵禁備盜賊武帝又置三輔都尉各一人邊郡置農都尉又中興建武六年省諸郡都尉幷職太守無都試之役〔劉昭補注古今注曰〕六年八月省都尉官應劭曰每有劇賊郡臨時置都尉事訖罷之〔又應劭漢官曰〕蓋天生五材民並用之廢一不可誰能去兵兵之設尚矣自郡國罷材官騎士之後官無警備實啓寇心一方有難三面救之一切取辦黔首囂然不及講其射御用其戒警

鄭子能言其祖
籍談忘祖
衆仲胥臣魯姓氏
行人子羽能姓氏學

君子務知大者遠者

一旦驅之以卽強敵猶鳩鵲捕鷹鸇豚羊弋豺虎是以每戰常負王旅不振張角懷妖僞遐邇搖蕩八州並發烟炎絳天牧守梟裂流血成川爾乃遠徵三邊殊俗之兵非我族類忿驚縱橫多僵良善以爲己功哀夫民氓遷流之咎見出在茲不教而戰是謂棄之跡其禍敗豈虛也哉又劉昭注曰晉太康之初武帝詔曰上古及中代或置州牧或置刺史置監御史皆總紀綱而不賦政治民之事任之諸侯郡守昔漢末四海分崩因以吳蜀自擅自是刺史內親民事外領兵馬一時之宜爾今賴宗廟之靈士大夫之力江表平定合之爲一當韜戢干戈與天下休息諸州無事者罷其兵刺州分職皆如漢氏故事

劉知幾史通書志後論。曰能言吾祖鄭子見師。昭十七年不識其先。籍談取誚。昭十五年鄧名世曰春秋時魯論姓氏者魯有衆仲。見隱五年晉有胥臣。〔原注〕見晉語〔案晉語四〕司空季子言黃帝之子二十五人云云韋昭注季子晉大夫胥臣臼季也後爲司空鄭有行人子羽。見襄三十一年皆能探討本原自炎黃而下如指諸掌。〔原注鄭漁仲曰〕世本公子譜二書皆本左傳〔何云〕觀漁仲此論則世本雖亡未嘗亡也〔全云〕公子譜尚存世本不可得但觀諸書所引亦不盡合於左傳公子譜出杜預手〔集證玉海四十二紹興四年鄧名世上春秋四譜一卷以經傳國語參合援據爲國譜年譜地譜人譜辨論譜說一卷三月二十五日引見九月六日賜出身充史館校勘〔隋經籍志〕春秋公子譜一卷吳楊蘊撰小公子譜六卷晉杜預撰○〔元圻案〕今本鄧名世栟櫚集明正德時所刊不載此條所引之語或卽春秋四譜序文中句也

子皮曰。君子務知大者遠者。小人務知小者近者。

寤生義通寤儆

王孫雒謀先黃池會

年三十一襄程子伊川謂君子之志所慮者。豈止一身。直慮及天下千萬世。小人之慮。一朝之忿。不遑恤其身。見程氏遺書十

莊公寤生。隱元年風俗通云。俗說兒墮地未能開目視者。謂之寤生。〔閻按周書寤儆解〕王曰今朕寤有商驚予注云言夢爲紂所伐故驚〔史記解王召左司戎夫曰〕今夕朕寤遂事驚予參以說文寤晝見而夜夢也則莊公寤生乃夢中所生解較直捷　〔全云〕寤生者牾生也諸說皆以意爲之○〔元圻案〕〔太御平覽三百六十一風俗通曰〕俗說兒墮地未能開目視者謂之寤生舉寤生子妨父母謹按左傳鄭莊公寤生驚姜氏因名寤生武公老終天年姜氏亦然安有妨其父母乎　余友曲阜桂未谷馥曰〔崔鴻南燕錄〕晉咸康二年公孫夫人晝寢生慕容德左右以告方寢而起慕容皝曰此兒易生似鄭莊公長必有大德遂以德爲名〔三十國春秋〕前秦蒲洪父懷歸於部落小帥其母姜氏因寤產洪驚悸而寤余初疑寤當作牾謂倒產及得二事不敢復執前說矣

黃池之會。王孫雒曰。必會而先之。見吳語吳晉爭先。雒之謀也。然不能救吳之亡。故呂氏春秋仲春紀當染篇曰。吳王夫差染於王孫雒。太宰嚭。然則雒亦嚭之流耳。〔閻按〕〔何屺瞻傳〕明道二年刊國語正作王孫雒與王氏當日所引本同今流俗本盡作雄　〔何云〕案明道二年所刊國語亦作雒

晉四姬穆王盛姬

叔向習春秋不知諫叔向衰於晚節

叔向女齊爲師保語晏嬰公室之卑治杞田侵小魯晉有先世

晉有四姬。鄭子產有男女辨姓之言。昭元年考之穆天子傳。穆王有盛姬。蓋周禮之壞自王朝始。諸侯何誅焉。〔全云〕穆天子傳不足據穆王尚不應至此○〔元圻案〕〔穆天子傳〕盛姬姬姓也盛伯之子也天子賜之上姬之長是曰盛門又曰天子舍于澤中盛姬告病天子憐之〔列子〕周穆王西巡狩道有工人偃師獻所造能倡者王視之趨步俯仰信人也與盛姬內御並觀之

叔向習春秋。爲平公之傅。〔案〕〔晉語〕司馬侯曰羊舌肸習於春秋乃召叔向使傅太子彪彪即平公之名而不能諫四姬之惑。何也。曰正己則可以格君心之非。叔向娶於申公巫臣氏。違母之訓而從君之命。昭二十七年無諸己而後非諸人。自反而不縮。其能正君乎。先儒有言寡欲之臣。然後可以言王佐。〔全云〕叔向晚節尤衰平邱之會其辭無理甚矣○〔元圻案〕〔胡子知言曰〕寡欲之君然後可與言王道無欲之臣然後可以言王佐

季武子曰。有叔向女齊以師保其君。襄三十年公室之卑。私言於晏嬰。昭三年杞田之治。僅及於侵小。襄二十九年師保固如是乎。〔全云〕叔向爲趙文子傳言於宋是六卿之所用者安能當師保之任

典法
魯田賦晉刑鼎

古志克己復禮
胥臣言如賓祭
左氏聞闕里緒言

魯用田賦。仲尼曰。有周公之典在。哀十一年晉鑄刑鼎。仲尼曰。晉國將守唐叔之所受法度。昭二十九年周公之典。唐叔之法度。魯晉所以立國也。是以漢循高祖之法則治。梅福語見漢書本傳唐變太宗之制則亂。〔原注〕夏有典則商云成憲周云舊章〇〔元圻案〕紹定六年十一月召魏了翁爲文華閣待制了翁上章論十事乞復舊典以彰新化一復三省之典以重六卿二復二府之典以集衆議三復都堂之典以重省府四復侍從之典以來忠告五復經筵之典以熙聖學六復臺諫之典以公黜陟七復制誥之典以謹命令八復聽言之典以通下情九復三衙之典以强主威十復制閫之典以黜私意故王氏云爾

古也有志。克己復禮。仁也。昭十二年或謂克己復禮古人所傳。非出於仲尼。致堂曰。夫子以克己復禮爲仁。非指克己復禮卽仁也。胥臣曰。出門如賓。承事如祭。仁之則也。僖三十二年蓋左氏粗聞闕里緒言每每引用。而輒有更易。穆姜於隨。舉文言。亦此類。〔閻按〕亦有辯見尚書古文疏證卷五第七十六條〔集證惠氏棟曰〕論語視其所以觀其所由察其所安見逸周書官人解大戴文王官人篇參分天下有其二見逸周書程典解己所不欲勿施於人管子以爲古語見小問篇聖人言述而不作推此言之聖人豈妄作哉但經傳散佚不能一一舉之耳

主孟啗我稱主不獨大夫主君與主諸稱所屬

晉語。欒氏之臣辛俞曰。三世仕家君之。再世以下主之。〔原注〕注大夫稱主優施謂里克妻曰。主孟啗我。〔原注〕注大夫之妻稱主左傳。醫和謂趙孟曰。主是謂矣。昭元年魏戊曰。主以不賄聞於諸侯。昭二十八年此大夫稱主也。〔閻按盧六以曰〕魯語以歜之家而主猶續懼于季孫之怒也此子稱母亦稱主也齊侯使高張來唁公。稱主君。子家子曰。齊卑君矣。主君大夫之稱也。昭二十九年史記甘茂傳。樂羊拔中山。魏文侯示之謗書。樂羊曰。此非臣之功也。主君之力也。戰國策。梁王魏嬰觴諸侯於范臺。魯君曰。主君之尊。夷狄之酒也。主君之味。易牙之調也。魏以大夫爲諸侯。故猶稱主君。〔閻按周禮〕主以利得民。注云主謂公卿大夫是大夫稱主周之制也〔全云〕閻說附會又云魏以主君爲稱未必如深寧之言蓋世降而名稱變耳〔集證〕禮記坊記注大夫有臣者稱之曰主周禮曰主友之讐視從父昆弟正義曰此據臣下自稱己大夫之君但得言主不得稱君若他人汎倒言之大夫有采地者亦得稱君故喪服云爲其君布帶繩屨傳言君謂有采地者也若通而言之諸侯亦稱主曲禮執主器謂君也大夫自相命亦稱主左傳晉士匄謂荀偃事吳敢不如事主是也稱大夫之妻亦得曰主魯語季孫問於公父文伯之母

曰主亦有以語
肥乎是也

困學紀聞注卷六

公羊傳字數
董江都治公羊公
何休爲公羊
罪人
黜周爲二王
後
魯隱爲受命
王
五始三科九
旨
七等六輔二
類七缺
五行志多公
羊說
獲麟推代周
誕妄
血書白書之
誕
春秋屬商
何氏文諡例
康成發墨守
公羊授受
公羊撰於壽
及子都

困學紀聞注卷七

餘姚翁元圻載青輯

公羊〔元圻案〕〔閻氏曰〕公羊傳四萬四千七十五字

漢武尊公羊家而董仲舒爲儒者宗。正誼不謀利。明道不計功二言。〔案〕此董子對膠西王語見漢書本傳繁露作正其道不謀其利脩其理不急其功得夫子心法。太史公聞之董生者。又深得綱領之正。嘗攻公羊氏之傳。所謂讖緯之文。與黜周王魯之說。非公羊之言也。蘇氏謂何休公羊之罪人。晁氏謂休負公羊之學。五始三科九旨七等六輔二類七缺。皆出於何氏。其墨守不攻而破矣。〔全云〕西京公羊之學江都最著江都之言五行志最多亦不甚醇至何休則愈妄矣〇〔元圻案〕〔漢書儒林傳〕瑕丘江公受穀梁春秋及詩於魯申公上使與仲舒議不如仲舒而丞相公孫宏本爲公羊學於是上因尊公羊家詔太子受公羊春秋由是公羊大興〔又五行志〕董仲舒治公羊春秋始推陰陽爲儒者宗〔太史公史記自敍〕余聞之董生曰孔子知言之不用道之不行也是非二百四十二年之中以爲天下儀表貶天子退諸侯討大夫以達王事而已矣夫春秋上明三王之道下辯人事之紀別嫌疑明是非定猶豫善善惡惡賢賢賤不肖存亡國繼絕世補弊起廢王道之大者也〔公羊春秋〕哀十四年西狩獲麟〔何休註〕夫子素按圖錄知庶姓劉季當代周見薪采者獲麟知爲其出何者麟者木精薪采者庶人燃火之意此赤

穀梁引公羊文

帝將代周居其位故麟爲薪采者所執西狩獲之者從東方王於西也東卯西金象也言獲者兵戈文也言漢姓卯金刀以兵得天下〔疏云〕蓋見中候云卯金刀帝出復堯之常〔又註曰〕得麟之後天下血書魯端門曰趨作法孔聖沒周姬亡彗東出秦政起胡破術書記散孔不絕子夏明日往視之血書飛爲赤烏化爲白書署曰演孔圖中有作圖制法之狀孔子仰推天命俯察時變卻觀未來預解無窮知漢當繼大亂之後故作撥亂之法以授之〔疏云〕演孔圖文也又第一卷隱公第一下疏云問曰公羊以魯隱公爲受命王黜周爲二王後〔案長義云〕隱公人臣而虛稱以王周天子見在上而黜公侯是非正名而言順也答曰孝經說云孔子曰春秋屬商孝經屬參然則其微似之語獨傳子夏子夏傳與公羊氏五世乃至漢胡毋生董仲舒推演其文然後世人乃聞此言矣春秋藉位于魯以託王義隱公之爵不進稱王周王之號不退稱爲公何以爲不正名不順言乎〔書錄解題三〕謂公羊訓詁傳其書多引讖緯其所謂黜周王魯變周文從殷質之類公羊皆無明文蓋爲其學者相承有此說也〔疏又曰〕何氏作文諡例云三科九旨者新周故宋以春秋當新王此一科三旨也〔又云〕所見異辭所聞異辭所傳聞異辭二科六旨也又內其國而外諸夏內諸夏而外夷狄是三科九旨也五始者元年春王正月公卽位是也七等者州國氏人名字子是也六輔者公輔天子卿輔公大夫輔卿士輔大夫京師輔君諸夏輔京師是也二類者人事與災異是也七缺者惠公妃匹不正隱桓之禍生是爲夫之道缺也文姜淫而害夫爲婦之道缺也大夫無罪而致戮爲君之道缺也臣而害上爲臣之道缺也晉侯殺其世子申生宋公殺其世子痤是爲父之道缺也楚世子商臣弒其君髡蔡世子般弒其君固是爲子之道缺也桓八年正月己卯烝桓十四年八月乙亥嘗僖三十一年夏四月四卜郊不從乃免牲猶三望郊祀不脩周公之禮缺是爲七缺也矣〔莊十年公羊傳曰〕州不若國國不若氏氏不若人人不若名名不若字字不若子〔後漢書鄭元傳〕時任城何休好公羊學遂著公羊墨守左氏膏肓穀梁廢疾康成乃發墨守鍼膏肓起廢疾休見而嘆曰康成入我室操我戈以伐我乎〔蘇東坡曰〕三傳迂誕奇怪之說公羊爲多而何休又從而附成之〔晁說之曰〕何休特負於公羊之學三科九旨七等六輔二類七缺之說何紛紛也既曰據百十二國寶書而又謂三世異辭何邪〔呂大圭曰〕范甯穀梁之忠臣何休公羊之罪人〔晉書王接傳〕接嘗謂何休志通公羊而往往還爲公羊疾病〔四庫全書總目〕春秋公羊傳注疏二十八卷公羊壽傳何休解詁唐徐彥疏〔按漢書藝文

春秋始隱公義平王惠公先後

志〕公羊傳十一卷班固自註曰公羊子齊人〔顏師古註曰〕名高〔徐彥疏〕引戴宏序曰子夏傳與公羊高高傳其子平平傳其子地地傳其子敢敢傳其子壽至漢景帝時壽乃與齊人胡毋子都著於竹帛何休之注亦同今觀傳中有子沈子曰子司馬子曰子女子曰子北宮子曰又有高子曰魯子曰蓋皆傳授之經師不盡出於公羊子定公九年傳正棺於兩楹之間二句穀梁傳引之直稱沈子不稱公羊是併其不著姓氏者亦不盡出公羊子且併有公羊子曰尤不出於高之明證知傳確爲壽撰而胡毋子都助成之舊本首著高名蓋未審也〔後漢書儒林傳下〕何休字邵公任城樊人也休爲人質朴訥口而雅有心思精研六經世儒無及者太傅陳蕃辟之與參政事蕃敗休坐廢錮迺作公羊解詁

筆談〔全云沈括作〕曰史記年表平王東遷三年魯惠公即位纂例隱公下注云惠公三年平王東遷不知啖趙得於何書鹽石新論以爲啖趙所云出何休公羊音訓當作平王東遷三年惠公立此休一時記錄之誤安定謂平王東遷孝公之三十七年也明年惠公立〔綱目前編從之〕春秋不始於孝公惠公者不忍遽絕之猶有所待焉歷孝踰惠莫能中興於是絕之所以始於隱公也〔元圻案〕〔夢溪筆談十四〕〔按史記年表〕周平王東遷三年魯惠公方即位則春秋當始惠公而始隱故諸儒之論紛然入春秋開卷第一義也惟啖趙都不解始隱之義學者常疑之唯於纂例隱公下注八字云惠公三年平王東遷若

漢廷以春秋決事
石曼姑受命立輒
士匄不伐齊喪
大夫受命不受辭
天王不能事母

爾則春秋自合始隱更無可論此啖趙所以不論也然與史記不同不知啖趙得於何書〔唐書啖助傳〕助字叔佐爲春秋集傳復攝其綱條爲例統〔經義考一百七十六〕載趙氏匡春秋闡微纂類義統十卷章拱之曰趙氏集啖氏統例集注二書及己說可以例舉者爲闡微義統十二卷第三第四亡逸

漢以春秋決事。如雋不疑引蒯聵違命出奔。輒拒而不納。春秋是之。蕭望之引士匄侵齊。聞齊侯卒。引師而還。君子大其不伐喪。丞相御史議封馮奉世。引大夫出疆。有可以安國家顓之可也。皆本公羊。雖於經旨有得有失。然不失制事之宜。至於嚴助以春秋對。乃引天王出居于鄭。不能事母。故絕之。其謬甚矣。〔元圻案〕〔漢書雋不疑傳〕元始五年有一男子詣北闕自謂衛太子詔使公卿將軍中二千石雜識視莫敢發言不疑後到叱從吏收縛或曰是非未可知且安之不疑曰諸君何患於衛太子昔衛蒯聵違命出奔輒拒而不納春秋是之衛太子得罪先帝亡不即死今來自詣此罪人也遂送詔獄〔公羊傳〕定公二年齊國夏曷爲與衛石曼姑帥師圍戚伯討也此其爲伯討奈何曼姑受命乎靈公而立輒以曼姑之義爲固可以拒之也〔漢書蕭望之傳〕五鳳中匈奴大亂議者多曰匈奴爲害日久可因其壞亂舉兵滅之詔問望之計策對曰春秋晉士匄帥師侵齊聞齊侯卒引師而還君子大其不伐喪前單于慕化鄉善遣使請求和親海內欣然未終奉約不幸爲賊臣所殺今而伐之是乘亂而幸災也〔師古曰〕〔春秋公羊傳〕襄十九年齊侯環卒晉士匄帥師侵齊至穀聞齊侯卒乃還還者何善辭也大其不伐喪

曹沫手劍劫盟

也〔又馮奉世傳〕莎車遣使揚言北道諸國已屬匈奴矣於是攻劫南道與歃血畔漢奉世以為不亟擊之則莎車日强必危西域遂以節諭告諸國因發其兵進擊莎車王自殺傳首長安下議封奉世丞相將軍皆曰春秋之義大夫出疆有可以安國顓之可也奉世功效尤著宜加爵土之賞〔公羊傳〕莊十九年公子結媵陳人之婦于鄄遂及齊侯宋公盟大夫無遂事此其言遂何聘禮大夫受命不受辭出竟有可以安社稷利國家者則專之可也〔漢書嚴助傳〕助拜為會稽太守數年不聞問賜書曰君猒承明之廬勞侍從之事懷故土出為郡吏間者缺焉久不聞問具以春秋對毋以蘇秦從橫助恐上書謝稱春秋天王出居于鄭不能事母故絕之臣事君猶子事父母也臣助當伏誅陛下不忍加誅願奉三年計最〔公羊傳〕僖二十四年天王出居于鄭王者無外此其言出何不能乎母也註不能事母罪大於不孝故絕之言出也

左氏載曹劌問戰。莊十年諫觀社。莊二十三年藹然儒者之言。公羊乃有盟柯之事。太史公遂以曹沫列刺客之首。此戰國之風。春秋初未有此習也。〔原注〕穀梁柯盟曹劌公羊作曹子然則沫卽劌也〔閻按〕〔盧六以曰〕索隱云沫宜音劌沫劌聲相近而字異耳此游士之虛語。而燕丹之用荊軻。欲以齊桓待秦政。不亦愚乎。〔元圻案〕〔公羊傳〕莊十三年公會齊侯盟于柯莊公升壇曹子手劍而從之管子曰君何求乎曹子曰城壞壓竟君不圖與管子曰然則君將何求曹子曰願請汶陽之田管子顧曰君許諾桓公曰諾曹子請盟桓公下與之盟〔戰國策〕燕太子丹質於秦亡歸見秦且滅六國兵已臨易水恐其禍至太子丹患之謂荊軻曰誠得劫秦王使悉反諸侯之侵地若曹沫之與齊桓則善矣則不可因而刺殺之荊軻至秦奉樊於期之頭函而秦武陽奉地圖匣以次進至陛秦王發圖圖窮而匕首見因左手把秦王之袖而右手持匕首揕之未至身秦王驚自引而起袖絕拔劍以擊荊軻斷其左

齊紀九世復讎
會夾谷不復
九世讎

不討賊復讎
非臣子
狩于郜為通
讎

股荆軻廢

九世猶可以復讎乎。雖百世世可也。莊四年漢武用此義伐匈奴。儒者多以公羊之說為非。然朱子序戊午（闇按）高宗紹興八年讜議魏光履叙次。曰。天下者。承萬世無疆之統。則亦有萬世必報之讎。吁。何止百世哉。（元圻案）莊公四年紀侯大去其國（公羊傳曰）為齊襄諱也春秋為賢者諱何賢乎襄公復讎也何讎爾遠祖也齊哀公亨於周紀侯譖之遠祖者幾世乎九世矣九世猶可以復讎乎雖百世可也（漢書匈奴傳）漢既誅大宛威震外國天子意欲遂困胡迺下詔曰高皇帝遺朕平城之憂高后時單于書絕悖逆昔齊襄公復九世之讎春秋大之是歲太初四年也（周禮調人疏）（禮記曲禮正義）引許慎異義曰公羊說復百世之讎古周禮說復讎可盡五世之內五世之外施之於己則無義施之於彼則無罪所復者謂殺者之身乃在被殺者子孫可盡五世得復之（謹案）魯桓公為齊襄公所殺定公是魯桓公九世孫孔子相定公與齊會於夾谷是不復百世之讎也

臣不討賊。非臣也。子不復讎。非子也。讎者無時焉可與通。此三言者。君臣父子天典民彝係焉。公羊子大有功於聖經。（元圻案）隱公十一年冬十有一月壬辰公薨傳何以不書葬隱之也何隱爾弒也弒則何以不書葬春秋君弒賊不討不書葬以為無臣子也子沈子曰君弒臣不討賊云云 莊四年冬公及齊人狩于郜傳公曷為與微者狩齊侯也齊侯則其稱人何諱與讎狩也讎者無時焉可與通通則

祭仲廢君爲通權

齊桓震矜葵邱會盛桓公以夷五霸

衞石惡之惡以名

爲大譏此二條皆有感於高宗之忘仇也

以祭仲廢君爲行權。范甯已譏其失矣。孟子曰。有伊尹之志則可。若祭仲者。董卓司馬師孫綝桓温之徒也。其可褒乎。〔元圻案〕桓公十一年九月宋人執〔鄭祭仲傳〕祭仲者何鄭相也何以不名賢也何賢乎祭仲以爲知權也其爲知權奈何古者鄭國處于留先鄭伯有善于鄭公者通乎夫人以取其國而遷鄭焉而野留莊公死已葬祭仲將往省于留塗出于宋宋人執之謂之曰爲我出忽而立突祭仲不從其言則君必死國必亡從其言則君可以生易死國可以存易亡少遼緩之則突可故出而忽可故反是不可得則病然後有鄭國古人之有權者祭仲之權是也〔范甯穀梁傳序〕公羊以祭仲廢君爲行權是神器可得而闚也　董卓廢漢靈帝爲宏農王司馬師廢魏主芳爲齊王孫綝廢吳主亮爲會稽王桓温廢晉帝奕爲東海王

葵邱之會。桓公震而矜之。安定謂前則致王世子于首止。今又致宰周公于葵邱。其心盈亦甚矣。穀梁以爲美。非美也。孟子以爲盛。盛有激而云云。〔何盛桓公正所以夷五伯也〇〔元圻案〕〔僖九年傳〕葵邱之會桓公震而矜之叛者九國震之者何猶曰振振然矜之者何猶曰莫我若也〔僖九年〕九月戊辰諸侯盟于葵邱〔穀梁傳〕桓盟不日此何以日美之也爲見天子之禁故備之也葵邱之會陳牲而不殺讀書加于牲上壹明天子之禁曰毋雍泉毋訖糴毋易樹子毋以妾爲妻毋使婦人與國事

以衞石惡爲惡人。劉原父非之曰。董賢可謂賢乎。

仲孫何忌譏二名
二名有兩義

用致夫人譏立妾
西宮誅去妾意

又以仲孫何忌爲譏二名。新莽之制。其出于此歟。東漢之士猶無二名者。〔閻按〕〔野客叢書後漢傳〕如蘇不韋字公先王延壽字文考謝夷吾字堯卿郭延年字公游此分明知其爲二名者安得謂絕無第尙沿王莽之禁寥寥耳〇〔元圻案〕襄二十七年豹及諸侯之大夫盟于宋〔傳〕曷爲再言豹殆諸侯也曷爲殆諸侯爲衞石惡在是也曰惡人之徒在是矣〔劉氏春秋權衡十二〕此乃一事再見者前目而後凡耳何謂殆諸侯乎假令衞石惡實惡人者何至能變亂諸侯之盟乎衞比諸侯亦小國耳何至諸侯遂危懼之乎皆事之不然者且石惡名爾行未必惡也謂名惡者行惡名善者則行善矣董賢可謂賢乎〔定六年〕季孫斯仲孫忌帥師圍運〔傳〕此仲孫何忌也曷爲謂之仲孫忌譏二名二名非禮也〔註〕爲其難諱也一字爲名令難言而易諱所以表臣子之敬不逼下也〔漢書匈奴傳〕莽奏上令中國不得有二名因使使者以風單于宜上書慕化爲一名漢必加厚賞單于從之〔禮記曲禮正義〕引許慎異義公羊說譏二名謂二字作名若魏曼多也左氏說二名者楚公子棄疾弒其君卽位之後改爲熊居是爲二名〔謹案〕文武賢臣有散宜生蘇忿生則公羊之說非也從左氏說

用致夫人。公羊以爲妾氏。譏以妾爲妻也。董仲舒謂成風。先儒取之。仲舒說經。蓋不泥於公羊也。晉江彪曰。厭屈私情。所以上嚴祖考。曾謂周禮在魯。其臣無一江彪乎。〔元圻案〕〔僖八年傳〕夫人何以不稱姜氏貶曷爲貶譏以妾爲妻也其言以妾爲妻奈何蓋脅于齊媵女之先至者也〔宋張洽春秋集註曰〕穀梁傳言夫人而不以氏姓立妾之辭也劉向以爲成風而啖趙皆從之范甯謂欲尊其母實卑其母此言得春秋之旨〔晉書禮志

宋仲幾不蓑城

公羊鄭禮注多齊言

中一興寧元年哀帝章皇太妃薨帝欲服重江虨啓先王制禮應在緦服詔欲降朞虨又啓厭屈私情所以上嚴祖考於是制緦麻三月　董子治公羊春秋其說具在繁露亦見於漢書五行志攷志曰釐公二十年五月西宮災穀梁以爲愍公宮也以謚言之則若疏故謂之西宮劉向以爲釐公立妾母爲夫人以入宗廟故天災愍宮若曰去其卑而親者將害宗廟之正禮董仲舒以爲釐娶於楚而齊媵之脅公使立以爲夫人西宮者小寢夫人之居也若曰妾何爲居此宮誅去之意也據此則仲舒實主公羊之說而以夫人爲成風乃劉子政之說也故范甯穀梁注亦引作劉向厚齋先生以此說屬之董子不知見何書當攷

晉人執宋仲幾于京師。仲幾之罪何不蓑城也。注云若今以草衣城是也。定公元年 漢五行志。董仲舒以爲宋中幾亡尊天子之心而不衰城。顏注云衰城謂以差次受功賦也。按左氏傳遲速衰序於是焉在。昭公三十二年 又云。宋仲幾不受功。定公元年 蓑字當從漢志作衰。[原注]音初爲反衰差也 與左氏合。[方樸山云]公羊釋文云蓑一或作衰一或音初危反此即漢志之說然不衰城頗費解

公羊子。齊人。其傳春秋多齊言。登來[閻按]見隱五年○[案]傳曰公曷爲遠而觀魚登來之也[注]登讀言得來得來之者齊人語也齊人名求得爲得來作登來者其言大而急由口授也 化我[按]桓六年行過無禮謂之化則我字非齊語○[傳曰]曷爲

謂之賓來慢之也曷爲慢之化我也〔註〕行過無禮謂之化齊人語也化我字亦見哀六年傳
樵之。〔按〕見桓七年〇〔經〕焚咸邱〔傳曰〕焚之者何樵之也〔註〕樵薪也以樵燒之故因謂之樵之齊人語也
漱浣〔按〕見莊三十一年〇〔經〕築臺于郎〔傳曰〕何以書譏何譏爾臨民之所漱浣也〔註〕無垢加功曰漱去垢曰浣齊人語也
笱將。〔按〕文十五年齊魯名竹篾曰笱不與下將字連〇〔傳曰〕脅物而歸之笱將而來也〔註〕笱者竹篾一名編輿齊魯以此名之曰笱將送也
踊爲。〔按〕僖十年踊豫也不與下爲字連〇〔傳曰〕晉之不言出入者踊爲文公諱也〔註〕踊豫也齊人語若關西言渾矣
詐戰。〔按〕僖三十三年詐卒也不與下戰字連〇〔傳曰〕詐戰不日此何以日盡也〔註〕据不言敗績外詐戰文也詐卒也齊人語〔方樸山云〕詐戰即作戰
往黨。〔按〕文十三年黨所也不與上往字連〇〔經〕公及晉侯盟還自晉鄭伯會公于斐〔傳曰〕還者何善辭也何善爾往黨衛侯會公于沓至得與晉侯盟反黨鄭伯會公于斐故善之也〔註〕黨所也所猶是齊人語也
往殆。〔按〕襄五年殆疑不與上往字連〇〔傳曰〕莒將滅之故相與往殆乎晉也〔註〕殆疑疑讞于晉齊人語
于諸。〔按〕見哀六年〇傳曰陳乞使人迎陽生于諸其家〔註〕于諸寘也齊人語
累〔按〕見桓二年〇〔傳曰〕及者何累也〔註〕累累從君而死齊人語
怴。〔按〕見桓五年〇〔經〕正月甲戌己丑陳侯鮑卒〔傳曰〕曷爲以二日卒之怴也釋文怴呼述反狂也齊人語
如〔按〕見隱元年〇〔傳曰〕母欲立之己殺之如勿與而已矣〔註〕如即不如齊人語
昉〔按〕見隱二年〔傳曰〕始滅昉於此乎〔註〕昉適也齊人語〔疏〕胡母生齊人故知之若鄭譜云然則詩之道放于此乎之類
棓〔按〕見成二年〇〔傳曰〕踊于棓而闚客〔註〕凡無高下有絶加躡板曰棓齊人語
脰〔按〕見莊十二年〇〔傳曰〕萬怒搏閔公絶其脰〔註〕脰頸也齊人語
之類是也。鄭康成北海人。其注三禮多齊言。麷麰曰媒。〔按〕見媒氏〇〔地官媒氏註〕媒之言謀也謀合異類使之和成者今齊人名麷麰曰媒
疾爲戚。〔按〕見考工記〇〔考工記〕不微至無以爲戚速也〔註〕齊人有名疾爲戚者
麋爲獐。〔按〕見晝

繪○〔考工記〕畫繪之事山以章〔註〕章讀爲獐獐山物也齊人謂麞之獐漚曰湊〔按〕見㡆氏○〔考工記㡆氏〕湅絲以涗水漚其絲〔註〕漚漸也楚人曰漚齊人曰湊

椎爲終葵。〔按〕玉人當作終葵爲椎○〔考工記玉人〕大圭長三尺杼上終葵首〔註〕終葵椎也爲椎于其杼上明無所屈也〔疏云〕終葵椎也者齊人謂椎爲終葵故云終葵椎也

手足擊爲骹。〔按〕見弓人○〔考工記弓人〕今夫茭解中有變焉故校〔註〕茭讀如齊人名手足擊爲骹之骹〔疏〕時齊人有名手足節擊間爲茭取弓隈與簫角相接名茭也

全菹爲芋。〔按〕見士喪禮○〔儀禮士喪禮〕其實葵菹芋蠃醢〔註〕齊人或名全菹爲芋〔疏云〕周禮醢人註云細切爲齏全物若牒爲菹若然凡菹者全物不得芋名此云齊人名全菹爲芋者菹法舊短四寸者全之若長於四寸者亦切之則葵長者自然切乃爲菹但喪中之菹葵雖長而不切取齊人全菹爲芋之解也

祭爲墮。〔按〕見士虞禮○〔士虞禮祝命〕佐食墮祭〔註〕下祭曰墮墮猶言墮下也齊魯之間謂祭爲墮

題肩爲擊征。〔按〕見月令○〔月令〕季冬之月征鳥厲疾〔註〕征鳥題肩也齊人謂之擊征或名曰鷹

滑曰瀡。〔按〕見內則○〔內則〕堇荁枌榆免薨滫瀡以滑之〔註〕秦人溲曰滫齊人滑曰瀡也

相絞訐爲掉磬。〔按〕見內則○〔內則〕舅姑若使介婦毋敢敵耦於冢婦〔註〕雖有勤勞不敢掉磬〔釋文隱義云〕齊人以相絞訐爲掉磬〔崔云〕北海人以相擊爲掉磬也

無髮爲禿楬。〔按〕見明堂位○〔明堂位〕夏后氏以楬豆〔註〕楬無異物之飾也齊人謂無髮爲禿楬

穅爲相。〔按〕見樂記○〔樂記〕弦匏笙簧會守拊鼓〔註〕拊者以韋爲表裝之以穅穅一名相因以名焉今齊或謂穅爲相〔疏云〕相即拊也所以輔相於樂故謂拊爲相也

殷聲如衣。〔按〕見中庸○〔中庸〕壹戎衣而有天下〔註〕衣讀如殷聲之誤也齊人言殷聲如衣今姓有衣者殷之冑與

祈之言是〔按〕見緇衣○〔緇衣〕夏日暑雨小民惟曰怨資冬祈寒小民亦惟曰怨〔註〕資當爲至齊魯之語聲之誤也祈之言是也齊西偏之語也之類是也。方言之異如此則

書之詁哲。其可彊通哉。〔閻按〕〔王氏引何休註〕爲齊語者已見上矣猶有遺者莊四年怒莊二十年㾜莊二十四年
僂莊二十八年伐又伐宣八年廢宣十八年墠昭二十一年因諸皆齊人語也〔三禮註〕遺
者尤多〔司尊彝云〕獻讀爲摩莎之莎齊語〔又云〕齊人命浩酒曰滌〔圉師云〕齊人言鈇質
之椹〔蟈氏云〕曰齊魯閒謂鼃爲蟈〔考工記云〕齊人之言終古猶言常也〔廬人云〕齊人謂
斧柯柄爲椑〔士冠禮云〕齊人名蒨爲韎韐〔聘禮云〕萊陽之閒刈稻聚把有名爲莒者〔檀
弓云〕居讀爲姬姓之姬齊魯閒語助也〔禮器云〕齊人所善曰麾〔內則云〕齊人呼佩巾爲
紛〔又云〕紀莒之閒名諸爲濫〔又云〕東海鰫魚有骨名乙在目旁〔樂記云〕齊語稱裂爲殈
〔雜記云〕齊人呼卷爲武喪大記云齊人謂棺索爲緘繩〔緇衣云〕資當爲至齊魯之語○
〔元圻案〕莊四年傳今紀無罪此非怒與〔註〕怒遷怒齊人語也〔莊二十年傳〕大災者何大
㾜也〔註〕㾜病也齊人語也莊二十四年經八月丁丑夫人姜氏入傳具言入何難也其言日
何難也其難奈何夫人不僂不可使入與公有約然後入〔註〕僂疾也齊人語夫人稽留不肯
疾順公不可使即入公至後與公約定乃入故爲難辭也〔莊二十八年傳〕春秋伐者爲客
〔註〕伐人者爲客讀伐長言之齊人語也〔又傳〕伐者爲主〔註〕見伐者爲主讀伐短言之齊
人語也〔宣八年傳〕去其有聲者廢其無聲者〔註〕廢置也置者不去也齊人語宣十八年傳
墠帷〔註〕埽地而祭曰墠今齊俗名之云爾〔昭二十一年傳〕宋南里者何若曰因諸者然
〔註〕因諸者齊故刑人之地公羊子齊人故以齊喻也〔疏〕舊說云即博物志云周曰囹圄齊
曰因諸是也 〔周禮春官司尊彝〕鬱齊獻酌凡酒脩酌〔註〕獻讀爲摩莎之莎齊語聲之誤
也脩讀如滌濯之滌滌酌以水和而泲今齊人命浩酒曰滌〔夏官圉師〕射則充椹質〔註〕杜
子春讀椹爲齊人言鈇椹之椹椹質所射者習射處〔秋官蟈氏〕掌去鼃黽〔註〕齊魯之閒謂
鼃爲蟈〔考工記〕輪已崇則人不能登也輪已庳則於馬終古登阤也〔註〕齊人之言終古猶
言常也〔廬人〕句兵椑〔註〕椑讀爲鼓鼙之鼙齊人謂柯斧柄爲椑則椑隋圜也 〔儀禮士
冠禮〕爵弁服纁裳純衣緇帶韎韐〔註〕韎韐緼韍也士緼韍而幽衡合韋爲之士染以茅蒐
因以名焉今齊人名蒨爲韎韐〔聘禮〕四秉曰筥〔註〕此秉謂刈禾盈手之秉也筥穧名也若
今萊陽之閒刈稻聚把有名曰筥者 〔禮記〕檀弓何居〔註〕居讀爲姬姓之姬齊魯之閒語
助也〔禮器〕君子祭祀不祈不麾蚤〔註〕麾之言快也祭有時不以先之爲快也齊人所善曰

公子遂如齊
譏喪娶

麾〔疏云〕蚤謂先時也〔釋文〕齊人謂快爲麾〔内則〕左佩紛帨〔註〕紛帨拭物之佩巾也今齊人有言紛者又或以酏爲醴黍酏漿水醷濫清白羞糗餌粉酏〔註〕以諸和水也以周禮六飲校之則濫涼也紀莒之閒名諸爲濫又魚去乙註乙魚體中害人者名也今東海鰫魚有骨名乙在目旁狀如篆乙食之鯁人不可出〔樂記〕卵生者不殈〔註〕殈裂也今齊人語有殈者〔雜記〕委武元縞而后蕤〔註〕委武冠卷也秦人曰委齊人曰武〔疏云〕委武皆冠卷也秦人呼卷爲委齊人呼卷爲武也〔喪大記〕君封以衡大夫士以咸〔註〕今齊人謂棺索爲椷繩咸或爲椷

文公二年。公子遂如齊納幣。譏喪娶也。娶在三年之外。則何譏乎喪娶。三年之內不圖婚。娶者。大吉也。非常吉也。其爲吉者主於己。以爲有人心焉者。則宜於此焉變矣。〔案〕〔春秋繁露玉杯篇〕按經文公乃四十一月乃娶娶時無喪何以謂之喪娶納幣之月在喪分故謂之喪娶也公羊子之言天理民彝之正也。左氏以爲禮以爲孝。其害教最甚。杜氏謂諒闇既終。嘉好之事。通於外內。其悖理又甚焉。中庸曰。三年之喪。達乎天子。孟子曰。三年之喪。自天子達於庶人。左杜而志諸乎。杜預在晉。議太子之服。謂周公不言高宗服喪三年而云諒闇此服心喪之文也叔向不譏景王除喪而譏其宴樂已早明既葬應除而違諒闇之節也司馬公以爲巧飾經傳以附人情〔原注〕預但知春秋衰世之禮而未知先王制禮之本也公羊長於左氏此其一端也○〔元圻案〕〔范甯穀梁傳〕敘左氏以文公納幣爲用禮是居喪可得而婚也　杜預議服見晉書禮志〔通鑑晉武紀〕泰始九年八月葬元皇后于峻陽陵帝及羣臣除喪即吉博士陳逵議以爲今時所行漢帝權制太子無有國事自宜終服杜預議云云又曰子之於禮存諸內而已禮非玉帛之謂喪豈衰麻之謂乎臣光曰規矩主於方圓然庸工無規矩則方圓不可得而制也衰麻主於哀戚然庸人無衰麻則哀戚不可得而勉也杜預巧飾經傳以附人情辯則辯矣臣謂不若陳逵之言質略而敦實也

穀梁字數

穀梁〔元圻案〕〔閻氏曰〕穀梁傳四萬一千五百十二字

傳主通經當理

穀梁傳序凡傳以通經爲主經以必當爲理夫至當無二而三傳殊說庸得不棄其所滯擇善而從乎晉范甯作孝經序襲其語〔元圻案〕〔唐明皇帝孝經序〕傳以通經爲義義以必當爲主至當歸一精義無二安得不翦其繁蕪而撮其樞要也　〔四庫全書總目〕春秋穀梁傳注疏二十卷晉范甯集解唐楊士勛疏士勛疏稱穀梁子名俶字元始一名赤受經於子夏爲經作傳

鄭地不在冀州

桓五年傳鄭同姓之國也在乎冀州注冀州則近

秦自殽戰爲狄滅庸後秦爲楚役

京師。按鄭之始封。在今京兆。其地屬雍州。東遷之後。徙新鄭。在今河南。其地屬豫州。謂近京師則可。謂在冀州則非。或曰。冀州。中州也。淮南子墜形訓正中冀州曰中土。〔閻按〕〔墬形訓〕少室太室在冀州〔泰族訓〕周既失道則以天下之大畏於冀州又中土高誘注曰冀州皆足爲證〔集證〕〔日知錄〕古者天子常居冀州後人遂以冀州爲中國之號〔楚辭九歌〕覽冀州兮有餘〔淮南子〕有媧氏殺黑龍以濟冀州〔路史〕云中國總謂之冀州〔穀梁傳曰〕鄭同姓之國也在乎冀州〔按〕穀梁疏引鄒衍書云九州之內名曰赤縣赤縣之畿從冀州而起故後王雖不都冀州亦得以冀州言之○〔元圻案〕中土之稱冀州猶今之稱京師爲長安京尹爲京兆尹也但祇可用之於辭章耳〔釋文云〕鄭本京兆鄭縣爲雍州之域後徙河南新鄭爲豫州之境冀在兩河之間非鄭都也〔纂氏云〕韓侯滅鄭韓都冀州故以目鄭

秦自殽之敗。卽楚見呂相絕秦。故穀梁曰。秦之爲狄。自殽之戰始。〔僖三十三年〕止齋〔陳氏傳良〕曰。楚之伯。秦之力也。自滅庸以後。秦爲楚役。〔閻按〕僖二十五年秦囚楚申公鬭克以歸三十三年有殽之敗使鬭克歸楚求成此秦楚脩好之始事也○〔元圻案〕〔陳止齋春秋後傳五〕僖三十三年晉人及姜戎敗秦師于殽〔傳曰〕外相敗不書此何以書惡晉也晉之霸秦有力焉自城濮以來無役不從也文公未葬襄公墨衰及姜戎要秦師于殽敗之秦晉之搆怨自此始更三君交兵無虛歲曾不十年晉遂不競而楚霸是故外會師而不及特書及而晉侯貶稱人晉不競而楚霸秦亦與有力焉耳 文公十六年經書楚人秦人巴人滅庸

伯宗攘輦者 善

俠為所氏證 史

大夫未爵命不氏

伯宗攘輦者之善。㲉梁子非之。〔案〕〔成五年傳〕孔子曰伯尊其無續乎攘善也註取輦者之言而行之非己之功　余友王汾原煦曰無績無後也〔爾雅云〕績繼也後伯尊子州黎奔楚州犁孫嚭奔吳是其證　董公遮說漢王。〔注〕已見前　趙涉遮說條侯。繫天下興亡安危之大幾用其言而不用其人。何哉。〔何云〕李文饒平澤潞頗採用杜牧之說而反出之于黃州〔全云〕高宗航海劉相如力勸張浚迎敵蓋董公之亞而其後相如亦甚遜〇〔元圻案〕〔漢書周亞夫傳〕東擊吳楚至灞上趙涉遮說亞夫曰吳王知將軍且行必置間人於殽黽阸陿之間將軍何不從此右去走藍田出武關抵雒陽直入武庫諸侯聞之以為將軍從天而下也太尉如其計

隱九年俠卒。俠者所俠也。〔案〕〔范甯註〕俠名也所其氏〔疏〕徐邈引尹更始云所者俠之氏麋信以為所非氏所謂斥也　所氏見于史者。漢有所忠。〔原注〕食貨郊祀志石慶司馬相如傳　後漢有所輔。〔原注〕獨行劉茂傳　風俗通所姓宋大夫華所事之後。後漢劉茂傳註引之　魯有所氏非但出於宋也。然無駭翬挾柔溺宛先儒謂大夫未爵命於天子不氏。此孫覺尊王發微之說〔呂氏集解〕襄陵許氏曰凡大夫未爵命於天子不氏春秋之初尚謹此也無駭翬挾柔溺及宛之見隱桓莊篇是也　則俠之氏為所非也。〔集證〕〔史游急就篇〕所不侵〔師古注云〕所所斫木聲也古有虞衡之官因主伐木遂以為氏〔又通志氏族略〕亦云所者伐木聲本虞衡主伐木之官聞聲以為氏〇〔元圻案〕宋有所

庚子孔子生

石尚欲書春秋

洙熙寧間人鄭虎臣編吳郡文粹載所敘常熟縣新建順民倉記

公羊傳於襄二十一年云十有一月庚子孔子生。穀梁傳於二十年十月云庚子孔子生。二十一年賈逵注經云此年仲尼生。昭二十四年服虔載賈逵語云仲尼時年三十五。定以孔子爲襄二十一年生也。孔子世家云魯襄公二十二年生。杜注從史記。〔案〕以上皆襄三十一年左傳正義文 臧榮緒以宣尼生庚子日陳五經拜之。然以年則公穀史記有一年之差。以月則公穀有一月之差。今不可考。〔閻按〕王氏後宋景濂有孔子生卒歲月辨一篇生主公穀歲己酉卒主左氏歲壬戌相距則七十四年與歷所傳孔子年七十三者不合辭雖辨實不通歷法近黃太沖以歷上推斷生於襄公二十二年建酉之月二十七日庚子與羅泌路史暗合余亦推以歷數爲定論○〔元圻案〕〔南史隱逸傳〕臧榮緒東莞莒人也隱居京口教授齊高帝爲揚州刺史徵爲主簿不到惇愛五經謂人曰昔呂尚奉丹書武王致齋降位李釋教誡並有敬禮之儀因甄明至道乃著拜五經序論常以宣尼庚子日生其日陳五經拜之自號披褐先生

侯國不守典禮。而使宰咺歸賵。〔何云〕隱元年 侯國不共貢

歸賵歸脤之書

穀梁所得爲多

范甯糾本傳六事

范註公言三家之失

大侵蒐狩禮合詩傳

職。而使石尚歸脤。（何云）定十四年經書天王以是始終。蓋傷周而歎魯也。穀梁謂石尚欲書春秋。曾是以爲禮乎。（元圻案）（劉氏敞春秋權衡十七）定公十四年天王使石尚來歸脤（穀梁曰）尚欲書春秋諫曰久矣周之不行禮於魯也請行脤不知石尚欲書孔子之春秋乎魯國之春秋乎若孔子之春秋也孔子是時未作春秋石尚安得書如魯國之春秋王人至則書之矣何足以爲榮邪是殆不然

文中子謂范甯有志於春秋。徵聖經而詰衆傳。蓋杜預屈經以申傳。何休引緯以汩經。唯甯之學最善。（全云）六朝清言成俗甯獨能罪王何以救世道眞儒也（集證）（晁公武曰）三傳之學穀梁所得最多諸家之解范甯之論最善（日知錄）宋黃震言杜預註左氏獨主左氏何休註公羊獨主公羊惟范甯不私於穀梁而公言三家之失今考集解中糾傳文者得六事莊九年公伐齊納糾傳解云惡內之言傳或失之僖元年公子友帥師敗莒師于麗獲莒拏傳解云季友令德之人豈當舍三軍之整佻身獨鬬以決勝負者哉僖十四年季姬及繒子遇于防傳解云左氏傳近合人情襄十一年作三軍傳解云周禮司馬法王六軍大國三軍次國二軍小國一軍總云諸侯一軍非制也昭十一年楚子虔誘蔡侯般殺之于申傳解云般弑父之賊人倫所不容王誅所必加禮凡在官者殺無赦豈得惡楚子殺般乎哀二年晉趙鞅納衛世子蒯聵于戚傳解云經稱蒯聵爲世子則靈公不命輒審矣此矛楯之喻也皆能糾正傳文之失○（元圻案）（中說天地篇）子謂陳壽有志於史依大義而削異端范甯有志於春秋徵聖經而詰衆傳

穀梁言大侵之禮。與毛詩雲漢傳略同。言蒐狩之

穀梁說四時田獵

禮與毛詩車攻傳相合。此古禮之存者。〔元圻案〕〔襄二十四年傳〕大侵之禮君食不兼味臺榭不塗弛侯廷道不除百官布而不制鬼神禱而不祀此大侵之禮也〔小雅雲漢傳〕歲凶年穀不登則趣馬不秣師氏弛其兵馳道不除祭祀不縣膳夫徹膳左右布而不脩大夫不食粱士飲酒不樂〔正義曰〕此當先有成文故傳引之左右總謂諸臣不脩者無所脩作〔穀梁傳曰〕百官布而不制是也馳道不除者曲禮註云爲妨民取蔬食也穀梁傳亦云道不除言祭祀不縣則有事但不縣樂〔穀梁傳〕〔又曰〕禱而不祀然則此云祭者正謂祈禱祭不用樂也徹膳者天子日食太牢今減損之也〔穀梁云〕君食不兼味〔昭八年傳〕因蒐狩以習用武事禮之大者也艾蘭以爲防置旃以爲轅門以葛覆質以爲槷流旁握御轚者不得入車軌塵馬候蹄揜禽旅御者不失其馳然後射者能中過防弗逐不從奔之道也面傷不獻不成禽不獻禽雖多天子取三十焉其餘與士衆以習射於射宮射而中田不得禽則得禽田得禽而射不中則不得禽是以知古之貴仁義而賤勇力也〔小雅車攻傳〕田者大芟草以爲防或舍其中褐纏旃以爲門裘纏質以爲槷間容握驅而入轚則不得入左者之左右者之右然後焚而射焉〔正義曰〕〔穀梁傳曰〕艾蘭以爲防以葛覆質以爲槷與此不同〔毛傳又曰〕一曰乾豆二曰賓客三曰充君之庖故自左膘而射之達于右腢爲上殺射右耳本次之射左髀達于右䯚爲下殺面傷不獻踐毛不獻不成禽不獻禽雖多擇取三十焉其餘以與大夫士以習射於澤宮田雖得禽射不中不得取禽田雖不得禽射中則得取禽古者以辭讓取不以勇力取〔正義曰〕此有成文書傳穀梁傳與此略同

左傳正義云。漢代古學不行。明帝集諸學士。作白虎通義因穀梁之文爲之說。曰王者諸侯所以田獵何。爲苗除害。上以共宗廟。下以簡集士衆也。春謂之田。何。春歲之本。舉本名而言之也夏

鄧公地爲某

穀梁子名及時

謂之苗何擇其懷任者也秋謂之蒐何蒐索肥者也冬謂之狩何守地而取之也四時之田總名爲田何爲田除害也〔案〕見隱五年 今白虎通義十卷無此語豈亦有逸篇歟然章帝會諸儒於白虎觀正義謂明帝亦誤〔元圻案〕〔袁宏後漢紀〕章帝建初四年是秋詔諸儒會白虎觀議五經同異曰白虎通〔四庫全書總目子部雜家類二〕白虎通義四卷隋志載白虎通六卷不著撰人唐志始題班固之名崇文總目載白虎通道德論十卷陳振孫書錄題解亦作十卷今本僅分四卷〔朱翌猗覺寮雜記〕稱荀子注引白虎通天子之馬六句今本無之則轉輾傳寫或亦有所脫佚 近陽湖莊氏有輯白虎通闕文

某或作厶出穀梁注鄧厶地〔集證〕〔老學庵筆記〕今人書某爲厶皆以爲俗從簡便其實古某字也〔穀梁桓二年〕蔡侯鄭伯會于鄧〔范甯註云〕鄧厶地〔陸氏釋文曰〕不知其國故云厶地本又作某

穀梁子或以爲名赤或以爲名俶〔何云〕〔小顏藝文志〕注云名喜秦孝公時人今按傳載尸子之語尸佼與商鞅同時故以穀梁子爲秦孝公時人然不可攷〔原注〕漢書但云魯學〔閻按〕名赤見風俗通名俶字元始見阮孝緒七錄趙氏損益義云然盧六以云宜補入〔集證〕〔晁氏志應劭風俗通〕稱穀梁子名赤子夏弟子糜信則以爲秦孝公同時人阮孝緒則以爲

論語字數

有子曾子稱子

史記言師有子之謬

有子言論

檀弓記有子不盡實

俶字元始皆未詳也〔又按論衡案書篇〕又云穀梁寘是穀梁子有四名也然名赤始自桓君山新論說最先後人多從之

論語〔元圻案〕〔鄭畊老曰〕論語一萬三千七百字

或問論語首篇之次章卽述有子之言而有子曾子獨以子稱何也曰程子謂此書成於有子曾子之門人也〔案〕〔羅豫章先生集二程語錄〕伊川曰論語曾子有子弟子論譔所以知者唯曾子有子不名曰柳子名宗元著論語辨二篇其上篇謂孔子之沒諸弟子以有子爲似夫子立而師之其後不能對諸子之問乃叱避而退則固常有師之號是以稱子其說非歟曰非也此太史公采雜說之謬〔史記〕〔仲尼弟子列傳〕孔子既沒有若狀似孔子弟子相與共立爲師他日弟子進問曰商瞿年長無子孔子曰無憂瞿年四十後當有五丈夫子已而果然敢問夫子何以知之有若默然無以應弟子起曰有子避之此非子之座也宋子京蘇子由辨之矣孟子謂子夏子張子游以有若似聖人欲以所事孔子事之朱子云蓋其言行氣象有似之者如檀弓所記子游謂有若之言似

夫子之類是也豈謂貌之似哉〔趙岐孟子注〕謂有若之貌似孔子此三子者思孔子而不可復見故欲尊有若以作聖人朝夕奉事之禮如事孔子以慰思也曰有子不列於四科其人品何如曰宰我子貢有若智足以知聖人此孟子之言也蓋在言語之科宰我子貢之流亞也曰有子之言可得聞與曰盍徹之對出類拔萃之語見於論孟而論語首篇所載凡三章曰孝弟曰禮曰信恭尤其精要之言也其論晏子焉知禮則檀弓述之矣荀子解蔽篇云有子惡臥而焠掌可以見其苦學曰朱子謂有子重厚和易其然歟曰吳伐魯微虎欲宵攻王舍有若與焉可謂勇於爲義矣非但重厚和易而已也曰有子曾子並稱然斯道之傳唯曾子得之子思孟子之學曾子之學也而有子之學無傳焉何歟曰曾

子守約而力行有子知之而已智足以知聖人而未能力行也。家語弟子解稱其彊識好古道其視以魯得之者有間矣曰學者學有子可乎曰孝弟務本此入道之門積德之基學聖人之學莫先焉未能服行斯言而欲凌高厲空造一貫忠恕之域吾見其自大而無得也學曾子者當自有子弟子之言始曰檀弓記有子之言皆可信乎曰王无咎嘗辨之矣若語子游欲去喪之踊孺子䵣之喪哀公欲設撥以問若若對以為可皆非也唯論語所載為是。〔閻按〕嘗讀此條因悟有若不可屈兩廡當於廟庭上廣而為十二哲德行有三人焉閔子騫冉伯牛仲弓言語亦三人焉宰我子貢有若政事亦三人焉冉有季路公西華文學亦三人焉子夏子游子張或曰公西華政事之才實並由求既聞命矣而子張之列文學也何居余曰子游子夏子張皆有聖人之一體他日子夏子游子張以有若似聖人皆孟子言也前以孟子斷升有若則此以孟子斷屬文學於子張也何疑○〔元圻案〕〔四庫全書總目經部四書類〕論語拾遺一卷宋蘇轍撰前有自序稱少年為論語略解其兄軾謫黃州時撰論語說取所解十之二三大觀丁亥閒居潁川與其孫籀等講論語因取軾說之未安者重為此

哀公問主於宰我

虞主練主用桑栗

論語三

張侯論兼齊魯

宅不處仁

書〔書錄解題別集類〕王直講集十五卷天台縣令南城王无咎補之撰无咎嘉祐二年進士曾鞏之妹夫從王安石游最久

春秋文公二年正義云。云哀公問主於宰我。案古論語及孔鄭。皆以爲社主。張包周等。並爲廟主。今本作問社。集解用孔氏說。凡建邦立社。各以其土所宜之木。何晏集解亦不言社主。然正義必有據。〔元圻案〕〔魏何晏論語集解敘曰〕魯論語二十篇齊論語二十二篇魯恭王時嘗欲以孔子宅爲宮壞得古文論語二十一篇安昌侯張禹本受魯論兼講齊說善者從之號爲張侯論爲世所貴苞氏周氏章句出焉古論唯博士孔安國爲之訓說而世不傳漢末大司農鄭元就魯論篇章考之齊古以爲之注〔梁皇侃義疏曰〕苞氏苞咸也周氏不悉其名也　苞咸後漢書儒林傳作包咸　〔皇侃疏曰〕鄭論本云問主也〇〔集證〕〔按公羊文二年傳〕虞主用桑練主用栗〔注云〕期年練祭埋虞主於兩階之間易以栗也夏后氏以松殷人以柏周人以栗疏云出論語而鄭氏注云謂社主正以古文論語哀公問社於宰我故也今文論語無社字是以何氏以爲廟主耳據此則唐時今文論語作問主〔又〕〔按釋文云〕問社如字鄭本作主云主田主謂社則春秋正義社主之說不爲無據

張衡思元賦。匪仁里其焉宅兮。匪義迹其焉追。注引論語里仁爲美。宅不處仁。焉得知。里宅皆居也。〔集證〕後漢張衡傳注文選注並同　石林〔案〕〔經義考〕載此條石林下有論語釋言四字　云。以擇爲宅。則

起予非助我

管氏三歸二說

舉直錯枉措爲加

里猶宅也。蓋古文云然。今以宅爲擇。而謂里爲所居。乃鄭氏訓解。而何晏從之。當以古文爲正。

致堂云。里居也。居仁如里。安仁者也。〔全云〕致堂說未穩 〇〔元圻案〕〔何晏集解〕引康成曰里者民之所居也居於仁者之里是爲善也〔劉敞七經小傳曰〕里猶居也言人爲身謀居惟居於仁爲美〔書錄解題〕論語釋言十卷葉夢得少蘊撰致堂論語詳說二十卷禮部侍郎建安胡寅明仲撰文定之子也〔九經古義〕按釋名宅擇也擇吉而營之是宅有擇義或古文作宅訓爲擇亦通孟子亦作擇趙岐云揀擇不處仁爲不智

商爲起予。理明辭達也。回非助我。默識心通也。

說苑。善說篇 管仲築三歸之臺。以自傷於民。集註取之。〔元圻案〕〔何晏集解〕苞氏曰三歸者娶三姓女也婦人謂嫁爲歸〔趙順孫纂疏〕或問三歸之爲臺名曰說苑謂管仲築三歸之臺而韓非亦曰桓公使管仲有三歸之家是其證也曰舊說婦人謂嫁曰歸三歸云者一娶三姓而備九女如諸侯之制也且雖臺名安知不以處是人而名之乎曰若此則爲僭上失禮與塞門反坫同科矣今夫子但以爲不儉則亦但爲極臺觀之侈而未至於僭也

舉直錯諸枉。舉枉錯諸直。孫季和〔全云〕餘姚燭湖先生孫應時象山弟子謂舉直而加之枉之上。則民服。枉固服於直也。舉枉而加之直之上。則民不服。直固非枉之所能服

百世可知見乎起
千歲坐致見乎進

默而識之屢空一說虛中

也。〔原注〕若諸家解何用加二諸字〔閻按〕此尤與舜有天下選於衆舉皐陶不言錯四凶引證合〔集證〕〔經義考〕孫應時論語說今佚僅存說舉直錯諸枉一條於困學紀聞○〔元圻案〕〔四庫全書總目別集類〕燭湖集二十卷附編二卷宋孫應時撰應時字季和自號燭湖居士餘姚人登淳熙乙未進士知常熟縣移判邵武軍考楊簡作應時壙志及張淏會稽續志均稱其紹熙初嘗應蜀帥邱崈辟預料吳曦逆謀其言果驗

王景文云。孔子見起證而知其末。故曰。其或繼周者。雖百世可知也。孟子見進證而知其極。故曰。千歲之日至。可坐而致也。邵氏見困證而知其窮。故曰。苟有命世之人。雖民如夷狄。三變而帝道可舉。惜時無百年之世。世無百年之人。時難人難。不其然乎。〔原注〕邵子之言見觀物篇○〔元圻案〕王質字景文紹興三十年進士官至樞密院編修出通判荊南府改吉州著雪山集王阮序其集曰聽其論古如讀酈道元水經注名川支川貫穿周匝無有間斷其集久佚今本從永樂大典錄出分為十六卷而此條所引不載其中

默而識之。朱子謂不言而存諸心。屢空。不取虛中之說。恐學者流於異端也。〔元圻案〕〔何晏集解〕言回庶幾聖道雖數空匱而樂在其中矣一曰屢猶每也空猶虛中也朱子集註取其前說

申棖申棠申黨申續

申棖。鄭康成云。蓋孔子弟子申續。史記云申棠。字周。家語云。申續字周。以上論語釋文之文今史記仲尼弟子列傳以棠爲黨。家語弟子解以續爲績。績傳寫之訛也。後漢王政碑云。有羔羊之絜。無申棠之欲。見宋洪适隸續亦以棖爲棠。則申棠申棖一人。爾。唐開元封申黨召陵伯。又封申棖魯伯。〔案〕〔通鑑唐元宗紀〕開元二十七年八月追謚孔子爲文宣王追贈弟子皆爲公侯伯〔註〕祇載申黨而不及申棖本朝祥符封棖文登侯。又封黨淄川侯。〔明薛應旂宋元通鑑宋眞宗紀〕祥符二年五月追封孔子弟子顏回爲兗國公閔損以下九人爲郡公曾參以下六十二人爲侯命文臣爲贊俱列從祀。黨。卽棠也。一人而爲二人。失於詳攷。論語釋文也。史記仲尼弟子列傳索隱謂文翁圖有申棖申棠。今本史記作堂今所傳禮殿圖。有申黨。無申棖。〔閻按〕至明嘉靖始存棖去黨以合論語　未行申棠元板作申堂〔集證〕〔隸續郎中王政碑〕有羔羊之絜無申棠之欲〔盤洲云〕鄭司農注魯論申棖蓋孔子弟子申續家語申續字周史記申棠字周此碑所用有自來矣〔又按〕棖與堂通詩子之昌兮俟我乎堂兮〔箋云〕堂當爲棖堂又與黨通〔魯峻碑〕棠棠忠惠令德孔爍義作堂堂○〔元圻案〕明世宗時從張璁之議始改稱孔子爲至聖先師并罷弟子公侯伯爵稱先賢左邱明以下稱先儒申棖申黨存棖去黨

達巷黨人項橐

太史摯等在紂時太師疵少師彊

甘羅曰。項橐七歲爲孔子師。〔案〕見戰國策史記甘羅列傳淮南子漢書古今人表獨不列項橐董仲舒對策。此士異於達巷黨人。不學而自知。孟康注人項橐也。見漢書董仲舒傳隸釋載逢盛碑以爲后橐〔集證〕董子逢盛碑漢靈帝光和四年立文曰才亞后橐當爲師楷〔洪氏曰〕〔趙廣漢傳〕鉅箭之鉅音項后鉅偏旁相類鉅有項音故借后爲鉅又借鉅爲項也〔淮南修務訓論衡實知篇〕皆作項託〔新序雜事五〕秦項橐七歲爲聖人師又以項橐爲秦人皮日休文藪雜著云無項託孟康之說未知所出。論語註疏無之。〔元圻案〕〔文選顏延之皇太子釋奠詩注〕引嵇康高士傳孔子問項橐曰居何在曰萬流屋〔注曰〕言與萬物同流匹也

師摯之始。鄭康成謂魯太師之名。〔案〕見何晏集解太師摯適齊。孔安國以爲魯哀公時人。〔集解〕太師摯適齊章註孔安國曰亞次也次飯樂師也摯干其名也魯哀公時禮毀樂崩樂人皆去康成以爲周平王時人。〔漢書古今人表〕太師摯等八人註師古曰八人皆紂時奔走分散而去鄭元以爲周平王時人非也班固禮樂志謂殷紂作淫聲。樂官師瞽抱其器而犇散。或適諸侯。或入河海。〔董仲舒曰〕殷紂逆天暴物殺戮賢智守職之人皆奔走逃亡入於河海班氏之說蓋本於此古今人表列太師摯以下八人於紂時。吳斗南〔全云〕朱子弟子云。按商本紀紂世抱樂器

考所爲觀所由
老彭一人二人
錢鏗堯臣至商
老氏自然無所作

而犇者太師疵少師彊也人表亦列此二人於師摯八人之後八人在紂時列上下二人武王時列上中誤合兩事爲一吳說見兩漢刊誤補遺第四卷樂師條石林云司馬遷論周厲王事曰師摯見之矣〔史記十二諸侯年表序〕太史公讀春秋歷譜牒至周厲王未嘗不廢書而歎也曰嗚呼師摯見之矣則師摯厲王時人也諸說不同橫渠正蒙從孔安國注〔何云〕洋洋盈耳蓋所謂吾猶及見之者也當以孔注爲正

考其所爲觀其所由察其所安亦見大戴禮文王官人篇〔集證〕〔按逸周書官人解〕考其所爲觀其所由無察其所安句

老彭鄭注云老聃彭祖〔何云〕老聃之生在彭祖之後不應反居其上故朱子定從包咸之說〇〔案〕〔禮記曾子問〕鄭注老聃古壽考者之號也與孔子同時〔正義曰〕鄭註論語云老聃周之太史〔何晏論語集解〕包曰老彭殷賢大夫好述古事〔正義曰〕老彭即莊子所謂彭祖也李云名鏗堯臣封於彭城歷虞夏至商年七百歲世本云姓籛名鏗在商爲守藏史在周爲柱下史年八百歲籛音翦一云即老子也〔王弼云〕老是老聃彭是彭祖〔陸德明論語釋文〕包云老彭殷賢大夫也〔案〕〔大戴禮云〕商老彭是也鄭云老者聃彭彭祖〔大戴記〕虞戴德篇昔商老彭及仲傀〔朱子論語集註〕從包氏大戴禮龜山答胡迪功曰老氏以自然爲宗謂之不作可也朱文公答汪尚書曰以曾

互鄉在鹿邑

子問言禮證之述而不作信而好古皆可見蓋冊周之史官掌國之典籍三皇五帝之書故能述古事而信好之如五千言或古有是語而傳之列子（天瑞篇）引黃帝書卽谷神不死章也冊雖知禮謂行之反以多事故欲滅絕之禮運謀用是作兵由是起亦有此意致堂（讀史管見卷十）曰仲尼問禮或以證舊聞（〔案〕本文聞字下尙有或以析疑似五字）或以（以字下有老子兩字）絕滅禮樂之故振而作之使於問答之際有啓發非以爲師也（〔集證〕〔楊升菴丹鉛總錄〕愼按佛經三教論曰五千文者容成所說老子爲尹談蓋述而不作〔又按〕莊子引容成氏曰除日無歲無外無內則容成氏固有書矣老子述而不作此其明證○〔元圻案〕〔呂氏希哲雜記上〕老子曰古之善爲道者非以明民將以愚之記曰明明德於天下老子曰報怨以德孔子曰以直報怨以德報德老子曰知不知上不知知病孔子曰知之爲知之不知爲不知蓋孔子未嘗師老子也）

王無咎云鹿邑之外有互鄉城邑人相傳謂互鄉童子見孔子者此處也前代因立互鄉縣其城

不舍晝夜

小人同比證史

猶存。〔原注〕鹿邑屬亳縣〔閻按〕〔宋地理志〕亳縣當作亳州〔集證〕鹿邑縣今屬河南歸德府

不舍晝夜。釋文。舍音捨。集註亦云上聲。而楚辭辨證云。洪引顏師古曰。舍止息也。屋舍次舍皆此義。論語不舍晝夜。謂曉夕不息耳。今人或音捨者非是。辨證乃朱子晚歲之書。當從之。〔元圻案〕〔梁皇侃義疏〕川流迅邁未嘗停止與朱子此說合　宋洪興祖字慶善丹陽人政和中登上舍第事迹具宋史儒林傳著楚辭補註十七卷〔四庫全書總目楚辭類〕楚辭集註八卷辨證二卷後語六卷宋朱子撰以後漢王逸章句及洪興祖補註二書詳於訓詁未得意旨乃隱括舊編定爲此本其訂正舊註之謬誤者別爲辨證二卷〔周密齊東野語〕紀紹熙內禪事曰趙汝愚永州安置至衡州而卒朱子爲之註離騷以寄意焉　此條明胡爌拾遺錄襲爲己說

龐涓孫臏同學兵法。蘇秦張儀同學從衡。李斯韓非同學刑名。始也朋。而終也仇。故曰。小人同而不和。比而不周。〔元圻案〕〔史記孫吳列傳〕孫臏嘗與龐涓俱學兵法涓事魏爲將軍自以能不及孫臏乃陰使召臏至斷其兩足而黥之齊使者竊載與之齊齊田忌進孫子於威王遂以爲師魏與趙攻韓韓告急於齊齊使田忌將而往孫子度其行暮當至馬陵伏兵龐涓果至齊軍萬弩俱發龐涓自剄〔張儀列傳〕儀魏人也始嘗與蘇秦俱事鬼谷先生學術蘇秦自以不及張儀太史公曰夫張儀之行事甚於蘇秦然世惡蘇秦者以其先死而儀振暴其短以扶其說成其衡道〔韓非列傳〕喜刑名法術之

近思遠慮

四教四科文有先後

進互鄉抑闕黨

一言興喪證史

學與李斯俱事荀卿非使秦秦王悅之未信用李斯姚賈毀之下吏治非李斯使人遺非藥使自殺

思欲近。近則精。慮欲遠。遠則周。

四教以文爲先。自博而約。四科以文爲後。自本而末。

互鄉童子則進之。開其善也。闕黨童子則抑之。勉其學也。

草廬一言而定三分之業。一言之興邦也。夕陽亭一言而召五胡之禍。一言之喪邦也。[全三五]董公一言遂興漢李勣一言幾亡唐〇[元圻案][三國志蜀諸葛亮傳]先主詣亮凡三往乃見亮曰今操已擁百萬之衆挾天子以令諸侯此誠不可與爭鋒孫權據有江東已歷三世國險而民附賢能爲之用此可與爲援而不可圖也荊州北據漢沔利盡南海東連吳會西通巴蜀此用武之國而其主不能守此殆天所以資將軍將軍豈有意乎益州險塞沃野千里天府之土高祖因之以成帝業劉璋闇弱民殷國富而不知存恤智能之士思得明君將軍既帝室之胄信義著于四海總攬英雄思賢如渴若跨有荊益外結好孫權內修政理天下有變則命上將將荊州之軍以向宛洛將軍身率益州之衆以出秦川百姓孰敢不簞食壺漿以迎將軍者乎誠如是則霸業可成漢室可興矣　[晉書賈充傳]侍中任愷進說請充鎮關中充既出外自以爲失職深銜任愷計無所從將之鎮百僚餞于夕陽亭荀勖私焉充以憂告勖曰是行也辭之實難獨有結婚太子不頓駕而自留矣　邵子西晉吟禍在夕陽亭一語

佞人難遠證史

君使臣臣事君父慈子孝無則義

孔顏孟三子氣象

唐太宗文學館學士許敬宗與焉。裴晉公淮西賓佐李宗閔與焉。以是知佞人之難遠。〔元圻案〕〔舊唐書太宗紀〕高祖武德四年太宗擒竇建德王世充降海內漸平太宗乃銳意經籍開文學館以杜如晦等十有八人為學士與之討論經義〔唐書褚亮傳〕太宗作文學館以杜如晦房元齡于志寧蘇世長薛收褚亮姚思廉陸德明孔穎達李元道李守素虞世南蔡允恭顏相時許敬宗薛元敬蓋文達蘇勗並以本官為學士天下慕向謂之登瀛洲〔又姦臣傳〕許敬宗高宗將立武昭儀大臣切諫而敬宗陰揣帝私即妄言曰田舍子賸獲十斛麥尚欲更故婦天子富有四海立一后謂之不可何哉帝意遂定〔舊唐書憲宗紀〕元和十二年秋七月以裴度充淮西宣慰處置使以司勳員外郎李正封都官員外郎馮宿禮部員外郎李宗閔皆兼御史為判官書記從度出征〔又李宗閔傳〕宗閔字損之宗室鄭王元懿之後裴度出征吳元濟奏宗閔為彰義軍觀察判官〔唐書李宗閔傳〕宗閔性機警始有當世令名初為裴度引拔後度薦李德裕可為相宗閔遂與為怨韓愈為作南山猛虎行視之而宗閔崇私黨薫熾中外卒以大敗

尹和靜云君臣以義合者也。故君使臣以禮則臣事君以忠。東澗〔閻按〕東澗湯漢號謂如言父慈子孝加一則字失本義矣。〔元圻案〕〔宋志〕尹焞論語解十卷又說一卷經義考云未見　尹氏之說朱子集註取之或問尹氏之說朱子曰尹氏之說則為君而言之爾若為臣而言則君之使臣雖不以禮而臣之事君亦豈可以不忠也哉〔皇侃論語義疏曰〕君能使臣得禮則臣事君必盡忠也尹氏之說蓋本此　湯東澗名漢字伯紀安仁人度宗時官刑部侍郎以端明殿學士致仕諡文清

以能問於不能。以多問於寡。有若無。實若虛。犯而

孔子天地元氣顏子和風慶雲孟子泰山巖巖

麻冕純字通紂緇

緅五入非一入

不校顏子和風慶雲之氣象也富貴不能淫貧賤不能移威武不能屈孟子泰山巖巖之氣象也（元圻案）（程氏遺書）謂孔子元氣也顏子春生也孟子幷秋殺盡見仲尼天地也顏子和風慶雲也孟子泰山巖巖之氣象也

麻冕禮也今也純儉鄭注純黑繒也側基反而釋文以鄭爲下音今讀者從上音如字非也按儀禮士冠禮疏古緇紂二字並行緇布之緇本字不誤紂帛之紂多誤爲純周禮地官媒氏純帛注純實緇字古緇以才爲聲（原注）云（釋文）紂側基反依字從糸才詩行露箋紂帛（釋文）紂音緇依字系旁才後人以才爲屯因作純（又丰詩箋云）士妻紂衣儀禮純衣釋文無音亦非也（集解）純絲也取說文（集證）（說文）糸部純字下云絲也從糸屯聲論語今也純儉常倫切（祭統）以供純服正義凡言純者其義有二一系旁才是古之緇字二是糸旁屯是純字但書文相亂雖是緇字並皆作純鄭氏所注於絲理可知於色不明者卽讀爲緇卽論語云今也純儉及此純服皆讀爲黑色若衣色見絲文不明者讀純以爲絲也○（元圻案）（釋文）純順倫反絲也鄭作側基反黑繒也

君子不以紺緅飾孔氏注一入曰緅（案）見何晏集解石林云考工記三入爲纁五入爲緅七入爲緇緅在纁

所因三綱五常

緅之間。爾雅。一入爲縓。〔釋器文今本入作染〕禮。〔檀弓〕練衣黃裏縓緣。〔儀禮喪服〕練冠麻衣縓緣。蓋孔氏誤以緅爲縓。則緅不可爲近喪服。〔以上蓋葉夢得論語釋言之文〕集註謂緅絳色以飾練服亦用孔注。〔原注〕〔正義曰〕一入爲緅未知出何書〔又云〕三年練以緅飾衣似讀緅爲縓當以石林之說爲正○〔元圻案〕〔爾雅〕一染謂之縓郭註今之紅也再染謂之赬註淺赤三染謂之纁註纁絳也〔考工記〕三入爲纁五入方爲緅〔鄭註云〕染纁者三入而成又再染以黑則爲緅是不得爲近喪服也今孔註云一入爲緅〔皇侃疏云〕緅者淺絳色夫三染爲纁纁是絳色五入爲緅則近於緇不得謂之淺絳色矣〔孔註又云〕緅者三年練以緅飾衣今檀弓及喪服皆曰縓緣而不曰緅緣是孔註誤以縓爲緅故厚齋以石林爲正矣

馬融注論語云。所因三綱五常。〔見集解〕大學衍義謂三綱之說。始見于白虎通。愚按谷永傳云。勤三綱之嚴。太元永次五云。三綱得于中極。天永厥福其說尚矣。禮記正義引禮緯含文嘉有三綱之言。然緯書亦起於西漢之末。〔元圻案〕〔白虎通三綱六紀篇〕三綱者何謂君臣父子夫婦也六紀謂諸父兄弟族人諸舅師長朋友也綱者張也紀者理也〔又曰〕三綱法天地人六紀法六合〔漢書谷永傳〕永字子雲長安人也元延元年爲北地太守時災異尤數永當之官上使衞尉

子疾病子貢出卜

仁者無欲故靜
智者日進故動
執禮謂持禮書
雅頌得所易舊次
詩未删雅頌之所
雅頌得所爲樂音

淳于長受丞所欲言丞對云云〔師古曰〕三綱君臣父子夫婦也〔漢書揚雄傳〕雄以爲經莫大於易故作太元丞次五三綱得乎中極天丞厥福〔范望注〕五爲君位君臣父子夫婦道正則三綱得綱舉則得其正故爲中極極得其中故天長其福也〔樂記正義〕引禮緯含文嘉曰君爲臣綱父爲子綱夫爲妻綱與白虎通同

太平御覽八百四十九引莊子曰孔子病子貢出卜孔子曰子待也吾坐席不敢先居處若齊飲食若祭吾卜之久矣子路請禱可以參觀

仁者靜孔安國云無欲故靜〔原注〕與太極圖說同〔何云〕周子蓋用其語爾其云日進故動亦名理也○〔元圻案〕日進故動包咸語俱見集解今本皇侃義疏作自進故動疏云智者何故如水耶政自欲動進其識故云智者動也邢疏作日進

石林解執禮云猶執執射執御之執記曰秋學禮執禮者詔之蓋古者謂持禮書以治人者皆曰執周官太史大祭祀宿之日讀禮書祭之日執書以次位常凡射事執其禮事此禮之見於書者也解雅頌各得其所云季札觀魯樂以小雅爲周德之衰大雅爲文王之德小雅皆變雅大雅

直躬證父爲信直人名弓

皆正雅。楚莊王言武。武王克商。作頌。以時邁爲首。而武次之。賚爲第三。桓爲第六。以所作爲先後。〔案〕宣十二年左傳注三六之數與今詩頌篇次不同蓋楚樂歌之次第〔正義曰〕今頌篇次桓第八賚第九也 以此攷之。雅以正變爲大小。頌以所作爲先後者。詩未刪之序也。論政事之廢興。而以所陳者爲大小。推功德之形容。而以所告者爲先後者。刪詩之序也。其說可以補注義之遺。〔方樸山云〕此解善矣然季札觀樂國風之次亦異今序夫子何獨不言而以雅頌爲得所竊意上文言樂正此言雅頌非指詩篇乃指樂音耳〔樂記云〕人不耐無樂樂不耐無形形而不爲道不耐無亂先王耻其亂故制雅頌之聲以道之使其聲足樂而不流使其文足論而不息此正得其所之義〔史記〕孔子世家亦云三百五篇孔子皆絃歌之以求合韶武雅頌之音也○〔元圻案〕〔皇侃疏曰〕孔子以魯哀公十一年從衞還魯而刪詩書定禮樂故樂音得正所以雅頌之詩各得其所也雅頌是詩義之美者美者既正則餘者正亦可知也〔實兼賅石林樸山二氏之說而國風之次得所亦在其中矣〔宋史藝文志〕葉夢得論語釋言朱氏經義考云未見而附載前釋以宅爲擇及此條於後豈其說之僅存者歟

呂氏春秋。仲春紀當務篇 楚有直躬者。其父竊羊而謁之上。上執而將誅之。直躬者請代之。將誅矣。告吏曰。

五臣爲五龍武九臣爲九駁

以博弈日問道

父竊羊而謁之。不亦信乎。父誅而代之。不亦孝乎。信且孝而誅之。國將有不誅者乎。荆王聞之。乃不誅也。孔子聞之曰。異哉直躬之爲信也。一父而載取名焉。故直躬之信。不若無信。此卽葉公所二云也。〔原注〕〔致堂曰〕直躬猶曰正己而呂氏春秋以爲人姓名妄也〔何云〕屬者字於下則呂覽未始以爲人姓名致堂自誤也〔全云〕廣韻以直躬爲人名未必不因呂覽而誤何氏亦攷之未審〔集證〕〔淮南子氾論訓〕直躬其父攘羊而子證之〔高誘注〕直躬楚葉縣人也躬蓋名其人必素以直稱者故稱直躬〔陸德明論語釋文〕直躬鄭康成本作弓云直人名弓

周生烈子二云。舜嘗駕五龍以騰唐衢。武嘗服九駁以馳文塗。此上御也。太平御覽八十一引之 謂五臣九臣。〔元圻案〕〔何晏集解敘〕近故司空陳羣太常王肅博士周生烈皆爲之義說〔邢疏〕周生烈燉煌人〔七錄云〕字文逸本姓唐魏博士侍中○〔集證〕按意林引周生烈子四條自序云張角敗後天下潰亂哀苦之間故著此書以堯舜作幹植仲尼作師誡云〔又按〕抱朴子云舜駕五龍漢致六翮柳熾弔夷齊文云五乃不礪於武庫九駁伏轅於文塗皆本於此

文子曰。人皆以無用害有用。故知不博。而日不足。以博弈之日問道。聞見深矣。此文子符言篇文 可以發明無

仲尼不如顏回

八士時世說各異

八士在虞官

八士爲南宮氏

所用心之戒。〔原注〕言無所用心之害非以博弈爲賢也讀此章者當以韋昭之論陶侃之言參觀　〔集證〕〔吳志韋曜傳〕時蔡穎亦在東宮性好博弈太子和以爲無益命曜論之其略云所志不出一枰之上所務不過方罫之間技非六藝用非經國而空妨日廢業終無補益是何異設木而擊之置石而投之哉〔晉書陶侃傳〕常語人曰大禹聖者乃惜寸陰至於衆人當惜分陰豈可逸遊荒醉諸參佐或以談戲廢事者乃命取酒器蒱博之具悉投之於江吏將則加鞭朴

曹操祭橋元文曰。仲尼稱不如顏淵。注引論語孔子謂子貢。吾與女俱不如也。按包氏解云。吾與女俱不如。〔何云〕操又云夏侯淵虎步關右所向無前孔子所謂吾與爾俱弗如也〇〔元圻案〕〔後漢書橋元傳〕元字公祖梁國睢陽人也操嘗感其知己經過元墓輒悽愴致祭奠自爲文曰操以幼年逮升堂室特以頑質見納君子增榮益觀皆由獎勵猶仲尼稱不如顏淵李生厚歎賈復士死知己懷此無忘　〔九經古義十六〕吾與女弗如也論衡問孔篇引云吾與女俱不如也陳耀文曰鄭元別傳元從馬融學季長謂盧子幹曰吾與女皆不如也

周有八士。包氏注云。四乳生八子。包注見集解　其說本董仲舒春秋繁露。〔原注〕記四產得八男皆君子雄俊此天所以興周國〇〔案〕注語即節取繁露郊祭篇文　周書武寤篇。〔閻按〕當作和寤解　尹氏八士注云。武王賢臣。晉語文王詢八虞賈逵云。周八士皆在虞官。韋昭註引　以仲舒與周之言考之。當在文武時。〔閻按〕楊升庵以周書克殷解命南宮忽振鹿臺之財爲即仲忽命南宮百達遷九

孟莊子獻子

夢見周公

逸民不論朱張

朱張字子弓

鼎卽伯達君奭有若南宮适卽伯适則八士者南宮氏也〔康成註〕成王時人者近之亦一解〔魏書靈徵志〕高祖延興三年秀容郡婦人一產四男四產十六男〔後山叢談〕鄭城民妻有二十一子而雙生者七較八士更多三乳〔集證〕〔邢疏云〕鄭元以爲成王時劉向馬融皆以爲宣王〔陶潛羣輔錄云〕周八士見論語賈逵以爲文王時漢古今人表載周八士在中上列成叔武霍叔處之前二人皆文王之子則謂在文武時其說似允

東坡解孟莊子之孝爲獻子。石林謂以獻子爲穆伯之子。以惠叔爲惠伯。讀左氏不精。二者皆誤

〔原注〕致堂取蘇說而不辨其誤〔閻按〕穆伯卽公孫敖乃孟獻子之祖獻子父文伯名穀叔服所謂穀也食子者惠叔名難公孫敖次子叔服所謂難也收子者至惠伯爲叔仲氏父公孫茲祖叔牙與惠叔係從祖昆弟小功服非一人也〔集證〕魯有兩惠伯一叔仲惠伯與惠叔爲從祖昆弟一子服惠伯名椒孟獻子之孫於惠叔爲從曾孫〇〔元圻案〕陳氏書錄東坡論語傳十卷文獻通考作論語解　四庫全書不著錄

呂氏春秋不苟論曰。孔某墨翟。晝日諷誦習業。夜親見文王周公旦而問焉。注引論語夢見周公

〔原注〕孔墨並稱始於戰國之士其流及於漢儒雖韓退之亦不免

逸民各論其行。而不及朱張。或曰。其行與孔子同。故不復論也。釋文引王弼注。朱張字子弓。荀卿

隱居放言
放言爲置不言

夷齊姓名行第
孤竹封國

以比孔子。〔何云〕孔子云我則異於是謂與逸民異也安得朱張乃同乎輔嗣注尤無稽〔集證〕〔隋志〕論語釋疑三卷王弼撰荀子非相篇非十二子篇儒效篇皆以仲尼子弓並言〔注云〕子弓蓋仲弓也言子者著其爲師也〔楊倞注〕荀不以子弓爲朱張〇〔元圻案〕〔皇侃疏王弼曰〕朱張字子弓荀卿以比孔子今序六人而闕朱張者明取舍與己合同也

虞仲夷逸隱居放言。包氏注放置也不復言世務見何晏集解 介之推曰言身之文也身將隱焉用文之。見左傳僖二十四年 中庸曰。其默足以容。古注亦有味。

論語邢昺疏案春秋少陽篇伯夷姓墨名允字公信。伯長也夷謚。叔齊名智字公達。伯夷之弟齊亦謚也。少陽篇未詳何書。〔原注〕真宗問陳彭年墨允墨智何人彭年曰伯夷叔齊也上問見何書曰春秋少陽夷齊之父名初字子朝〇案陳彭年事見道山清話〔少陽篇〕漢隋唐志不著錄 胡明仲曰。少陽篇以夷齊爲伯叔之謚。彼已去國隱居終身尚誰爲之節惠哉。〔禮表記〕子曰先王謚以尊名節以壹惠恥名之浮于行也 蓋如伯達仲忽亦名而已矣。〔元圻案〕論語不念舊惡章〔皇侃疏〕孤竹之國是殷湯正月三日丙寅日所封其子孫相傳至夷齊之父也父姓墨台名初字子朝伯夷名允字公信叔齊名致字公達伯夷大

而庶叔齊小而正父薨兄弟相讓不復立也皇疏不言出於少陽篇亦不以夷齊爲諡〔又云姓墨台叔齊名致皆不與邢疏同邢疏蓋據陸氏釋文　〔史記伯夷列傳〕其傳曰伯夷叔齊孤竹君之二子也〔索隱曰〕其傳蓋韓詩外傳及呂氏春秋也其傳云孤竹君是殷湯三月丙寅日所封云云其文略與皇侃疏同　〔元陶宗儀輟耕錄〕載吾衍閒居錄云孤竹君姓墨音眉名台初音怡見孔叢子注中子名伯遼見周曇詠史詩注伯當作仲若如吾說則夷齊是名非諡矣　〔經義考〕胡氏寅論語詳說未見

沮溺荷蓧仲子操行

沮溺荷蓧之行雖未能合乎中。陳仲子之操雖未能充其類。然唯孔子可以議之。斯人清風遠韻。如鸞鵠之高翔。玉雪之不汙。視視閣本作眎世俗徇利。士恥饕榮苟得者。猶腐鼠糞壤也。小人無忌憚。自以爲中庸。而逸民清士乃在譏評之列。學者其審諸。〔全云〕此言亦必有感於當時之爲孔光馮道者〇〔元圻案〕〔趙順孫論語纂疏〕引三山黃氏榦曰接輿沮溺丈人此四人者若律以聖人之中道則誠不爲無病然味其言觀其容止以想見其爲人清風高節猶使人起敬起慕恨不得識其面而端拜之彼於聖人猶有所不滿於心如此則其視世之貪利慕祿而不知止者真不啻若犬彘求欲爲之奴隸而不可得也是亦豈非當世之賢而特立者歟惟夫子然後可以議其不合於聖人之道未至於夫子者皆未可以妄議也貪利慕祿之徒求以自便其私亦借四子而詆之欲以見其不可以不仕多見其不知量也厚齋之說似本於此

子路揜雉共嗅說不同

呂氏春秋云。子路揜雉得而復釋之。〔集證〕〔季秋紀審己篇〕注云所得者小不欲夭物

子不語因語而見

恕爲一字銘

思無邪爲三字銘

爲力不同科別解

故復釋之蓋因子路拱之而爲此說。朱文公集註引晁劉兩說。共字當爲拱執之義。〔元圻案〕〔邢疏〕以共爲拱具晁氏說之依石經嗅作戛謂雉鳴劉氏勉之依爾雅嗅作臭古闃反謂張兩翅則共字當爲拱執之義朱子疑此章有闕文故兼採其說而未決所從張南軒從邢說蔡氏集說則謂共拱手也嗅疑作嘆子路聞夫子時哉之言拱手而起歎感雉之去就得時所以三嘆而作也未敢輕於改經故闕之

上蔡云。聖人語常而不語怪。語德而不語力。語治而不語亂。語人而不語神。本王無咎之說。〔元圻案〕〔陳氏書錄〕謝氏論語解十卷上蔡謝良佐顯道撰經義考云未見今四庫書亦不著錄

陸務觀跋呂靖門銘云。一言可以終身行之者。其恕乎。此聖門一字銘也。詩三百。一言以蔽之。曰思無邪。此聖門三字銘也。

爲力不同科。馬融解云。力役有上中下三科。〔原注〕五峯謂此說是〔何云〕五峯誤矣不主皮句當作何解○〔元圻案〕馬融說見何晏集解〔陳氏書錄四〕五峯論語指南一卷監南嶽廟胡宏仁仲撰詳論黃祖舜沈大廉之說宏文定之季子也經義考云未見今四庫書亦不著錄

譬諸草木區萌

小道泥遠孔子語以能問不能孔子語

卞莊子勇塞三北

譬諸草木區以別矣。五峯曰。草木生於粟粒之萌。及其長大。根莖華實。雖凌雲蔽日。據山蟠地。從初具乎一萌之內。而未嘗自外增益之也。〔原注〕〔一用樂記〕區萌字音勾 朱文公曰。林少穎亦說與黃祖舜如此。〔集證〕〔玉海四十二〕紹興三十二年刑部侍郎兼侍講黃祖舜進論語解義○〔元圻案〕五峯語見五峯集卷五論語指南評黃祖舜繼道沈大廉元簡之說

漢藝文志。小道可觀。蔡邕傳。致遠則泥。以子夏之言爲孔子。唐孔穎達傳。以能問於不能。以曾子之言爲孔子。〔元圻案〕〔漢書藝文志〕小說家者流蓋出於稗官街談巷語道聽塗說者之所造也孔子曰雖小道必有可觀者焉致遠恐泥是以君子弗爲也然亦弗滅也〔後漢書蔡邕傳〕上封事曰小能小善雖有可觀孔子以爲致遠則泥〔顏師古東思平王傳注〕引小道可觀亦以爲孔子語〔唐書孔穎達傳〕穎達字仲達冀州衡水人太宗平洛授文學館記室貞觀初封曲阜縣男帝問孔子稱以能問於不能何謂也對曰此聖人教人謙耳〔邵博聞見後錄七〕蔡邕以致遠恐泥爲孔子之言李固以其進銳者其退速爲老子之言皆引用之誤

卞莊子之勇。或問云。事見新序。愚按荀子大略篇。齊人欲伐魯。忌卞莊子。不敢過卞。此可見其有

勇也〔全云〕〔東方朔上奏牘云〕以卞莊子爲衞尉〔集證〕〔新序義勇篇〕卞莊子好勇養母戰而三北交遊非之國君辱之及母死三年齊與魯戰莊子請從見魯將軍曰昔與母處是以三北今母死請塞責遂赴敵獲一甲首而獻之曰此塞一北又入獲一甲首而獻之曰此塞再北又入獲一甲首而獻之曰此塞三北〔又按韓詩外傳〕載卞莊子事與新序同

史記伯夷傳正義首陽山有五顏師古注漢書云伯夷歌登彼西山當以隴西爲是石曼卿詩曰恥生湯武干戈日甯死唐虞揖讓區謂首陽在河東蒲坂乃舜都也余嘗攷之曾子書以爲夷齊死於濟澮之間其仁成名於天下又云二子居河濟之間則曼卿謂首陽在蒲爲得其實〔原注〕澮水名左氏所謂汾澮

○〔元圻案〕〔王貢兩龔鮑傳注〕師古曰馬融云首陽山在河東蒲坂華山之北河曲之中高誘則云在雒陽東北阮籍咏懷詩亦以爲然今此二山並有夷齊祠耳而曹大家注通幽賦云隴西首陽縣是也今隴西亦有首陽山許愼又云首陽山在遼西諸說不同致有疑惑而伯夷歌云登彼西山則當隴西者爲近是也〔石曼卿首陽詩云〕遜國同來訪聖謨適逢爭國誓師徒恥生湯武干戈日寧死唐虞揖讓區大義充身安是餓清魂有所未應無始終天地亡前後名骨雖雙此行孤〔自注云〕夷齊在孟津諫伐紂而死於首陽其山在蒲蒲乃舜都也〔大戴禮曾子制言中〕昔者伯夷叔齊死於溝澮之中其仁成名於天下夫二子者居河濟之間非有土地之厚貨粟之富也今本濟澮作溝澮案下有河濟之文則上不應複出濟澮蓋王

孔孟荀子觀水

躬自厚薄責人

孔庭之教

氏所見本誤余同年丁小山杰曰宋諱亦避溝字或厚齋有意改之〔歐陽公石曼卿墓表〕曼卿諱延年姓石氏家於宋州之宋城讀書不治章句獨慕古人奇節偉行非常之功其爲文章勁健稱其奇氣〔陳氏書錄二十〕載石曼卿歌詩集一卷

水。一也孔子觀之。而明道體之無息。孟子觀之而明爲學之有本。荀子成相篇亦云水至平端不傾心術如此。象聖人。其觀於水也亦亞於孔孟矣於此見格物之學。〔何云〕錯會卻格字〔全云〕以此證格物亦隔一層〇〔元圻案〕〔董子山川頌〕謂水似力似持平似察似智似知命似善化似勇似武似有德

呂成公讀論語躬自厚而薄責於人。遂終身無暴怒見朱子語錄　絜齋見象山讀康誥有感悟反己切責若無所容。前輩切己省察如此。〔元圻案〕〔魏鶴山作呂成公讀詩記後序〕稱其能得詩人躬自厚而薄責於人之旨成公於夫子一言蓋奉以終身矣　宋袁燮字和叔慶元府鄞縣人絜齋其自號也受業於陸象山之門登進士第歷官寶文閣直學士諡正獻宋史有傳

孔庭之教曰詩禮。子思曰夫子之教必始於詩書。而終於禮樂。雜說不與焉。〔案〕〔孔叢子雜訓〕子上雜所習請於子思子思曰先人有訓焉學必由聖所以致

四勿九思先視

其材也厲必由砥所以致其刃也故夫子之教云云荀子勸學亦曰其數則始乎誦經。終乎讀禮其義則始乎爲士終乎爲聖人(原注)經謂詩書○(元圻案)謂原注四字卽楊倞注文

四勿九思皆以視爲先見弓以爲蛇見寢石以爲伏虎視汨其心也閔周者黍稷不分念親者莪蒿莫辨心惑其視也吳筠心目論以動神者心亂心者目陰符經心生於物死於物機在目蔡季通釋其義曰老子曰不見可欲使心不亂西方論六根六識必先曰眼曰色均是意也(集證)宋志吳筠心目論一卷(般若經)六根者謂眼耳鼻舌身意根六塵者謂色聲香味觸法也眼見爲色塵耳聞爲聲塵鼻齅爲香塵舌嘗爲味塵身染爲觸塵意著爲法塵合爲十二處也復次六識者本自一心遍由六根門頭而成六識謂從見爲眼識從聞爲耳識從齅爲鼻識從嘗爲舌識從染爲身識從分別爲意識如是根塵識三事合爲十八界若如實知自性皆空是爲能學六根六塵六識○(元圻案)伊川曰人之視最先非禮而視則所謂開目便錯了(風俗通)予之祖父彬爲汲令見主簿杜宣賜酒時壁上有懸弩照於杯形如蛇宣畏惡之然不敢不飲其日胸腹痛切攻治不愈後於故處設酒杯中故復有蛇因謂宣此壁上弩影耳宣遂解(史記李將軍列傳)廣出獵見草中石以爲虎而射之中石沒鏃視之石也因復更射之終不能復

庶人不議不及士士有言責

非帷裳必殺之深衣餘衣削幅

入石〔詩王風〕彼黍離離彼稷之苗〔小序〕閔宗周也〔小雅〕蓼蓼者莪匪莪伊蒿〔小序〕孝子不得終養也〔吳筠心目論云〕動人者ゝ心亂ゝ心者目失真離本莫甚於茲故假ゝ心目而發論庶幾遣滯清神而已　陰符經一卷傳爲黃帝所作唐李筌稱於嵩山石室得之晁氏讀書志定爲筌所僞託朱子以其時有精語非有道者不能作嘗攷定其文

古者士傳言諫其言責亦與公卿大夫等及世之衰公卿大夫不言而士言之於是有欲毀鄉校者有謂處士橫議者不知三代之盛士亦有言責也〔何云〕三代之士在後世則一命之小臣也方爲小民而以言責自任是侵官矣此漢宋太學諸生析理不精過乎中而不自知　夫子曰天下有道庶人不議而不及士其指微矣〔原注〕乙酉二月夢前宰輔以太學所上書求余跋語夢中作此篇而識之〔閻按〕乙酉爲元世祖二十二年宋亡已九載猶感夢如是與韋孟夢爭王室何異〔何云〕前宰輔似謂陳宜中〔全云〕陳宜中在太學嘗上書攻史嵩之

非帷裳必殺之鄭康成云帷裳謂朝祭之服其制正幅如帷非帷裳者謂深衣〔何云〕〔集註〕用其餘若三字尤該括　削其幅縫齊倍要見春秋正義〔原注〕集解不取集註用鄭說〔集證〕〔爾雅釋器〕裳削幅謂之纀註削殺其幅深衣之裳又按鄭說齊倍要取玉藻縫齊倍要之文集註復取深衣要縫半下之文意更完備〇〔元圻案〕集解引王肅曰衣必有殺縫唯帷裳無殺也與鄭義不背故皇侃郎引鄭注以釋之云

言偃滅明爲南人

子路令郈食溝者

孔子去魯

帷裳謂朝祭之服其制正幅如帷也非者謂餘衣也殺之者削其幅使縫齊倍要者也〔鄭註〕亦見左傳昭元年正義

孔門弟子。唯言偃吳人。而澹臺滅明。南游至江。史記仲尼弟子列傳史記正義。蘇州南五里有澹臺湖。〔又云〕湖北有澹臺儒林傳澹臺子羽居楚。〔元圻案〕〔水經注〕〔二十二〕引土地名云今泰山南武城縣有澹臺子羽冢縣人也

韓非曰。季孫相魯。子路爲郈令。魯以五月起衆爲長溝。子路以其私秩粟爲漿飯。要作溝者於五父之衢而飡飡閣本作餐下同之。孔子聞之。使子貢往覆其飯。擊毀其器。曰魯君有民。子奚爲乃飡之。言未卒。而季孫使者至。讓曰。肥也起民而使之。先生使弟子令徒役而飡之。將奪肥之民耶。孔子駕而去魯。此外儲說右上篇文此雖與論語史記不同。然亦夫子去魯之一事也。〔原注〕〔攷左氏傳〕郈叔孫之邑也〔全云〕此不足據然王氏小註已知其非矣蓋既爲叔孫氏邑則季孫何預焉〔集證〕〔按〕〔水經濟水注〕濮水又東逕蒲城北故衛之蒲邑孔子將至衛子路出於蒲者也引韓子曰魯以仲夏起長溝子路爲蒲宰以私粟饋衆孔子使子貢毀其器焉據此則子路爲蒲

身正令行證史

宰非郈也然攷北堂書鈔縣令類引韓子亦作子路爲郈令則訛蒲爲郈唐時已然

申屠嘉不受私謁。則可以折幸臣。董仲舒正身率下。則可以事驕王。魏相以廉正。霍氏不能誣。袁安任隗以素行。竇氏無以害。故曰其身正。不令而行。苟正其身矣。於從政乎何有。〔全云〕申屠嘉事見袁盎傳魏相事見霍光傳〇〔元圻案〕〔漢書申屠嘉傳〕嘉梁人也爲丞相廉直門不受私謁是時大中大夫鄧通方愛幸嘉入朝而通居上旁有怠慢之禮嘉因言曰陛下幸愛羣臣則富貴之至於朝廷之禮不可以不肅上曰君勿言吾私之罷朝坐府中嘉爲檄召通通至免冠徒跣頓首謝嘉嘉坐自如弗爲禮〔又董仲舒傳〕天子以仲舒爲江都相事易王易王帝兄素驕好勇仲舒以禮義匡正王敬重焉膠西王亦上兄也尤縱恣宏迺言於上曰獨董仲舒可使相膠西王膠西王聞仲舒大儒善待之凡相兩國輒事驕王正身以率下數上疏諫爭教令國中所居而治〔又霍光傳〕光薨會魏大夫爲丞相數燕見言事時霍山自若領尚書上令吏民得奏封事不關尚書於是霍氏甚惡之顯及禹山雲自見日侵削數相對啼泣自怨山曰今丞相用事縣官信之盡變易大將軍時法令顯曰丞相數言我家獨無罪乎山曰丞相廉正安得罪〔後漢書袁安傳〕竇景等日益橫盡樹其親黨賓客於名都大郡皆賦斂吏人更相賂遺安與任隗舉奏竇氏大恨然安隗素行高亦未有以害之〔漢書袁盎傳〕盎告歸道逢丞相申屠嘉下車拜謁丞相從車上謝盎還媿其吏乃之丞相舍上謁求見丞相丞相良久乃見謝山謂申屠嘉事見袁盎傳蓋指此也〔案傳又云〕盎說以文帝止輦受言嘉乃再拜引盎入坐爲上客盎未嘗爲嘉折也故注仍引嘉本傳

不知命證史

君子不因小人而求福。孔子之於彌子也。不因小

人而避禍。叔向之於樂王鮒也。事見左傳朱博之黨丁傅。福可求乎。賈捐之之諂石顯。禍可避乎。故曰。不知命。無以爲君子。〔元圻案〕〔呂氏春秋慎大覽貴因篇〕孔子道彌子瑕見釐夫人因也〔淮南子泰族訓〕孔子欲行王道東西南北七十說而無所偶故因衛夫人彌子瑕而欲通其道此皆戰國策士誣聖之言故孟子辭而闢之　〔漢書朱博傳贊曰〕博馳騁進取不師道德已亡可言及見孝成之世委任大臣假借用權世主已更好惡異前復附丁傅稱順孔鄉事發見詰遂陷誣罔辭窮情得仰藥飲鴆〔又賈捐之傳〕時石顯用事捐之數短顯以故不得官而長安令楊興新以材能得幸與捐之相善曰顯鼎貴上信用之今欲進第從我計且與合意即得入矣捐之即與興共爲薦顯又共爲薦興石顯聞之白之上乃下興捐之獄捐之竟坐棄市

審富貴安貧賤

朱子以無垢〔閣按〕無垢張九成號爲雜學。論語集註。獨取審富貴安貧賤之語。〔元圻案〕朱子雜學辨辨無垢中庸解云無垢本佛語而張子韶之別號也張公以佛語釋儒書其跡尤著故正其名如此〔論語富與貴章集注〕不以其道得之謂不當得而得之然於富貴則不處於貧賤則不去君子之審富貴而安貧賤也如此〔語類云〕張子韶說審富貴而安貧賤極好　〔書錄解題三〕張九成論語解二十卷孟子解十四卷　四庫全書載其孟子傳二十九卷論語解不著錄據朱子辨則尚有中庸解也〔提要曰〕九成其先開封人徙居錢塘紹興二年進士第一人授鎮東僉判歷宗正少卿兼侍講權刑部侍郎忤秦檜謫居南安軍檜死起知溫州謚文忠事蹟具宋史本傳

鳶魚逝水見道　聖凡心有昏明

陳仲猷曰。逝者如斯。夫道體無窮。借水以明之。鳶飛戾天。魚躍于淵。道體無不在。借鳶魚以明之。

涉沂風雩詠饋

教之化民深於命

葉仲圭曰。出入無時。莫知其鄉。常人之心也。寂然不動。感而遂通。聖人之心也。聖人之心。豈常人之所無哉。昏與明異而已矣。仲猷仲圭。皆余同年。[全云]仲猷仲圭八字係小註宜雙行寫

王充云。浴乎沂。涉沂水也。風乎舞雩。風歌也。仲長統云。諷於舞雩之下。愚謂[閣本脫謂字]以風爲諷。則與詠而歸一意矣。當從舊說。[集證][論衡明雩篇]浴乎沂涉沂也。象龍之從水出也。風乎舞雩風歌也。詠而饋詠歌饋祭也[後漢仲長統傳]諷於舞雩之下詠歸高堂之上注引論語[兩漢刊誤補遺十]浴乎沂風乎舞雩說者以爲風乾身時尙寒安得風乾身乎充說與統合包氏諸家讀如本字誤矣○[元圻案][集解]包氏曰浴於沂水之上風涼於舞雩之下歌詠先王之道歸夫子之門也吳斗南因仲長統之語而證以論衡王氏此條蓋舉而正之

上蔡論語解。引元澤云。[原注]王元澤○[案]元澤名雱安石之子 教之化民也深於命。民之效上也。捷於令。本史記趙良之言。[原注]商君傳 [全云]王元澤論語注嘗以襲原之請頒學宮○[元圻案][經義考二百十三]王氏雱論語口義通考十卷佚陸游曰元澤之歿詔求遺書荊公視篋中得論語孟子解皆細書於策之四旁遂以上之然亦非成書也又二百十四謝氏良佐論語解宋志十卷未見

蘧伯玉不對孫寗

孫叔敖三相三去

温故不知新足爲史不足爲師

蘧顏昏夜不改行

曾子七十作書

集註。蘧伯玉於孫林父甯殖放弒之謀不對而出。按左氏傳甯殖當爲甯喜。〔何云〕出獻公孫林父甯殖偕爲之弒剽而獻公復入則甯喜一人之爲然亦殖之遺謀也

史記循吏傳孫叔敖三得相而不喜三去相而不悔與令尹子文之事相類恐是一事。〔閻按〕孫叔敖爲令尹於楚莊十六年癸亥後七年莊王卽卒叔敖死莊王時必無三相三去之事〇〔元圻案〕〔淮南道應訓〕亦云昔孫叔敖三得令尹無喜志三去令尹無憂色皆本於莊子山木篇呂氏春秋恃君覽知分篇

范伯崇曰温故而不知新雖能讀墳典索邱足以爲史而不足以爲師。〔集證〕朱子答范伯崇曰此論甚佳〔全云〕亦說得粗

劉子謹獨篇曰顏回不以夜浴改容顏氏家訓勉學篇曰曾子七十乃學名聞天下皆未詳所出。〔集證〕劉晝新論〔〕蘧瑗不以昏行變節顏回不以夜浴改容〔又按宋坊筆記〕曾子年七十文學始就乃能著書非老而學也然所出則未詳家語弟子解曾參少孔子四十六歲非老而學者。〔元圻案〕劉子十卷注見卷三第三十一頁今十六頁劉晝字孔昭渤海阜城人見北史儒林傳

孔子嚴事蘧伯玉弟子公伯申繚縣亶縣豐縣瑣鄵亶鄡單之異

南郭言孔門雜人子貢對東郭子思

無可無不可

蘧伯玉。史記謂孔子所嚴事。不當在弟子列。禮殿圖有之。而唐宋皆錫封從享。公伯寮非孔子弟子。乃季氏之黨。致堂胡氏之說當矣。家語不列其名氏。蓋自史記失之。家語有縣亶字子象。史記索隱以爲縣豐。唐宋封爵皆不及焉。禮記檀弓有縣子。豈其人與。〔闇按〕檀弓明著縣子之名曰瑣　〔全云〕晉有縣氏檀弓有縣子左氏有縣賁父若仲尼弟子乃鄵亶非縣氏也鄵卽鄡字故一作鄡亶蓋以地爲氏者　〔繼序〕按史記有鄡亶而無縣亶　〔集證〕〔史記弟子傳〕有公伯寮字子周〔正義曰〕家語有申繚子〔譙周古史考云〕公伯僚是讒愬之人孔子不責而云命非弟子之流也〔家語弟子解〕有縣亶字子象索隱作縣豐〔廣韻註〕作縣亶父魯人史記無之或云卽史記之鄡單也

柳子厚與太學諸生書曰。仲尼吾黨狂狷。南郭獻譏。按荀子法行篇。南郭惠子問於子貢曰。夫子之門。何其雜也。〔原注〕非以狂狷爲譏　〔全云〕六字係正文　〔集證〕〔荀子〕南郭惠子問於子貢曰夫子之門何其雜也子貢曰君子正身以俟欲來者不拒欲去者不止且夫良醫之門多病人隱栝之側多枉木是以雜也〔又按〕尙書大傳略說作東郭子思說苑雜言篇作東郭子惠其辭略同

無可無不可。致堂〔讀史管見〕謂以五字成文。聖人從容中

心身席劄皆以正

善人卽居士有恆卽書常人

微生高稱尾生

鄭校讀論語五十事魯齊古論語異讀

道無所偏倚世之通儻不泥者纔足謂之無不可爾馬援以此稱高帝亦稔於常談（閻按）元稹亦稱杜子美詩爲無可無不可○（元圻案）（後漢書馬援傳）援字文淵扶風茂陵人隗囂問以京師得失援曰前到朝廷上引見數十才明勇略非人敵也囂曰卿謂何如高帝援曰不如也高帝無可無不可今上好吏事動如節度又不喜飲酒囂不懌曰如卿言反復勝邪

夫子之劄之席曾子之簀一於正而已論學則曰正心論政則曰正身（元圻案）曾子易簀事見檀弓

善人吾不得而見之矣得見有恆者斯可矣善人周公所謂吉士也有恆周公所謂常人也

微生高漢古今人表作尾生高（原注）蓋卽莊子所謂尾生東方朔曰信若尾生然尾生之信非信也（集證）莊子盜跖篇尾生釋文云一本作微生戰國策作尾生高誘注以爲魯人（又按尚書）鳥獸孳尾（史記五帝紀）作字微釋名云屖微也承脊之末稍微殺也是微尾二字古通○（元圻案）（人表）尾生高列中中（師古曰）卽微生高

鄭校周之本以齊古讀正凡五十事（原注）釋文（集證）（釋文）載魯讀云傳不習乎鄭注云魯讀傳爲專今從古治其賦鄭云軍賦梁武云魯論作傅崔子魯論讀崔爲高無誨魯讀爲悔學易魯讀易爲亦正唯魯讀正爲誠蕩蕩魯讀坦蕩爲坦湯冕衣裳者鄭本作弁云

論語各家傳受注說

南子二異說

毋必亦有必易鄉黨言必

魯讀弁爲絻今從古鄉黨篇同下如授魯讀下爲趨瓜祭魯讀瓜爲必鄉人儺魯讀爲獻賜生魯讀生爲牲車中不內顧魯讀車中內顧仍舊魯讀仍爲仁詠而歸鄭本作饋魯讀饋爲歸折獄魯讀折爲制小慧魯讀慧爲惠謂之躁魯讀躁爲傲歸孔子豚鄭本作饋魯讀爲歸矜也廉魯讀廉爲貶天何言哉魯讀天爲夫而窒魯讀窒爲室殆而魯讀期斯已矣今之從政者殆不知命無以爲君子也魯論無此篇今皆從古〔又按論衡云仕宦爲吏亦得高官將相長吏猶吾大夫高子也安能別之〔揚雄將作大匠箴云〕或作長府而閔子不仁皆從魯讀也〇〔元圻案〕〔何晏集解敘〕魯論二十篇太子太傅夏侯勝前將軍蕭望之丞相韋賢及子元成等傳之齊論語二十二篇瑯琊王卿及膠東庸生昌邑中尉王吉皆以教授之古文論語凡二十一篇唯博士孔安國爲之訓說而世不傳安昌侯張禹本受魯論兼講齊說善者從之號曰張侯論苞氏周氏章句出焉漢末大司農鄭元就魯論篇章考之齊古以爲之注

陳自明〔集證〕名晦紹熙元年辭科以子見南子爲南蒯。以傳攷之。昭公十二年南蒯叛孔子年方二十有二。子路少孔子九歲年方十三。其說鑿而不通矣。〔集證〕〔按晉書夏統傳〕子路見夏南憤恚而忼慨又誤以南子爲夏南

聖人毋必。而鄉黨言必者十有五。〔閻云〕五當作七何本作七記必爲之事也。其傳易曰。積善之家。必有餘慶。積不善之家。必有餘殃。陰疑於陽必戰。小人勿用。必亂邦也。著必然之理也。〔全云〕不必如此牽合分析

顏曾子貢獨受道

子貢存魯亂齊

子貢列貨傳儒林不及游夏循吏不及冉季

論語諸言勿字義

顏子成己成物

唐棣常棣不同

闕黨互鄉童子

孔門受道。唯顏曾子貢。〔原注〕太史公稱子貢一出存魯亂齊破吳彊晉伯越是以戰國說客視子貢也又列於貨殖傳以論語一言而斷其終身可乎子貢聞一以貫之之傳與曾子同貨殖何足以涴之〔集證〕〔史通雜說上〕太史公述儒林則不取游夏之文學著循吏則不言冉有季路之政事至於貨殖爲傳獨以子貢居先成人之美不其缺如

過則勿憚改。非禮勿視。非禮勿聽。非禮勿言。非禮勿動。己所不欲。勿施於人。勿欺也。皆斷以勿。蓋去惡不力。則爲善不勇。

孔門獨顏子爲好學。所問曰爲仁。曰爲邦。成己成物。體用本末備矣。

唐棣與常棣不同。致堂謂偏其反而。卽詩常棣篇。孔子刪而不取。恐誤。〔元圻案〕〔爾雅釋木〕唐棣栘郭註今白栘也似白楊江東呼夫栘常棣棣郭註今關西有棣樹子如櫻桃可食〔邵學士正義詩疏〕引舍人云唐棣一名栘唐棣與常棣異而詩攷引韓詩序云夫栘燕兄弟閔管蔡之失道也藝文類聚引三家詩云夫栘之華蕚不煒煒誤以唐棣爲常棣兼明書引孔氏論語解唐棣棣也又誤以常棣爲唐棣也〔邢疏〕郭註無今白栘也四字邵氏據詩書補之

闕黨之童。游聖門者也。夫子抑其躁。是以知心之

孝經字數

六家異同

孝經非曾子自爲行在孝經稱仲尼同中庸馮椅古孝經輯注

易放。(何云)心易放句尚非本病互鄉之童。難與言者也。夫子與其進。是以知習之可移。

孝經(元圻案)(鄭畊老曰)孝經一千九百三字(桓譚曰)古孝經千八百七十二字今異者四百餘字

孝經序六家異同。今攷經典序錄。有孔鄭王劉韋(全云)孔安國鄭康成王肅劉炫韋昭五家而無虞槃注。(原注)有虞槃佑東晉處士也(全云)見隋志晉虞槃佑孝經注一卷○(元圻案)(唐明皇御製孝經序曰)韋昭王肅先儒之領袖虞槃劉邵抑又次焉劉炫明安國之本陸澄譏康成之註在理或當何必求人今特舉六家之異同會五經之旨趣約文敷暢義則昭然分註錯經理亦條貫(正義曰)六家即韋昭王肅虞槃劉邵劉炫陸澄也

致堂謂孝經非曾子所自爲也。曾子問孝於仲尼。退而與門弟子言之。門弟子類而成書。晁子止(讀書志)謂何休稱子曰吾志在春秋。行在孝經。則孔子自著也。今首章云仲尼居。則非孔子所著矣。當是曾子弟子所爲書。馮氏曰。子思作中庸。追述其祖之語。乃稱字。是書當成於子思之手。(全云)

古文孝經
孝經家傳受

諍父非責善
王介甫孝經
解

馮氏說混○〔元圻案〕〔錢氏大昕曰〕馮椅有古孝經輯注一卷　〔孝經序正義曰〕按劉炫述義其略曰炫謂孔子自作孝經本非曾參請義而對也假使獨與參言言畢參自集錄豈宜稱師字者

古文孝經。漢志書序謂出孔壁。而許沖上其父說文曰。孝昭帝時。魯國三老所獻。其說不同。〔元圻案〕〔漢書藝文志〕孝經漢興長孫氏博士江翁少府后蒼諫大夫翼奉安昌侯張禹傳之各自名家經文皆同唯孔氏壁中古文爲異　〔孔安國尚書序〕魯共王好治宮室壞孔子舊宅以廣其居於壁中得先人所藏虞夏商周之書及左傳論語孝經皆科斗文字　許沖上其父說文曰愼又學孝經孔氏古文說古文孝經者孝昭帝時魯國三老所獻建武時給事中議郎衛宏所校皆口傳

當不義則子不可不爭於父。孟子云父子之間不責善。荆公謂當不義則爭之。非責善也。晁子止讀書志乃謂介甫阿其所好。蓋子止守景迂之學以孟子爲疑。非篤論也。朱文公於孟子集註取荆公之說。〔元圻案〕〔晁氏讀書志〕孝經解一卷王安石介甫撰經云當不義則子不可不諍於父而孟子猥曰父子之間不責善夫豈然哉今介甫因謂當不義則諍之非責善也噫不爲不義卽善矣阿其所好以巧慧侮聖人之言君子疾夫　〔四庫全書總目目錄類〕郡齋讀書志四卷後志二卷宋晁公武撰公武字子止鉅野人

是何言與注誤入
古文孝經指解
閨門章鄙俗
范祖禹進孝經劉子
朱子刊誤分經傳

鄭注孝經非康成
顏芝列學經十八章
孝經列學議獻

冲之之子官至敷文閣直學士臨安少尹又儒家類儒言一卷晁說之撰說之字以道少慕司馬光之為人光晚號迂叟因自號景迂元豐五年進士建炎初擢徽猷閣待制高宗惡其作書非孟子勒令致仕

是何言與。司馬公解云。言之不通也。范太史說。誤以言之不通也五字為經文。古今文皆無。朱文公集所載刊誤亦無之。〔原注〕近世所傳刊誤以五字入經文非也〇〔元圻案〕〔四庫全書總目孝經類〕古文孝經指解一卷不著編輯者名氏以宋司馬光范祖禹之說合為一編〔案宋中興藝文志曰〕自唐明皇時議者排毀古文以閨門一章為鄙俗而古文遂廢至司馬光始取古文為指解〔又范祖禹進孝經劉子曰〕仁宗朝司馬光在館閣為古文指解表上之臣妄以所見又為之說書錄解題載光書祖禹書各一卷〔胡爌拾遺錄〕嘗譏祖禹所說以光注言之不通也句誤為經文今證以朱子刊誤爌說信然又朱子孝經刊誤一卷取古文孝經分為經一章傳十四章刪舊文二百二十三字

孝經鄭氏注。陸德明云。與康成注五經不同。今按康成有六天之說。見禮記郊特牲正義而孝經注云上帝天之別名。見史記封禪書集解故陸澄謂不與注書相類。〔元圻案〕〔經典序錄〕世所行鄭注相承以為鄭元按鄭志及中經簿無中朝穆帝集講孝經云以鄭元為主檢孝經注與康成注五經不同未詳是非〔案書錄解題〕載康成孝經注一卷陳振孫曰世傳秦火之後河間人顏芝得孝經藏之以獻河間王今十八章是也相承云康成作注而鄭志目錄不載故先儒並疑之及唐開元中詔議孔鄭二家劉知幾以為宜行孔廢鄭諸儒非之卒行鄭學周顯德中新羅獻

爭臣爭子爭友

敬樂憂哀嚴五致

別序孝經卽鄭注者而崇文總目以爲咸平中日本國僧奝然所獻未詳孰是乾道中熊克子復從袁樞機仲得之刻於京口學宮〔南齊書陸澄傳〕澄字彥淵吳郡吳人也時國學置鄭元孝經澄與王儉書曰世有一孝經題爲鄭元注觀其用辭不與注書相類案元自序所注衆書亦無孝經〔孝經序正義曰〕晉穆帝永和十一年及孝武太元元年再聚羣臣共論經義有荀昶者撰集孝經諸說始以鄭氏爲宗晉永和以來多有異論陸澄以爲非元所著請不載於祕省王儉不依其說遂得見傳〔蕭山王穀睦曰〕孝經鄭注久佚武進臧鏞堂輯錄爲一卷日本國岡田宇挺之於其國所傳羣書治要中得不完本亦輯爲一卷臨海洪頤煊復採釋文邢疏爲補證一卷凡三本鮑氏廷博並刻於知不足齋叢書第二十一集又曰聖治章宗祀文王於明堂以配上帝鄭注上帝天之別名也〔臧鏞堂按正義曰〕禮無二尊既以后稷配郊天不可又以文王配之五帝天之別名也因享明堂而以文王配之大致本鄭注

荀子述孔子之言曰。昔萬乘之國有爭臣四人。則封疆不削。千乘之國有爭臣三人。則社稷不危。百乘之國有爭臣二人。則宗廟不輟。父有爭子。不行無禮。士有爭友。不爲不義。〔案〕今本荀子子道篇百乘之國國作家不輟作不毀〔家語三恕篇〕四人作七人三人作五人二人作三人與孝經稍異。

彭忠肅〔閻按〕忠肅名龜年字子壽清江人嘗從朱子質疑五致錄見宋史本傳公以致敬致樂致憂致哀致嚴。哀集格言爲五致錄。司馬公家範亦以五致類事。忠肅之言本於此。〔元圻案〕〔樓攻媿彭忠肅神道碑〕曰公丁內艱執喪盡禮以致敬致

孔鄭分章不同

唐元宗注孝經

鄭注孝經為小同

劉知幾等議孝經

比妻子於徒役

後人增章應古文

樂致憂致哀致嚴哀集格言類為一書名五致錄〔四庫全書總目儒家類〕家範十卷宋司馬光撰首載周易家人卦辭及節錄大學孝經堯典詩思齊篇語以為全書之序其後自治家至乳母凡十九篇皆雜採史事可為法則者亦閒有光所論說

國史志云。孝經孔安國傳。古二十二章。有閨門篇。為世所疑。鄭氏注。今十八章。相承言康成作。鄭志目錄不載。通儒皆驗其非。開元中孝明纂諸說。自注以奪二家。然尚不知鄭氏之為小同。據玉海四十一此條乃全錄國史志之文〔閻按〕鄭氏乃小同注孝經非康成也說頗有徵○〔元圻案〕〔唐會要〕開元七年詔曰孝經德教所先頃來獨宗鄭氏孔氏遺旨今則無聞其令儒官詳定所長令明經者習讀劉知幾議曰今俗所傳孝經題曰鄭注皆云即康成而魏晉之朝無有此說有荀茂祖者撰集孝經諸說始以鄭氏為宗自齊梁以來多有異議陸澄以為非元所注請不藏於祕省而王儉不依其請遂得見傳然孝經非元所著其驗十有二條云云行孔廢鄭於義為允司馬貞議曰今文孝經是河間王所得顏芝本劉向定為一十八章其注相承云是鄭氏所注而鄭志及目錄等不載往賢共疑焉惟荀昶范蔚宗以為鄭注其古文二十二章元出孔壁先是安國作傳緣遭巫蠱代未之行近儒妄作此傳假稱孔氏又偽作閨門一章其文云閨門之內具禮矣乎嚴兄妻子臣妾繇百姓徒役也是比妻子於徒役文句凡鄙不合經典又分庶人章從故自天子已下別為一章仍加子曰二字然故者連上之詞即為章首不合言故是古文既亡後人妄開此等數章以應二十二章之數今議者欲取殘經缺傳而廢鄭注理實未可請鄭注與孔傳依舊俱行〔唐志〕鄭氏孝經注一卷經義考云未見又附載劉肅曰梁載言十道志解南城山引後漢書云鄭元遭黃巾之難客於徐州今有孝經序相承云鄭氏所作蓋康成允孫所為也〔程大昌演繁露十八〕元宗開元中親注孝經幷製字八分書

學教皆从孝字

孝經言不敢者九

求忠臣於孝子之門

臧綽讀孝經

之立於國學以層樓覆之自注云秦再思洛中記異〔後漢書鄭元傳〕元子益恩有遺腹子元以其手文似己名之曰小同

王去非云學者學乎孝教者教乎孝故皆從孝字〔原注〕慈湖何云楊簡蒙齋何云袁甫謂古孝字只是學字愚按古文韻學字古老子作斈郭昭卿字指作斈〔全云〕袁正肅公甫字廣微號蒙齋正獻之子〔集證〕〔隋志〕雜字指一卷後漢太子中庶子郭顯卿撰○〔元圻案〕〔說文〕斈效也从子爻聲郭忠恕汗簡云出字指〔嘉定錢氏大昕養新錄曰〕王伯厚引王去非云云又引慈湖蒙齋說古孝字只是學字案古文學作斈斈从爻孝从老判然兩字不可傅會爲一　王去非名遂一字穎叔金壇人嘉泰二年進士理宗時權工部尚書謚正肅

不敢毀傷至不敢失於臣妾言不敢者九管子勢篇曰賢者行於不敢而立於不能詩於文王仲山甫皆曰小心翼翼

求忠臣必於孝子之門孝經緯之言也〔原注〕見東漢韋彪傳注○〔元圻案〕〔孝經廣揚名章〕孔傳能孝於親則必能忠於君矣求忠臣必於孝子之門也鄭注欲求忠臣出於孝子之門故可移於君

劉盛不好讀書唯讀孝經論語曰誦此能行足矣安用多誦而不行乎〔案〕匡衡亦曰論語孝經聖人言行之要宜究其意蘇綽戒子威云讀孝經一卷足以立身治國何用多爲愚謂

能事親則能事神

嚴父配天

明堂非以考配

梁元帝之萬卷。不如盛綽之一言。學不知要。猶不學也。〔何云〕蘇威屈膝於王世充虧體辱親也至矣安能讀此一卷書哉○〔元圻案〕〔通鑑晉紀〕懷帝永嘉四年漢安昌王盛少不好讀書惟讀孝經論語云云〔胡氏讀史管見曰〕劉盛匈奴耳所嗜好乃爾又知行之爲要言之無益與中國專門名家講誦談說而不能行者一何遠哉〔隋書儒林傳〕何妥性勁急有口才好是非人物時納言蘇威嘗言於上曰臣先人每誡臣云唯讀孝經一卷足可立身治國何用多爲妥曰蘇威所學非止孝經厥父若信有此言威不從訓是其不孝若無此言面欺陛下是其不誠〔又蘇威傳〕大唐秦王平王充威請謁見稱老病不能拜起王遣人數之曰公見李密王充皆拜伏舞蹈今既老病無勞相見也

范太史〔全云〕范祖禹字淳甫諡正獻孝經說曰。能事親則能事神。真文忠公守泉州勸孝文曰。侍郎王公〔原注〕蓋梅溪也見人禮塔。呼而告之曰。汝有在家佛。何不供養。蓋謂人能奉親。卽是奉佛。〔元圻案〕王十朋字龜齡號梅溪溫州樂清人紹興二十七年進士第一官龍圖閣學士諡忠文事迹具宋史本傳

嚴父莫大於配天。神宗聖訓云。周公宗祀。乃在成王之世。成王以文王爲祖。則明堂非以考配。明矣。〔原注〕自唐代宗用杜鴻漸等議明堂以考肅宗配上帝一時誤禮非祀無豐昵之義○〔元圻案〕〔玉海四十九〕起居舍人林慮編集神宗大訓丕訓爲一百門二十卷上之名元豐聖訓〔通鑑唐紀〕代宗廣德二年正月禮儀使杜鴻漸奏自今祀圜丘方丘請以太祖配祈穀以太祖配大雩以太宗配明堂以肅宗配從之〔續資治通鑑長編二百四十一〕神宗

事親終於喪祭孝無終始曾子全歸猶易簀

熙寧五年十一月上問今明堂乃配上帝如何王安石曰此乃誤引嚴父之說故以考配天夫孝經所謂嚴父者以文王爲周公之父周公能述父事成父業得四海驩心各以職來助明堂宗祀得嚴父之道故也若言宗祀則自前代已有此禮上曰周公宗祀乃在成王之世成王以文王爲祖則明堂非以考配明矣

孝子之事親終矣。此言喪祭之終。而孝子之心。昊天罔極。未爲孝之終也。曾子戰兢知免。而易簀得正。猶在其後。信乎終之之難也。〔元圻案〕〔樓攻媿季公古文孝經指解後序曰〕孝子之事親終矣止爲喪祭之終猶未爲孝之終也若所謂孝之終與孝無終始之終蓋謂立身行道死而後已者也故雖曾子既啓手足以其能全而歸之自以謂知免矣而易簀一節猶在其後蓋大夫之簀猶非其正也嗚呼聖人之言可謂深切而能有終者亦豈易易乎

困學紀聞注卷七

孟子字數

孟子自著或記集

孟子稱諸侯皆謚

趙引中庸誤論語

困學紀聞注卷八

餘姚翁元圻載青輯

孟子〔元圻案〕〔趙岐孟子題詞曰〕七篇二百六十一章三萬四千六百八十五字〔經義考載陳士元曰〕七篇二百六十章實三萬五千四百一十字趙蓋誤算也

孟子集注序說引史記列傳以爲孟子之書孟子自作。韓子曰。軻之書非自著。謂史記近是。而滕文公首章道性善。注則曰門人不能盡記其詞。又第四章。決汝漢。注曰。記者之誤。以上皆吳伯豐問語吳伯豐〔全云〕朱子弟子〔案〕〔董真卿曰〕伯豐名必大臨江人以問朱文公。文公答曰。前說是。後兩處失之。熟讀七篇。觀其筆勢如鎔鑄而成。非綴緝所就也。〔元圻案〕〔風俗通曰〕孟子去齊又絕糧於鄒薛困殆甚退與萬章之徒序詩書仲尼之意作書中外十一篇〔韓退之答張籍書曰〕孟軻之書非軻自著其徒萬章公孫丑相與記軻所言耳〔朱子語類〕論語多門弟子所集故言語時有長短不類處孟子疑自著之書故首尾文字一體無些子瑕疵不是自下手安得如此好若是門弟子集則其人亦甚高不可謂軻死不傳〔晁公武曰〕孟子所見諸侯皆稱謚如齊宣王梁惠王襄王滕定公文公魯平公是也夫死然後有謚軻著書時所見諸侯不應皆死故予以愈言爲然

趙氏孟子章指。〔何云〕章指二字始於邠卿引論語曰。力行近仁。誤以

告子名勝亦名不害

摩頂致於踵　劉熙孟子注

中庸爲論語無垢孝經解誤以臨深履薄爲衛武公之詩致堂無逸傳誤以不解于位爲洞酌〔原注〕〔吳才老書裨傳〕臣辯誤以晉侯重耳爲申生誠齋易傳後序誤以韓宣子爲季札〔元圻案〕〔趙注滕文公爲世子章章指曰〕言人上當則聖人秉仁行義高山景行庶幾不倦論語曰力行近仁蓋不虛云〔楊誠齋易傳後序曰〕季札聘魯見易傳而喜曰周禮盡在魯矣札之所見者羲文之易而已未見夫子之易也見羲文之易其喜已如此使見夫子之易其喜又當何如哉〔後漢書趙岐傳〕岐字邠卿京兆長陵人初名嘉生於御史臺因字臺卿後避難故自改名字示不忘故土也著孟子章句〔書錄解題〕孝經解一卷張九成撰又書裨傳吳棫撰　又誠齋易傳楊萬里撰〔案〕〔無垢孝經解〕吳才老書裨傳致堂無逸傳今　四庫書皆不著錄蓋已佚矣

文選陳孔璋爲曹洪書云有子勝斐然之志注引墨子曰二三子復於子墨子曰告子勝仁子墨子曰未必然也告子爲仁猶跂墨子公孟篇作跋以爲長偃墨子作隱以爲廣不可久也勝蓋告子之名豈即孟子所謂告子歟〔全云〕古註以浩生不害爲告子固謬然告子名勝亦別無所見○〔元圻案全氏經史問答曰〕告子名不害見趙注亦見國策注而文選引墨子則又曰告子勝或有二名否則其一爲字也

文選注引孟子曰墨子兼愛摩頂致於踵趙岐曰

雪宮見晏子

齊王由反手
文王望道未
見
孔子小管仲

琴張琴牢
子張善鼓琴

致至也。今本作放踵。〔原注注〕無致至也三字〔何云〕孫宣公作音義時所見之本已作放踵〔元圻案〕文選任彥昇彈曹景宗文注〕引孟子曰墨子兼愛摩頂放踵趙岐曰放至也正與孟子作放踵合〔又江文通上建平王書注〕引孟子作致於踵劉熙曰致至也王氏此條若據任彥昇文注則致至也與原注不合若據江文通書注則注作劉熙而非趙岐或王氏所見之本互異歟劉孝標廣絕交論云摩頂至踵李善無注〔隋志儒家〕有劉熙孟子注七卷

元和郡縣志。十齊雪宮故趾在青州臨淄縣東北六里。晏子春秋。所謂齊侯見晏子于雪宮。〔閻按〕今晏子春秋無李吉甫所引語〔何云〕焯按此則晏子春秋非完書矣○〔元圻案〕〔文選雪賦注〕引劉熙云雪宮離宮之名也〔四庫全書總目地理類〕元和郡縣志四十卷唐李吉甫撰吉甫字宏憲趙州人官至中書侍郎同中書門下平章事謚文懿前有吉甫原序稱起京兆府盡隴右道凡四十七鎮成四十卷輿記圖經之存於今者惟此書爲最古

孟子以齊王由反手也。趙岐注謂譏管晏不勉其君以王業。文王望道而未之見。注謂殷祿未盡。尚有賢臣。道未得至王。無咎非之曰岐名通孟子而實汨之。〔元圻案太史公曰〕管仲世所謂賢臣然孔子小之豈以爲周道衰微桓公既賢而不勉之至王乃稱霸哉趙邠卿注似本於此〔王安石王補之墓誌曰〕君南城人諱无咎字補之嘉祐二年進士嘗棄天台縣令以與予共學

琴張注謂子張善鼓琴。琴蓋未知左傳有琴張。〔元圻案〕〔昭二十

周公施四事

滕定公文公二謚

滕臣引志曰

年正義曰〕琴張賈逵鄭衆皆以爲子張即顓孫師服虔云七十子傳子張少孔子四十餘歲孔子是時四十知未有子張賈鄭之說不知所出〔孟子正義曰〕家語有衛人琴牢字張則此與左傳所謂琴張者琴牢而已非所謂子張善鼓琴也　集註從孫宣公又曰子桑戶死琴張臨其喪而歌事見莊子　〔邵氏晉涵南江札記曰〕趙注所據者賈鄭之說也王氏譏趙氏不知左傳有琴張豈知趙氏正用左傳哉

周公思兼三王。以施四事。注云。四事。禹湯文武所行事也。而伏生大傳云。周公兼思三王之道。以施於春夏秋冬。其說陋矣。〔元圻案〕今本大傳無此文雅雨堂本引此條以補遺

滕定公文公。按趙氏注。古紀世本。滕國有考公麋。元公宏。即定公文公也。世本今無傳。此可備參攷。〔元圻案〕趙岐滕文公爲世子注曰古紀世本滕國有考公麋與文公之父定公相直其子元公宏與文公相直似後世避諱改考公爲定公以元公行文德故謂之文公也班固謂司馬遷據左氏國語采世本戰國策述楚漢春秋接其後事訖於大漢藝文志春秋家世本十五篇古史官記黃帝以來訖春秋時諸侯大夫則世本之亡在漢以後

志曰。喪祭從先祖。注引周禮小史掌邦國之志。愚謂邦國之志。若周志。史佚之志。鄭書。楚書。秦記之類。〔全云〕即乘檮杌之類○〔元圻案〕〔正義曰〕鄭司農云志謂記也春秋傳所謂周志國語所謂鄭志之屬也

齊王悅吹竽鼓琴騶忌南郭先生

景差乘輿濟人

孟子疏。謂齊王悅南郭先生吹竽。喜鄒忌鼓琴。安知與衆樂樂。愚考之史記騶忌以鼓琴見齊威王。非宣王也。唯南郭處士吹竽。乃宣王時見韓非內儲說。〔元圻案〕〔史記孟子荀卿列傳〕齊有三騶子其先騶忌以鼓琴干威王因及國政爲成侯而受相印〔又老莊申韓列傳〕韓非者韓之諸公子也喜刑名法術之學而其歸本於黃老非爲人口吃不能道說而善著書作孤憤五蠹內外儲說林說難十餘萬言〔韓非內儲說上〕齊宣王使人吹竽必三百人南郭處士請爲王吹竽宣王說之廩食以數百人宣王死湣王立好一一聽之處士逃

說苑。政理篇 景差相鄭。鄭人有冬涉水者。出而脛寒。後景差過之。下陪乘而載之。覆以上衽。叔向聞之曰。景子爲人國相。豈不固哉。吾聞良吏居之三月而溝渠修。十月而津梁成。六畜且不濡足。而況人乎。此即孟子所言子產以乘輿濟人之事也。叔向之時。鄭無景差。當以孟子爲正。〔元圻案〕〔水經注二十六〕引戰國策曰田單爲齊相過淄水有老人涉淄而出不能行坐沙中單乃解裘於斯水之上也事亦相類

曾西即曾申

曾西注以爲曾子之孫。集註因之。經典序錄。曾申字子西。曾參之子。子夏以詩傳曾申。左邱明作傳以授曾申。〔原注〕曾西之學於此可攷〇〔案〕〔杜預春秋敘〕疏劉向別錄云左邱明授曾申楚鬬宜申。見左傳僖二十六年公子申。見左傳哀六年皆字子西。則曾西之爲曾申無疑。〔閻按〕此足正集注之誤以齊桓爲兄亦然〇〔元圻案〕〔檀弓〕云穆公之母卒使人問於曾子鄭注曾子曾參之子名申序錄蓋本康成

鄧惲引忠賊二語

鄧惲曰。孟軻以彊其君之所不能爲忠。量其君之所不能爲賊。與今孟子語小異。〔元圻案〕〔後漢書鄧惲傳〕惲字君章汝南西平人也太守歐陽歙請爲功曹鄭敬素與惲厚見其言忤歙相招去曰道不同者不相爲謀吾不能忍見子有不容君之危盍去之乎惲曰孟軻云云惲業已彊之矣障君於朝既有其直而不死職罪也

庠序孝弟證義

謹庠序之教。申之以孝悌之義。頒白者不負戴於道路矣。愚按書大傳略說云。歲事既畢。餘子皆入學。十五入小學。十八入大學。距冬至四十五日。始出學。傳農事。上老平明坐於右塾。庶老坐於

恥之於人證史

琅邪羽旄合爲一事

左塾。餘子畢出。然後歸。夕亦如之。餘子皆入。父之齒隨行。兄之齒鴈行。朋友不相踰。輕任并重任分頒。白不提挈。出入皆如之。此之謂造士。漢書食貨志云。春將出民。里胥平旦坐於右塾。鄰長坐於左塾。云云入者必持薪樵。輕重相分。班白不提挈。孝悌之義。當以是觀之

棄禮捐恥。〔閻按〕賈誼語。○〔案〕〔見漢書本傳〕棄禮義捐廉恥日甚可謂月異而歲不同矣秦所以敗。恥尚失所。〔閻按〕干寶語。○〔見晉書本傳晉紀總論曰〕晉之創基立本異於先代又加之以朝寡純德之士鄉乏不二之老風俗淫僻恥尚失所晉所以替。恥之於人大矣。

陳蕃諫校獵曰。齊景公欲觀於海。放乎琅邪。晏子爲陳百姓惡聞旌旗輿馬之音。舉首嚬眉之感。景公爲之不行。此以孟子二章爲一章。〔全云〕管子又以觀海爲桓公事。○〔元圻案〕〔後漢書陳蕃傳〕陳蕃字仲舉汝南平輿人也延熹六年車駕幸廣城校獵蕃上疏諫云云書奏不納

喪地不止七百里

孟子有意無意佚語孟子外書四篇

守氣守約不正對

梁惠王西喪地於秦七百里。濟水李氏曰。初北地郡屬魏。後盡爲秦幷。喪於秦。不止七百里也。〔閻按〕魏無北地郡當作上郡〔正義云〕今鄜綏等州也秦本紀惠文君十年魏納上郡十五縣卽魏世家襄王七年盡入上郡于秦事在孟子適梁後八年當梁惠王語時地止喪七百里仍是實錄〔全云〕濟水蓋亦主竹書云然

法言修身篇引孟子曰。夫有意而不至者有矣。未有無意而至者也。今孟子無此語。其在外書歟。〔元圻案〕〔趙岐孟子題詞〕孟子退而論集所與高第弟子公孫丑萬章之徒難疑答問又自撰其法度之言著書七篇又有外書四篇性善辯文說孝經爲正其文不能宏深不與內篇似似非孟子本真後世依放而託之者也〔漢藝文志〕孟子十一篇蓋併外篇計之〔宋宋咸注法言序曰〕法言者蓋時有請問子雲用聖人之法以應答之也〔修身篇〕或問仁義禮智信之用曰仁宅也義路也禮服也智燭也信符也處宅由路正服明燭執符君子不動動斯得矣有意哉孟子曰云云注有意謂志於道

周子靜〔原注〕端朝爲學官小司成。龔蓋卿以守氣不如守約命題。子靜曰。氣不與約字對。兩守字著略點。晦翁注甚明。豈可破句讀孟子。〔全云〕永嘉周子靜官至侍郎卽慶元六君子之一龔蓋卿南軒弟子〇〔元圻案〕〔朱子語類〕今人把守氣不如守約做題目此不成題目氣是實物約是半虛半實字對不得守約只是所守之約言北宮黝之守氣不似孟施舍守氣之

誦詩讀書與古人居

立命委心

仁術擇術

約孟施舍之守氣又不如曾子所守之約也〔葉紹翁四朝聞見錄甲集〕趙忠定橫遭遷謫去國之日天爲雨血京城人以盆盎貯之殷殷然太學諸生上封事叩麗正甚急侂胄欲斬其爲首者寧皇只從聽讀當時同銜上者六人世號爲六君子曰周端朝張衜徐範蔣傅林仲鱗楊宏中皆併出惟周受禍略備　周端朝字子靜永嘉人從朱子學嘉定進士官至刑部侍郎

謚文忠〔元董真卿曰〕龔蓋卿字夢錫衡陽人

尸子引孔子曰誦詩讀書與古人居〔案見馬總意林〕金樓子曰曾生謂誦詩讀書與古人居讀書誦詩與古人期孟子誦其詩讀其書不知其人可乎斯言亦有所本〔何云〕宏詞人陋習〔全云〕何說無謂○〔元圻案〕〔四庫書簡明目錄雜家類〕金樓子六卷梁孝元皇帝撰原本十五篇久已散佚今從永樂大典錄出尙存十四篇所徵引者多周秦古書非今所及見　第十四篇自序曰余年十四苦眼疾沈痼比來轉暗不復能自讀書三十六年來恆令左右唱之曾生所謂云云茲言是也

命不可委故孟子言立命心不可委故南軒以陶淵明委心之言爲非〔方樸山云〕淵明原不講學

仁曰仁術儒曰儒術術卽道也申不害以術治韓鼂錯言術數〔何云〕六字〔閻按〕抄本補公孫宏謂智者術之原君子始惡乎術矣故學者當擇術〔元圻案〕〔史記老莊申韓列傳〕申不害學術以干韓昭侯

楊墨之學所出

楊墨事實

用爲相內修政教外應諸侯十五年終申子之身國治兵彊無侵韓者〔漢書鼂錯傳〕錯上書言人主之所以尊顯功名揚於萬世之後者以知術數也〔又公孫宏傳〕宏對策曰智者術之原也擅殺生之柄通壅塞之途權輕重之數論得失之道使遠近情僞必見於上謂之術〔朱子語類曰〕術字本非不好底事只緣後來把做變詐看了便道是不好却不知天下事有難處須着箇巧的道理方得

致堂曰。楊朱與老聃同時。墨翟又在前。宗師大禹。而晏嬰學之。以爲楊墨出於師商考之不詳甚矣。朱文公曰。莊周之學。出於老子。韓子始謂子夏之後。有田子方。子方之後。流而爲莊周。〔此退之送王秀才序文〕以其書之稱子方者考之。則子方之學子夏。周之學子方者。皆不可見。愚謂觀此二說則異端之學。非孔門弟子傳流之差也。〔閻按〕〔史記儒林傳序〕如田子方段干木吳起禽滑釐之屬皆受業於子夏之倫故曰子夏之學有田子方子方侍坐魏文侯自稱其師曰東郭順子爲眞人爲天人正莊周所宗尙者安得謂非其傳流昌黎語皆有本○〔元圻案〕〔列子楊朱第七〕楊朱南之沛老聃西遊于秦邀於郊至梁而遇老子〔殷敬順釋文曰〕楊朱或云字子居戰國時人後於墨子〔陸德明云〕楊戎字子居恐子居非楊朱也　〔史記孟子荀卿列傳〕墨翟宋之大夫善守禦爲節用或曰並孔子時或曰在其後〔愚按〕墨子親上篇及越王句踐吳起則在記在孔子後之說近是又淮南子墨子學儒者之業受孔子之術以爲其禮

莊子言近子莫

楊似老墨似佛

仁安人義正我

煩擾而不說厚葬靡財而貧民服傷生而害事故背周道而用夏政亦在後之一證〔史記老莊傳〕莊子者蒙人也名周其學無所不窺然其要本歸於老子之言　〔案〕〔呂氏春秋當染篇〕又謂田子方學於子貢段干木學於子夏吳起學於曾子　韓子衍其空文朱子徵其實事故立論不同

莊子內篇養生主曰。為善無近名。為惡無近刑。緣督以為經。〔案〕〔郭象注曰〕忘善惡而居中任萬物之自為　又外篇山木曰。將處夫材與不材之間。此子莫之執中也。

楊之學似老。墨之學似佛。〔原注〕楊朱書唯見於列子〇〔元圻案〕此條是述胡致堂論王何之罪深於桀紂語見讀史管見八　道家之清淨取諸老佛家之慈悲取諸墨

董仲舒云。以仁治人。以義治我。劉原父云。仁字從人。義字從我。豈造文之意邪。以上是江鄰幾雜志語　愚謂告子仁內義外之說。孟子非之。若以人我分仁義。是仁外義內。其流為兼愛為我矣。〔何云〕言各有當董子不過謂自治宜嚴人不求備耳　〔全云〕深寧之說亦防附會如荊公者又云董子之言疵纇甚多不止於此如謂設誠於內而致行之誠亦豈待設耶是外鑠矣太支離〔元圻案〕〔春秋繁露仁義法篇〕春秋之所治人與我也所以治人與我者仁與義也以仁安人以義正我故仁之為言人也義之為言我也又曰愛在人謂之仁義在我謂之義仁主人義主我也故曰仁者人也義者我也又曰以仁治人以

費惠公以邑爲國

仁人心求放心

曹交以國爲氏

義治我躬自厚而薄責於人此之謂也

孟子引費惠公之言。謂小國之君也。春秋時費爲魯季氏之邑。史記楚世家有鄒費郯邳。蓋戰國時以邑爲國。意者魯季氏之僭歟。〔閻按〕〔呂氏春秋〕亦有以滕費則勞以鄒魯則逸爲日知錄所遺〔集證〕閻氏四書釋地續齊乘云費城在費縣西北二十里魯季氏邑王伯厚據楚世家有鄒費郯邳意戰國時魯季氏以邑爲國而僭稱公同時金仁山註孟子與之不謀而合亦以爲季孫氏僭引曾子書有費君費子之稱余更考之呂氏春秋愼勢篇言以滕費則勞以鄒魯則逸說苑尊賢篇言魯人攻鄪曾子辭於鄪君鄪君曰寡人之於先生也魯世家言悼公時三桓勝魯如小侯卑於三桓之家六國表並同則爲季氏之强僭以私邑爲國號殆無復疑

仁人心也。求其放心。此孟子直指本心處。但禪學有體無用。〔何云〕乃指仁之爲本心非直指本心爲仁也〔全云〕蓋以時文家當辨聖學耳

曹交注謂曹君之弟。按左傳哀公八年。宋滅曹。至孟子時。曹亡久矣。曹交蓋以國爲氏者。〔閻按〕曹亡久矣余有辯見四書釋地續〔集證〕載釋地續說曰楚簡王十四年越滅郯後八十四年楚滅越郯竇爲楚所有乃頃襄王十八年有鄒費郯邳則郯繫重封者薛任姓雖未知爲誰所滅而齊湣王三年以封田嬰故紀年稱薛子嬰來朝其子文戰國策並稱薛公後中立爲諸侯無所屬非薛滅之後復有薛乎又中山本鮮虞國一滅於魏文侯十七年癸酉再滅於趙惠文王三年乙丑相距百

三子知聖人汙
趙注孟子非全文

禹生石紐西夷人

孟子字子車或子居

一十三年中雖未詳何年復國要中山之後有中山載世家列傳者斑斑也安知曹滅於宋在春秋哀八年下到孟子居鄒時已一百七十餘年不更有國於曹者交爲其介弟觀其言頗因鄒君假館舍儼然滕更挾貴之風故趙岐以爲曹君之弟朱子從之非無謂也

老泉。三子知聖人汙論誤以汙字爲句。趙岐謂孟子知其言太過。故貶謂之汙下。亦非孟子之意。〔閻按〕〔何屺瞻曰〕今刊本趙注非全文僞疏每章之首總舉大意其語多協韻者皆劉趙注爲之毛斧季從眞定梁氏借得宋槧本影鈔者具在安得好古之士重刊以復趙注之舊也聞所未聞〔元圻案〕〔容齋隨筆十〕趙岐注云三人之智足以識聖人汙下也言三人雖小汙不平亦不至阿其所好而空譽之詳其文意足以識聖人是一句汙下也自是一節蓋以下訓汙也而老蘇先生乃作一句讀故作三子知聖人汙論謂三子之智不足以及聖人高深幽絕之境徒得其下焉耳此說竊謂不然〔程伊川云〕有若等自能知夫子之道假使汙下必不爲阿好而言其說正與趙氏合　趙注全文今曲阜孔繼涵安邱韓岱雲皆有刊本

史記六國表注。皇甫謐曰。孟子稱禹生石紐西夷人也。此張守節正義所引今無此語。〔元圻案〕〔晉書皇甫謐傳〕謐字士安幼名靜安定朝那人自號元晏先生撰帝王世紀年歷高士逸士列女等傳元晏春秋並重於世

孟子字未聞。〔何云〕趙氏題辭云然　孔叢子雜訓篇。云子車。注一作子居。居貧坎軻。故名軻。字子居。亦稱字子輿。疑皆

林氏續孟子

孟子疏僞作　宋槧本孟子　孫氏孟子音義

附會。〔原注〕〔聖證論云〕子思書孔叢子有孟子居即是軻也傳子云孟子輿○〔元圻案〕〔漢書藝文志〕儒家孟子十一篇名軻鄒人子思弟子有列傳〔師古曰〕聖證論云軻字子車而此志無字未詳其所得也　〔文選劉孝標辨命論〕李善注引傳子云昔仲尼既沒仲弓之徒追論夫子之言謂之論語其後鄒之君子孟子輿擬其體著七篇謂之孟子〔宋莊綽雞肋編曰〕趙岐謂孟子字則未聞而李瀚注蒙求引史記云字子輿今觀史記則未嘗有劉孝標云子輿困臧倉之訴五臣註爲孟軻是也　〔唐林寶姓纂曰〕孟子字子展孔叢子漢志不著錄隋志論語家有孔叢子七卷陳勝博士孔鮒撰陳振孫謂孔光傳孔子八世孫鮒魏相順之子而其書記鮒之沒安得以爲鮒撰朱子語類以爲文氣軟弱不似西漢文字蓋其後人集先世遺文而成之者　〔三國志魏王肅傳〕肅善賈馬之學而不好鄭氏集聖證論以譏短元　〔晉書傅元傳〕元字休奕北地人撰論經國九流及三史故事評斷得失名爲傅子爲內外中篇凡數十萬言〔案〕今祇存一卷

孟子正義云。唐林謹思續孟子二卷。謂孟子七篇。非軻自著。乃弟子共記其言。與韓文公之說同。〔全云〕林謹思書今尚存陋甚然謹思死節其人足重○〔元圻案〕〔四庫全書總目儒家類〕續孟子二卷唐林愼思撰愼思字虔中長樂人咸通十年進士守萬年縣令黃巢之亂抗節不屈死〔崇文總目載愼思之言曰〕孟子七篇非軻自著書而弟子共記其言不能盡軻意因傳其說演而續之愼作謹避宋諱也

正義序云。孫奭崇文總目。館閣書目。讀書志。〔案〕〔晁氏志〕止載孫奭孟子音義二卷皆無之。朱文公謂邵武士人作。不解名物制度。其書不似疏。〔何云〕僞疏直取宣公音義之序稍竄數語豈有爲之正義體大力艱反萃同附贅者乎其人蓋兎園塾

置郵語本孔子

墨子薄喪託禹

師之下者議論多依附王氏新學熙寧以後人也　今刊本趙岐注非全文僞疏每章之首總舉大意其語多協韻者皆劃絕趙注為之毛斧季從真定梁相公借得宋槧本影鈔者具在安得一好古之士重刊以復趙氏之舊也〔方樸山云〕宋槧本亦有脫誤如不動心章脫去經文曰不同道四字并趙注十四字亦無之余又從義門所藏小字板補正〔又云〕真定梁氏所藏是北宋槧本今在侍郎王公之樞家其本復有篇序章有章指即義門云僞疏所劃者也諸經注亦往往與今刊本異余在京師會於同年王虛舟處閱之得以校正譌繆〔元圻案〕〔書錄解題三〕孟子音義二卷龍圖閣學士侍讀博平孫奭宗古撰舊有張鎰丁公著為之音俱未精當奭方奉詔校定撰集正義遂討論音釋疏其疑滯備其闕遺又載孟子正義十四卷孫奭撰蓋不辨其僞也〔朱子語錄〕孟子疏乃邵武士人假作蔡季通識其人其書全不是疏體不會解出名物制度只纏繞趙岐之說耳　近日阮芸臺中丞倣宋板十三經重刻於豫章趙氏孟子註遂復還舊觀

呂氏春秋。離俗覽上德篇舜行德三年而三苗服孔子聞之曰通乎德之情則孟門太行不為險矣故曰德之速疾乎以郵傳命此可以證孟子引孔子之言〔元圻案〕〔高誘注〕孟門太行之險也太行塞在河內野王之北上黨關也畢氏校云之險也疑是皆險地

墨之治喪以薄宋書禮志引尸子禹治水為喪法曰桐棺三寸制喪三日蓋墨家託於禹也。〔元圻案〕〔墨子曰〕禹葬會稽桐棺三寸葛以緘之〔宋書禮志五〕案尸子禹治水為喪法曰毀必杖哀必三年是則水不救也故使死於陵者葬於陵死於澤者葬於澤桐棺三寸制喪三日集證謂韓非顯

齊王多好遠賢證史 好樂當讀爲悅樂

上好下甚證史

不仁得天下證秦

學篇云墨者之葬也冬日冬服夏日夏服桐棺三寸服喪三月（高誘淮南注云）三月之喪是夏后氏之禮也三日當作三月

好樂。好勇。好貨色。（闇按）好樂當讀如悅樂之樂莊暴此章惟鼓樂之樂讀如字宋陳善捫蝨新話實云詳見余潛邱劄記齊宣王所以不能用孟子也文帝好清靜故不能用賈誼。武帝好紛更。故不能用汲黯。（元圻案）（史記賈誼列傳）賈誼以爲漢興至孝文二十餘年天下和洽而固當改正朔易服色法制度定官名興禮樂乃悉草具其事儀法色尚黃數用五爲官名悉更秦之法孝文初即位謙讓未遑也（又汲黯列傳）黯學黃老之言好清靜漢方征匈奴招懷四夷黯務少事乘上間嘗言與胡和親無起兵上方向儒術尊公孫宏及事益多吏民巧弄上分別文法湯等數奏決讞以幸而黯嘗毀儒面觸宏等

上有好者。下必甚焉。光武封一卓茂而節義之俗成。太宗誅一德儒而諫爭之門闢。信乎如風之偃草也。（闇按）（晉傅元疏）言魏武好法術而天下貴刑名魏文慕通達而天下賤守節霸國且然況大一統之君哉（元圻案）（後漢書卓茂傳）字子康南陽宛人哀平間爲密令數年教化大行道不拾遺遷京都丞王莽居攝以病免歸上即位先訪求茂茂時年八十餘詔曰夫名冠天下當受天下重賞今以茂爲太傅封褒德侯（范忠文唐鑑）一高祖擊西河郡執郡丞高德儒世民數之曰汝指野鳥爲鸞以欺人主取高官吾興義兵正爲誅佞人耳（臣祖禹曰）太宗始起兵而戮一佞人民知所好惡矣如是則誰不欲爲忠而不爲佞

不仁而得天下。未之有也。秦皇以不仁得之矣。二

湯曰天吏尹曰天命

孟子學伊尹之任

仁在乎熟證諸子子路管仲之別

諸侯之寶三

世而失猶不得也。〔何云〕卽集註中語○〔元圻案〕〔錢氏大昕曰〕秦始皇二十六年庚辰始幷天下至二世元年壬辰陳涉起兵計混一者僅十二年較之王莽尤促

惟尹躬暨湯。咸有一德。克享天心。故湯曰天吏。尹曰天民。

孟子學伊尹者也。〔全云〕孟子只是伊尹一路上人若顏子便近乎時韓子氣象近孟當今之世。舍我其誰也。是亦聖之任。〔閻云〕案孟子自云學孔子〔元圻案〕此注閻本不載而何本載之疑本義門語而何本誤作閻也

仁在乎熟之而已矣。子路未熟之五穀。管仲已熟之荑稗。楊墨五穀之螟螣。〔元圻案〕〔呂成公孟子說曰〕子路所學乃聖門根本之學若使成就豈管仲之所能及管仲之功雖成不過是功利之學蓋管仲如已熟之荑稗子路如未熟之五穀

照乘之珠。和氏之璧。戰國之君以爲寶。故曰諸侯之寶三。〔元圻案〕〔史記田敬仲世家〕梁惠王與齊威王田於郊惠王問曰王亦有寶乎威王曰若寡人國小尙有徑寸之珠照車前後各十二乘者十枚〔戰國策〕周有砥砨宋有結綠梁有懸黎楚有和璞此四寶者天下名器〔史記藺相如傳〕和氏璧天下所共傳寶也

天吏伐暴證史

民爲貴證史

善推其所爲收斂此心以

爲天吏則可以伐燕於楚漢見之董公未說漢王之前以強弱角勝負所謂以燕伐燕也三軍縞素之後則爲天吏矣仁義之言齊梁以爲迂闊者董公一言而漢楚之興亡決焉注見上卷可謂豪傑之士〔闇按〕董公之言賴漢書始得聞○〔元圻案〕〔史記高帝本紀〕但云董公遮說漢王以義帝死故漢書高帝紀二年至洛陽新城三老董公遮說漢王曰臣聞順德者昌逆德者亡兵出無名事故不成云云於是漢王爲義帝發喪兵皆縞素

弱而不可輕者民也古先哲王曰敬民曰畏民石守道〔全云〕徂徠先生石介孫泰山弟子　謂湯以七十里文王以百里亡商陳勝以匹夫亡秦民可不畏乎故曰民爲貴〔原注〕太史公以陳涉與湯武並言涉豈能爲湯武哉蓋楚漢閒豪傑之餘論也〔闇按〕趙威后對齊使者言苟無歲何有民苟無民何有君戰國時猶有此高論○〔元圻案〕〔歐陽公石介墓誌曰〕徂徠先生姓石氏名介字守道兗州奉符人也舉進士甲科召入國子監直講作慶歷聖德詩以褒貶大臣分別邪正〔太山孫明復曰〕子禍始於此矣明復先生之師友也　〔石守道對策曰〕民之叛也雖以百里雖以匹夫猶能亡國湯以七十里亡夏文王以百里亡商陳勝以匹夫亡秦是也書曰可畏非民

善推其所爲此心之充拓也求其放心此心之收

求放

斂也。致堂曰。心無理不該。士而不能推。則視之不見。聽之不聞。痒痾疾痛之不知。存而善推。則潛天地。撫四海。致千歲之日至。知百世之損益。此言充拓之功也。西山曰。心一而已。由義理而發。無以害之。可使與天地參。由形氣而發。無以檢之。至於違禽獸不遠。此言收斂之功也。不闔則無闢。不涵養則不能推廣。〔元圻案〕致堂之所謂存。卽易之寂然不動也。西山之所謂發。卽感而遂通天下之故也。〔朱子曰〕人之一心。在外者要收入來。在內者要推出去。孟子一部書無非此意。西山曰收之使入者。大本之所以立。推之使出者。達道之所以行。

守身爲大

守孰爲大。守身爲大。有猷有爲矣。必曰有守。不虧其義矣。必曰不更其守。不虧其義不更其守禮記儒行語 何德將數習曰。入時愈深。則趨正愈遠。以守身爲法。以入時爲戒。可謂士矣。

行不義得天下證史

行一不義。殺一不辜。而得天下。皆不爲也。諸葛武侯謂漢賊不兩立。(出師表曰)漢賊不兩立王業不偏安 其義正矣。然取劉璋之事。可謂義乎。(闇按)(朱子曰)三代而下以義爲之只有一箇諸葛孔明郭汾陽功名愈大而心愈小易傳及諸葛次及汾陽(全云)昭烈不取劉璋則益州必歸曹氏其取之宜也但其失有二始之不宜以同盟之言欺孫權使其後有索還荊州之事繼之不應與劉璋結好而反攻之若毅然取之不妨辭吳軍獨上也亦不妨聲劉璋之昏亂而討之也 (元圻案)(通鑑漢紀)獻帝建安十六年三月操遣鍾繇討張魯十二月法正說劉璋曰曹公兵無敵于天下若因張魯之資以取蜀誰能禦之劉豫州善用兵若使之討魯魯必破矣魯破則益州彊曹公雖來無能爲也璋然之遣正迎備備入益州璋增備兵使擊張魯備北到葭萌十七年十二月曹操攻孫權權呼備自救備貽璋書求益兵及資糧璋但許兵四千其餘僅及其半張松書與備曰今大事垂立如何釋之去乎松兄肅發其謀於是璋收斬松敕關戍諸將文書皆勿復與備關通備怒勒兵進據涪城璋遣劉璝等拒備皆敗劉璝與璋子循退守雒城備進軍圍之十九年四月雒城潰進圍成都諸葛亮引兵來會備使簡雍入說劉璋出降備領益州牧 (袁絜齋孔明論曰)劉璋本以好逆而乃爲譎計以取其國璋固漢賊也孔明爲漢除殘雖誅之可也然既與之合矣而又襲之得無虧于信乎 宋陳長方謂劉先主滅劉璋取蜀爲行不義殺不辜故不能有天下

君子可欺以其方。難罔以非其道。曰無再中之理。而新垣平言之。日無漸長之理。而袁充言之。漢文隋文。皆以是改元。漢文悟平之詐。而隋文終受充之欺。此存亡之判與。(闇按)漢文帝改後元元年隋文帝改仁壽元年 (元圻案)(史記封禪書)趙人新垣平以望氣見上言臣候日再中居頃之日卻復中於是始更以十七年爲元年(又曰)人有上書告新垣平所言神氣事皆詐也下平吏治誅夷新垣平 (通鑑隋紀)文帝開皇二十

年太史令袁充表稱隋興以後晝日漸長開皇元年冬至之景長一丈二尺七寸二分自爾漸短至十七年短於舊三寸七分日去極近則景短而日長去極遠則景長而日短行內道則去極近行外道則去極遠謹按元命包曰日月出內道璇璣得其常京房別對曰太平日行上道升平行次道霸代行下道伏惟大隋啓運上感乾元景短日長振古希有上謂百官曰景長之慶天之祐也今太子新立當須改元宜取日長之意以爲年號自後百工作役並加程課以日長故也丁匠苦之仁壽元年春正月大赦天下改元 〔隋書袁充傳〕充見上雅信符應因希旨進曰比觀元象皇太子當廢上然之後果廢太子勇而立晉王廣卒亡天下是其受充之欺不特改元之小失也

道一而已

夫道一而已矣。爲善而雜於利者。非善也。爲儒而雜於異端者。非儒也。〔元圻案〕爲善而意在求名卽是利爲儒不務實踐卽是異端

孟子屢言人倫

堯使契爲司徒。教以人倫。學所以明人倫。舜察於人倫。居中國。去人倫。無君子。如之何其可也。孟子道性善。稱堯舜。莫大於人倫。此正人心之本原也。

不祥蔽賢

晏子春秋曰。有賢而不知。一不祥。知而不用。二不祥。用而不任。三不祥。見內篇諫下孟子謂言無實不祥。不祥之實。蔽賢者當之。蓋古有此言也。

滄浪之水
滄浪歌五變

恆心惟士證孔孟

修身見世自爲治平

孺子滄浪之歌。亦見於楚辭漁父。攷之禹貢漢水東爲滄浪之水。則此歌楚聲也。文子上德篇亦云混混之水濁。可以濯吾足乎。泠泠之水清。可以濯吾纓乎。〔元圻案〕〔葉石林避暑錄話下〕禹貢導漾水東流爲漢又東爲滄浪之水滄浪地名非水名也孔氏謂漢水別流在荊州者孟子記孺子之歌所謂滄浪之水可以濯纓者楚辭亦載之此正楚人之辭〔酈道元曰〕余按尚書禹貢言導漾水東流爲漢又東爲滄浪之水不言過而言爲者明非他水決入也蓋漢沔自下有滄浪通稱耳纏絡鄢郢地連紀郡咸楚都矣漁父歌之不違水地

無恆產而有恆心者。惟士爲能。古之士所以異於民也。蘇秦無二頃田而奔走游說。〔案〕〔史記蘇秦列傳〕秦喟然歎曰使我有負郭田二頃吾豈能佩六國相印乎豈所謂士乎哉。水心葉氏〔全云〕龍泉葉適東萊弟子云周衰不復取士。孔孟不以其不取而不教也。孔孟之徒不以其不取而不學也。道在焉故也。〔全云〕此亦因賤儒之世而鼓勵弟子耳〇〔元圻案〕水心語見所作信州重修學記

不得志。脩身見於世。上蔡謝子曰。天下皆亂而已

鹽鐵論引孟子詳略

民心得失證史

獨治不害爲太平蜀士楊肩吾曰天下雖不治平而吾國未嘗不治且平者岐周是也一國雖不治平而吾家未嘗不治且平者曾閔是也一家雖不治平而吾身吾心未嘗不治且平者舜與周公是也〔原注〕文子符言篇亦云不憂天下之亂而樂其身治者可與言道矣 〔全云〕文字之語稍有病

鹽鐵論論儒篇文學引孟子曰居今之朝不易其俗而成千乘之勢不能一朝居也又孝養篇文學云今之士今之大夫皆罪人也〔閻按〕〔鹽鐵論〕皆罪人也下有皆逢其意以順其惡句不宜漏又制權篇大夫云王者與人同而如彼者居使然也與今本不同〔元圻案〕〔程大昌攷古編七〕孝經曰富貴不離其身然後能保其社稷後漢詔引其語除去不字或疑東漢近古其語近是今觀鹽鐵論文學所引孟子乃曰居今之朝不易其俗而成千乘之勢不能一朝居與今孟子文意皆大異蓋當時借其語爲證或不盡循其故不可便謂鹽鐵論爲漢語而非今孟子之傳也 〔漢書藝文志〕儒家桓寬鹽鐵論六十篇師古曰寬字次公汝南人也孝昭帝時丞相御史與諸賢良文學論鹽鐵事寬撰次之

民心之得失此與士之大幾也林少穎云民之思

孟子終堯舜湯文

利與善之閒

漢則王莽不能脅之使亡民之志漢則先主不能彊之使思唐與政〔闇按〕與政宋唐說齋之字名仲友金華人云民心思漢王郎假之而有餘民心去漢孔明扶之而不足〔全云〕江陵之行荊楚從之者至十餘萬人祁山之出隴右響應非民心去之也天命之移民亦無如之何〔元圻案〕〔漢書王昌傳〕昌一名郎詐稱成帝子子輿李育張參等共立郎以百姓思漢故詐稱之以從人望〔通鑑漢紀〕淮陽王更始元年故趙繆王子林素任俠於趙魏閒王莽時長安中有自稱成帝子子輿者莽殺之邯鄲卜者王郎緣是詐稱真子輿林等信之立爲天子分遣將帥徇下幽冀移檄州郡趙國以北遼東以西皆望風響應〔四庫全書總目類書類〕帝王經世圖譜十六卷宋唐仲友撰仲友紹興中登進士第復中宏詞科後守台州與朱子相忤爲朱子所論故宋史不爲立傳其與朱子相軋蓋以陳亮之譖構齣周密齊東野語所載唐朱交奏始末一條台妓嚴蕊一條事迹甚明未可以是病仲友也

論語終於堯曰篇孟子終於堯舜湯文孔子而荀子亦終於堯問其意一也〔元圻案〕楊子雲法言終以孝至篇亦及堯舜夏殷周孔子其以孝至名篇蓋以堯舜之道孝弟而已矣孔子曰吾志在孝經自謂得與於斯道之傳與荀子一也然則何解於語焉不精擇焉不詳哉

利與善之閒君子必審擇而明辨焉此天理人欲之幾善惡正邪之分界也孟子之言公不夷不惠可否之閒〔案〕〔法言淵騫篇〕或問子蜀人也曰李仲元者是夷惠之徒與曰不夷不惠可否之閒也材與不材

窮義達道

養心莫善寡欲

神農之教見諸子

之閒。〔莊子山木篇〕語注別見 楊莊之言私。

若將終身焉。窮不失義。若固有之。達不離道。能處窮斯能處達。

養心莫善於寡欲。注云欲利也。趙注 雖非本指。廉者招福。濁者速禍。亦名言也。道家者流謂丹經萬卷。不如守一。愚謂不如孟子之七字。不養其心。而言養生。所謂舍爾靈龜。觀我朵頤也。〔閻按〕〔真西山疏〕亦云云

竊謂仙經萬卷不若誦無逸之一篇。道家千言豈如玩靜壽之兩語。〔集證〕宋史皇甫坦傳召問以長生久視之術。坦曰。先禁諸欲。勿令放逸。丹經萬卷。不如守一。

呂氏春秋開春論〔愛類篇〕云神農之教曰。士有當年而不耕者。則天下或受其飢矣。女有當年而不績者。則天下或受其寒矣。故身親耕。妻親績。所以見致民利也。管子〔揆度篇〕引神農之數。文子〔上義篇〕亦引神農之法。此即許行所謂神農之言歟。漢藝文

志。農家有神農二十篇。劉向別錄云。疑李悝商君所說。〔集證〕〔按漢藝文志攷〕孟子有爲神農之言者許行〔食貨志鼂錯引神農之教曰〕有石城十仞湯池百步帶甲百萬而亡粟弗能守也〔管子引神農之數曰〕一穀不登減一穀穀之法什倍二穀不登減二穀穀之法再什倍呂氏春秋氾勝之書引神農之教劉子文子引神農之法淮南子曰世俗之人多尊古而賤今故爲道者必託之於神農黃帝而後入說○〔元圻案〕〔藝文志攷〕卽厚齋所著今附刊於玉海之後〔賈誼疏〕引一夫不耕或受之飢一女不織或受之寒但曰古人之言非必出於神農可知

孔孟不入秦

孔子孟子。皆不之秦荀子嘗入秦而譏其無儒孔子順曰。秦爲不義。義所不入。其志如魯仲連。〔閻按〕嘗謂人知齊威王之朝周而不知後有趙肅侯之朝天子知魯仲連義不帝秦不知先有孔子順義不入秦○〔元圻案〕〔荀子彊國篇〕佚而治約而詳不煩而功治之至也秦類之矣然而縣之以王者之功名則倜倜然其不及遠矣是何也則其殆無儒耶　子順孔子七世孫史記作子慎〔孔叢子論勢篇〕子順相魏陳大計輒不用人謂子順曰子其行乎答曰吾將行如之山東山東之國將幷於秦秦爲不義義所不入遂寢於家　〔史記魯仲連列傳〕秦兵圍邯鄲趙王恐魏王使客將軍新垣衍謂趙王曰趙誠發使尊秦昭王爲帝秦必罷兵魯仲連適游趙見新垣衍曰彼秦者棄禮義而上首功之國也權使其士虜使其民彼肆然而爲帝過而爲政於天下則連有蹈東海而死耳　〔通鑑周紀〕烈王六年齊威王來朝天下以此益賢威王〔史記趙世家〕肅侯四年朝天子

變置社稷

句容有盜。改置社稷而盜止。下邳多盜。遷社稷於南山之上。盜亦衰息。見陳後山談叢。岳州田鼠

求在我求在外

害稼。雍明遠曰。迎貓之祭不修也。命祭之鼠隨以斃。見范蜀公集。孟子有變置社稷。禮記有八蜡。孰謂古制不可行於今乎。〔元圻案〕〔陳后山談叢卷三〕葉表爲句容令縣有盜改置社稷而盜止下邳故多盜近歲遷社稷於南山之上盜亦衰息 〔禮記郊特牲〕八蜡以祀四方註先嗇一也司嗇二也農三也郵表畷四也貓虎五也坊六也水庸七也昆蟲八也 〔四庫全書簡明目錄子部小說類〕後山談叢四卷宋陳師道撰所記皆宋代雜事 范蜀公東坡爲作墓誌稱著諫垣集十卷奏議二卷攷陳氏書錄解題止載奏議二卷今 四庫書目併奏議亦不著錄豈二書俱散佚耶

求在我者。盡性於己。求在外者。聽命於天。李成季曰。與其有〔案〕閣本脫有字求於人。曷若無欲於己。與其使人可賤。不若以賤自安。呂居仁亦以見人有求爲非。〔閻案〕魏冰叔亦言能無求者天不能賤〇〔元圻案〕〔李成季上劉莘老書曰〕夫犯分而進不若知守而退使人可賤不若以賤自安往時數月未嘗一走門下者其志亦如此而已 〔朱子李伯玉墓誌曰〕公諱縝字伯玉濟州巨野人贈太子少傅景山之曾孫贈少師璩之孫贈太師郕之嗣子也自少傅之第四子樂靜先生諱昭玘考文甚高而廉靜樂道不求人知嘗誦其先訓曰與其有求於人曷若無欲於己與其使人可賤不若以賤自安 厚齋所引成季語蓋據朱子之文 〔樓攻媿益陽縣丞趙伯據墓誌曰〕公嘗教子弟曰仕宦盡其在我不可苟求妄進與其有求於人不若無欲於己與其取賤於人不若以賤自安蓋趙伯據述成季之言也 〔書錄解題別集類〕樂靜集三十卷起居舍人鉅野李昭玘成季撰元

三宿出澅當爲畫

以刃與政

仁勝不仁

豐二年甲科所居有樂靜堂故以名集其姪邴漢老爲書其後

宿於畫。水經注二十六云澅〔閻按〕今本水經注作瀢水出時水東去臨淄城十八里。所謂澅中也。俗以澅水爲宿留水以孟子三宿出澅。〔原注〕或云當作畫後漢耿弇進軍畫中史記畫邑人王蠋通鑑作畫邑〔元圻案〕〔宋邢凱坦齋通編曰〕畫當作畫字之誤也〔史記田單傳〕聞畫邑人王蠋賢劉熙注畫音獲齊西南近邑也後漢耿弇討張步進軍畫中遂攻臨淄拔之卽此可證〔周密齊東野語〕以爲高郵老儒黃彥利爲此說未知與邢凱孰爲後先

以刃與政。有以異乎。邵子之論秦曰。殺人之多不必以刃。謂天下之人。無生路可趨也。〔元圻案〕〔邵子觀物內篇八〕古今之時則異也而民好生惡死之心不異也自古殺人之多未有如秦之甚天下安有不厭之者乎殺人之多不必以刃謂天下之人無生路可趨也而況以刃多殺天下之人乎

商鞅富强之術。誘三晉之民。力耕於內。而使秦民應敵於外。〔閻按〕商鞅四句出杜氏通典爲君卿語使梁王用孟子之言施仁政於民。秦焉得誘之。仁勝不仁。如春融冰泮。故曰仁者無敵。〔何云〕所謂仁義未嘗不利也〔集證〕〔通典食貨門〕秦孝公任商鞅以三晉地狹人貧秦地廣人寡故草不盡墾地利不盡出於是

蓋大夫蓋祿故址

五霸等遞爲罪人

戰國作俑七定戰國而七國之

孟子檢發卽常平法狗彘食人食

誘三晉之人利其田宅復三代無知兵之事而務本於內而使秦人應敵於外故廢井田制阡陌任其所耕不限多少數年之間國富兵强

蓋大夫王驩漢泰山郡蓋縣故城在沂州沂水縣西北[集證]〔漢地理志〕泰山郡蓋縣臨樂子山洙水所出西北至蓋入池水又沂水南至下邳入泗續漢郡國志泰山郡蓋縣沂水所出〔按〕今山東沂州府沂水縣西北有廢蓋城四書釋地蓋大夫王驩與陳仲子兄戴蓋祿之蓋同音集注卻於前云齊下邑後云陳氏食采邑當是一蓋以半爲王朝之下邑王驩治之以半爲卿族之私邑陳氏世有之然則當時蓋亦大矣

趙氏春秋論曰五伯者三王之罪人謂其三代而春秋之也齊桓其作俑也今之諸侯五伯之罪人謂其春秋而戰國之也晉定其作俑也今之大夫今之諸侯之罪人謂其戰國而七國之也晉之韓趙魏其作俑也[元圻案]哀公十三年公會晉侯及吳子于黃池公羊傳其言及吳子何會兩伯之辭也是時晉定不振中國無伯强侵弱衆暴寡諸侯恣行並爲戰國　三代之所以爲春秋以政自諸侯出也春秋之所以爲戰國以政自大夫出也

止齋曰人多言常平出漢耿中丞顏師古以壽昌爲權道豈知常平蓋古法孟子言狗彘食人食

陳季甫求放心讀書

而不知檢。塗有餓莩〔莩閣本從漢志作莩〕而不知發。今文作檢。

班氏食貨志作斂是也。夫豐歲不斂。飢歲不發。

豈所謂無常平乎。〔閣按〕古雖豐穰未有以人食供狗彘者狗彘食人食二語即下章庖有肥肉四語意集註所謂厚斂於民以養禽獸耳殊不必泥班志〔何云〕班志引孟子固謂壽昌之法有所自來止齋蓋即據傳贊駁顏注耳〔元圻案〕〔陳止齋與王德修書曰〕今多言常平出漢耿中丞顏祕書且以爲權道不知常平乃古法周官司稼所謂以年之上下出斂法出則減價糶斂則增價糴是非常平乎孟子亦曰狗彘食人食云云食貨志作斂是也〔羅大經鶴林玉露十三〕惠民之法莫善於常平司馬溫公曰此三代聖人之法非李悝耿壽昌所能爲也陳止齋曰〔云云其辭與厚齋所引同〕由此言之三代之時無常平之名而有常平之政特廢於衰周耳〔漢書食貨志上〕耿壽昌白令邊郡皆築倉以穀賤時增其價而糴以利農穀貴時減價而糶名曰常平倉民便之贊曰孟子非狗彘食人之食不知斂野有餓莩而弗知發故管氏之輕重李悝之平糴宏羊均輸壽昌常平亦有從徠〔義門云〕止齋據傳贊駁顏注傳字疑衍或當作志贊

陳烈〔全云〕字季慈讀求其放心而悟曰。我心不曾收。如何

記書。遂閉門靜坐。不讀書百餘日。以收放心。然

後讀書。遂一覽無遺。〔原注〕古人之讀書如此○〔元圻案〕陳烈事見朱子語類〔呂氏希哲雜記卷上〕福唐有陳烈季甫周希孟公闢鄭穆閎中陳襄述古窮經苦節以古人相期故當時有四先生之號章望之表民作四賢傳行於世又其友人劉彝執中方佐胡安定先生興學校於蘇湖閒及其歸也鄉人謂之五先生〔葉石林燕語十〕謂陳烈尤爲蔡君謨所知嘗與歐陽文忠公共薦於朝由是知名

民無恆心謂戰國

文武興民好善

終軍知豹文鼮鼠詔從竇攸受爾雅說文鼨豹文鼠

若民則無恆產因無恆心。孟子言戰國之民也。周之盛時。以井牧授田。以鄉遂設教。攸介攸止。烝我髦士。士亦田野之秀民也。不惟士有常心。民亦有常心矣。故曰文武興而民好善。

小學

爾雅釋獸注。漢武帝時得豹文鼮鼠。孝廉郎終軍知之。賜絹百匹。文選注引竇氏家傳。〔案〕〔文選〕任彥升表鼮鼠事注引三輔決錄今王氏言文選引竇氏家傳當更查以爲竇攸。世祖詔諸侯子弟從攸受爾雅。一說不同。〔全云〕〔水經注穀水篇〕世祖得鼮鼠于靈臺 〔元圻案〕〔宋王楙野客叢書曰〕郭璞註爾雅謂豹文鼮鼠終軍知之其後如崔僱佺劉士元之徒皆從其說僕考前漢諸書不聞終軍有此事讀後漢竇氏家傳光武宴百僚於雲臺得豹文之鼠問羣臣莫知之惟竇攸曰此鼮鼠也詔問所出曰見爾雅驗之果然賜絹百匹詔公卿子弟就攸學爾雅是以徐陵謝啓曰雖賈逵之頌神雀竇攸之對鼮鼠方其寵錫獨有光前得非即此事而誤以爲終軍乎〔摯虞三輔決錄〕亦謂竇攸 〔國朝武進臧氏琳經義雜記一〕識鼮鼠者爾雅郭注以爲終軍案廣韻藝文類聚太平御覽並引竇氏家傳以爲竇攸李善注文選任彥昇爲蕭揚州作薦士表引摯虞三輔決錄亦作竇攸〔又水經注〕穀水云靈臺漢光武所築世祖嘗宴於此臺得廷鼠於臺上〔案漢書終軍傳〕無辨豹鼠事諸書皆言竇攸而郭氏屬之終軍蓋傳聞之誤玉篇承襲其說又說文鼠部云鼨豹文鼠也則讀鼨鼠

邠國汃國

爾雅四極

尸子述爾雅諸文

爾雅注家疏家

豹文爲句鼷鼠屬下與此異（玉篇鼠部）鼷鼠名漢武帝時有此鼠文如豹終軍識之賜絹百匹

爾雅西至於邠國謂之四極朱文公曰邠國近在秦隴非絕遠之地愚按說文（水部）引爾雅曰西至汃國謂四極汃西極之水也（原注）府巾切○（元圻案）（爾雅釋地）東至於泰遠西至於邠國南至於濮鈆北至於祝栗謂之四極注皆四方極遠之國

爾雅（釋詁）疏按尸子廣澤（澤同釋）篇云墨子貴兼孔子貴公皇子貴衷田子貴均列子貴虛料子貴別囿其學之相非也數世矣而（何云疑脫一不字）已皆弇於私也天帝皇后辟公弘廓宏溥介純夏幠冢晊昄皆大也十有餘名而實一也若使兼公虛均衷平易別囿一實則無相非也（郭註）（尸子曰）此皆大有十餘名而同一實故邢疏引之仁意篇述太平之事云燭於玉燭飲於醴泉暢於永風春爲青陽夏爲朱明秋爲白藏冬爲元英四

犍爲文學郭舍人

甥姪名義

氣。時今本氣作和正光照。〔閣本云〕元板作四氣和爲光正此之謂玉燭。甘雨時降。萬物以嘉高者不少。下者不多。此之謂醴泉。其風春爲發生。夏爲長嬴。秋爲方盛。冬爲安靜。〔太平御覽十九〕引尸子作秋爲收成冬爲安寧與爾雅本文同四氣和爲通正。此之謂永風。見釋天〔何云〕此從閣校更考善本○〔元圻案〕〔疏又引君治篇云〕舜南面而治天下天下太平燭於玉燭息於永風食於膏火飲於醴泉〔宋邢昺爾雅疏敍云〕爲注者劉歆樊光李巡孫炎雖各名家猶未詳備惟郭景純最爲稱首其爲義疏者惟俗間有孫炎高璉皆淺近今奉勑校定以景純爲主共其事者杜鎬而下八人

爾雅疏。引舍人云。按經典序錄。爾雅有犍爲文學注三卷。今本作三卷一云犍爲郡文學卒史臣舍人。漢武帝時待詔。〔全云〕其時爾雅未甚盛行漢文雖嘗置博士不久即罷乃蜀人有通之者文翁之化可謂盛矣〔集證按〕犍爲文學諸書多引作犍爲舍人李善文選羽獵賦儲積共偫注引作郭舍人移珍來享注引作犍爲舍人郎一人也〔又按〕犍爲舍人爾雅注賈思勰齊民要術引二條其一斪斸爲之定注云斪斸鉏也一名定其一蘄蕒大蕣注云蕣有小故言大蕣〔元圻案〕齊民要術二又引舍人釋草注蘄茝是伯夷叔齊所食首陽山草也舍人說書詩禮春秋疏水經注經典釋文說文繫傳太平御覽皆引之〔陸璣毛詩疏下引文學云〕螟蛉桑上小青蟲也

白虎通三綱六紀篇引親屬記。即爾雅釋親也。通典顏延

猶子從子從孫姊妹之子

之曰。伯叔有父名。則兄弟之子。不得稱姪。從母有母名。則姊妹之子。不可言甥。且甥姪唯施於舅姑耳。雷次宗曰。姪字有女。明不及伯叔。甥字有男。見不及從母。〔案〕文見通典禮二十八甥姪名不可施伯叔從母議 劉共父名珙刊二程先生集。改姪爲猶子。朱文公答劉共父書謂古人固不謂兄弟之子爲姪。亦無云猶子者。〔原注〕記禮者言猶己之子但云兄之子弟之子。然從俗稱姪。亦無害於義理也。〔閻案〕〔顏氏家訓云〕爾雅喪服經左傳姪名雖通男女並是對姑之稱晉世以來始呼叔姪余謂呂氏春秋黎邱部有奇鬼焉喜效人之子姪昆弟之狀先秦已稱兄弟之子爲姪見於此 〔方樸山云〕史記武安侯列傳蚡未貴往來侍酒魏其跪起如子姪漢書子姪作子姓 〔元圻案〕〔杜君卿曰〕姪之言實也甥之言生也女子雖出情不自絕故於兄弟之子稱其情實男子居內據自我出故於姊妹之子言其出生伯叔本內不得言實從母俱出不得言甥〔甥字似當作生〕故謂吾伯叔者吾謂之兄弟之子謂吾從母者吾謂之姊妹之子 〔朱子答張欽夫書曰〕稱姪固未安稱猶子亦不典禮有從祖從父之名則亦當有從子從孫之目以此爲稱似稍穩當又曰爾雅云女子謂兄弟之子爲姪注引左氏姪其從姑以釋之而反覆考尋終不言男子謂兄弟之子爲何也以漢書考之二疏乃今世所謂叔姪而傳以父子稱之則是古人直謂之子雖漢人猶然也蓋古人淳質不以爲嫌降及後世則必有以爲不可不辨者於是假其所以自名於姑者而稱焉雖非古制然亦得別嫌明微之意而伯父伯叔與夫所謂姑者又皆吾父之同氣也亦何害於親親之義哉猶子出於檀弓之文而彼文

傅負版

蔍懷羊亦言戎葵

蘇蔜栮榿

止爲嫂服兄弟之子與子同故曰兄弟之子猶子也與下文嫂叔之無服也姑姉妹之薄也之文同耳猶即如也其義繫於上文不可殊絶明矣若單稱之即與世俗歇後之語無異若平居假借稱之猶之可也豈可指爲親屬之定名乎　〔通典注〕見卷三第十頁　〔四庫全書總集類〕二程文集十三卷此本出自胡安國家劉珙張栻嘗刻之長沙安國於原文頗有改削珙所刻以安國爲主朱子深以爲不可以書抵珙及栻辯之甚力

傅負版。釋蟲文郭璞注未詳。即柳子所爲作蝜蝂傳者也。〔原注〕西京賦戎葵懷羊爾雅蔍懷羊璞亦曰未詳〇〔元圻案〕〔邵氏爾雅正義曰〕傳一名負版柳宗元蝜蝂傳云蝜蝂者善負小蟲也行遇物輒持取昂其首負之背逾重雖困劇不止也其背甚澁物積因不散卒躓仆不能起人或憐之爲去其負苟能行又持取如故又好上高極其力不止至墜地死案宗元所説似寓言然負重之蟲所在有之特未聞有負版之名耳〔玉篇云〕蝂蟳蝜也則當云傅負一名蝂又釋草正義蒐一名懷羊西京賦云戎葵懷羊其形狀未聞玉篇蒐作蔍

陸璣爲詩草木疏。劉杳爲離騷草木疏。見隋書經籍志集部唐志入楚辭類王方慶有園庭草木疏。見唐書藝文志農家志云二十一卷李文饒有山居草木記。〔集證〕〔通志藝文略〕平泉山居草木記一卷唐李德裕撰　文饒德裕之字君子所以貴乎多識也。然爾雅不釋蘇蔜字書不見栮榿學者恥一物之不知。其可忽諸。〔閻按〕蘇蔜璞註雖云未聞其實爾雅以蔜釋蘇蔜即上文之蔆數璞註今蘩蔞或曰雞腸草是也王氏千慮亦有一失　〔元圻案〕〔邵氏正義〕案玉篇蔜蘇子葉而蔆數亦名滋菜是一物也　栮集韻類篇並忍止切亦作樭木樭蓋即食物之木耳也　〔山海經〕單狐

檟苦荼爲茗荈

急就篇牡蒙黃昏合歡

鼮鼠天雞六駮

之山多機木郭註似榆可燒以糞田楊用脩以爲即榿也益部方物記民家樹榿不三年材可倍常杜詩飽聞榿木三年大蘇詩榿木三年已足燒毛詩鳥獸草木蟲魚疏二卷陸璣撰注見卷三第三頁〔梁書文學傳〕劉杳字士深平原人也少好學博綜羣書沈約任昉以下每有遺忘皆訪問焉多所著述撰離騷草木疏一卷

檟苦荼。釋木文注樹小如梔子冬生葉可煑作羹飲今呼早采者爲荼晚取者爲茗。一名荈。蜀人名之苦荼說文。茗荼芽也。東坡問大冶長老乞桃花茶栽詩。周詩記苦荼。茗飲出近世。〔閣按〕〔三國志韋曜傳〕曜初見禮異或密賜茶荈以當酒茶事見史始此〇〔元圻案〕〔邵氏正義曰〕釋文云荼埤蒼作搽今蜀人以作飲音眞加反茗之類案晏子春秋有茗菜之文然無以定其爲即今茗飲漢人有湯滌買茶之語則西漢已尚茗飲

急就篇注。牡蒙一名黃昏。後山詩黃昏湯。疑即此也。〔元圻案〕〔四庫全書簡明目錄小學類〕急就篇四卷漢史游撰或稱急就章故其字謂之章草凡三十四章其字略以類從而不立門目文詞古雅始終無一複字隋曹壽以下註者不一今惟顏師古之註存〔急就章二十四〕牡蒙甘草菀藜蘆師古註曰牡蒙一名黃昏厚齋補曰本草吳名白功草楚名王孫齊名長孫一名黃孫一名海孫一名蔓延蘗對有牡蒙此一物〔宋張世南游宦紀聞曰〕後山贈二蘇公詩末云如大醫王治膏肓外證已解中尚强探囊一試黃昏湯一洗十年新學腸任子淵註云圖經本草曰合歡夜合也一名合昏韋宙獨行方胸中甲錯是爲肺癰黃昏湯主之其說最爲牽合無義沙隨先生晚年因閱本草王孫味苦平無毒主五藏邪氣吳名白功草一名黃昏生海西川谷蓋指當時癖學爲五藏邪氣耳取義精深如此

終軍之對鼮鼠。盧若虛之辯鼮鼠。江南進士之問

彭蜞彭越蟚螖
日及木槿
唐元度十體書

天雞。劉原父之識上六駮。可謂善讀爾雅矣。蔡謨不識彭蜞。人謂讀爾雅不熟。田敏不知日及。〔閻按〕木槿花朝開暮落故名日及不知日及改爲白及見宋史儒林敏本傳學之陋也。〔元圻案〕終軍事已見前〔唐書盧藏用傳〕弟若虛多才博物隴西辛怡諫爲職方有獲異鼠者豹首虎臆大如拳怡諫謂之䶂鼠而賦之若虛曰非也此許慎所謂鼨鼠豹文而形小一座盡驚〔宋鄭文寶南唐近事〕後主壬申張佖知貢舉試天雞弄和風佖但以文選中詩句爲題未嘗詳究有進士白云爾雅螒天雞鶾天雞未知孰是佖大驚不能對亟取爾雅檢之一在釋蟲一在釋鳥果有二因自失〔爾雅釋蟲〕螒天雞〔郭注〕一名莎雞又曰樗雞釋鳥鶾天雞郭註鶾雞赤羽逸周書曰文鶾若彩雞成王時蜀人獻之〔說文〕鶾天雞赤羽也一名鷐風〔歐陽公劉原父墓誌曰〕至和二年奉使契丹時順州山中有異獸如馬而食虎豹虜人不識以問公曰此所謂駮也爲言其形狀聲音皆是虜人益歎服〔爾雅釋畜〕駮如馬倨牙食虎豹〔蔡謨事注〕已見卷五〔爾雅釋魚〕螖蠌小者蟧註螺屬見埤蒼或曰即蟚螖也似蟹而小邵氏正義曰古今註云蟚螖小蟹也生海邊塗泥中食土嶺表錄異云蟚螖吳人呼爲彭越蓋語訛也〔爾雅釋木〕椵木槿櫬木槿註別二名也似李樹花朝生夕隕可食或曰日及亦曰王蒸〔劉原夫七經小傳〕秦風六駮毛傳引爾雅駮如馬據陸璣詩疏云檀木皮正青滑澤與繫迷相似又似駮馬駮馬梓榆故里語曰斫檀不諦得繫迷繫迷尚可得駁馬是別有樹名駁非爾雅所云駁也王氏云原夫識六駮蓋兼指歐陽公本傳及小傳二事〔宋彭叔夏文苑英華辨證八〕劉禹錫傷往賦飄日及之蕣集作日反按廣志日及木槿也晉成公綏潘尼俱有日及賦　田敏淄川鄒平人歷仕五代入宋卒後唐明宗長興三年較勘雕印九經書籍其進印板書奏云守官膠庠職司較定蓋在梁爲國子司業在晉爲祭酒時也

唐元度十體書。曰周宣王太史籀始變古文。著大

大篆九篇

說文引王育說

九經字樣

尉律試八體

亡新時六書古籀奇字隸書佐書

倉頡爰歷博學

繆篆鳥蟲

許愼說文

篆十五篇秦焚詩書。唯易與史篇得全。逮王莽亂。此篇亡失。建武中獲九篇。章帝時王育爲作解說。所不通者十有二三。按說文多引王育說如亡部天屈西北爲无。禿部蒼頡出見禿人伏禾中因以制字。（何云）育之言大抵多不經○（元圻案）宣和書譜唐元度不知何許人也精於小學作九經字樣又爲十體書曰古文曰大篆曰小篆曰八分曰飛白曰薤葉曰垂針曰垂露曰鳥書曰連珠書錄解題經解類九經字樣一卷唐沔王友翰林待詔唐元度撰補張參之所不載開成中上之○唐文宗太和十年改元開成

說文敘。尉律試八體。（原注）大篆小篆刻符蟲書摹印署書殳書隸書亡新使甄豐等。改定古文。時有六書。（原注）古文奇字篆書佐書繆篆鳥蟲書佐卽隸也書孔安國尚書序正義亦云秦有八體。亡新六書。（原注）去大篆刻符殳書署書加古文奇字藝文志謂漢興蕭何草律著其法曰太史試學童以六體試之。（原注）古文奇字篆書隸書繆書蟲書律卽尉律（尉律漢律篇名）也。六體非漢興之法。當從說文敘。改六爲八。（閻按）（說文序）漢興試八體八字實誤辯見余潛邱劄記

（程易田云）說文序言周有六書秦并天下李斯奏同文乃改省史籀作小篆以別大篆又初有隸書自爾秦有八體漢興有尉律以八體試之者卽承用秦八體然則漢初蕭何但草律未

定書體之數及亡新居攝使甄豐等校文書自以爲應制作始有六體許氏敘之綦詳安得漢興便以六體試學童耶藝文志試用六體自是班氏之誤然漢志已列六體之目亦不得從說文敘改六爲八也〔元圻案〕〔唐張懷瓘書斷曰〕古文者黃帝史蒼頡所造也籀文者周太史史籀之所作也甄豐定六書二曰奇字是也其跡有石鼓文存焉隸書秦下邳人程邈所造也甄豐定六書四曰佐書是也〔魏書江式傳式上表曰〕古史倉頡別創文字以代結繩周禮保氏教國子以六書蓋是史頡之遺法也及周宣王太史史籀著大篆十五篇與古文或同或異時人即謂之籀書秦丞相李斯作倉頡篇中車府令趙高作爰歷篇太史胡毋敬作博學篇皆取史籀大篆或頗省改所謂小篆者也隸書者始皇使下邳人程邈附於小篆所作也以邈徒隸即謂之隸書故秦有八體漢興有尉律學以八體試之亡新居攝使大司空甄豐校文字之部頗改定古文時有六書一曰古文孔子壁中書也二曰奇字即古文而異者三曰篆書云小篆也四曰佐書秦隸書五曰繆篆所以摹印也六曰鳥蟲所以書幡信也〔後漢書儒林傳〕許慎字叔重汝南召陵人也慎以五經傳說臧否不同於是撰爲五經異義又作說文解字十四篇〔慎自敘曰〕今敘篆文合以古籀稽譔其說分別部居十四篇五百四十部九千三百五十三文重一千一百六十三解說凡十三萬三千四百四十一字其建首也立一於專引而伸之以究萬原畢終於亥

急就篇長樂無極老復丁。顏氏解爲躅其子孫之役非也。即參同契所謂老翁復丁壯。〔原注〕〔朱文公詩〕自慶樽前老復丁黃庭經亦有此三字〔集證〕〔羅願記急就章後云〕顏註以慈姓爲祖於宣慈惠和之才子審姓爲出於審曲面埶者名忠敬與愛君而必以爲慕趙盾鬭拳解距虛即蛩蛩以檻車膠爲膠人之目謂老復丁爲躅其子孫之役亦不皆是〇〔元圻案〕〔書錄解題神仙類〕周明參同契三卷後漢上虞魏伯陽撰其書因易以言養生後世言修鍊者祖之〔參同契二十全功章〕老翁復丁壯老嫗成姹女又明辨邪正章能存能亡長樂無憂〔朱子次亭字韻呈秀野丈兼簡王宰詩〕人言洞裏春長在自慶樽前老復丁

董彥遠除正字謝啓
郭公郭亡
夏有闕文
書馬與尾當五
乳虎穴爲虎
殪戎殷壹戎衣
湯齊讀爲躋
烏馬魚魯
雒增隹隋去辵
辠似皇改罪
對以言失實去口

董彥遠〔閣按〕彥遠名逌東平人徽猷閣待制卽撰廣川書跋十卷畫跋六卷者除正字謝啓敘字學涉獵該洽。〔何云〕明董斯張吹景集所載與其僚壻閔元衢合疏此啓甚諦其實亦非異書也其略云。殘經不悟於郭亡。〔董疏〕莊公二十有四年郭公胡傳曰此郭公也先儒或以爲郭亡郭亡之說本新序〔案〕〔新序雜事四〕齊桓公見亡國故城郭氏之墟問於野人曰是爲何墟曰是爲郭氏之墟桓公曰郭氏者曷爲墟曰善善而不能行惡惡而不能去是以爲墟也〔孫莘老曰〕管子載郭亡之跡蓋亦曰郭自亡耳闕文徒存於夏有。〔閔疏〕成二年衛侵齊與齊師遇石子欲還孫子曰不如戰也夏有杜註闕文失新築戰事馬不足一者。既失其全。〔閔疏〕〔萬石君傳〕建爲郎中令書奏事事下讀之曰誤書馬者與尾當五今乃四不足一上譴死矣虎多於六者自乖其數。〔閔疏〕〔顏氏家訓〕後漢書酷吏樊曅爲天水郡守民歌曰寧見乳虎穴不入冀府寺而江南書本穴皆誤作六夫虎豹穴居事之較者所以班超云不探虎穴安得虎子寧當論其六七乎書殘武殪。〔閔疏〕〔宣六年周書曰〕殪戎殷殪卽壹衣郎殷也中庸壹戎衣而有天下鄭注衣讀如殷齊人言殷聲如衣某按壹戎衣武成文啓指爲殘似據康誥頌亂湯齊。〔閔疏〕〔長發〕至于湯齊毛傳齊如字禮記孔子閒居註音躋詩孔疏言三家詩有讀爲躋者下文聖敬日躋閒居躋作齊音齋故曰亂烏寫混淆。〔閔疏〕〔海錄碎事〕古詩云字經三寫烏焉成馬則本文寫字似有誤董疏寫當作馬魚魯雜糅。〔閔疏〕〔張鷟云〕魯之與魚淄澠莫辨〔抱朴子云〕以魚爲魯以帝爲虎增河南之邑爲雒。滅漢東之國爲隋。〔閔疏〕〔事文類聚〕漢以火行忌水故洛字去水而加隹隋以周齊不遑寧處故隋字去辵而從隋避上則辠不從辛。〔閔疏〕說文辠字從辛從自言辠人蹙鼻辛苦之狀秦以辠似皇字改爲罪絕下則對

褱合𣗥束去
疎爲六穗禾
䆉
八寸策八十
宗
丁子有尾鉤
有須
趙爲肖齊爲
立
龍卷龍衮元
端元冕
興雲爲興雨
鑾聲鉞鉞
銀鐺鑲金根
車
來一東二縫
皋印白下羊
四下羊
三豕己亥
秀九禾州三
刀
文武爲斌日
月爲易
貨泉爲白水
真人
裴爲緋衣小
兒
乘爲四十八

因去口。〔董疏〕古對字本從口說文云漢文帝以口多非實改從土褱合而𣗥氏微足省而疎姓絕。〔閔疏〕〔晉書束𣗥傳〕本姓𣗥其先避仇改爲束晳傳漢疏廣之後王莽末廣曾孫孟達避難自東海徙居沙鹿山南因去疎之足遂改姓焉〔何云〕足當作爲疋定文於六穗之禾。訓同於導。〔閔疏〕〔顏氏家訓〕封禪書導一莖六穗於庖犧雙觡共抵之獸此導訓擇光武詔云非徒有預養導擇之勞是也說文云䆉禾名引封禪書爲證無妨自當有禾名䆉但非相如所用禾一莖六穗於庖豈成文乎縱強爲此語則下句當云麟雙觡共抵之獸不得云犧也某按史記載此書道下從禾漢書文選俱從寸顏注導擇也分序於八寸之策。執異爲宗。〔董疏〕〔北史徐遵明傳〕見鄭元論語序云書以八寸策誤作八十宗因曲爲之說其僻也皆如此丁尾亂真。〔董疏〕〔莊子云〕丁子有尾李頤注夫萬物無定形形無定稱在上爲首在下爲尾世人謂右行曲波爲尾今丁子二字雖左行曲波亦是尾也按說文丁字作巾是無尾也故曰亂真鉤須失實。〔閔疏〕〔荀子不苟篇〕鉤有須註鉤丁子有尾也丁之曲者爲鉤須與尾皆尾類是同也董疏按說文鉤曲也丁之曲者爲鉤今鉤曲而丁直故曰失實書立書肖而既謬國名。〔閔疏〕〔劉向戰國策序〕本文多誤脫爲半字以趙爲肖以齊爲立爲卷爲端。而遂乖服制。〔董疏〕〔玉藻〕龍卷以祭元端而朝日於東門之外聽朔於南門之外註卷或作衮字之誤也孔疏禮記本或作卷字其正經司服及覲禮皆作衮字故鄭註王制云卷俗讀其通則曰衮是也又註端當爲冕字之誤也孔疏知端當爲冕者以下諸侯皮弁聽朔朝服視朝是視朝之服卑於聽朔今天子皮弁視朝若元端聽朔則是聽朔之服卑於視朝與諸侯不類且聽朔大視朝小故知端當爲冕也篆形誤僞譙。正雲與之祁祁。〔閔疏〕〔顏氏家訓〕詩云有渰萋萋興雲祁祁毛傳渰陰雲貌萋萋雲行貌祁祁徐貌按渰已是陰雲何勞復云興雲祁祁耶雲當爲雨俗寫誤耳〔何云〕此與篆形無與

三十為州
梁父七十二
家
尉律四十九
類
互從二間舟
閭月為門五
日安國書為
隸古定
楊雄訓纂

隸體散上共守鸞聲之鉞鉞。〔閔疏〕〔說文〕鉞車鑾聲從金戉聲呼會切詩曰鑾聲鉞鉞俗作鐬以鉞
作斧戉之戉非是按今庭燎作噦噦 鎖定銀鐺之名。〔閔疏〕〔顏氏家訓〕後漢書因司徒崔烈以銀鐺鏁銀鐺大鏁也世多誤作金銀字
武烈太子亦誤嘗作詩云銀瑣三公脚銀借對謂定銀為銀也〔又云〕新刻已改鋃字〔何云〕金 車改金根之目。〔閔疏〕〔事文類聚〕
退之子昶性闇劣為集賢校理史傳有金根車悉改根字作銀字 知一朿二縫之為來。〔閔疏〕〔說文〕來周所受瑞麥
來麰一朿二縫象芒朿之形天所來也故為行來之來 指二首六身之為亥。郡章立信
救時惟正於四羊。〔閔疏〕〔東觀漢記〕馬援上書成皋令印皋字為白下羊丞印四下羊尉印白下人人下羊即一縣長吏印文不同
恐天下不正者多符印所以為信也所宜齊同事下大司空正郡國印章 國史傳疑。考義共惑於三豕。
〔閔疏〕〔家語〕卜商返衛見讀史志者云晉師伐秦三豕渡河子夏曰非也己亥耳讀史志者問諸晉史果曰己亥 傳會作九禾之秀。
離析為三刀之州。〔閔疏〕〔事文類聚〕光武生濟陽縣舍是歲縣界有嘉禾生一莖九穗因名曰秀晉王濬為廣漢太守夜夢三刀懸
於臥室梁上須臾又夢一刀主簿李毅曰三刀為州字又益一刀者明府其臨益州乎果然〔董疏〕按說文秀字從禾從乃不從九也州字從川不從刀也故曰傳會曰離析 合
樂之奏妄加文武之為斌。〔閔疏〕魏明帝太和初公卿奏歌以詠德舞以象事于文文武為斌謹製樂舞名章
斌之舞〔董疏〕〔說文〕本作彬文質備也從文配武過為鄙淺故曰妄加 定經之名。誤合日月之為易。
〔閔疏〕易蜥易蝘蜓守宮也象形從勿祕書說日月為易象陰陽也徐曰謂下為月字也見說文及韻補〔董疏〕吾衍謂說文引祕書易字象蜴蜥形蜴蜥善變則知古人既之以喻其變不

疑也虞翻曰日月爲易不可從字失部居改白水眞人之兆。〔閔疏〕〔光武帝紀〕王莽簒位忌惡劉氏以錢文有金刀故改爲貨泉或以貨泉字文爲白水眞人〔董疏〕〔說文〕泉字象水流出成川形不從白亦不從水也故曰字失部居書志形象作非衣小兒之謠。〔閔疏〕〔朝野僉載〕裴炎爲中書令時徐敬業欲反令駱賓王爲謠曰一片火兩片火緋衣小兒當殿坐教炎莊上小兒誦之并都下小兒皆唱炎遂與合謀內應又唐書裴度傳張權輿欲傾度作僞謠云非衣小兒坦其腹天上有口被驅逐據啓非字似用張謠但以儷白不類惟加系旁始失裴字形象對又較精〔董疏〕非當作緋四十八安取於桑。〔閔疏〕〔事文類聚〕蜀何祇夢井中生桑以問占夢趙直直曰桑非井中之物會當移植然桑字四十下八壽恐不過此祇後至犍爲太守四十八果卒〔董疏〕何祇事見益部耆舊傳俗桒字從四十八〔按〕〔說文〕從叒從木不從十從八也故曰安取於桑〇〔案〕〔唐鄭綮開天傳信記〕開元末於安農古函谷關得寶符白石赤文正成桒字識者解之云桒者四十八所以示聖人御極之數也及帝幸蜀之來歲正四十八年二十七未足語世。〔閔疏〕〔秦始皇紀〕會稽碑俱四字句獨三十有七年多一字元申屠駉家藏舊刻卅有七年三十爲卅速達反退之自謂識字故孔戣志銘亦云孔世卅八卅字世字俗俱作世〔董疏〕〔說文〕世字從卅三十并也音撒三十年爲一世七字從一世旁作七似七字乃從卅而曳長之不從七也故曰未足語世〔何云〕三十七句閔董仍無確證梁父七十二家名雖俱在。〔閔疏〕〔漢郊祀志〕齊桓公欲封禪管仲曰古者封泰山禪梁父者七十二家而夷吾所記者十有二焉〔董疏〕桓譚新論泰山之上有八百餘處而可識者僅七十有二尉律四十九類書蓋已亡。〔閔疏〕尉律見說文敘徐鍇曰尉律漢律篇名董疏藝文志元始中徵天下通小學者以百數各令記字於庭中揚雄取其有用者作訓纂篇凡八十九章四十九疑作八十九未知是否誤存舟二間之爲航。〔閔疏〕〔顏氏家訓〕亘從二間舟詩云亘之秬秠是也今之隸書轉舟爲日何法盛中興書乃以舟在二閒爲舟航字誤安識門五日之爲閏。〔閔疏〕襄九年晉復伐鄭十二月癸亥門其三門閏月戊寅濟于陰阪註此年無閏月戊寅戊寅是十二月二十日疑閏爲門字閏內王爲五字月爲日字晉攻鄭門門各五日癸亥去戊寅十六日以癸亥始攻攻輒五日凡十五日也學者

徧觀異書。而求其事之所出。亦多識之一也。彥遠有古文集類敘云。孔安國以隸古易科斗。故漢人不識古字。開元又廢漢隸。以今文。故唐人不識隸古。〔原注〕〔今按書序〕爲隸古定正義謂就古文體而從隸以定之雖隸而猶古蓋存古則可慕爲隸則可識非謂隸書爲隸古也　〔閻按〕今按書序一段似王氏後自較其說者　余晚而得董斯張吹景集載與其僚壻閔元衢合疏彥遠此啓曰困學翁所不能詳其出者吾兩人以數年排纘力始語語分疏之寧非曠世一大快余故錄之於逐句下惟見襄十年傳者不錄斯張字遐周元衢字康侯並烏程人爲胡朏明鄰邑前輩朏明嘗稱其學貪奇炫博云　〔何屺瞻云〕〔閔董〕果淹雅其引海錄碎事事文類聚而不舉本書微染俗學與胡傳學古編並後出書　〔全云〕王氏引彥遠之序而未嘗有說故於小注發之非自駁其說也乃駁彥遠耳閻說非　〔程易田云〕尉律四十九類二句瑤田按漢書刑法志云蕭何攈摭秦法取其宜於時者作律九章藝文志云蕭何草律著其法曰太史試學童能諷書九千字以上乃得爲史言小學之課載在尉律中者非謂律有九千字也律蓋九章耳今曰尉律四十九類豈於九章中又析其類爲四十九耶董疏以揚雄詐訓纂篇凡八十九章疑四十九爲八十九之誤以訓纂當尉律其謬甚矣〔揚雄〕〔訓纂篇〕乃元始中所徵通小學之百餘人令記於庭中之字取其有用者而作之其非尉律甚明藝文志載揚雄訓纂篇云順續蒼頡八十九章是中有蒼頡五十五章以建首乃以訓纂順續之訓纂止三十四章耳班固又續揚雄作十三章凡一百二章據韋昭註彼時所見一百二章通名蒼頡分上中下三篇每篇三十四章而五十五章之蒼頡則漢閭里書師所合李斯之蒼頡趙高之爰

蕭何署書二闕

秦惠文時三石大湫巫咸亞駝辭同李斯前有小篆

歷胡毋敬之博學三篇斷六十字以爲一章者也凡此皆小學之書與尉律不相涉也〔集證〕埤雅烏九寫而爲烏虎三寫而爲帝按字書載古諺云書經三寫烏焉成馬故閣校作焉據埤雅則仍當作烏增河南之邑爲雒漢書地理志注引魏略滅漢東之國爲隋徐鍇說文繫傳三家見呂覽察傳篇文武爲斌見宋書樂志何祇事見蜀志楊洪德注〔元圻案〕董彥遠東平人王明清玉照新志載宋齊愈獄牘稱司業董逌在坐則靖康末官司業也〔又揮麈錄云〕宣和中蔡居安提舉祕書省夏日會館職於道山食瓜居安令坐上徵瓜事各疏所憶每一條食瓜一片坐客不敢盡言居安所徵爲優欲畢校書郎董彥遠連徵數事皆所未聞悉有據依咸歎服之識者爲彥遠必不能安後數日果出外蓋博洽之士然丁特起孤臣泣血錄記其受張邦昌僞命則其人品殊可議

宋景文公乞禁便俗字疏二云。蕭何自題蒼龍白虎二闕。後世署書由何始。說文冊部。扁。署也。从戶冊。戶冊者。署門戶之文也。〔元圻案〕〔玉海小學下羊欣筆陣圖云〕昔蕭何善篆籀爲前殿成有蒼龍白虎二闕以題其額

夾漈金石略二云。祀巫咸大湫文。李斯篆。愚按方氏跋詛楚文。以爲秦惠文王二十六年石。湖〔閻按〕石湖范成大號亦謂當惠文王之世。後百餘年。東巡泰山刻石。則小篆非出於李斯。〔何云〕殆至李斯而後成遂大行於世〔集證〕〔董逌廣川書跋書詛楚文後云〕秦自文世有三石初得大沈湫文於郊又得巫咸文於渭最後得亞駝文於洛其辭盡同惟所用以質於神者則隨其號以異書最奇古間存鐘鼎遺制亦或雜有秦文蓋書畫始變者也

月稱十三十四十九乙子丁子己子古字重登爲之呂大臨考古圖

古器銘云。十有三月。十有四月。〔集證〕〔宣和博古圖周南宮中鼎銘云〕惟十有三月庚寅周雖公緘鼎銘惟十有四月既死霸十有九月。云正月乙子。或云丁子。〔集證〕〔呂與叔考古圖商兄癸彝云〕十九月惟王九祀世昌戩敦云惟正月乙子王格于太室商兄癸彝云丁子王錫爵呂與叔考古圖。謂嗣王踰年未改元。故以月數。乙子卽甲子。丁子卽丙子。世質人淳。取其同類。不然。殆不可考。曾子固謂古字皆重出。此文作二二二二者。特二字耳。〔元圻案〕〔歐陽公集古錄〕商雒鼎銘者原甫在長安時得之上雒其銘云惟十有四月既死霸王在都下雒公諴作障鼎用追享丁于皇且考用气麋壽萬年無疆子子孫孫永寶用雒公不知爲何人原甫謂古丁寧字通用而蔡君謨謂十有四月者何原甫亦不能言也〔曾子固跋桂陽周府君碑云〕以余考之古字如亦作㚒人作仌之類皆重出如此者甚衆則此文作三者特二字耳永叔原父君謨皆博識而亦有所不知故并見之於此〔宋黃長睿〕〔東觀餘論〕〔周史伯碩父鼎說銘之首曰〕惟六年八月初吉己子以己配子則於十日剛柔疑若非類然三代鼎彝銘則若此者甚多有之商元癸彝文曰丁子周戩敦文曰乙子是也或曰戊與己同類古尚未分則所謂己子乃戊子也或曰易子五位相得而各有合以配十日若甲與己合古亦未分則所謂己子乃甲子也丁子乙子義亦如之其說未知孰是〔董逌廣川書跋云〕蓋以剛日柔日相配而制器之日用剛以柔配之用柔則亦以剛爲之配五行之用然也戊己爲土戊爲土生己爲土滅剛日不用而以己配者蓋用其剛必用柔以成之今術家猶然在甲子六年正月朔辛未則八月一日朔當戊子〔趙明誠曰〕余嘗考之古人君卽位明年稱元年蓋無踰年不改元之事又余所藏牧敦銘有云惟王十年十有三月以此知呂氏之說非是蓋古語有不可曉者闕之可也〔四庫全書總目譜錄類〕考古圖十卷宋呂大臨撰大臨字與

毛伯敦簋銘
周姜敦

眉壽綰綽
宣和博古圖

叔藍田人元祐中官祕書省正事事蹟附載宋史呂大防傳圖成於元祐壬申在宣和博古圖之前而體例謹嚴不似博古圖之附會

毛伯敦祝下一字。劉原父以爲鄭。曰文武時毛叔鄭也。〔案集古錄〕毛伯敦銘原父爲予考按其事云史記武王克商毛叔鄭奉明水則此銘謂鄭者毛叔鄭也銘稱伯者爵也史稱叔者字也敦乃武王時器也而呂與叔以爲郱。考古圖郱敦郱周大夫也有功錫命爲其考作祭器也〔趙明誠曰〕今究其點畫殊不類鄭字呂氏釋爲郱皆莫可考

簠銘中上一字。歐陽公以爲張。曰宣王時張仲也。〔集古錄〕原父歸自長安以二器遺余其一曰伯冏之敦其一曰張仲之匜二子名見詩書伯冏周穆王時人張仲宣王時人而與叔以爲弡。考古圖弡仲作寶匜周姜敦伯下一字。歐陽公以爲冏。曰穆王時伯冏也。而與叔以爲百。〔集證〕考古圖百下一字爲百即首字也此作百誤古文難考。幾於郢書燕說。〔元圻案〕〔宋薛尚功鼎彝款識釋文〕於毛伯敦祝下一字作郱簠銘中上一字作張集古錄幷載之〔趙明誠曰〕呂與叔以偏傍推之其字從巨不從長以隸字釋之當爲弡弡字雖見玉篇然古文與隸書多不合未知果是否〔宋黄長睿〕〔東觀餘論曰〕弡音其勿反原父誤釋爲張字遂以爲張仲之器歐陽公從而文之以數百字蓋失之矣古器中又有弡伯敦豈張仲之兄乎〔容齋續筆三〕燕說出於韓非子曰先王有郢書而後世多燕說又引其事曰郢人有遺燕相國書夜書火不明謂持燭者曰舉燭已而誤書舉燭二字非書本意也燕相受書曰舉燭者尚明也尚明者舉賢而用之遂以白王王大說國以治治則治矣非書意也

博古圖。晉姜鼎銘。用蘄綽綰眉壽。伯碩父鼎銘。用

孔子篆季札墓

太公碑年壽

趙明誠金石

祈丏百祿眉壽。綰綽子孟姜敦銘。綰綽眉壽。石湖范文穆公成大字致能云。似是古人祝延常語。愚謂漢書安世房中歌云。克綽永福。顏氏注。綽緩也。亦謂延長

(集證)(爾雅釋詁)綽綽爰爰緩也　(元圻案)(東觀餘論)周史伯碩父鼎說祈天永命俾弗中絕故曰綰垂裕後昆俾昌而大故曰綽與萬年子孫永寶同意皆善禱之辭　(四庫全書總目譜錄類)宣和博古圖三十卷按晁公武讀書志稱為王楚撰而錢曾讀書敏求記稱元至大中重刻博古圖凡臣王黼云云都為削去殆以人廢書則是書實為王黼撰楚字為傳寫之訛矣

張燕公謝碑額表云。孔篆吳札之墳。秦存展季之壠。言孔子篆者。始見於此。(元圻案)(集古錄)謂吳季子墓銘據張仲紳記云舊石湮滅開元中元宗命殷仲容摹搨其書以傳至大歷中蕭定又刊于石按孔子平生未嘗至吳不得親銘季子之墓以其名傳之久故錄之　(宋劉昌詩)(蘆蒲筆記)六京口有十字碑世傳為孔子書曰嗚呼有吳延陵季子之墓而季字作爾子攷篆文皆無之得曾旼元豐中編潤世類集乃曰君子之墓後湖居士李仲殊題季子廟詩亦曰溪邊君子墓始悟為君字非季字也　(戰國策)(顏斶曰)昔者秦攻齊令有敢去柳下季壟五十步而樵採者死不赦　(唐書)(張說傳)說字道濟或字說之其先自范陽徙河南更為洛陽人官中書令封燕國公說嘗自為其父碑帝為書其額曰嗚呼積善之墓此文即其謝表也

金石錄。(全云)趙明誠作　汲縣太公碑云。晉太康二年。得竹策

錄

祭尊祭正祭酒

詛楚文卽巫咸文

祭誓文三本

之書其紀年曰康王六年齊太公望卒參考年數蓋壽一百一十餘歲今按書顧命云齊侯呂伋則成王之末伋已嗣太公爲齊侯矣〔何云〕竹書不可據大率類此

○〔元圻案〕周公相成王而使其子伯禽代就封於魯或呂伋亦先就封亦未可定但太公若至康王時始卒則成王大漸時正顧命元老何以無一言一事是竹書固不可信至太公之年歸文王時已八十歷武王成王當有百十餘歲史記亦曰太公之卒百有餘年〔書錄解題目錄類〕金石錄三十卷東武趙明誠德甫撰其所藏二千卷蓋倣歐陽集古而數則倍之本朝諸家蓄古器物款式其考訂詳洽如劉原甫呂與叔黃長睿多矣大抵好附會古人名氏惟此書則不然好古之通人也明誠宰相挺之子其妻易安居士李氏爲作後序頗可觀

溜水李氏云古印有文曰祭尊非姓名乃古之鄉官也說苑載鄉官又有祭正〔集證〕今本說苑無亦猶祭酒也

〔元圻案〕〔朱子曰〕關中人李復字履中及識橫渠先生紹聖間爲西邊使者博記能文今信州有溜水集者卽其文也〔史記〕〔荀卿列傳〕齊宣王時荀卿最爲老師齊尙修列大夫之缺而荀卿三爲祭酒焉注禮食必先祭必以席中之尊者一人當祭耳後因以爲官名故吳王濞爲劉氏祭酒是也

秦詛楚文作於惠文王之時所詛者楚懷王也懷王遠屈平邇靳尙而受商於之欺致武關之執非不幸也然入秦不反國人憐之如悲親戚積

怨深怒發於陳項而秦亡也忽焉。六國之滅楚最無罪。反爾好還。天人之理也。南公曰。楚雖三戶。亡秦必楚。吁。秦詛楚耶。楚詛秦耶。[閻按]此亦見王氏懷抱[何云]其有爲言之也[全云]陳項之假名於楚亦猶異日韓劉之託名於宋也○[元圻案][集古錄]秦祀巫咸文今流俗謂之詛楚文者以其言楚王熊相之罪也史記世家楚自成王以後王名有熊疑熊良夫熊商熊槐熊元而無熊相詛文言穆公與成王盟好而後云倍十八世之詛盟則秦自穆公十八世爲惠文王也又按秦本紀與楚世家自楚平王娶婦於秦其後累世不以兵交至宣王熊良夫時秦始侵楚及惠文王時與楚懷王熊槐屢相攻伐則秦所詛者楚懷王也但史記以爲熊槐者失之爾槐相二字相近蓋轉寫之誤[姚寬][西溪叢語上]秦誓文有三本岐陽告巫咸朝那告大沈要冊告亞駝其言述秦穆公與楚成王遂及熊相背十八世詛盟之罪以史記世家攷之秦十八世當惠文王與楚懷王同時縱橫爭霸此詛政爲懷王也[史記][屈原列傳]屈原者名平楚之同姓也爲楚懷王左徒上官大夫讒之王怒而疏屈平又張儀至楚又因厚幣用事者靳尚而設詭辨於於懷王之寵姬鄭袖復釋去張儀又楚世家秦欲伐齊而楚與齊從親使張儀南見楚王曰王閉關而絕齊使使者從儀西取故秦所分楚商於之地方六百里楚王大說使勇士宋遺北辱齊王張儀謂楚將軍曰子何不受地從某至某廣袤六里又秦昭王遺楚王書曰願與王會武關于是往會秦昭王昭王詐令一將軍伏於武關號爲秦王楚王至遂閉武關遂與西至咸陽又曰懷王卒於秦秦歸其喪於楚楚人皆憐之如悲親戚諸侯由是不直秦又陳涉世家陳三老豪傑皆曰將軍伐無道誅暴秦復立楚之社稷功宜爲王陳涉乃立爲王號爲張楚項羽本紀梁乃求楚懷王孫心民間立以爲楚懷王從民所望也又范增曰夫秦滅六國楚最無罪自懷王入秦不反楚人憐之至今故楚南公曰楚雖三戶亡秦必楚也

徐楚金說文繫傳有通釋。[案]三十卷以許氏原本十五篇每篇析而爲二部敘。二卷通

飲器象爵取鳴聲

漢永初討羌符

論三卷祛妄類聚錯綜疑義系述各一卷共四十卷等篇呂太史〔仝云〕成公祖謙謂元本斷爛每行滅去數字故尤難讀若得精小學者以許氏說文參繹恐猶可補也今浙東所刊得本於石林葉氏蘇魏公本也〔仝云〕蘇魏公頌〔元圻案〕〔四庫全書總目小學類〕說文繫傳四十卷南唐徐鍇撰鍇字楚金廣陵人官至右內史舍人宋兵下江南卒於圍城之中事跡具南唐書本傳此書本出蘇頌所傳篆文爲監察王聖美翰林祗侯劉允恭所書卷末題子容者即頌字也乾道癸巳尤袤得於葉夢得家寫以與李燾詳見袤跋

說文鬯部爵字下飲器象爵者取其鳴節節足足也宋符瑞志鳳凰其鳴雄曰節節雌曰足足然則爵即鳳凰歟〔集證〕〔論衡講瑞篇〕〔引禮記瑞命篇云〕雄曰鳳雌曰皇雄鳴節節雌鳴足足宋志所採蓋禮記佚篇也

宣和中陝右人發地得木簡于甕字皆章草檄云永初二年六月丁未朔廿日丙寅朱文公答吳斗南書謂東漢討羌檄日辰與通鑑長歷不同蓋指此也今考通鑑目錄漢安帝永初二年六

安息國書旁行右行左行下行書

梵佉盧造書法淨天

讀書須識字

月乙未朔。〔原注〕〔後漢紀〕五月有丙寅七月有戊辰恐當以長歷爲正 〔何云〕〔後漢紀〕二十字非側注〇〔元圻案〕〔黃長睿東觀餘論曰〕近歲關右人發地得古瓮中有東漢時竹簡甚多往往散亂不可攷獨永初二年討羌符文尚完皆章草書其詞云永初二年六月丁未朔二十日丙寅得車騎將軍莫府文書上郡屬中二千石守丞建義十月丁未到府受印綬發夫討畔羌急急如律令

漢西域傳。安息國書革旁行爲書記。顏氏注。今西方胡國及南方林邑書皆橫行不直下。法苑珠林。云造書凡有三人。長名曰梵。其書右行。次曰佉盧。其書左行。少者蒼頡。其書下行。夾漈六書略。云梵書左旋。其勢向右。華書右旋。其勢向左〔集證〕〔按〕法苑珠林梵佉盧居於天竺黃史蒼頡在於中夏梵佉取法於淨天蒼頡因華於鳥跡文畫誠異傳理則同翻譯名義佉盧風叱此乃大仙人名 〔元圻案〕〔唐書藝文志道家類〕釋氏元惲法苑珠林集一百卷元惲本名道世 〔四庫全書總目釋家類〕法苑珠林一百二十卷唐釋道世撰道世字元惲上都西明寺僧是書成於高宗總章元年朝散大夫蘭臺侍郎隴西李儼爲之序

韓文公。李陽冰科斗書孝經後記曰。凡爲文辭宜略識字。杜子美。漫成詩曰。讀書難字過。豈易識哉。李衡識字說曰。讀

小篆八分行書章草隸書亦名真書楷書歐陽誤八分爲隸書品六體論郭氏汗簡佩

書須是識字。固有讀書而不識字者。如孔光。張禹。許敬宗。柳宗元。非不讀書。但不識字。孔光不識進退字。張禹不識剛正字。許敬宗不識忠孝字。柳宗元不識節義字。此可爲學者之戒。（元圻案）（漢書孔光傳）稱光經術光明凡爲御史大夫丞相各再壹爲大司徒太傅太師見王莽威權日盛憂懼不知所出而不能堅辭去位故曰不知進退張禹傳稱禹經學精習帝車駕至禹第親問禹以天變因用吏民所言王氏事示禹禹自見年老子孫弱又與曲陽侯不平恐爲所怨則謂災變之意深遠難見新學小生亂道誤人宜無信用上由此不疑王氏故曰不識剛正（唐書）（姦臣傳）許敬宗幼善屬文父善心爲宇文化及所殺敬宗舞蹈求生又陰揣高宗將立武昭儀即妄言天子富有四海立一后謂之不可何哉帝意遂定故曰不識忠孝柳宗元傳贊曰叔文沾沾小人竊天下柄宗元等橈節從之一僨而不復宜哉彼若不附匪人自勵材猷不失爲名卿才大夫惜哉故曰不識節義　李衡字彥平號樂菴紹興二年進士歷官秘閣修撰致仕居崑山其初成樂菴詩云老子平生百不足菴成那管食無肉終朝閉戶只讀書四面開窗都見竹可以見其人品矣

周越書苑云。郭忠恕以爲小篆散而八分生。八分破而隸書出。隸書悖而行書作。行書狂而草書聖。以此知隸書乃今真書。趙明誠謂誤以八分爲隸。自歐陽公始。（原注）（庾肩吾云）隸書今之正書張懷瓘云隸書者程邈造字皆真正亦曰真書千文云杜稾鍾隸王羲之傳尤

觿
張伯英作草
書
古今法言苑

邵氏律呂聲
音之學
韻書先後應
四時
經世圖聲音
體數
宮聲兼五聲
聲經音緯
三十六字母
圖
婆羅門書言
音韻

善隸書〔何云〕隸書似在八分之前行書似在草書之後郭氏五季人未足據也〔元圻案〕〔趙明誠金石錄跋尾十二〕東魏大覺寺碑陰題銀青光祿大夫臣韓毅隸書即今楷字也庾肩吾曰隸書今之正書也張懷瓘六體書論亦云隸書者程邈造字皆真正亦曰真書自唐以前皆以楷書爲隸至歐陽公集古錄誤以八分爲隸書自是舉世凡漢時石刻皆目爲漢隸因覽此碑毅自題爲隸書故誌之以祛來者之惑〔書斷曰〕八分者秦羽人上谷王次仲所作也或云後漢時人隸書秦下邽人程邈所造也又曰八分則小篆之捷隸亦八分之捷則八分似在隸書前而書苑曰蔡文姬言割程隸字八分取二分割李篆字二分取八分於是爲八分書則八分似在隸書後未知孰是〔書斷又曰〕章草漢黃門令史游所作也行書者後漢潁川劉德昇所作也草書者後漢徵士張伯英之所造也按張芝本以善章草得名則草書在行書之前無疑　郭忠恕字恕先洛陽人著汗簡三卷佩觿三卷東波爲作小傳所謂恕先在焉呼之欲出者也〔書錄解題藝術類〕書品七卷梁庾肩吾撰六體論一卷唐昇州司馬張懷瓘撰古今法書苑十卷王客郞中臨淄周越撰

康節邵子之父古字天叟〔何氏〕作瞍本定律呂聲音以正天下音及古今文謂天有陰陽地有剛柔律有闢翕呂有唱和一陰一陽交而日月星辰備焉一剛一柔交而金木水火備焉一闢一翕而平上去入備焉一唱一和而開發收閉備焉律感呂而聲生焉呂應律而音生焉觀物之書本於此謂闢翕者律天清濁者呂地先閉後開者春

七音三十六母
梵人長於音
佛經讚德偈

也。純開者夏也。先開後閉者秋也。冬則閉而無聲。東爲春聲。陽爲夏聲。此見作韻者。亦有所至也。銜凡冬聲也。見觀物外篇下〔集證〕按皇極經世二注鍾氏過曰邵子經世聲音圖天之體數四十地之體數四十八天數以日月星辰相因爲一百六十地數以水火土石相因爲一百九十二於天數內去地之體數四十八得一百十二是謂天之用聲於地數內去天之體數四十得一百五十二是謂地之用音凡日月星辰四象爲聲水火土石四象爲音聲有清濁音有闢翕遇奇數則聲爲清音爲闢遇耦數則聲爲濁音爲翕聲皆爲律音皆爲呂以律唱呂以呂和律天之用聲別以平上去入者一百十二皆以開發收閉之音和之地之用音別以開發收閉者一百五十二皆以平上去入之聲倡之橫渠張子曰。商角徵羽皆有主。出於唇齒喉舌。獨宮聲全出於口。以兼五聲也。此張子全書理窟中語夾漈鄭氏曰。聲爲經。音爲緯。平上去入四聲也。其體縱。故爲經。宮商角徵羽半徵半商七音也。其體橫。故爲緯。〔元圻案〕〔通志藝文略〕三十六字母圖一卷僧守溫撰切韻之學起於西域舊所傳十四字貫一切音文省而音博謂之婆羅門書然猶未也其後又得三十六字母而音韻之道始備中華之韻只彈四聲然有聲有音聲爲經音爲緯云云七音三十六字母出於西域。註見上條豈所謂學在四夷者歟。司馬公以三十六字母總爲三百八十四

頌
切韻法音和
類隔
切韻指掌圖
華書梵書

諧聲譬況
翻切之始
永明體文用
宮商
慢聲急聲
二聲合一字
諸證

聲。爲二十圖。夾漈六書略五謂梵人長於音。所得從聞入。華人長於文。所得從見。入華則一音該一字。梵則一字或貫數音。〔原注〕鳩摩羅什曰天竺國俗甚重文制其宮商體韻以入管弦爲善凡覲國王必有贊德佛經中偈頌皆其式也○〔元圻案〕〔晁氏讀書志曰〕切韻者上字爲切下字爲韻其學本出西域今其法類本韻字各歸於母幫滂並明非敷奉微脣音也端透定泥知徹澄娘齒音也曉匣影喻牙音也來日半齒半舌也凡三十六分爲五音天下之聲總於是矣切歸本母韻歸本等者謂之音和本等聲盡泛入別等者謂之類隔變也中國自齊梁以前此學未傳至沈約以後始以之爲文章近時始有專門者矣〔四庫全書總目類〕切韻指掌圖二卷附檢例一卷宋司馬光撰其檢例一卷則邵光祖所補光書以三十六字母科別清濁爲二十圖首獨韻次開合韻每類之中又以四等多寡爲次故高爲獨韻千官爲開合韻之首〔鄭夾漈論華梵曰〕華書制字極密點畫極多梵書比之實相遼邈故梵有無窮之音而華有無窮之字梵則音有妙義而字無文彩華則字有變通而音無錙銖梵人長於音所得從聞入故曰此方真教體清淨在音聞我昔三菩提盡從聞中入有目根功德少耳根功德多之說華人長於文所得從見入故天下以識字人爲賢智不識字人爲庸愚　鳩摩羅什天竺人見晉書藝術傳原注所引天竺國甚重文制云云皆本傳文也

諧聲。六書之一也。聲韻之學尚矣。夾漈六書略三謂五書有窮。諧聲無窮。五書尚義。諧聲尚聲。釋文序錄云。古人音書。止爲譬況之說。〔案〕如鄭康成注經謂某讀如某某之某孫炎始爲反語。〔閻按〕音書止爲譬況三句出顏氏家訓〔何云〕焯按韋昭國語注中間有反音亦叔然同時人也攷古編。謂周

切韻 唐韻 廣韻
彩鸞唐韻上下平統
上下平分宮商
李登聲類
呂靜韻集分配五聲
四聲切韻
四聲譜
四聲韻略

顒始有翻切。非也。〔元圻案〕〔南齊書周彥倫傳〕汝南安城人入齊官中書郎兼著作文惠太子問彥倫菜食何物最勝答曰春初早韭秋末晚菘〔又文學陸厥傳〕永明末盛爲文章沈約謝朓王融以氣類相推周彥倫善識聲韻約等文皆用宮商以平上去入爲四聲以此制韻不可增減世呼爲永明體不言其始爲翻切也〔書錄解題雜家類〕考古編十卷續編十卷程大昌泰之撰上自詩書下及史傳世俗雜事有可考者皆筆之　四庫書著錄無續編　〔集證〕〔引顧氏炎武音學五書音論曰〕按反切之語自漢以上即已有之宋沈括謂古語已有二聲合爲一字者如不可爲叵何不爲盍如是爲爾而已爲耳之乎爲諸鄭樵謂慢聲爲二急聲爲一慢聲爲者焉急聲爲旃慢聲爲者與急聲爲諸慢聲爲而已急聲爲耳慢聲爲之矣急聲爲只是也愚嘗考之經傳蓋不止此如蒺藜爲茨瓠盧爲壺鞠窮爲芎丁寧爲鉦僻倪爲陴奈何爲那和同爲降句瀆爲穀邾婁爲鄒明旌爲銘終葵爲椎大祭爲禘不律爲筆蕵蕪爲須子居爲朱窗籠爲聰蠾蝓爲鼄卒便爲倩令丁爲鈴鶻鵃爲鳩瘯蠡爲痤蔽膝爲韠側理爲紙扶淇爲濰狻猊爲獅以此推之反語不始於漢矣○〔案〕〔余兄靜軒曰〕勃鞮爲披勃澥爲海卑居爲鸒蝃蝀爲虹〔又鄭氏詩箋〕韎茅蒐染也茅蒐韎聲也〔韋氏國語注〕急疾呼茅蒐成韎也尤二聲合爲一字之證

隋陸法言爲切韻五卷。〔案〕隋志不著錄〔唐藝文志小學類〕陸慈切韻五卷　慈蓋法言之名　後有郭知元等九人增加。唐孫愐有唐韻。唐志五卷　今之廣韻則本朝景德祥符宋真宗七年甲辰改元景德十一年戊申改元大中祥符重脩。今人以三書爲一。或謂廣韻爲唐韻。非也。〔集證〕〔引顧氏音論曰〕切韻隋陸法言撰本劉臻顏之推魏淵盧思道李若蕭該辛德源薛道衡八人同撰集唐長孫訥言箋註郭知元拾遺緒正更以朱箋三百字是十人今云九人者長孫訥言但箋註而未增加也○〔元圻案〕書錄解題小學類廣韻五卷隋陸法言撰開皇初有劉臻等八人同詣法言共爲撰集長孫訥言爲之箋注唐朝轉有增加至開元中陳州司法孫愐著成唐韻本朝陳彭年等重修今

四庫全書校本按陸法言本名切韻孫愐修之爲唐韻陳彭年等修之爲廣韻雖相因而作實各自成書鶴山魏氏云唐韻於二十八刪二十九山之後繼以三十先三十一僊〔閣按〕曾親見吳彩鸞所書唐韻次第較鶴山亦不合今平聲分上下以一先二僊爲下平之首不知先字蓋自眞字而來愚考徐景安樂書凡宮爲上平商爲下平角爲入徵爲上羽爲去則唐時平聲已分上下矣〔案〕〔魏鶴山作吳彩鸞唐韻後序曰一是書號唐韻與今世所謂韻略皆後人不知而作者也然其部敘於一東下注云德紅反濁滿口聲自此至三十四乏皆然於二十八刪二十九山之後繼之以三十先三十一仙上聲去聲亦然閒其聲音之道區分之方隱然見於述作之表也今之爲韻者旣不載聲調之清濁而平聲輒分上下自以一先二仙爲下平之首不知先字蓋從眞字而來學者由之不知而隨聲雷同古人造端立意之本失矣米元章云五聲之音出於五行自然之理沈隱侯隱沈約之謚只知四聲求其宮聲不得乃分平聲爲二然後魏江式曰晉呂靜放李登聲類之法作韻集五卷宮商角徵羽各爲一篇見魏書本傳則韻分爲五始於呂靜非自沈約始也約答陸

萬爲古文天
集韻始丁終
司馬光
前漢古字韻
編

厥曰。宮商之聲有五。文字之別累萬。以累萬之繁。配五聲之約。高下低昂。非思力所學。見南齊書文學陸厥傳

沈存中云。梵學入中國。其術漸密。〔何云〕〔米元章云〕以下當自爲一條　〔元圻案〕〔隋書經籍志〕上聲類十卷魏左校令李登撰韻集六卷晉安復令呂靜撰〔宋許觀東齋記事曰〕古者字未有反切故訓釋者但曰讀如某字而已至魏孫叔然始作反切其實出於西域梵學也宋周彥論作四聲切韻行於時梁沈約又撰四聲譜以爲在昔詞人累千載而不悟而獨得胸襟窮其妙旨自謂入神之作繼是若夏侯四聲韻略之類紛然各自名家矣至唐孫愐始集爲唐韻諸書遂廢本朝眞宗時陳彭年與晁迥戚綸條貢舉事取字林韻集韻略字統及三蒼爾雅爲禮部韻凡科場儀範悉著爲格又景祐四年詔國子監以翰林學士丁度修禮部韻略頒行初賈昌朝言舊韻略多無訓解又疑單聲與重疊字不解義理致舉人詩賦或誤用之遂詔度等以唐諸家韻本刊定其韻窄者凡三十處許令附近通用單聲及疊出字皆於字下注解之此蓋今所行禮部韻也　〔唐書藝文志樂類〕徐景安歷代樂儀三十卷今　四庫書不著錄

潛虛以萬爲天。古文也。見廣韻而集韻不載。〔原注〕〔古文韻〕萬字碧落文　〔元圻案〕〔四庫全書總目小學類〕集韻十卷舊本題宋丁度等奉敕撰考司馬光切韻指掌圖序稱仁宗皇帝詔翰林學士丁公度李公淑增崇韻學自許叔重而降凡數十家總爲集韻而以賈公昌朝王公洙爲之屬治平四年余得旨繼纂其職書成上之嘗因討究之暇科別清濁爲二十圖云云則此書成於司馬光之手非盡出丁度等也　〔書錄解題小學類〕前漢古字韻編五卷侍郎宣城陳天麟季陵撰取漢書所用古字以今韻編入之又景祐集韻十卷直史館宋祁鄭戩等修定學士丁度李淑典領字訓皆本說文說文所無則引他書爲解〔又儒家類〕潛虛一卷司馬光撰言萬物皆祖於虛元以準易虛以準元〔潛虛曰〕一六置後二七置前三八置左四九置右通以五十五行叶序卬而瞻之宿躔從度卬

廣韻姓氏遺充歸賁育謬說充以國爲姓

顏魯公韻海鏡源宋諱避鏡爲鑑

自環爲私背私爲公

則爲萬頫則爲隆卬得五宮頫得十數釋音萬古文天字

廣韻言姓氏甚詳。然充字有充虞。〔原注〕見孟子歸字有齊歸〔原注〕見左傳其遺闕多矣。賁育謂孟賁夏育也。廣韻以賁爲姓。古有勇士賁育。謬矣。〔閻按〕賁氏爲姓者音肥全云漢有賁赫〔元圻案〕又有淮南賁生師古曰賁音肥見前漢書儒林傳〔寰宇記〕充國故城在閬中西南九十四里蓋以國爲姓

顏魯公在湖州。集文士撫古今文字。爲韻海鏡源三百六十卷。以包荒萬彙。其廣如海。自末尋源。照之如鏡。崇文總目。僅存十六卷。今不傳。〔閻按〕宋藝文志顏真卿韻海鏡源亦僅十六卷鏡爲鑑避翼祖嫌名〇〔元圻案〕〔唐書顏真卿傳〕元載以爲誹謗由檢校刑部尚書貶峽州別駕改吉州司馬遷撫湖二州刺史〔又文藝蕭穎士傳〕子存能文辭顏真卿在湖州與存及陸鴻漸等討撫古今韻字所原作書數百篇

韓非五蠹曰。蒼頡之作書也。自環者謂之私。背私謂之公。說文八部云。自營爲厶。厶部背厶爲公。〔元圻案〕〔錢氏大昕曰〕古音營如環

宋元憲寶玩佩觿蘇晁不忘識字
漢惟子雲稱識字
爲文宜略識字
無事好看韻書
郭恕先佩觿義
夾漈譏說文虛設字
拘橐胖僕寺別隸
孫休曌龔自制字
梁四公造字命名

宋元憲寶翫佩觿〔全云〕郭忠恕作三篇。蘇文忠每出必取聲韻音訓文字置篋中。晁以道晚年日課識十五字。〔元圻案〕〔歐陽公歸田錄二〕宋丞相庠晚年尤精字學嘗手校郭忠恕佩觿三篇寶玩之〔邵博聞見後錄二十七〕李方叔云東坡每出必取聲韻音訓文字複置行篋中〔羅大經鶴林玉露十二〕西漢諸儒揚子雲獨稱識字韓文公云凡爲文者宜略識字則識字豈易乎哉晁景迂晚年日課識十五字楊誠齋云無事好看韻書〔李璧王介甫平甫歸飲詩注云〕晁景迂晚年嘗語人云日課識十五字景迂博學多識未見其比晚年衰病尚勤如此可以爲法也〔書錄解題小學類〕佩觿三卷國子周易博士洛陽郭忠恕恕先撰觿者所以解結也

夾漈。〔通志六書略五〕謂說文定五百四十類。爲字之母。然母能生。而子不能生。誤以子爲母者。二百十類。〔元圻案〕一下文云且如說文有句類生拘生鉤有卤類生㮚生粟有半類生胖生叛有業類生僕生蹼據拘當入手類鉤當入金類則句爲虛設㮚當入木類粟當入米類則卤爲虛設胖當入肉類叛當入反類則半爲虛設僕當入人類蹼當入臣類則業爲虛設蓋句也卤也半也業也皆子也子不能生是爲虛設此臣所以去其二百十而取其三百三十也

吳孫休自制名字。以命其子。武曌劉龑因之。〔因之閣本作及因〕皆字書所無。〔原注〕梁四公記亦然〔元圻案〕〔三國志吳孫休傳注〕吳錄載休詔曰孤今爲四男作名字太子名𩅦𩅦音如湖水灣澳之灣字䨻䨻音如迄今之迄次子名𩃬𩃬音如兕觥之觥字㒖㒖音如元礥首之礥次子名壾壾音如草莽之莽字㒒㒒音如舉物之舉次子名𡤧𡤧音如褒衣下寬大之褒字𤧃𤧃音如有所擁持之擁

三蒼有訓纂
滂喜

揃搣皆媙

此都不與世所用者同故抄舊文會合作之〔五代史南漢世家〕劉龑初名巖又更曰陟九
年白龍見南宮三清殿改元白龍又更名龑以應龍見之祥有胡僧言讖書滅劉氏者龑也龑
乃採周易飛龍在天之義爲龑字音儼以名焉〔唐書藝文志雜傳記類〕虞詵四公記一卷
一作梁載言〔太平廣記梁四公記云〕梁天監中有蜀闖䫻杰𤜶䶵仉督四公謁武帝帝見
之甚悅〔通鑑唐紀〕則天皇后天授元年鳳閣侍郎宗秦客改造天地等十二字以獻胡三
省註照爲曌天爲𠀑地爲埊日爲𡆠月爲囝星爲〇君爲𠁈臣爲𢘑人爲𤯔載爲𡕀年爲𠡦正
爲𤯓〔裴松之孫休傳注曰〕造無況之字制不典之音違明誥於前
修垂嗤騃於後代不亦異乎〔通志六書略五〕武后造字圀代國

隋志以蒼頡訓纂滂喜爲三蒼。說文繫傳以蒼頡

爰歷博學爲三蒼。并訓纂爲四篇。〔閻按〕三蒼之名以隋經籍志爲定蓋趙高所作爰
歷篇胡母敬作博學篇並於李斯蒼頡篇已久而不復可別識矣訓纂揚雄作滂喜賈魴作
〔集證〕〔玉海四十四〕元魏江式曰李斯破大篆爲小篆造蒼頡九章趙高造爰歷六章胡母
敬造博學七章後人分五十五章爲上卷至哀帝元壽中揚子雲作訓纂爲中卷和帝永元中
賈叔郎接記傍喜爲下卷故稱爲三蒼〔元圻案〕〔隋書經籍志六藝經緯類〕三蒼三卷郭
璞注秦相李斯作蒼頡篇漢揚雄作訓纂篇後漢郎中賈魴作滂喜篇故曰三蒼　玉海所引
江式語魏書北史本傳不載〔唐張彥遠法書要錄〕引梁庾元威論書云云正與此文同〔
張懷瓘書斷〕昔李斯作蒼頡篇趙高作爰歷篇胡母敬作博學篇漢興閭里書私合之總謂
蒼頡篇斷六十字爲一章凡五十五章至平帝元始中徵天下通小學者以百數各令記字於
未央庭中揚雄取其有用者作訓纂篇二十四章以纂續蒼頡也班固乃復續十三章和帝永
初中賈魴又撰異字取固所續而廣之爲三十四章用訓纂之末字以爲篇目故曰滂喜篇言
滂沱大盛凡百二
十三章文字備矣

急就篇。第十五章 沐浴揃搣寡合同。莊子外物篇。皆媙可

不字其李點讀法

李氏蒙求續蒙求

蒙求平上平去遞閒

六經六藝七經九經十二經

六經六緯意

以休老亦作揃搣。〔元圻案〕〔顏師古急就篇注〕揃搣謂鬄拔眉髮也蓋去其不齊整者寡合同者言其姸瀞少對偶也 〔厚齋急就篇補注曰〕莊子外物篇眥搣可以休老眥子斯反音咨亦作揃三蒼云揃猶翦也搣亦作摵說文字林云挑也 厚齋補註本陸德明莊子釋文

不字本方久反凡書之不字皆點入聲其字本音箕〔原注〕夜如何其 凡書之其字皆點平聲〔原注〕攻媿集〇〔元圻案〕〔樓大防攻媿集歐陽蘇二家家詩押韻序云〕叔祖字元應於六經句讀點法悉有定規如不字本方久切凡書之不字皆點入聲其字皆點平聲惟夜如何其則不點蓋本是以箕字而借爲其也

李瀚蒙求以平聲與上去入相間。〔原注〕近世續蒙求者不知此攻媿云 〔全云〕此註是正文 〔元圻案〕〔四庫全書總目類書類〕蒙求集注二卷晉李瀚撰瀚始末未詳考李匡乂資暇集稱宗人瀚作蒙求則亦李勉之族〔又五代史桑維翰傳〕稱初李瀚爲翰林學士好飲而多酒過晉高祖以爲浮薄當即其人也其注不著撰人名氏〔案〕〔陳振孫書錄解題曰〕補註蒙求徐子光撰 〔晁氏讀書志曰〕李瀚纂經傳善惡事實類者兩兩相比爲韻語取蒙卦童蒙求我之意以名其書蓋以教學童云 〔書錄解題類書類〕本朝蒙求三卷范鎮撰十七史蒙求一卷題王先生不著名氏或云王令也案此二書蓋卽攻媿所云近世之續蒙求者 〔集證〕按蒙求共七十五章章八句末一章四句前四十二章以平上平去平入相間後三十三章以平上去入相間

經說

六經始見於莊子天運篇。〔原注〕孔子曰治詩書禮樂易春秋六經 以禮樂詩書易春秋爲六藝始見於太史公滑稽列傳。〔原注〕孔子曰六藝

五經五緯爲十經
五經博士
四經象四時
四君
孔子藏書周室
周續之趙典通經
文翁遣相如受七經
谷那律爲九經庫
六藝以易爲原

於治一也〔案〕下云禮以節人樂以發和書以道事詩以達意易以神化春秋以道義或云七經。〔原注〕後漢趙典學孔子七經蜀秦宓謂文翁遣相如東受七經〔全云〕七經者蓋六經之外加論語東漢以後則加孝經而去樂或以六經六緯爲十二經。〔原注〕莊子天道篇或以五經五緯爲十經。〔原注〕南史周續之或云九經。〔原注〕〔釋文序錄〕易書詩周禮儀禮禮記春秋孝經論語〔唐谷那律傳〕九經庫始有九經之名樂經既亡。而有五經。自漢武立博士始也。〔全云〕景帝已以胡母子都爲春秋公羊博士而董子亦爲博士則景帝已置二博士矣　立五經博士在武帝建元五年邵子皇極經世定以易書詩春秋爲四經。猶春夏秋冬皇帝王伯。〔閻按〕吳文正謂經焚於秦而易獨存經出於漢而樂獨亡〔元圻案〕〔莊子天道篇〕孔子西藏書於周室子路謀曰由聞周之徵藏史有老聃者免而歸居試往因焉往見而老聃不許於是繙十二經以說老聃〔陸氏釋文〕十二經者六經加六緯一說云易上下經幷十翼爲十二又一云春秋十二公經也〔南史周續之傳〕豫章太守范甯於郡立學招集生徒續之年十二詣甯受業數年通五經五緯號十經名冠同門稱爲顏子〔後漢書趙典傳〕典字仲經蜀郡成都人也博學經書弟子自遠方至〔注〕謝承書曰典學孔子七經河圖洛書靡不貫綜〔三國志蜀秦宓傳〕宓與王商書曰蜀本無學士文翁遣相如東受七經還教吏民於是蜀學比於齊魯〔唐書儒學傳〕谷那律魏州昌樂人淹識羣書褚遂良嘗稱爲九經庫〔邵子觀物內篇四〕觀春則知易之所存乎觀夏則知書之所存乎觀秋則知詩之所存乎觀冬則知春秋之所存乎注易者三皇之事業也三皇之時如春書者五帝之事業也五帝之時如夏詩者三王之事業也三王之時如秋春秋者五伯之事業也五伯之時如冬

漢藝文志云。六藝之文。樂以和神。仁之表也。詩以

五經合五常

文帝置一經博士 漢置博士先後 傳記博士 五經傳受諸人

正言義之用也。禮以明體。故無訓。書以廣聽。知之術也。春秋以斷事。信之符也。五者蓋五常之道。相須而備。而易為之原。白虎通五經篇云。有五常之道。故曰五經。樂仁。書義。禮禮。易智。詩信也。二說不同。然五經兼五常之道。不可分也。〔元圻案〕〔白虎通五經篇〕經所以有五何經常也有五常之道故曰五經樂仁書義禮禮易智詩信也人情有五性懷五常不能自成是以聖人象天五常之道而明之以教人成其德也

後漢翟酺曰。文帝始置一經博士。〔閻按〕今本作五此云一於事則合於文則改〔何云〕非改也今所見者誤本耳〔案〕〔翟酺傳〕初酺之為大匠上言孝文皇帝始置五經博士章懷注武帝建元五年始置五經博士文帝之時未遑庠序之事酺之此言未知何據豈唐時本已誤一為五耶孜之漢史。文帝時。申公〔閻按〕此出楚元王傳韓嬰。皆以詩為博士。〔原注〕所謂魯詩韓詩五經列于學官者。唯詩而已。景帝以轅固生〔閻本〕脫生字為博士。〔原注〕所謂齊詩而餘經未立。武帝建元五年春。初置五經博士。見武帝紀儒林傳贊曰。武帝立五經博士。書唯有歐陽。禮后。易楊。春秋

漢熹平至宋七石經
衞恆祖得古文邯鄲
晉石經未成
唐石壁九經
毋昭裔捐俸琢石
宋石經分隸諸人
後蜀石經闕唐諱

公羊而已立五經而獨舉其四。蓋詩已立於文帝時。今并詩爲五也。〔閻按〕〔孟子題辭〕孝文皇帝欲廣遊學之路論語孝經孟子爾雅皆置博士後罷傳記博士獨立五經而已朱子謂此事在漢書無攷余謂劉歆移太常博士書云孝文皇帝初出屋壁詩始萌芽天下衆書往往頗出皆諸子傳說猶廣立於學官爲置博士非岐說之所本乎第史文不備耳〔全云〕據儒林傳則張生歐陽生並受業於伏生而張生爲博士歐陽生未得爲博士也歐陽生之曾孫高始爲博士夏侯氏則出張生者〔元圻案〕〔漢書藝文志〕易楊氏二篇名何字叔元菑川人書歐陽章句三十一卷歐陽說義二篇不著其名〔案〕〔儒林傳〕歐陽生字和伯千乘人也事伏生授倪寬寬授歐陽生子世世相傳至曾孫高子陽高孫地餘長賓由是尚書世有歐陽氏學又志曰漢興魯高堂生傳士禮十七篇訖孝宣世后蒼最明戴德戴聖慶普皆其弟子〔儒林傳〕后蒼字近君東海郯人也事夏侯始昌始昌通五經蒼亦通詩禮又曰蒼說禮數萬言號曰后氏曲臺記又志曰春秋公羊傳十一卷公羊子齊人師古曰名高〔儒林傳〕轅固齊人也以治詩孝景時爲博士韓嬰燕人也孝文時爲博士

石經有七。漢熹平則蔡邕。魏正始則邯鄲淳。〔全云〕正始石經不出邯鄲淳之筆詳見衞恆筆勢攷〔又云〕晉史則云稽康所書晉裴頠。唐開成。中唐元度。後蜀孫逢吉等。本朝嘉祐中。楊南仲等。中興高廟御書。〔原注〕後蜀石經於高祖太宗諱皆缺畫唐之澤深矣〔集證〕〔玉海四十三〕紹興十三年二月內出御書左氏春秋又史記列傳宣示館職六月內出御書周易既而尚書委知臨安府張澄列石頒諸州學十四年正月出御書尚書十月出毛詩十六年五月又出御書春秋左傳又書論語孟子皆刊石立於大學首善閣及大成殿後三禮堂之廊廡〔元圻案〕〔後漢書蔡邕傳〕邕以經籍去聖久遠文字多謬俗儒穿鑿疑誤後學熹平四年乃與五官中郎將堂谿典光祿大夫楊賜諫議大夫馬日磾議郎張馴韓說太史令單颺等奏求正定

張參詳定五經刊壁

六經文字靈帝許之邕乃自書丹於碑使工鐫刻立於太學門外於是後儒晚學咸取正焉〔一註〕引洛陽紀碑有尚書周易公羊傳禮記論語實五經　〔晉書衛恆傳〕恆善草隸書爲四體書勢曰魏初傳古文者出於邯鄲淳恆祖敬侯寫淳尚書後以示淳而淳不別至正始中立三字石經轉失淳法因科斗之名遂效其形　〔魏書江式傳〕式上表言魏初邯鄲淳特善倉雅許氏字指八體六書精究閑理又建三字石經於漢碑之西　〔晉書裴頠傳〕頠字逸民博學稽古時天下暫寧頠奏修國學刻石寫經　〔國朝萬斯同季埜石經考云〕觀漢世石經刱始於熹平四年乙卯告成於光和六年癸亥實歷九年之久則當裴公時晉主尸位海內大亂其事之未成可知矣〔愚按〕〔裴頠傳〕奏刻石寫經在楊駿旣誅之後駿之誅在永平元年辛亥頠之被害在永康元年己未相距九年內憂外患迄無寧歲爲而未成爲得其實　〔舊唐書文宗本紀〕開成二年冬十月宰臣判國子祭酒鄭覃進石壁九經一百六十卷時上好文覃遂奏置五經博士依後漢蔡邕刊碑立於太學刱立石壁九經諸儒校正譌謬上又令翰林勒字官唐元度覆校字體　〔宋范成大石經始末記〕按趙清獻公成都記僞蜀相毋昭裔捐俸金取九經琢石于學宮而或又云毋昭裔依太和舊本令張德釗書國朝皇祐中田元均補刻公羊穀梁二傳然後十二經始全至宣和間席文獻又刻孟子書參焉孝經論語爾雅廣政

廣政蜀後主僞號甲辰歲張德釗書周易辛亥歲楊鈞孫逢吉書尚書周德正書周禮孫朋吉書毛詩禮記儀禮張紹文書左氏傳不誌何人書而詳觀其字畫亦必爲蜀人所書　〔萬氏斯同石經考載宋史趙克繼傳〕克繼秦王廷美曾孫善楷書尤工篆隸仁宗時詔與朝臣分隸石經〔謝餟傳〕餟字不疑丹陽人舉進士爲上元主簿會國子監立石經以餟善隸召爲直講〔宣和書譜章友直傳〕友直字伯益閩人工玉箸篆法嘉祐中與楊南仲篆石刻于國子監時人稱之〔宋史藝文志〕楊南仲石經七十五卷按宋代石經不大彰於世或疑其未必成書何當時稱述者寥寥耶　〔歐陽集古錄韓城鼎銘載楊南仲曰〕馮披有得鼎韓城者摹其款識于石樂安公以南仲職典書學命繹其字嘉祐壬寅冬十月太常博士知國子監書學豫章楊南仲識　〔晁氏讀書志云〕後蜀石經凡孟氏未叛唐時所刻於唐諱闕書僭位以後則不闕

唐儒學傳序。文宗定五經。鑱之石。張參等是正訛文。按文粹。七十二劉禹錫國學新修五經壁記云初大歷代宗四年改元中。名儒張參爲司業始詳定五經。書于論堂東西廂之壁序以參爲文宗時誤矣參所定乃書於壁非鑱石也。[閻按]今關中唐時石刻張參五經文字具在南渡後榷場中無搨本故厚齋未之見耳[全云]深寧特詳張參作書時乃刊壁非鑱石耳蓋以正儒學傳序之謬非不見陝本也[又云]宋時石經貴蜀本而賤陝本故學宮及儲藏家皆蜀本不特南渡後榷場無陝本也[又云]陝本石經有論語無孟子陝本在金時嘗補之但整完其殘闕非竟失數經而補之也[又云]蜀本今難得予僅見毛詩殘闕一本繼序按陝本原無孟子近日曲沃賈撫軍始補之賈撫軍名漢復康熙七年事舊史文宗紀二云開成二年十月癸卯宰臣判祭酒鄭覃。進石壁九經一百六十卷。[案][舊唐書鄭覃傳]覃故相瑀瑜之子長於經學稽古守正累遷尚書右僕射同平章事開成初奏起居郎周墀水部員外郎崔球監察御史張次宗禮部員外郎孔溫業等校定九經文字旋令上石會要載是年八月覆定石經字體官唐元度狀今所詳覆多因司業張參五經字爲準。藝文志唐書參有五經文字三卷元度有九經字樣一卷文宗時是正訛文乃元度非參也。[元圻案][書錄解題總集類]唐文粹一百卷兩浙轉運使合

發冢求詩書

肥姚鉉寶臣撰鉉太平興國八年進士第三人〔又正史類〕唐書二百卷五代晉宰相涿郡劉昫等撰〔又典故類〕唐會要一百卷司空平章事晉陽王溥齊物撰〔又經解類〕五經文字三卷唐國子司業張參撰大歷中刻石長安太學〔唐元度九經字樣序表曰〕大歷中司業張參撰衆字之繆著爲定體號曰五經文字臣今參詳頗有條貫傳寫歲久或失舊規今刪補冗漏一以正之又於五經文字本部之中採其疑誤舊未載者撰成新加九經字樣一卷凡十六部四百二十一文

皇覽冢墓記曰。漢明帝時。公卿大夫諸儒八十餘人。論五經誤失。符節令宋元上言。秦昭王與呂不韋好書。皆以書葬。王至尊。不韋久貴。冢皆以黃腸題湊。處地高燥未壞。臣願發昭王不韋冢視未燒詩書。見太平御覽五百六十 愚謂儒以詩禮發冢。莊子譏假經以文姦者爾。乃欲發冢以求詩書。漢儒之陋至此。〔閻按〕嘗持論此舉未行秦漢後遂不獲見六經全文爲終古之恨頗爲世人所怪 昭襄王葬芷陽〔括地志云〕在雍州藍田縣西六里不韋冢〔皇覽云〕在河南洛陽北邙道西大冢是〔魏地形志云〕在陽翟縣恐非○〔元圻案〕〔史記索隱曰〕皇覽書名也記先代冢墓之處宜皇王之省覽故曰皇覽是魏人王象繆襲等所撰〔漢書霍光傳注〕蘇林曰以柏木黃心致累棺外故曰黃腸木頭皆內向故曰題湊〔劉更生諫成帝起昌陵疏曰〕秦惠文武昭嚴襄五王皆大作邱壟多其瘞藏咸盡發掘暴露甚足悲也然則昭王冢在西漢時已遭發掘矣何因明帝時尚有此論皇覽之言似非實錄閻氏所引皇覽語見史記裴駰集解〔莊子外物〕儒以詩禮發冢大儒臚傳曰東方作矣事之若

書必博見

根株注脚六經注我

虞溥學誥

何小儒曰未解裙襦口中有珠〔郭象注曰〕詩禮者先王之陳迹也苟非其人道不虛行故夫儒者乃有用之爲姦則迹不足恃也

歐陽文忠公筆說云安昌侯張禹曰書必博見然後識其真僞當攷所出〔元圻案〕〔歐陽公筆說曰〕學書當自成一家其模倣他人謂之奴書〔安昌侯張禹曰〕書必博見然後識其真僞余實見書之未博者　此條似不當入經說

艾軒云日用是根株文字是注脚此即象山六經注我之意蓋欲學者於踐履實地用功不但尋行數墨也〔元圻案〕〔林艾軒與楊龜山之孫次山書曰〕古人之所言皆求之日用日用是根株文字是注脚須見得日用處注脚自可曉〔陸象山語錄曰〕學苟知本六經皆我注脚或問先生何不著書曰六經注我我注六經

虞溥厲學〔闇按〕〔晉虞溥傳〕學徒既至溥乃作誥以獎訓之厲學當名曰學誥曰聖人之道淡而寡味故學者不好也及至朞月所觀彌博所習彌多日聞所不聞日見所不見然後心開意朗敬業樂羣忽然不覺大化之陶己至道之入神也學者不患才不及而患志不立任子曰學所以

聖人述史爲經
六籍有經有史

書義如真珠船

古人皆手寫經史

治己教所以治人不勤學無以爲智不勤教無以爲仁。任子語見太平御覽六百十三愚謂此皆天下名言學者宜書以自儆〔方樸山云〕此學而時習之一章義疏〔元圻案〕〔晉書虞溥傳〕溥字允源高平昌邑人也除鄱陽內史大脩庠序廣招學徒乃作誥以獎訓之云云〔又曰〕積一勺以成江河累微塵以崇峻極匪志匪勤理無由濟也諸生若絕人間之務心專親學累一以貫之積漸以進之則亦或遲或速或先或後耳何滯而不通何遠而不至耶〔隋書經籍志道家〕任子道論十卷魏河東太守任嘏撰〔金樓子戒子曰〕任嘏每獻忠言輒手懷草自在禁省歸書不封何其美乎

文中子。王道篇言聖人述史三焉書詩春秋三者同出於一。陸魯望復友生論文書謂六籍之中有經有史禮〔文粹〕載此書無禮字詩易爲經書春秋實史耳。〔原注〕禹皋陶之賡歌五子之歌皆載於書則詩與書一也文中子之言當矣○〔元圻案〕〔唐書隱逸傳〕陸龜蒙字魯望少高放通六經大義居松江甫里時謂江湖散人或號天隨子甫里先生後以高士召不至〔唐文粹載其復友生論文書曰〕記言記事參錯前後曰經曰史未可定其體也〔案〕〔經解〕則悉謂之經區而別之則詩易爲經書與春秋實史耳

王儆之云觀書每得一義如得一真珠船見陸農師詩注。〔元圻案〕陸農師佃和孫勉教授詩仲舒玉杯足瑕類中散珠船不光彩自註云中散謂王微之

古未有板本好學者患無書桓譚新論謂梁子初

板本始唐末益州後唐九經鏤本巾箱中五經

楊子林所寫萬卷至於白首（此條所引見太平御覽六百十九）南齊沈驎士年過八十手寫細書滿數十篋梁袁峻自寫書課日五十紙抱朴子所寫反覆有字金樓子謂細書經史莊老離騷等六百三十四卷在巾箱中後魏裴漢借異書躬自錄本（〔閣按〕後魏書無裴漢當作後周）其勤與編蒲緝柳一也國史藝文志唐末益州始有墨板多術數字學小書（〔閣按〕考之册府元龜吳蜀皆有之蜀中始有板本文選亦見王明清揮麈錄）後唐詔儒臣田敏校九經鏤本于國子監國初廣諸義疏音釋令孔維邢昺讎定頒布

〔元圻案〕〔後漢書桓譚傳〕譚字君山沛國相人也初譚著書言當世行事二十九篇號曰新論上書獻之世祖善焉〔南齊書高逸傳〕沈驎士字雲禎吳興武康人也好學不倦遭火燒書數千卷驎士年過八十耳目猶聰明以火故抄寫火下細書復成二三千卷滿數十篋時人以爲養身靜嘿之所致也〔梁書文學傳〕袁峻字孝高陳郡陽夏人好學家貧無書每從人假借必皆抄寫自課日五十紙紙數不登則不休息〔晉葛洪抱朴子自敘篇〕抱朴子者姓葛名洪字稚川丹陽句容人也遭兵火先人典籍蕩盡乃負笈徒步行借就營田園處以柴火寫書常乏紙每所寫反覆有字〔金樓子聚書篇〕聚得細書周易尚書周官儀禮禮記毛詩春秋各一部又使孔昂寫得前漢後漢史記三國志晉陽秋莊子老子肘後方離騷等合六百三十四卷悉在

傅咸七經詩
皆集句
王羲之寫七
經詩

一巾箱中書極精細〔周書裴寬傳〕寬弟漢字仲買聰敏好學借人異書必躬自錄本至於疹疾彌年亦未嘗釋卷〔宋史田敏傳〕敏鄒平人後唐天成中奉詔與馬縞等同校九經〔南史衡陽王傳〕蕭鈞字宣禮高帝第十一子嘗手寫五經置巾箱中賀玠問曰殿下家自有墳索何須蠅頭細書答曰巾箱中有五經檢閱既便且更手寫永不忘諸王效之巾箱五經自此始〔唐書柳仲郢傳〕嘗手鈔六經司馬遷班固范蔚宗史皆一鈔魏晉及南北朝史再鈔又類所鈔書凡三十篇號柳氏自備〔朱子曰〕今人讀書苟簡者緣書皆有印本多耳東坡作李氏山房藏書記彼時書猶難得

春秋正義云。傅咸爲七經詩。王羲之寫。〔案〕〔昭二十六年左傳咸黜不端正義曰〕諸本咸或作減王肅云咸皆也傳咸爲七經詩其左傳詩有此句王羲之寫亦作咸杜本當然 今按藝文類聚初學記。載傅咸周易。毛詩。周官。左傳。孝經。論語。詩。皆四言而闕其一。〔集證〕〔初學記文學部載傅咸周易詩曰〕卑以自牧謙尊而光進德脩業既有典常輝光日新照于四方小人勿用君子道長〔毛詩曰〕無將大車維塵冥冥濟濟多士文王以寧顯允君子大猷是經聿脩厥德令終有俶勉爾遯思我言維服盜言孔甘其何能淑讒人罔極有靦面目〔周官曰〕惟王建國設官分職進賢興功取諸易直除其不蠲無敢反側以德詔爵允臻其極辨其可任以告于正掌其戒禁治其政令各修乃職以聽王命〔左傳曰〕事君之禮敢不盡情敬奉德義樹之風聲昭德塞違不隕其名死而利國以爲己榮茲心不爽忠而能力不爲利諂古之遺直咸黜不端勿使能植〔孝經曰〕立身行道始于事親上下無怨不敢惡人孝無終始不離其身三者備矣以臨其民以孝事君不離令名進思盡忠不義則爭匡救其惡災害不生孝悌之至通於神明〔論語曰〕守死善道磨而不磷直哉史魚可謂大臣見危授命能致其身克己復禮學優則仕富貴在天爲仁由己以道事君死而後已○〔元圻案〕〔明楊升菴曰〕此乃集句之始〔晉書傅咸傳〕咸字長虞北地泥陽人也剛簡有大節風格峻整好屬文論潁川庾純常歎曰長虞之

康成注禮引緯說　河洛七緯篇數七　七經緯諸名　緯候起於哀平　光武時信緯爲內學　秦苻堅魏孝文焚緯　李尋以緯說王根　宋隋禁收讖緯　讖與緯有別　歐陽請刪疏中讖

文近乎詩人之作矣官司隸校尉謚曰貞

鄭康成註二禮。（閻按）二禮亦謂周禮禮記引易說書說樂說春秋說禮家說孝經說皆緯候也河洛七緯合爲八十一篇河圖九篇洛書六篇又別有三十篇七經緯三十六篇。（集證）（隋經籍志）河圖九篇洛書六篇云自黃帝至周文王所授本文又三十篇云自初起至於孔子九聖之所增演以廣其意又七緯三十六篇並云孔子所作合爲八十一篇（後漢張衡傳）河洛六藝篇錄已定（注）引衡集上事云河洛五九六藝四九謂八十一篇也易緯（何云）凡六稽覽圖。乾鑿度。坤靈圖。通卦驗。是類謀。辨終備。書緯（何云）凡五璇璣鈐。考靈曜。刑德放。帝命驗。運期授。詩緯（何云）凡三推度災。氾歷樞。含神務。禮緯（何云）凡三含文嘉。稽命徵。斗威儀。樂緯（何云）凡三動聲儀。稽耀嘉。汁圖徵。孝經緯（何云）凡二援神契。鉤命決。春秋緯（何云）凡十三演孔圖。元命包。文耀鉤。運斗樞。感精符。合誠圖。攷異郵。保乾圖。漢含孳。佑助期。握誠圖。潛潭巴說題辭。以上七經緯見後漢書方術樊英傳注又有尚書中候。論語讖。在七緯之外。〔集證〕〔太平御覽總目〕內又有書緯帝驗期禮緯稽命耀春秋緯命歷序孝經緯左方契威嬉拒等皆七緯所無按李尋有五經六緯之言。蓋起於哀平。張衡謂圖讖成於哀平之際至光武篤信之。諸儒習爲內學。隋焚其書。今唯易緯存焉。正義多引讖緯。歐陽公欲取九經之疏。刪去讖緯之文。使學者不爲怪異之言惑亂。然後經義純一。其言不果行。〔何云〕〔魏書〕孝文帝太和元年春正月戊寅詔圖讖祕緯及名爲孔子閉房記者一皆焚之留者以大辟論至隋而江左之緯書皆盡〔全云〕先乎魏孝文者有秦苻堅〔元圻案〕〔漢書李尋傳〕尋字子長平陵人治尚書好洪範災異又學天文月令陰陽曲陽侯王根厚遇尋廼說根曰書云天聰明蓋言紫宮極樞通位帝紀太微四門廣開大道五經六緯尊術顯士云云〔注〕孟康曰六緯五經與樂緯也　後漢書張衡傳初光武善讖及顯宗肅宗因祖述焉〔桓譚傳〕譚言讖之非經帝大怒曰桓譚非聖無法〔隋書經籍志〕宋大明中始禁圖讖及高祖受禪禁之愈切煬帝即位乃發使收天下書籍與讖緯相涉者皆焚之自是無復其學四庫全書於永樂大典中錄出易緯七種附於易類之後〔案曰〕儒者多稱讖緯其實讖是讖緯是緯非一類也讖者詭爲隱語預決吉凶〔史記秦本紀〕稱盧生奏錄圖書之語是其始也緯者經之支流衍及旁義〔史記自序〕引易失之毫釐差之千里〔漢書蓋寬饒傳〕引易五帝官天下三王家天下註者均以爲易緯之文是也蓋秦漢以來去聖日遠儒者推闡論說各自成書與經原不相比附如伏生尚書大傳董仲舒春秋陰陽核其文體即是緯書特以顯有主名故不能託諸孔子其他私相撰述漸雜以術數之言既不知作者爲誰因附會以神其說迨

經疏有好有次經注有行有不行

讀經未盡皆古人讀經好高多躐等

彌傳彌失又益以妖妄之辭遂與讖合類謂之內學河洛之書謂之靈篇胡應麟亦謂讖緯二書雖相表裏而實不同則緯與讖別前人固已分析之後人連類而譏非其實也〔歐陽公請刪正義中讖緯劄子曰〕唐太宗始詔名儒撰定九經之疏號爲正義然其所載既博所擇不精多引讖緯之書以相雜亂怪奇詭僻所謂非聖之書異乎正義之名也臣欲乞特詔名儒學官悉取九經之疏刪去讖緯之文云云〔呂氏雜記下云〕時執政者不甚主張之事竟不行

朱文公語類謂五經疏周禮最好詩禮記次之書易爲下愚考之隋志王弼易孔安國書至齊梁始列國學故諸儒之說不若詩禮之詳實〔閻按〕朱子又謂儀禮疏不甚分明余謂左氏疏雖詳亦略〇〔元圻案〕〔隋書經籍志〕易梁陳鄭元王弼二注列於國學齊代唯傳鄭義至隋王注盛行鄭學浸微書孔安國之傳齊建武中始列國學梁陳所講有孔鄭二家齊代唯傳鄭義至隋孔鄭並行而鄭氏甚微

司馬文正論風俗劄子曰新進後生口傳耳剽讀易未識卦爻已謂十翼非孔子之言讀禮未知篇數已謂周官爲戰國之書讀詩未盡周南召南已謂毛鄭爲章句之學讀春秋未知十二公已謂三傳可束之高閣〔方樸山云〕皇甫持正云讀詩未有劉長卿一句已呼阮籍爲老兵矣筆語未有駱賓王一字已罵宋玉爲罪人矣書字未識

孔子向北辰告經備

孔子爲素王元聖

偏旁高談稷契讀書未知句度下視伏鄭司馬公語意本此朱文公曰。近日學者。病在好高。論語未問學而時習。便說一貫。孟子未言梁惠王問利。便說盡心。易未看六十四卦。便讀繫辭。此皆躐等之病。〔何云〕溫公以記誦言朱子以爲學言元人道學儒林之陋溫公豈徒記誦者〔全云〕何氏蓋溺於〔元圻案〕〔游定夫與友人帖曰〕不能博學詳說而遽欲反約不能文章而遽欲聞性與天道猶之欲立數仞之牆而浮埃聚沫以爲基締兮綌兮而欲溫吸風飲露而欲飽無是理矣

宋符瑞志云。孔子齋戒。向北辰而拜。告備于天曰。孝經四卷。春秋河洛。凡八十一卷。謹已備矣。〔原注〕見援神契是以聖人爲巫史也。緯書謬妄。而沈約取之。無識甚矣。〔何云〕宏詞人乃有此言〔集證〕〔太平御覽五百四十二引孝經援神契云〕孔子制作孝經使七十二子向北辰磬折曾子抱河洛事北向孔子簪縹筆衣絳單衣向北辰而拜云云〔元圻案〕〔梁書沈約傳〕約字休文吳興武康人也博通羣籍著宋書百卷

家語。齊太史子餘歎美孔子云。天其素王之乎。素空也。言無位而空王之也。董仲舒對策云。見素王之文。賈逵春秋序云。立素王之法。鄭元六藝

論云自號素王盧欽公羊序云制素王之道以上諸說俱見春秋序正義皆因家語之言而失其義〔案〕〔正義曰〕彼子餘美孔子之深原上天之意故爲此言耳非是孔子自號爲素王先儒蓋因此而謬所謂郢書燕說也莊子天地篇云元聖素王之道祥符中謚孔子爲元聖後避聖祖名改至聖〔方樸山云〕康成未見家語

自漢儒至於慶曆間宋仁宗十九年辛巳改元慶曆談經者守訓故而不鑿七經小傳出〔何云〕劉原父作而稍尚新奇矣至三經義行視漢儒之學若土梗〔集證〕〔晁氏讀書志〕七經小傳三卷劉敞原甫撰七經者毛詩尚書公羊周禮儀禮禮記論語也元祐史官謂慶歷前學者尚文辭多守章句註疏之學至敞始異諸儒之說後王安石修經義蓋本于敞公武觀原甫說伊尹相湯伐桀升自陑之類經義多勦取之史官之言不誣

古之講經者執卷而口說未嘗有講義也元豐間宋仁宗十一年戊午改元元豐陸農師在經筵始進講義自時厥後上而經筵下而學校皆爲支離曼衍之詞說者徒以資口耳聽者不復相問難道愈散而習愈

以姦言進經幄

薄矣。陸務觀曰。唐及國初學者不敢議孔安國。鄭康成。況聖人乎。自慶歷後。諸儒發明經旨。非前人所及。然排繫辭。〔閻案〕謂歐陽公永叔毀周禮。〔按〕謂歐陽永叔蘇軾轍疑孟子。〔按〕謂李覯司馬光〔方樸山云〕甚有鄭友之藝圃折衷〔全云〕又有晁說之〇〔案〕實刱始於王充之刺孟譏書之胤征顧命。〔按〕謂蘇軾黜詩之序。〔按〕謂晁說之全云又有鄭樵不難於議經。況傳注乎。斯言可以箴談經者之膏肓。〔閻按〕〔陸佃傳〕崇政殿說書進講周官神宗稱善始命前一夕進稾孫游渭南集按實錄元祐五年二月邇英殿閣講畢無逸篇詔詳錄所講以進今後具講義次日別進是哲宗又嘗申命之講義果始農師矣〔方樸山云〕農師自是學者雖爲王氏學而遠勝程門

西山先生大學衍義後序。謂有進姦言於經幄者。嘗以問西山之子仁甫。答云講易乾之文言知進退存亡爲姦言以罔上。〔全云〕時袁正肅公蒙齋言其鄉衮老當歸政于是小人有講進退存亡之說而巧留之者〔元圻案〕〔真西山集有得聖語申省狀曰〕某奏昨來權臣皆是欺罔陛下是時講筵官亦爲欺罔之言臣記得一日講官講易輒爲姦言云云臣是時深不能平欲闢之又恐紛爭於陛下之前有傷事體

書亡秦誓詩亡魯頌禮亡魯郊禘秦僭時樂亡肆夏雍徹

三年通一經

秦有誓而書亡。魯有頌而詩亡。魯郊禘秦僭時〔案史記六國表序〕秦襄公始封爲諸侯作西時用事上帝僭端見矣而禮亡。大夫肆夏三家雍徹而樂亡。〔何云〕秦誓魯頌孔子存之于經安得謂詩書由此而亡哉魯頌猶可曰孔子魯臣不容不存若秦則何所回互是未可輕於立論〔全云〕存於經者正以見詩書之由此而亡

法言寡見篇曰。古之學者耕且養三年通一經。藝文志曰古之學者耕且養三年而通一藝蓋劉歆七略取法言之語。

困學紀聞注卷八

天去地道里
七衡六間相去
二至二分相距
南北東西四隅相去
晷儀千里差一寸
天門地戶
二十八宿相距
天行里數

困學紀聞注卷九

餘姚翁元圻載青輯

天道

三五曆紀。〔案〕〔唐書藝文志雜史類〕徐整三五曆紀二卷天去地九萬里。〔見藝文類聚一〕淮南子〔天文訓〕以爲五億萬里春秋元命包陽極於九周天〔周天上今本有故字〕八十一萬里洛書甄曜度。〔本文有凡周天三百六十五度四分度之一句不宜漏引〕一度千九百三十二里天地相去十七萬八千五百里。〔後漢書王符傳注〕引洛書甄曜度無天地相去十七萬八千五百里十二字孝經援神契。周天七衡六間。相去萬九千里。〔太平御覽無里字〕八百三十三里三分里之一。合十一萬九千里。從內衡以至中衡中衡以至外衡各五萬九千五〔據周髀疑脫一百字〕里。〔見太平御覽一〕〔周髀算經〕七衡周而六間以當六月節六月爲百八十二日八分日之五君卿注節六月者從冬至至夏至日百八十二日八分日之五爲半歲六月節者謂中氣也不盡其日也〔又曰〕是故一衡之間萬九千八百三十三里三分里之一卽爲百步君卿注此數夏至冬至相去十一萬九千里以六間除之得矣法與餘分皆半之〔又曰〕春分秋分日在中衡春分以往日益北五萬九千五百里而夏至秋分以往日益南五萬九千五百里而冬至〔周髀音義〕七衡者七規也謂規爲衡者取其衡運則生規規者正圓之謂也六間兩衡相去之間也闕令內傳天地南午北子相去九千萬里東卯西酉亦九千萬里四隅空相去九千萬里天去地四十千萬里天有五億五萬五千五百五十里地亦如之各以四海爲脉（見太平御覽二）論衡（說日篇）天行三百六十五度積凡七十三萬里天去地六萬餘里靈憲（後漢張衡撰）自地至天一億萬六千二百五十里垂天之晷薄地之儀皆千里而差一寸（〔後漢天文志注〕引張衡靈憲曰八極之維徑二億三萬二千三百里南北則短減千里東西則廣增千里自地至天半於八極則地之深亦如之通而度之則是渾已將覆其數用重鉤股懸天之景薄地之儀皆移千里而差一寸得之與此文不同王氏所引蓋據太平御覽）周髀天離地八萬里冬至之日雖在外衡常出極下地上二萬里周禮疏按考靈曜從上臨下八萬里天以圓覆地以方載河圖括地象西北爲天門東南爲地戶天門無上地戶無下（〔周髀注〕天不足西北是天門地不滿東南是地戶）極廣長南北二億

三萬一千今本周禮疏作三千引括地象亦云三千〔周髀注〕五百里。東西二億二萬三千里。〔周髀注〕引作二億二萬三千五百里廣雅釋天天圜南北二億三萬三千五百里七十五步東西短減四步周六億十萬七百里二十五步。從地至天億一萬六千七百八十七里半。下度地之厚與天高等。天度二云。東方七宿七十五度。南方七宿百一十二度。西方七宿八十度。北方七宿九十八度四分度之一。四方三百六十五度四分度之一。度二千九百三十二里。二十八宿間相距積百七萬九百一十三里。徑三十五萬六千九百七十里。以上皆周禮大司徒職正義所引之文〔廣雅〕天圜作天圜闊又案天圜闊至天高等一段言天度也東方七宿以下言宿度也天度二云當作宿度二云王氏引正義而未正其誤月令正義考靈曜二云。一度二千九百三十二里千四百六十一分里之三百四十八。〔何云〕句讀未詳〔程易田云〕某分里之某句讀甚明白而義門云句讀未詳蓋不知古人紀數命分之句周天百七萬一千里是天圜周之里數也以圜三徑一言之直徑三十五萬七千里此二十八宿周迴直徑之數也然二十八宿之外上下東西各有萬五千里是謂四遊之極謂之四表（周髀曰）欲知北極樞璿周四極以夏至夜半時北極南遊所極冬至夜半時北遊所極冬至日加酉之時西遊所極據四表之內并星宿內總三十八萬七千里天之中央上下正半之處一十九萬三千五百里地在於中是地去天之數也安定胡先生周易口義云南極入地下三十六度北極出地上三十六度狀如依杵此天形也（晉書天文志上）吳時中常侍王蕃傳劉洪乾象歷依其法而制渾儀立論考度曰周天三百六十五度五百八十九分度之百四十五半覆地上半覆地下其二端謂之南極北極北極出地三十六度南極入地三十六度兩極相去一百八十二度半彊一晝一夜之間凡行九十餘萬里人一呼一吸謂之一息一息之間天行八十餘里人之一晝一夜有一

天起牽牛地起畢昴日月權輿星紀

萬二千六百餘息。是故一晝一夜。而天行十九餘萬里。安定之說周易義海撮要朱子語錄釋天行健取之〔元史〕〔伯璿論天地云〕胡氏云一息天行八十里則萬三千六百息當有一百八萬八千里今但云天行九十餘萬里豈一時計算之未審耶抑後人傳寫之有誤耶致堂胡氏。讀史管見謂天雖對地而名。未易以智識窺。規非地爲〔何云〕闊校地下無爲字有方所可識之比也。〔元圻案〕〔隋書經籍志雜傳類〕關令內傳一卷鬼谷先生撰〔晉書天文志〕上周髀者卽蓋天之說也其本庖犧氏立周天歷度其所傳則周公受於殷商周人志之故曰周髀〔四庫全書總目天文算法類〕周髀算經二卷音義一卷案隋志天文類首列周髀一卷趙嬰注又一卷甄鸞重述是書內稱周髀長八尺夏至之日晷一尺六寸蓋髀者股也於周地立八尺之表以爲股其影爲勾故曰周髀其首章周公與商高問答實勾股之鼻祖舊本題云漢趙君卿注其自敘稱爽蓋卽君卿之名然則隋志之趙嬰殆卽趙爽之訛歟〔又小學類廣雅十卷〕魏張揖撰揖字稚讓清河人太和中官博士其書因爾雅舊目博採漢儒箋注及三蒼說文諸書以增廣之於揚雄方言亦備載無遺隋秘書學士曹憲爲之音釋避煬帝諱改名博雅故至今二名並稱實一書也〔宋王偁東都事略〕胡瑗字翼之泰州如皋人以布衣論樂拜校書郎嘉祐中遷太子中允充天章閣待講以太常博士致仕

河圖括地象二。云天左動起於牽牛。地右動起於畢。見周禮大司徒疏尸子二。云天左舒而起牽牛。地右闢而起畢昴。〔原注〕爾雅注牽牛斗者日月五星之所終始故謂之星紀〇〔元圻案〕尸子說見太平御覽三十七郭璞注見釋天〔邵氏正義曰〕左傳疏引孫炎云星紀日月五星之所終始也故謂之星紀郭注本孫炎逸周書周月解云日月俱起於牽牛之初右回而行月周天進一次而與日合宿日行月一次而周天歷會於十有二辰終而復始是謂日月權輿〔漢書律歷

水浮天載地
水輪風輪虛
空
剛風大氣

志云斗綱之端指牽牛之初以紀日月故曰星紀

楊倞注荀子云天無實形地之上空虛者盡皆天也其說本於張湛列子注謂自地而上則皆天矣故俯仰喘息未始離天也〔元圻案〕楊倞注見荀子不苟篇張湛注見列子天瑞篇〔陳振孫曰〕楊倞唐大理評事張湛字處度晉光祿勳

黃帝書曰天在地外水在天外水浮天而載地〔案〕葛洪釋渾天亦引此三句又曰地太虛之中大氣舉之皆見晉書天文志上道書謂風澤洞虛金剛乘天佛書謂地輪依水輪水輪依風輪風輪依虛空虛空無所依風澤洞虛者風爲風輪所爲大氣舉之也澤爲水輪所謂浮天載地也金剛乘天者道家謂之剛風岐伯謂之大氣葛稚川名洪云自地而上四千里之外其氣剛勁者是也〔案〕〔抱朴子〕去地四千里風力猛壯有剛風世界張湛解列子湯問

天有四和四極

日月徑千里大星徑百里

曰太虛無窮天地有限朱文公曰天之形雖包於地之外而其氣常行乎地之中則風輪依虛空可見矣〔元圻案〕〔魏鶴山師友雅言〕黃帝書云地在太虛之中大氣舉之〔又云〕天在地外水在天外表裏皆水兩儀運轉乘氣而浮載水而行〔又云〕地乘氣載水氣無涯水亦無涯水亦氣也二程與康節論及六合之外以為惟聞之周茂叔者恐是此〔文苑英華八百六十四〕顧況廣陵白沙大雲寺碑曰地輪依水水輪依火火輪依風風輪依虛空虛空無所依佛體也變佛體為金色界地輪是也金色界中有香水海水輪是也香水海中有光明藏火輪是也復有寶林香花瀰漫周遍佛土風輪是也〔四庫全書總目道家類〕抱朴子內外篇八卷晉葛洪撰抱朴子者洪所自號因以名書內篇論神仙吐納符籙剋治之術外篇則論時政得失人事臧否

三禮義宗天有四和崑崙之四方其氣和暖謂之和天道左轉一日一夜轉過一度日月左行於天而轉一日一夜帀於四和愚按周髀云天地四極四和注謂四和者謂之極子午卯酉得東西南北之中義宗之說本此〔元圻案〕〔周髀注〕四和者謂之極子午卯酉得東西南北之中天地之所合四時之所交風雨之所會陰陽之所和然則百物阜安草木蕃庶故曰四和

白虎通日月篇曰日月徑千里徐整長曆曰大星徑百

二十八宿度分斗有餘分星度紀赤道黃道度有斜直步歲主冬至十建歲文從步從戊劉向五紀論日郤赤道天度黃道日度

里中星五十小星三十〔見太平御覽七〕晉魯勝正天論謂以冬至之後立晷測影準度日月星按日月裁徑百里無千里星十里不百里未詳其說〔元圻案〕〔晉書隱逸傳〕魯勝字叔時代郡人也著正天論云云〔徐整長曆曰〕日月徑千里周圍三千里下於天七千里〔顏氏家訓歸心篇曰〕一星之徑大者百里

月令正義引前漢律曆志二十八宿之度不載四分度之一愚謂天度列爲二十八宿唯斗有餘分續漢志〔全云〕司馬彪作斗二十六〔原注〕四分退二〇〔案〕後漢書作四分退一晉志斗二十六〔原注〕分四百五十五皆有餘分唐一行〔大衍曆議〕謂太初曆今赤道星度其遺法也續漢志黃道度與前志不同賈逵論云五紀論日月循黃道南至牽牛北至東井率日日行一度月行十三度十九分度七今史官一以赤道爲度不與日月行同〔見後漢書律曆志〕而沈存中〔全云〕長興沈括〇夢溪筆談八謂二十八宿度數皆以

赤道爲法。唯黃道度有不全度者。蓋黃道有斜有直。故度數與赤道不同。同閣本作等誤蔡伯靜名淵西山先生長子朱子門人亦謂曆家欲求日月交會。故以赤道爲起算之法。月令正義引赤道度。其以是歟。〔原注〕〔淮南子天文訓〕箕十一四分一與漢晉志不同〇〔元圻案〕〔前漢律曆志〕二十八宿之度角十二亢九氐十五房五心五尾十八箕十一東七十五度斗二十六牛八女十二虛十危十七營室十六壁九北九十八度奎十六婁十二胃十四昴十一畢十六觜二參九西八十度井三十三鬼四柳十五星七張十八翼十八軫十七南百一十二度本不載四分度之一故正義亦不載〔後漢律曆志〕斗二十四牛七女十一虛十危十六室十八壁十北方九十六度四分一奎十七婁十二胃十五昴十二畢十六觜三參八西方八十三度井三十鬼四柳十四星七張十七翼十九軫十八南方百九度角十三亢十氐十六房五心五尾十八箕十東方七十七度右黃道度三百六十五四分一與前志不同晉書律曆志從後志〔沈括夢溪筆談七〕曆法步歲之法以冬至斗建所指至明年冬至所得辰刻衰秒謂之斗分故歲文從步從戌戌者斗魁所抵也〔宋章俊卿山堂考索曰〕古人所以注意於斗分之疏密者日月初躔星辰之紀也日月合朔於斗以紀一歲之星辰一陽生於此萬物萌於此律曆起於此也〔唐書律曆志〕僧一行日度議曰四分法雖疏而先賢謹於天事其遷革之意俱有效於當時故太史公等觀二十八宿疏密立晷儀下刻漏以稽晦朔分至躔離弦望其赤道遺法後世無以非之故雜候清臺太初最密 劉向總六曆別是非作五紀論〔後漢律曆志〕賈逵論云其斗牽牛與鬼赤道得十五而黃道得十三度半行東壁奎婁軫角亢赤道十度黃道八度或月行多而日月相去反少謂之日卻案黃道值牽牛出赤道南得二十五度其直東井輿鬼出赤道北五度赤道者爲中天去極俱九十度非日月同道而以搖準度日月失其實行故也〔周髀算經〕月度疾日度遲日月相逐於二十九日三十日間日行天七十二周月行天千一十六周及合乎建星〔山堂考索曰〕赤道天度也

太初曆四分法日星歲差不同斗建不常在寅卯言歲差有過不及

黃道日度也東漢以前黃道赤道之度混而爲一班志之所紀者是也東漢以後始分爲二故赤道之度差多黃道之度差少范志一行之所紀者是也〔書錄解題正史類〕後漢志三十卷晉祕書監河內司馬彪紹統撰梁剡令平原劉昭宣卿補注蔚宗本書未嘗有志劉昭所注乃司馬彪續漢書之八志爾序文固云范志今闕乃借舊志注以補之其與范氏紀傳自別爲一書其後紀傳孤行而志不顯乾興初孫奭始建議校勘但云補亡補闕而不著其爲彪書也

日右轉星左轉約八十年差一度漢文帝三年甲子冬至日在斗二十二度唐興元（德宗五年改元興元）元年甲子冬至日在斗九度九百六十一年差十三度見李肇國史補〔案〕今本國史補三卷中無此條裴胄問董生云正觀（貞觀作正觀避宋諱）三年己丑冬至日在斗十二度每六十年餘差一度此李淳風之說也漢太初（武帝三十七年改元太初）元年丁丑冬至日在斗二十度至慶歷甲申崇天曆冬至日在斗五度八十四分每八十五年退一度〔原注〕每年不及者一分差見武經總要歲差之說不同賈逵云古曆冬至日在建星即今斗星（見後漢律曆志）太初曆

冬至日在牽牛初。何承天上表新曆法。云堯冬至日在須女十度。太初曆冬至日在牽牛初四分景初曆在斗二十一。祖冲之請改元嘉曆疏。云漢初用秦曆冬至日在牛六度。太初曆日在牛初。四分法日在斗二十二。晉姜岌以月蝕【案】宋書志南齊書祖冲之傳月蝕下俱有檢日二字當補入知冬至在斗十七。今參以中星課以蝕望。冬至日在斗十一。通而計之。未盈百載所差二度。以上見宋書曆志下沈存中云。顓帝曆冬至日宿斗初。今宿斗六度。堯典曰短星昴。今日短星東壁。【元圻案】前漢書律曆志注晉灼曰賈逵論太初曆冬至日在牽牛初者牽牛中星也古曆皆在建星建星即斗星也太初曆四分法在斗二十六度史官舊法冬夏至常不及太初曆五度四分法在斗二十一度與行事候法天度相應【夢溪筆談七】正月寅二月卯謂之建其說謂斗杓所建不必用此說但春爲寅卯辰夏爲巳午未理自當然不須因斗建也緣斗建有歲差蓋古人未有歲差之法顓帝曆冬至日宿斗初今宿斗六度古者正月斗建寅今則正月建丑矣又歲與歲合今亦差一辰堯典曰日短星昴今乃日短星東壁此皆隨歲差移也【山堂考索】曰歲差之說有以四十五年差一度者宋之大明曆是也有以百八十六年差一度者梁虞劆曆是也有以百八十二年差一度者梁祖冲之大同曆是也有以八十四年差一度者唐開元之大衍曆是也虞喜謂五十年差一度何承天謂百年差一度

蓋天渾儀
渾儀法要
周髀家言天
天象笠天褰
地
日行五道
朱規爲赤遊
劉智正曆

皆未得其實宋朝紀元曆以七十八年差一度最爲密率〔朱子語類曰〕天行至健一日一夜一週天必差過一度日稍遲一度月又遲十三度有奇天只管差過故曆法亦只管差堯時昏旦星中于午月令差于未漢晉以來又差今比堯時似差及四分之一古時冬至日在牽牛今卻在斗〔明王可大象緯新編曰〕漢自鄧平改曆之後洛下閎謂八十年後當差一度當時史官考諸上古中星知太初曆已差五度而閎未究至晉虞喜始知其差乃以天爲天歲爲歲立差法以追其變而算之約以五十年日退一度然失之太過宋何承天倍增其數以百年退一度而又不及至劉焯取二家中數以七十五年爲近之然亦不甚密至唐僧一行乃以大衍曆推之得八十三年而差一度自唐以來曆家皆宗其法然猶未也至元朝郭守敬算之約六十六年而差算已往減一算算將來加一算而歲差始爲精密〔四庫全書總目小說類〕唐國史補三卷唐李肇撰其官尚書左司郎中時所作也歐陽脩作歸田錄自稱以是書爲式〔晁氏讀書後志兵類〕武經總要四十卷曾公亮丁度撰康定中朝廷恐羣師昧古今之學命公亮采古兵法及本朝計謀方略凡五年奏御制度五卷邊防五卷故事十五卷占候五卷〔宋書何承天傳〕承天官廷尉攷定元嘉曆〔南齊書祖冲之傳〕字文遠范陽薊人也宋元嘉中用何承天所制曆比古十一家爲密冲之以爲尚疏乃更造新法永明中還長水校尉

信都芳曰。渾天覆觀。以靈憲爲文。蓋天仰觀。以周髀爲法。劉智謂黃帝爲蓋天。顓頊造渾儀。〔見隋書天文志〕春秋文曜鉤。謂帝堯時羲和立渾儀。〔見晉書天文志〕而本朝韓顯符渾儀法要序。以爲伏羲立渾儀。未詳所出。

〔元圻案〕〔北史藝術傳〕信都芳字玉琳河間人也少明算術著樂書遁甲經四術周髀宗其序曰蓋器測影而造渾器量天而作渾天覆觀云云〔晉書天文志〕蔡邕謂周髀者即蓋天之說也周髀家云天圓如張蓋地方如棊局天旁轉如推磨而左行日月右行隨天左轉故日月實東行而天牽之以西沒〔又曰〕順帝時張衡制渾象至吳王蕃依其

星官書始黃帝

黃帝立官占天

刻景長短

法而制渾儀立論考度曰前儒舊說天地之體狀如鳥卵天包地外猶殼之裹黃也周旋無端其形渾渾然故曰渾天也周天三百六十五度五百八十九分度之百四十五半覆地上半在地下其二端謂之南極北極〔開元占經〕晉劉智論天曰或問云顓頊造渾儀黃帝爲蓋天蓋天以天象笠極在其中日月以遠近爲晦明渾儀以天裹地地載以氣天以迴轉而日月出入以爲晦明二說其誰得之劉智曰昔者聖王治歷明時作圖蓋以圖列宿極在於中回之以見天象分三百六十五度四分度之一以定日數日行於星紀轉回右行故圖規之以爲日行道欲明其四時所在故於春也則以青爲道於夏也則以赤爲道於秋也則以白爲道於冬也則以黑爲道四季之末各十八日則以黃爲道蓋圖已定仰觀雖明而未可正昏明分晝夜故作渾儀以象天體亦以極爲中而朱規爲赤遊周環去極九十一度有奇考日所行冬夏去極遠近不同故復畫爲黃道夏至去極近冬至去極遠二分之際交於赤道二道有表裏以定星宿之進退爲術乃密〔宋書天文志〕徐爰曰王蕃云渾儀羲和氏之舊器〔晉書劉寔傳〕寔弟智字子房以儒行稱平原管輅嘗謂人曰吾與劉潁川兄弟語使人神思清發〔唐書藝文志〕劉智正歷四卷薛夏訓〔夢溪筆談七〕司天監銅渾儀景德中曆官韓顯符所造〔玉海四〕至道中韓顯符上渾儀法要十卷序伏羲立渾儀云云

後漢天文志黃帝始受河圖鬭苞授規日月星辰之象。〔案〕宋羅泌路史引此文日月上有正字文義較明故星官之書自黃帝始。隋志云爾鬭苞似是人名氏當攷。〔全云〕河圖鬭苞恐是緯書名目故曰受深寧疑爲姓名者非〔集證〕〔按劉恕通鑑外紀〕帝既受河圖得其五要乃設靈臺立五官以敘五事命鬼臾蓲占星鬭苞授規正日月星辰之象於是乎有星官之書命羲和占日尚儀占月車區占風鬭苞與鬼臾蓲等並稱五官其爲人名氏可知或曰闘苞受河圖篇名見文選石正容與孫皓書注志蓋誤闘爲鬭也〔元圻案〕孫子荊爲石苞與孫皓書注引河圖闘苞受曰帝威蒼奇出應期

刻之長短由日出之蚤晚景之長短由日行之南

張淵觀星賦

大象賦言星
少微爲士大
夫
畢爲罕車
附耳動主讒
進賢主舉逸
才
卷舌知佞讒
靈憲渾天賦

北○〔原注〕此語蓋出於方氏禮記解

觀象賦後魏張淵撰○〔原注〕見後魏書　初學記一○二云宋張鏡非也○〔方樸山云〕唐人避諱耳○〔元圻案〕〔魏書藝術傳〕張淵不知何許人明占候曉內外星分嘗著覩象賦其辭載本傳賦敘略曰歲次析木之津日在翼星之分闔閭晨鼓而瀟瑟流火夕曛以摧頹乃仰觀太虛縱目遠覽遂援管而爲賦〔北史藝術傳〕作張深文選謝莊月賦注引之作張泉蓋皆避唐高祖諱

大象賦唐志〔藝文志天文家〕謂黃冠子李播撰李台集解播淳風之父也○今本題楊炯撰畢懷亮注館閣書目○題張衡撰李淳風注薛士龍書其後曰專本巫咸星贊旁覽不及隋書時君能致之〔之閣本作諸〕蘭臺○〔薛集〕蘭臺上有芸閣二字　坐臥渾儀之下其所論著何止此耶愚觀賦之末曰有少微之養寂無進賢之見譽恥附耳以求達方卷舌以幽居則爲李播撰無疑矣播仕隋高祖時棄官爲道士時未有隋志非旁覽不及也張衡著靈憲楊炯作渾天賦〔見唐文粹〕

丹元子步天歌

四

後人因以此賦附之非也。〔元圻案〕〔李播天象賦曰〕卷舌列天讒之表附耳屬天高之隅天高望氣天讒備巫卷舌安其寂然附耳矜其諂諛〔又曰〕長垣崇司城之備少微彰處士之懿〔又曰〕虎賁之徵猛士進賢之訪幽人〔史記天官書〕廷藩西有隋星五曰少微士大夫索隱宋均云隋謂垂下也〔天官書又曰〕畢爲罕車其大星旁小星爲附耳附耳搖動有讒亂臣在測〔晉書天文志〕平道西一星曰進賢主卿相舉逸才卷舌一星在昴北主口語以知佞讒也曲吉直而動天下有口舌之害〔唐書方伎傳〕李淳風岐州雍人父播仕隋高唐尉棄官爲道士以論撰自見〔蕭山王宗炎曰〕卷舌列天讒之表是矑賦列星其末云有少微之養寂無進賢之見譽參器府之樂肆掌貫索之刑書恥附耳之求達方卷舌以幽居且扃扉而絕駟奈臨河而羨魚則其自敘生平蓋嘗官協律及典獄之職者 薛士龍季宣書大象賦後文見浪語集二十七原文似多脫誤

步天歌。唐志藝文志天文家謂王希明丹元子。今本司天右拾遺內供奉王希明撰喬令來注二十八舍歌三垣頌五行吟總爲一卷鄭漁仲曰隋有丹元子隱者之流也不知名氏作步天歌句中有圖言下見象王希明纂漢晉志釋之然則王希明丹元子蓋二人也。〔元圻案〕〔鄭樵六經奧論〕天文總辨曰步天歌唐書以爲王希明作而實非也隋有丹元子隱士之流也作其歌沒其名至唐王希明則引漢晉二志以釋之是書一出漢晉二志號爲精天文者皆未足以盡天文何也蓋古今天文志徒有星形而遠近未得其信如步天歌則句中有圖言下見象不知

五星房箕東井三聚
恆星不見星隕

月星齒齔畢星
趙尹皋傳大數
客星入太微入斗

休祥而深知休祥者〔讀書志曰〕或云王希明自號丹元子書錄解題載聿斯歌一卷青蘿山布衣王希明撰不知何人又似未嘗官拾遺供奉

沈約宋志五星聚者有三周將伐殷聚房齊桓將霸聚箕漢高入秦聚東井周漢以王齊以霸〔見天文志〕襄陵許氏〔名翰字崧老〕謂恆星不見星隕如雨齊桓之祥也沙鹿崩晉文之祥也桓將興而天文隳文欲作而地理決王道之革也〔全云〕果爾則天固不以為祥也〔元圻案〕許氏之說呂本中春秋集解取之注已見卷六第十七頁

後漢永建初〔永建順帝初元〕李郃上書曰趙有尹史見月生齒齔畢大星占有兵變趙君曰天下共一畢知為何國也下史於獄其後公子牙謀殺君如史所言〔原注〕天文志注李氏家書　按太史公天官書昔之傳天數者趙尹皋又謂皋唐甘石因時務論其書傳尹史即尹皋〔閣本脫下尹字〕也其占驗僅見於此趙世家不

星家甘石巫咸

載。〔何云〕五條以抄本補〔元圻案〕〔史記趙世家〕無公子牙攷世家武靈王立五國相王趙獨否令國人謂己曰君二十七年立王子何以爲王封長子章爲代安陽君章素侈心不服其弟所立公子章卽以其徒與田不禮作亂今稱趙君其卽武靈歟然則公子牙或卽公子章之誤也〔後漢書天文志注〕古今注永建元年二月甲午客星入太微五月甲子月入斗李氏家書曰時天有變氣李郃上書諫云云〔案〕〔袁宏後漢紀〕順帝永建元年正月司徒李郃以疾疫策罷不得有上書事蓋家書傳會之說〔後漢書方術傳〕李郃字孟節漢中南鄭人也通五經善河洛風星元初四年代袁敞爲司空北鄉侯立復爲司徒郃子固已見前傳　郃果有上書事本傳亦不容不載

星家有甘石巫咸三家。〔案〕〔天官書集解〕徐廣曰甘公名德也本是魯人正義曰七錄云戰國時作天文星占八卷石申魏人戰國時作天文八卷也　太史公〔天官書〕謂殷商巫咸。攷之書。伊陟贊于巫咸作咸乂四篇。〔書序文〕又曰在太戊巫咸乂王家孔安國云巫氏也。〔君奭注〕馬融謂殷之巫也。〔集證〕陸氏釋文馬融云巫男巫名咸殷之巫也　鄭康成謂巫官孔穎達云咸賢父子並爲大臣必不世作巫官言巫氏是也〔俱或乂序正義文〕後漢天文志乃云湯則巫咸當以書爲正。〔原注〕〔史記正義〕巫咸吳人今蘇州常熟縣西海隅上有巫咸巫賢冢併識之以廣異聞〔郭璞巫咸山賦序〕巫咸以鴻術爲帝堯之醫此又一巫咸也〔全云〕周以前巫官非細職蓋重黎之流周以後始賤之〔集證〕郭璞賦載藝文類聚地部〔隋志〕梁有石氏甘氏天文占各八卷巫咸五星占一卷〔日知錄〕據尚書及孔傳則巫咸之爲商賢相明矣而後之言天官者宗焉言卜筮者宗焉言巫鬼者宗

傅說騎箕尾主女巫傅說星非商臣

天剛君堅

焉言天官則史記所載殷商巫咸是也言卜筮則呂氏春秋所謂巫咸作筮是也言巫鬼則莊子所云巫咸袑曰來楚詞離騷所云巫咸將夕降兮懷椒糈而要之史記所云巫咸之興自此始索隱曰太史公以巫咸是殷臣以巫接神事太戊使禳桑穀之祥故云然許氏說文所云巫咸初作巫又其死而為神則秦詛楚文所云不顯大神巫咸是也

莊子大宗師言傅說乘東維騎箕尾而比於列星。古賦有云。傅說奉中闈之祠〔案〕〔李播大象賦〕天江為太陰之主傅說奉中闈之祠注云。傅說一星在尾北後河中。蓋後宮女巫也。今本云苗為沽說為商良相。豈為後宮女巫祈子而禱祀哉。此天官之難明者也。〔何云〕祠傅說可對奉姜嫄〔全云〕此猶近世以張仲為司命而主科名之說也〔通志天文略〕傅說一星在尾後河中謹按傅說一星惟主後宮女巫禱祀求子之事謂之傅說者古有傅母有保母傅而說者謂傅母喜之也今之婦人求子皆祀婆神此傅說之義也偶商之傅說與此同音諸子百家更不詳審其義則曰傅說騎箕尾而出殊不知箕尾專主後宮之事故有傅說之佐焉

春秋繁露云。天地之行篇天不剛則列星亂其行。君不堅則邪臣亂其官。故為天者務剛其氣。為君者務堅其政。丁鴻日食封事。天不可以不剛。不剛則三光不明。王不可以不彊。不彊則宰牧縱橫其

日食不盡如鉤

日食正陽之朔

月二十三食而既

九星天蓬天芮等九魁六神北斗七星外有輔弼

言出於此。〔元圻案〕〔後漢書丁鴻傳〕鴻字孝公潁川定陵人也肅宗詔鴻與諸儒論定五經同異於北宮白虎觀時人歎曰殿中無雙丁孝公和帝四年代袁安爲司徒是時竇太后臨政憲兄弟各擅威權鴻因日食上封事其辭具載本傳書奏帝以鴻爲太尉兼衛尉屯南北宮於是收竇憲大將軍印綬憲及諸弟皆自殺

元祐末日食不盡如鉤。〔案〕〔哲宗紀〕在元祐九年三月是年改元紹聖元符末日食正陽之朔在元符三年四月朔哲宗之十五年也此皆有陰慝見於祲象志壹之動氣也。

元祐七年三月望月食既王巖叟言漢曆志月食之既者率二十三食而復既按元豐神宗十一年戊午改元元豐八年八月望食之既今未及二十三食神宗十一年戊午至哲宗元祐七年壬申凡十五年而復既則是不當既而既也愚謂月食之既。猶儆戒如此況日食乎。〔元圻案〕〔宋史王巖叟傳〕巖叟字彥霖大明清平人仁宗初置明經科巖叟十八鄉舉省試廷對皆第一元祐六年拜樞密直學士簽書院事司馬光稱之曰吾寒心栗齒憂在不測公處之自如至於再三或累十數章必行其言而後已月食之疏本傳不載此條可補宋史之闕

素問太始天元冊文有九星之言王冰注〔閻按〕冰當作砅砅古厲字云上古世質人淳九星垂明中古道德稍衰標

北斗九星柄
距
杓端兩星爲
矛盾

星藏曜故星之見者七焉九星謂天蓬天芮天衝天輔天禽天心天任天柱天英此蓋從標而爲始遁甲式法今猶用焉楚辭劉向七歎云訊九魁〔原注〕音祈與六神注九魁謂北斗九星也王逸注補注謂北斗七星輔一星在第六星旁又招搖一星在北斗杓端北斗經疏云不止於七而全於九加輔弼二星故也洪興祖補注〔案〕宋史天文志輔星在第六星左弼星在第七星右與素問注不同曲禮招搖在上注招搖星在北斗杓端主指者正義引春秋運斗樞云北斗七星第一天樞廣雅一曰樞第二旋星經作璇〔晉書天文志〕二曰天璇第三機星經晉志俱作璣第四權第五衡晉志五曰玉衡第六開陽星經作闓陽第七搖光星經作瑤光搖光則招搖也淮南子時則訓注招搖斗建也楚辭補注以招搖在七星之外恐誤〔原注〕〔徐整長曆曰〕北斗七星間相

風雲皆陰陽互根經緯星陰陽互根天地各具陰陽

去九千里皆在日月下其二陰星不見者相去八千里〔閻案〕王砯見杜詩即我之曾祖姑爾之高祖母一首也砯肅宗寶應時人自號啓元子首註素問八十一篇者精於醫〔唐人物志云〕王砯仕至太僕令年八十餘以壽終近杜注都遺此〔素問太始天元册問〕有九星之言元板作醫書素問之中亦嘗有九星之言又從標而爲始下元板缺遁甲式法今猶用焉八字多所謂九星者此也七字〇〔元圻案〕〔素問天元紀大論六十六〕鬼臾區曰臣積考太始天元册文曰太虛寥廓肇基化元萬物資始五運終天布氣真靈總統坤元九星懸朗七曜周旋九星上古之時也上古世質人淳歸真反樸九星懸朗五運齊宣中古道德稍衰云云今猶用焉　此條改懸朗作垂明避宋諱也〔四庫全書總目醫家類〕黃帝素問二十四卷唐王砯註漢志載黃帝內經十八篇無素問之名後漢張機傷寒論引之始稱素問〔晉皇甫謐甲乙經序〕稱鍼經九卷素問九卷皆爲內經與漢志十八篇之數合冰名見新唐書宰相世系表稱爲京兆府參軍晁公武讀書志作王砯杜甫集有贈重表姪王砯詩亦復相合然唐宋志皆作冰而世傳宋槧本亦作冰字或公武因杜甫詩而誤〔漢書天文志〕北斗七星用昏建者杓杓端有兩星一內爲矛招搖一外爲盾天蠭〔注〕孟康曰近北斗者招搖招搖爲天矛〔石氏星經〕招搖星在梗河北入氐二度去北辰四十一度據此則洪氏以招搖在七星之外實有所本〔錢氏養新錄十七〕按說文無鬿字當爲魁之訛右書斗爲斤與斤相似因誤爲鬿並讀如祈音失其義矣北斗九星魁居其首故有九魁之稱

王介甫云。雲陰中之陽。風陽中之陰。朱文公語類云。緯星陰中之陽。經星陽中之陰。按素問天元紀大論。天有陰陽。地亦有陰陽。故陽中有陰。陰中有陽。〔元圻案〕素問曰清陽爲天濁陰爲地地氣上爲雲天氣下爲雨〔漢天文志〕風陽中之陰大臣之象也〔埤雅〕雲陽而出於陰風陰而出於陽蓋祖荆公之說〔周禮大宗伯疏〕二十八宿隨天左轉爲經五星右旋爲緯〔素問天元紀大論〕鬼臾區曰寒暑燥濕風火天之陰陽也三陰三陽上奉之木火土金水地之陰陽也生長化收藏下應之天

孔毅父星說倣天問莊子天運篇簡妙傅元擬天問

黃姑河鼓織女

以陽生陰長地以陽殺陰藏天有陰陽地亦有陰陽云云

顏之推歸心篇。顏氏家訓之第十六篇孔毅父全云武仲星說。亦倣屈子天問之意。然天問不若莊子天運之簡妙。巫咸祒之言。不對之對。過柳子天對矣。〔原注〕傅元擬天問見太平御覽〔元圻案〕〔莊子天運〕曰天其運乎地其處乎日月其爭於所乎孰主張是孰綱維是孰居無事推而行是意者其有機緘而不得已邪意者其運轉而不能自止邪巫咸祒曰來吾語汝天有六極五常帝王順之則治逆之則凶九洛之事治成德備監照下土天下戴之此之謂上皇〔書錄解題〕清江三孔集四十卷中書舍人新淦孔文仲經父禮部侍郎武仲常父戸部郎中平仲毅父撰先聖四十八世孫黃太史頌當時人才有曰二蘇聯璧三孔分鼎〔四庫書著錄〕柳宗元天對見本集　毅父平仲之字全注誤

古詩黃姑織女時相見之句。此所云黃姑即河鼓也。吳音訛而然。此條乃宋張邦基墨莊漫錄語〔方樸山云〕李義山自注其詩引古詩云王姑阿母時相見〔全云〕黃姑星牽牛星之別名爾雅以河鼓星為牽牛非是〔集證〕〔藝文類聚〕載古歌云東飛伯勞西飛燕黃姑織女時相見〔元圻案〕〔周密癸辛雜識〕七夕牛女渡河之事古今之說多不同非惟不同而二星之名莫能定〔荊楚歲時記云〕黃姑織女時相見〔太白詩云〕黃姑與織女相去不盈尺是皆以牽牛為黃姑然李後主詩云迢迢牽牛星杳在河之陽粲粲黃姑女耿耿遙相望則又以織女為黃姑何耶〔又歲時記〕又以黃姑即河鼓爾雅則以河鼓為牽牛〔晉天文志云〕河鼓三星即天鼓也牽牛六星天之關又謂之星紀〔又云〕織女三星在天紀東端天女也〔漢天文志〕又謂織女天之貞女其說皆不一〔案〕〔爾雅釋天〕星紀斗牽牛也〔又曰〕河鼓謂之牽牛〔邵氏正義曰〕此所以別於星紀之牽牛也然則爾雅蓋謂河鼓亦名牽牛非以河鼓

善風怒風
小祝寧風旱
昌黎以旱訟
風伯

五色雲爲咎
徵
臚唱時五色
雲見

月落參橫景
未真

爲即星紀之牽牛謝山於此似未詳攷〔石氏星經〕織女三星河鼓三星圖皆作鼎足形或以河鼓爲織女蓋因星象之似而誤以河鼓爲牽牛蓋因不詳審爾雅而誤河鼓黃姑語之轉耳

黃帝風經曰。調長祥和。天之善風也。〔集證〕御覽善作喜折揚奔厲。天之怒風也。〔原注〕見御覽〔案〕埤雅引之長作暢兩風字俱作氣周官小祝寧風旱。春官之屬漢代田之法。能風與旱。此昌黎所以訟風伯也。〔元圻案〕〔春官小祝〕掌小祭祀逆時雨寧風旱〔漢書食貨志〕以趙過爲搜粟都尉過能爲代田一畮三甽歲代處故曰代田古法也又曰比盛暑隴盡而根深能風與旱故儗儗而盛也〔韓文公訟風伯曰〕維茲之旱兮其誰之由我知其端兮風伯是尤

太平御覽。以五色雲列於咎徵。宋景平元年有雲五色如錦。而徐羨之廢帝。〔集證〕〔宋書符瑞志〕少帝即位景平元年四月有五色雲見西方〔御覽八百七十七咎徵部〕五色雲引宋書曰前廢帝景平元年有雲五色如錦其年五月司空徐羨之廢帝爲滎陽王韓魏公五色雲見之事。不見於國史。疑家傳之增飾也。〔何云〕此條從閻氏所得抄本增〔元圻案〕〔晁氏讀書志〕韓魏公家傳十卷韓忠彥撰錄其父琦平生行事家傳曰天聖五年仁宗初臨軒試進士琦名在第二時唱名第一甲方終太史奏日下有五色雲見是年第一人王堯臣

龍城錄。月落參橫之語。容齋隨筆辨其誤。然古樂

王及甫天經

星始晨伏戌
星正午中未
堯典中星舉
四時
月令中星舉
十二時
星至申爲流
七月流火

府善哉行二。云月沒參橫。北斗闌干。親交在門。志寢與餐。何本作飡○見太平御覽四百十 龍城錄語本此。而未嘗考參星見之時也。〔何云〕元本龍城一條不連刻前空三行子厚作〔全云〕龍城錄託名柳〔集證〕〔書錄解題〕龍城錄一卷柳宗元撰龍城謂柳州也羅浮梅花夢事出其中唐志無此書蓋依託也〔容齋隨筆十〕今人梅花詩詞多用參橫字蓋出柳子厚龍城錄所載趙師雄事然此實妄書或以爲劉無言所作也其語云東方已白月落參橫且以冬半視之黃昏時參已見于丁至夜則西沒矣安得將旦而橫乎〔秦少游詩〕月落參橫畫角哀暗香浮盡令人老承此誤也唯東坡云紛紛初疑月挂樹耿耿獨與參橫昏乃爲精當老杜有城擁朝來客天橫醉後參之句以全篇考之蓋初秋所作也

天經紹興三十年。〔閣按〕高宗在位三十四年庚辰 王及甫上。〔閣按〕及甫同州進士 朱文公謂類集古今言天者。極爲該備。〔元圻案〕〔書錄解題曆象類〕天經十九卷同州進士王及甫撰進不知何人〔玉海三云〕詔祕省勘詳其人洞曉星曆令與特奏召試〔朱子答蔡伯靜書云〕天經論撰甚詳悉亦甚不易但回互蓋天頗費力

星始則見於辰。終則伏於戌。自辰至戌正於午。中於未。堯典舉四時之正。以午爲中。月令舉十二時之正。以未爲中。〔原注〕以火星論之以午爲正故堯典言日永星火以正仲夏以未爲中故月令言季夏昏火中至申爲流故詩曰七月流火以辰爲見以戌爲伏故傳曰火見於辰火伏而蟄者畢諸星亦然詩定之方中亦以十月中於未也〔朱子曰〕堯時昏旦星中於午月令差於未漢晉以來又差今比堯時似差及

定之方中堯典月令星差

班史分七曜爲二志

星出辰沒戌三辰五辰十二辰稱辰無定義

四分之一〇〔元圻案〕此條正文及注皆取鄭樵六經奧論中星辨之文朱子說則王氏所續〔鄭氏中星辨云〕言天文者以斗建以昏中皆定戌時如此則六經之書凡言見者見於辰也凡言正者正於午也凡言中者中於未也凡言流者流於申也凡言伏者伏於戌也中星之說雖經傳無明文要之其說有二有正於午者謂之中有中於未者謂之中堯典四仲迭建之星則以午爲中月令昏旦之星則以未爲中以午爲中者謂人君南面而聽天下考中星以正四時故以午爲中若以論星辰之出沒則又不然天傾西北地不滿東南天勢東南高而西北下凡星辰之運始則見於辰終則伏於戌自辰至戌正於午中於未焉故以未爲中且以火星論之維其以午爲正故堯典言日永星火以正仲夏維其以未爲中故月令言季夏昏火中維其至申爲流故詩曰七月流火維其以辰爲見以戌爲伏故傳曰火見於辰火伏而後蟄者畢不特火星爲然諸星亦然如詩曰定之方中亦以十月取中於未也大抵巳午未皆南方則以午爲中辰巳午未申酉戌爲火伏見之始終則以未爲中兩言盡之矣堯典則舉四時之正而言之月令則舉十二時之中而言之此其所以不同也

後魏天象志序曰。班史以日暈五星之屬。列天文志。薄蝕彗孛之比。入五行說。七曜一也。而分爲二志。故陸機云。學者所疑。〔元圻案〕〔班孟堅敘傳曰〕炫炫上天縣象著明日月周輝星辰垂精降應王政景以燭形舉其占應覽故考新述天文志春秋之占咎徵是舉告往知來王事之表作五行志其後後漢晉宋隋唐諸書皆因之〔北史魏收傳〕收字伯起小字佛助鉅鹿下曲陽人也天保元年除中書令二年詔撰魏史收於是與房延祐辛元植刁柔裴昂之高孝幹專總斟酌以成魏書衆口讀然號爲穢史

凡星皆出辰沒戌。故五星爲五辰。十二舍亦爲十二辰。〔元圻案〕〔夢溪筆談七〕事以辰名者爲多皆本於辰巳之辰今略舉數事十二支謂之十二辰一時謂之一辰一日謂之一辰日月星謂之三辰北極謂之北辰大火

今日今辰之別

月令中星舉弧建

東壁東井名義

南箕北斗名義

王景崇袞冕歷星變

謂之大辰五星中有辰星皆謂之辰今考子丑至戌亥謂之十二辰者左傳云日月之會是謂辰一歲日月十二會于東方蒼龍角亢之舍起於辰故以所首者名之子丑戌亥既謂之辰則十二支十二時皆子丑戌亥則謂之辰無疑也一日謂之一辰者以十二支言也以十干言之謂之今日以十二支言之謂之今辰故支干謂之日辰日月星謂之三辰者日月星至于辰而畢見以其所首者名之故皆謂之辰四時所見有早晚至辰則四時畢見故日加辰為晨謂之日始出之時也

弧與建星非二十八宿而昏明舉之者由弧星近井建星近斗〔原注〕月令正義二十八宿連四方為名者唯箕斗井壁四星〔原注〕詩正義〔何云〕四方唯不言西〇〔元圻案〕月令仲春之月日在奎昏弧中旦建星中〔正義曰〕昏旦中星皆舉二十八宿此云弧星中建星中者以弧星近井建星近斗度多星體廣不可的指故舉弧建以定其中也〔史記天官書〕南斗為廟其北建星〔高誘曰〕弧九星近井建六星在斗上〔皇侃曰〕弧當井之十六度建當斗之十度〔小雅大東正義〕二十八宿連四方為名者唯箕斗井壁四星而已壁者室之外院箕在南則壁在室東故稱東壁鄭稱參旁有玉井則井星在參東故稱東井推此則箕斗並在南方之時箕在南而斗在北故言南箕北斗也

唐天文志咸通〔懿宗年號〕中熒惑鎮〔唐志作鎮星〕太白辰星聚於畢昴在趙魏之分詔鎮州王景崇被兗冕軍府稱臣以厭之襃世之政其怪如此是謂人妖何以弭變

二儺攘日星之氣

唐以浚儀岳臺測景

周禮日景測地中法

月令。凡二儺。月令作難釋文乃多反一以季春。一以仲秋。鄭康成謂陰氣右行。季春之中。日行歷昴。陽氣左行。仲秋之月。宿直昴畢。昴有大陵積尸之氣。氣佚則厲鬼隨而出行。於是索室敺疫以逐之。王居明堂禮曰。季春出疫于郊。以攘春氣。仲秋九門磔攘。以發陳氣。禦止疾疫。以上皆鄭注然則民之疾係乎日星之行度。古者聖君範圍於上。賢相燮理於下。是爲天地之良醫。皇建有極。五福錫民。莫不壽考且寧。儺所以存愛民之意而已。〔元圻案〕季春之月正義天氣左轉故斗建左行謂之陽氣日月右行日月比天爲陰故云陰氣右行〔元命包云〕大陵主尸熊氏引石氏星經大陵八星在胃北主死喪仲秋之月正義曰天左旋星辰與斗建循天而行此月斗建在酉酉是昴畢本位大陵既是積尸秋時又得陽氣增益疾病〔呂氏春秋季春紀〕〔高誘注曰〕命國人儺索宮中區隅幽闇之處擊鼓大呼驅逐不祥如今之正歲逐除是也

唐天文志。一測景在浚儀岳臺。按宋次道〔全云〕敏求東京記。宣德門前天街西第一岳臺坊。今祥符縣

古測景在陽城

顓頊曆元起甲寅

秦顓頊曆起乙卯

漢太初曆起丁丑

漢武改年太初應曆

史記曆術甲子篇

西九里有岳臺圖經。云。昔魏主遙事霍山神。築此臺禱於其上。因以爲名。〔元圻案〕〔唐書天文志〕一行作大衍曆詔太史測天下之晷求其地中以爲定數其議曰周禮大司徒以土圭之法測土深日至之景尺有五寸謂之地中鄭氏以謂日景于地千里而差一寸尺有五寸者南戴日下萬五千里地與星辰四游升降于三萬里內是以半之得地中今潁州陽城是也〔太史監南宮說〕擇河南中地設水準繩墨植表而以引度之自滑臺始白馬夏至之晷尺五寸七分又南得浚儀岳臺晷尺五寸三分　〔五代時王朴奏進欽天歷表云〕古之植圭於陽城者以其近洛故也蓋尚慊其中乃在洛之東偏開元十二年遣使天下候影南距林邑國北距橫野軍中得浚儀之岳臺應南北弦居地之中皇家建國定都于梁今樹圭置箭測岳臺晷漏以爲中數晷漏正則日之所至氣之所應得之矣　〔玉海百六十二〕浚儀祥符二年改祥符　〔爾雅釋山〕霍山爲南嶽郭注即天柱山　〔漢書地理志〕廬江郡灊縣天柱山在南　〔書錄解題地理類〕東京記三卷龍圖閣直學士宋敏求次道撰

曆數

太初曆以前。曆上元泰初四千六百一十七歲。至於元封七年。復得閼逢攝提格之歲。見漢書律曆志〔案〕〔爾雅釋天〕太歲在甲曰閼逢太歲在寅曰攝提格　孟康注。此爲甲寅之歲。〔易緯是類謀云〕攝提招紀〔鄭注云〕攝提招紀天元甲寅之歲　甲寅自古以爲起曆之元故爾雅紀歲名不始於子而始於寅　大事記解題。按通鑑目錄。皇極經世。太初元年。歲次丁丑。當考。愚按大衍

劉歆三統歷

曆議云。洪範傳曰。曆記始於顓頊上元太始閼蒙攝提格之歲。畢陬之月。朔日己巳〔爾雅〕釋天月在甲曰畢正月爲陬立春。七曜俱在營室五度。秦顓頊曆元起乙卯。漢太初曆元起丁丑。推而上之。皆不值甲寅。猶以日月五緯。復得上元本星度。故名曰閼蒙攝提格之歲。而實非甲寅。〔原注〕其說可以補解題之遺　〔全云〕原注九字是正文　〔集證〕大衍曆議載唐曆志漢藝文志考後漢志顓頊造曆元用乙卯蔡邕論曰顓帝曆術曰天元正月己巳朔旦立春俱以日月起於天廟營室五度〇〔元圻案〕〔章俊卿山堂考索曰〕史記曆書載武帝改太初曆之詔曰十一月甲子朔旦冬至其更以元封七年爲太初元年年名閼逢攝提格月名畢聚日得甲子夜半朔旦冬至是以太初元年爲甲寅年也故史記曆術甲子篇以太初元年爲甲寅又五年天漢元年也爲戊午又五年太始元年也爲壬戌自此順數周六十餘年皆以漢家年號紀之是太初元年爲甲寅曉然矣〔又按〕〔東漢志〕漢安二年宗訢等建議以爲漢興元年歲在乙未又四十五年文帝後元三年也歲在庚辰又五十八年武帝太初元年也歲在丁丑今考之通鑑編年與宗訢之議脗合而劉孝孫勘日度之議亦曰武帝太初元年丁丑然則范志所謂太初曆元用丁丑卽以太初元年爲元也非推上古之元也太史公所紀武帝之詔是推上古之元得甲寅之歲其歲十一月甲子朔旦冬至日月如合璧五星如聯珠故武帝特以太古甲寅歲爲起曆之元也故曰其更以元封七年爲太初元年猶言以七年爲上古甲寅之歲也上古太初應合璧連珠之瑞今以太初紀年元起丁丑亦與甲寅同耳非元封七年卽甲寅出然則太史公曆術甲子篇以古初甲寅爲元順紀六十餘年大餘小餘之數此其起曆之數此其起曆之術也後人不悟太初元年年號依古初之意卽以太初天漢太始年號分配年名

四分曆庚申元
甲寅曆效於孔子時
孔子修殷曆
殷曆不與交會應
十二公正朔不皆子
漢存黃帝等六曆

之下者非也太史公出於武帝時安能預知六十年後年號而先書於曆術年名之下哉此必後人增益之無疑也〔唐一行日度議〕引洪範傳曰曆始於顓帝上元太始閼逢攝提格之歲畢聚之月朔日己巳立春七曜俱在營室五度是也觀此則知上元太始猶言上元太初也顓帝曆以甲寅為元故漢曆亦以顓帝之元為元也〔又曰〕漢太初曆元起丁丑秦顓帝曆起乙卯推而上之皆不值甲寅猶以日月五緯復得上元本星度故命閼逢攝提格之歲而實非甲寅也觀此言則又知歷書曰年名閼逢攝提格者以甲子朔旦冬至而為起曆之元故命之曰以甲寅云爾未必日月合璧五星聯珠正當顓帝甲寅年也劉歆三統曆進太初前一世得五星會庚戌之歲以為上元顓帝歷元用乙卯〔洪範傳云〕用甲寅又何也〔太史公曆術甲子篇〕有天漢征和等年號在劉歆三統曆譜則有之此必後人以此曆譜附入太史公曆術也〔大事紀注〕見卷六

大衍曆議曰考靈曜命曆序皆有甲寅元其所起在四分曆〔案〕〔後漢章帝紀〕元和二年春二月甲寅始用四分曆庚申元後百十四歲緯所載壬子冬至則其遺術也大衍曆中氣議見唐曆志按漢志魯釐公五年正月辛亥朔旦冬至殷曆以為壬子見漢書曆律志〔大衍曆議〕僖公五年周曆漢曆唐曆皆以辛亥南至隋志春秋緯命曆序云僖公五年正月壬子朔旦冬至見隋書律曆志然則緯與殷曆同故劉洪曰甲寅曆於孔子時效劉洪說見後漢律曆志郎命曆序所謂孔子脩春秋用殷曆也晉志姜岌

小曆大曆符天曆調元曆王朴欽天曆羅計二隱曜立成曆

曰考其交會不與殷曆相應〔案〕〔晉律曆志曰〕後秦姚興時當孝武太元九年甲申天水姜岌造三紀甲子元曆其略曰命曆序曰孔子爲治春秋之故退脩殷之故曆使其數可傳於後如是春秋宜用殷曆正之今考其交會不與殷曆相應以殷曆考春秋月朔多不及其日又以檢經率多一日傳率少一日〔唐一行日度議曰〕命曆序以爲孔子脩春秋用殷曆使其數可傳於後考其蝕朔不與殷曆合蓋哀平間治甲寅元曆者託之非古也春秋分記〔宋眉山程公說伯剛撰〕曰周正皆建子也今推之曆法積之氣候驗之日食則春秋隱桓之正皆建丑莊閔僖文宣之正建子及丑者相半至成襄昭定哀之正而後建子間亦有建亥者非一代正朔自異尚也曆亂而不之正也〔元圻案〕〔後漢書律曆志注〕袁山松書曰劉洪字元卓泰山蒙陰人魯王之宗室也延熹中以校尉應太史徵拜郎中洪善算與蔡邕共述律曆記考驗天官及造乾象術十餘年考驗日月與象相應〔春秋分記注〕見卷六第四十頁〔孔穎達曰〕古時眞曆遭戰國及秦而亡漢存黄帝顓頊夏殷周魯六曆雖詳於五紀之論皆秦漢之際假託爲之

曆有小曆有大曆唐曹士蔿七曜符天曆一云合元萬分曆本天竺曆法以顯慶五年庚申爲曆元雨水爲歲首世謂之小曆行於民間石晉調

曆右移律左轉

曆以差改以驗用 宋乾道曆

蓂莢爲曆草 堯爲帝成曆

元曆。用之後周。王朴校定大曆。削去符天之學爲欽天曆。〔集證〕〔五代史司天考〕唐建中時術者曹士蔿始變古法以顯慶五年爲上元雨水爲歲首號符天曆然祇行於民間而馬重續乃用以爲法遂施於朝廷賜號調元曆〔又王朴傳〕周顯德二年詔王朴校定大曆乃削去近世流俗之學以周變率策之數步日月五星爲欽天曆○〔元圻案〕〔書錄解題曆象類〕羅計二隱曜立成曆一卷稱大中大夫曹士蔿亦莫知何人但云起元和元年入曆

劉昫曰。曆動而右移。律動而左轉。〔元圻案〕〔劉昫大樂令壁記上〕杜夔漢世之樂郎不識旋宮之義荀勖晉朝之博識莫知古律之則曆動而右移律動而左轉律以曆合氣以鉗行金奏隨律而變宮以宣地靈登歌與曆而改調以應天氣歌奏相命所以合天地之情也〔唐書劉知幾傳〕子昫字惠卿好學多所通解擢起居郎歷右拾遺內供奉獻續說苑十篇

劉洪曰。曆不差不改。不驗不用。未差無以知其失。未驗無以知其是。失然後改之。是然後用之。〔下云〕此謂允執其中今誠術未有差錯之謬恂術未有獨中之異以無驗改未失是以檢將來爲驗者也 見後漢律曆志 李文簡燾〔何云〕以爲至論。〔閻按〕〔李燾傳〕乾道四年新曆成燾引劉洪此論於疏乞申飭曆官討論〔無名氏宋史全文〕孝宗乾道四年八月行乾道曆禮部郎李燾言曆久必差自當改法曆家精微莫如大衍大衍行於世亦不過三四十年後學膚淺其能行遠乎抑嘗聞曆不差不改云云此劉洪要言至論也

蓂莢謂之曆草。〔案〕〔述異記〕堯爲仁君曆草生階 田俅子曰。堯爲天子。蓂

朱草合朔
梧桐知閏

伯陽京虞納甲法
漢上沈括論納甲
九天九地

蓂生於庭。爲帝成曆。見文選張平子東京賦注而大戴明堂篇謂朱草日生一葉至十五日生十五葉十六日一葉落終而復始。〔原注〕唐律賦有朱草合朔〇〔宋書符瑞志〕月小則一莢焦而不落名曰蓂莢一曰曆莢〔尚書中候〕堯即位七十載朱草生郊

古有云梧桐不生則九州異注謂一葉爲一月有閏十三葉。〔原注〕〔平園表〕用梧桐之葉十三〔閻按〕平園周必大號〔集證〕〔漢志墨家〕田俅子三篇〔宋吳淑事類賦注〕遁甲云梧桐不生則九州異君〔注〕梧以知日月正閏生十二葉一邊有六葉從下數一葉爲一月有閏則十三葉視葉小者則知閏何月也

納甲之法。朱文公謂今所傳京房占法見於火珠林者。是其遺說參同契〔全云〕魏伯陽作借以寓行持進退之候。〔案〕〔朱子答袁機仲書曰〕參同之書本不爲明易乃姑借此納甲之法以寓其行持進退之候然其所言納甲之法則今所傳京房占法見於火珠林者是其遺說沈存中筆談解說甚詳亦自有理〔京房易傳〕分天地乾坤之象益之以甲乙壬癸震巽之象配庚辛坎離之象配戊己艮兌之象配丙丁八卦分陰陽六位配五行光明四通效易立節

虞翻云。日月垂天成八卦。象三日暮震象月出庚。八日兌象月見丁。十五日乾象月盈甲。壬。十六日旦巽象月退辛。二十三日艮象月消丙。三

十日坤象月滅乙。〔丹鉛錄〕引此作月滅乙癸案參同契曰壬癸配甲乙乾坤括終始則乙下當有癸字晦夕
朔旦。坎象水流戊日。中。離象火就己。見唐李鼎祚周易集解宋朱震漢上易納
甲圖說虞與魏伯陽皆會稽人。其傳蓋有所自。〔全云〕魏伯陽居上
虞虞仲翔居餘姚然考仲翔所說易學本於孟喜其初立易注奏曰臣高祖零陵太守光治孟氏易曾祖平輿令成述其業祖鳳爲之最密臣父日南太守歆受有舊書則仲翔之淵源遠矣
京房之師焦延壽亦傳孟喜之學者也今以時代考之伯陽蓋與仲翔祖相輩行漢上朱氏云。乾納甲壬。坤
納乙癸。震納庚。巽納辛。坎納戊。離納己。艮納丙。
兌納丁。庚戊丙三者得於乾。辛己丁三者得於
坤。始於甲乙。終於壬癸。而天地五十五數具焉。
又有九天九地之數。乾納甲壬。坤納乙癸。自甲
至壬其數九。故曰九天。自乙至癸其數九。故曰
九地。九天九地之說者。九天之上。六甲子也。九
地之下。六癸酉也。〔全云〕河圖玉版已有納甲之說〔又云〕納甲之法不盡同如揚雄葛洪所言又異於京房〔集證〕〔魏伯陽參
同契聖人上觀章〕三日出爲爽震庚受西方八日兌受丁上弦平如繩十五乾體就盛滿甲東方十六轉受統巽辛見平明艮直于丙南下弦二十三坤乙三十日東北喪其朋節盡相禪

五運六氣應天地

五六天地之中合

六氣配六神

氣運於旱潦難通

與繼體復生龍壬癸配甲乙乾坤括始終○〔元圻案〕〔夢溪筆談七〕易有納甲之法未知起於何時予嘗考之可以推見天地胎育之理乾納甲壬坤納乙癸者上下包之也震巽坎離艮兌納庚辛戊己丙丁者六子生於乾坤之包中如物之處胎甲者乾之初爻交于坤生震故震之初爻納子午乾之初爻子午故也中爻交于坤生坎初爻納寅申震納子午順傳寅申陽道順上爻交于坤生艮初爻納辰戌亦順傳也坤之初爻交于乾生巽初爻納丑未坤之初爻丑未故也中爻交于乾生離初爻納卯酉巽納丑未逆傳卯酉陰道逆上爻交乾生兌初爻納巳亥亦逆傳也乾坤始于甲乙則長男長女乃其次宜納丙丁少男少女居其末宜納庚辛今乃反此者卦必自下生先初爻次中爻末乃至上爻此易之序然亦胎育之理也

五運六氣。一歲五行主運各七十二日。少陰君火。太陰濕土。少陽相火。陽明燥金。太陽寒水。厥陰風木。而火獨有二。天以六爲節。故氣以六朞爲一備。地以五爲制。故運以五歲爲一周。左氏〔昭元年〕載醫和之言。曰天有六氣。〔杜注〕謂陰陽風雨晦明也降生五味。卽素問五六之數。易洪範月令其致一也。〔全云〕天五地六見於大易天六地五見於國語故漢志云五六天地之中合然左氏之說又與素問微不同楊退修謂五運六氣通之者唯王砅然還變行度。莫知其始終次序。程子曰。氣運之說。堯舜時十日一雨。五日一風。始用

十二相屬
論衡十二禽
龍馬牛犬蛇
義爲合

得〔集證〕〔沈括筆談〕黃帝素問有五運六氣五運者甲己爲土運乙庚爲金運丙辛爲水運丁壬爲木運戊癸爲火運也〇〔元圻案〕筆談七六氣方家以配六神所謂青龍者東方厥陰之氣也其性仁其神化其色青其形長其蟲鱗兼是數者唯龍而青者可以體之然未必有是物也其他取象皆如是唯北方有二曰元武太陽水之氣也曰螣蛇少陽相火之氣也其在於人爲腎腎亦二左爲太陽水右爲少陽相火火降而息水水騰而爲雨露以滋五臟上下相交此坎離之交以爲否泰者也中央太陰土爲勾陳勾陳之配則脾也　〔程氏遺書十九〕楊遵道錄伊川語曰觀素問文字氣象只是戰國時人作謂之三墳書則非也道理卻總是其間只是氣運使不得錯不錯未說就使其法不錯亦用不得除是堯舜十日一風五日一雨始用得且如說今年氣運當潦然有河北潦江南旱時此且做各有方氣不同又卻有一州一縣之中潦旱不同者怎生定得　遺書作十日一風五日一雨恐是坊本之誤

朱文公嘗問蔡季通十二相屬起於何時首見何書又謂以二十八宿之象言之唯龍與牛爲合而他皆不類至於虎當在西而反居寅雞爲鳥屬而反居酉又舛之甚者韓文考異毛穎傳封卯地謂十二物未見所從來愚按吉日庚午既差我馬午爲馬之證也季冬出土牛丑爲牛之證也蔡邕月令論云十二辰之會〔案〕蔡邕月令問答會作禽當從之五時所食者必家人所畜丑牛未羊戌犬酉雞亥

鴻荒年數
十紀說荒誕
長含經言渾
論以前
經世書言開
闢後
疑年譜主厲
王以前

豕而巳。其餘虎以下。非食也。月令正義。云雞爲木。羊爲火。牛爲土。犬爲金。豕爲水。但陰陽取象多塗。故午爲馬。酉爲雞。不可一定也。見孟春之月食麥與羊正義十二物見論衡物勢篇。〔閻按〕獨不及辰之禽龍〔集證〕論衡言毒篇辰爲龍巳爲蛇說文巳部亦謂巳爲蛇象形。〔集證〕〔論衡物勢篇〕寅木也其禽虎戌土也其禽犬丑未亦土也丑禽牛未禽羊亥水也其禽豕巳火也其禽蛇子亦水也其禽鼠午亦火也其禽馬酉雞也卯兔也申猴也又〔按乾鑿度〕孔子曰復表日角〔鄭注云〕表者人體之章識也名復者初震爻也震之體在卯日出於陽又初應在六四於辰在丑爲牛牛有角復人表象是丑爲牛之證〔史記陳世家〕周太史筮敬仲完卦得觀之否云若在異國必姜姓〔正義曰〕六四變此爻是辛未觀上體巽未爲羊巽爲女女乘羊故爲姜是未爲羊之證〔九家易注〕說卦曰犬近奎星蓋戌宿值奎也是戌爲犬之證〔易林〕坤之震亦云三年生狗以成戌母○〔元圻案〕〔唐彥遠法書要錄曰〕梁庾元威論書齊末王融圖古今雜體有六十四書湘東王遣韋仲將定爲九十一種謝善勛增其九法合成百體內有鼠書牛書虎書兔書龍書蛇書馬書羊書猴書雞書犬書豕書此十二時書也

自帝堯元年甲辰。至宋德祐丙子。〔閻按〕瀛國公在位二年凡三千六百三十三年。帝堯而上。六閼逢無紀。致堂讀史管見二。云有書契以來。凡幾鴻荒。幾至德矣。廣雅。自開闢至獲麟。二百七十六萬歲。〔案〕此說本緯書元命包乾鑿度見後漢書律曆志分爲

年略譜起共和堯年起甲辰未確史記世年表之別

十一星推人命

十紀。蓋莊誕之說。劉道原恕疑年譜。謂大庭至
無懷氏。無年而有總數。堯舜之年。衆說不同。三
統曆。次夏商西周。與汲冢紀年及商曆差異。況
開闢之初乎。王質景文作張孝祥于湖集序。云渾淪以前。其略
見於釋氏之長含經。〔何云〕此姚秦時妖僧妄造其可據乎宏詞人之陋如此 開闢以後。
其詳見於邵氏之皇極經世。〔集證〕〔廣雅釋天〕天地闢設人皇以來至魯哀公十有四年積二百七
十六萬歲分爲十紀曰九頭五龍攝提合雒建通序命循蜚因提禪通疏仡〇〔元圻案〕〔書錄解題史部編年類〕疑年譜一卷年略譜一卷雜年號附劉恕撰謂春秋起周平魯隱史記
本紀自軒轅列傳首伯夷年表起共和共和至魯隱其間七十一年卽與春秋相接矣先儒敘庖犧女媧下逮三代享國之歲衆說不同懼後人以疑事爲信故周厲王以前三千五百一十
九年爲疑年譜而共和以下至元祐壬申一千九百一十八年爲年略譜 〔隋書經籍志佛經總說〕姚萇時天竺沙門佛陀耶舍譯長含經及四分曆 〔四庫全書總目術數類〕皇極
經世書十二卷宋邵子撰其書以元經會以會經運以運經世起於帝堯甲辰至後周顯德六年己未凡興亡治亂之迹皆以卦象推之 〔國朝王氏鳴盛曰〕王氏知諸家說開闢之年爲
莊誕豈知堯元年甲辰以下亦莊誕乎近儒史學唯萬斯同季野嘗於稽覈識見獨精所譔紀元彙考斷自共和庚申始今本亦從此逆溯至唐堯元年甲辰者乃後人所附益也 〔案〕司
馬子長作史記黃帝以來訖共和爲世表共和以後始爲年表爲千古特識

以十一星行曆推人命貴賤。始於唐貞元初。順宗年號在位止一

三命三星

定之方中擇地法

我辰安在論命

子商見姓有五音

吉日庚午擇日

晝夜漏刻百刻十二時六十分

年

都利術士李彌乾〔原注〕聿斯經本梵書○〔案〕宋劉熙古作續聿斯經一卷程子謂三命是律五星是曆晁氏謂泠州鳩曰武王伐殷歲在鶉火月在天駟日在析木之津辰在斗柄星在天黿五星之術其來尚矣〔何云〕此推步非占驗也〔集證〕〔唐藝文志曆算類〕都利聿斯經二卷貞元中都利術士李彌乾傳自西天竺有璩公者譯其文〔丹鉛錄〕律居陰而治陰因地主氣也故曰三命爲律觀情以律曆居陽而治陽因天主事也故曰五星爲曆觀性以曆

定之方中公劉之詩擇地之法也〔案〕〔周書曰〕別其陰陽之利相土地之宜水地之便〔蠡錯曰〕相其陰陽之和嘗其水泉之味審其土地之宜觀其草木之饒古人之擇地如此而已我辰安在小弁論命之說也以上引真西山送吳正叟序文語傳云不利子商哀九年左傳則見姓之有五音詩吉日維戊庚午則見支幹之有吉凶〔全云〕楚宮公劉二詩蓋古人建都卜宅以求陰陽之和而非葬經之可藉口我辰安在豈是論命姓有五音古人有此說亦不足據維戊庚午特以內外事分剛柔亦非擇日也

五代史馬重績傳漏刻之法以中星考晝夜爲一百刻六十分刻之二十爲一時時以四刻十分

三不能比兩
捐悶四維
數術記遺

爲正。此自古所用也。今攷五代會要晉天福三年。（晉高祖己亥）司天臺奏漏刻經云。晝夜一百刻分爲十二時。每時有八刻三分之一。六十分爲一刻一時有八刻二十分。（何云十二時占九十六刻餘四刻破爲二百二十四分故各得八刻二十分也一時凡五百分）四刻十分爲正前十分四刻爲正後二十分中心爲時正。上古以來皆依此法。歐陽公作史於六十分之上。闕八刻二字。不若會要之明白。（閻按）〔五代史馬重績傳〕正有八刻二字則王氏所見本不如今本矣○〔元圻案〕〔明史天文志〕西洋之說命日爲九十六刻使每時得八刻無奇零以之布算置器甚便也〔書錄解題正史類〕新五代史七十四卷歐陽修撰其爲說曰昔孔子作春秋因亂世而立法余爲本紀以治法而正亂君諸臣止事一朝曰某臣傳其更事歷代者曰雜傳尤足以爲世訓又典故類五代會要三十卷王溥撰四庫書著錄

數術記遺云。世人言三不能比兩。乃云捐悶與四維。甄鸞注藝經曰。捐悶者。周公作。先希本位以十二時相從。徐援稱捐悶。是奇兩之術。（以上皆甄鸞注文）御

太元經本老子太元經新論俱有二

覽引藝經作悁悶。三不能比兩者。孔子所造。布十干於其方戊己在西南四維。東萊子所造。布十二時四維。〔集證〕〔太平御覽七百五十五〕引藝經曰悁悶者先悶本位以十二時相從文曰同有文章虎不如龍豕者何爲來入兔宮王孫晝下乃造黃鐘犬往就馬非類相從羊奔蛇穴牛入雞籠四維者布十二時四維之一其文曰天行星紀石隨龍淵風吹羊圈天門地連兔居蛇穴馬到猴邊雞飛猪鄉鼠入虎蹤〇〔元圻案〕〔數術記遺曰〕於太山見劉會稽問曰數有窮乎會稽曰吾曾游天目山中見有隱者莫知其名號曰天目先生余亦以此意問之先生曰世人言三不能比兩乃云捐悶與四維數不識三妄談知十〔四庫全書總目天文算法類〕數術記遺一卷舊題漢徐岳撰北周甄鸞注岳東萊人晉書律曆志所稱吳闞澤受劉洪乾象曆於東萊徐岳者是也隋志具列岳及甄鸞九章算經七曜術算等目而獨無此書之名至唐志始著於錄〔甄鸞別注云〕劉洪付乾象於東萊徐岳

桓譚新論曰。老子謂之元。揚子謂之太元。〔案〕〔後漢書張衡傳注〕桓譚新論曰揚雄作元書以爲元者天也道也言聖賢制法作事皆引天道以爲本統而因附續萬類王政人事法度故伏羲氏謂之易老子謂之道孔子謂之元而揚雄謂之太元與此所引不同

石林謂太元皆老子緒餘。老氏道生一。一生二。二生三。此老子第四十二章之文河上公以此爲道化章三之爲九。故九而九之。爲八十一章。老子上篇三十七章下篇四十四章共八十一章太元以一元爲三方。自是爲九。而積之爲八十一首。〔原注〕〔金樓子云〕揚雄有太元經楊泉有太元經〇〔元圻

潛虛法太元皆心學中爲心體元虛見天地之心

案〕〔張衡傳注〕桓譚新論曰元經三篇以紀天地人之道立三體有上中下如禹貢之陳三品三三而九因以九九八十一故爲八十一卦以四爲數數從一至四重累變易竟八十一而徧不可損益以三十五蓍揲之元經五千餘言而傳十三篇也〔金樓子雜記篇下〕桓譚有新論華譚又有新論揚雄有太元經楊泉又有太元經〔隋書經籍志儒家〕梁有楊子太元經十四卷晉徵士楊泉撰

潛虛。心學也。以元爲首。心法也。人心其神乎。潛天而天。潛地而地。溫公之學。子雲之學也。〔案〕〔程子讀太元中首曰〕中陽氣潛萌於黃鐘之宮信無不在乎中養首一曰藏心于淵美厥靈根測曰藏心于淵神不外也太息之曰揚子雲之學已嘗至此地位 先天圖。皆自中起。萬化萬事生乎心。豈惟先天哉。連山始艮終而始也。歸藏先坤闔而闢也。易之乾太極之動也。元之中一陽之初也。皆心之體。一心正而萬事正。謹始之義在其中矣。邵子曰。元其見天地之心乎。〔見觀物外篇〕 愚於虛亦云。虛之元。卽乾坤之元。卽春秋之元。〔何云〕附會 一心法之妙也。張文饒衍義以養氣釋元。似未盡本旨。〔元圻案〕〔晁公武讀書志曰〕潛虛是五行爲本五五相乘爲

氣候十二日一代
小榆中榆中氣極氣

治曆有積算差驗

曆元卦氣所起同

二十五兩之爲五十首有氣體性名行變解七圖然其辭有闕者蓋未成也〔玉海三十六〕張行成爲潛虛衍義十六卷〔案〕〔四庫全書總目術數類〕載張行成皇極經世索隱二卷觀物外篇衍義九卷行成字文饒一字子饒臨邛人始末不甚可考玉海稱乾道二年六月以行成進易可採除直徽猷閣

管子幼官篇冬十二始寒盡刑十二小榆賜予十二中寒收聚十二中榆大收十二寒至靜〔今本靜或作盡〕十二大寒之陰〔閻按〕有十二大寒終句不宜漏注云陰陽之數日辰之名盤洲〔閻按〕盤洲洪适號於閏十一月用中榆立閏蓋出於此〔元圻案〕〔四庫全書總目法家類〕管子二十四卷舊本題管仲撰〔劉恕通鑑外紀〕引傅子曰管仲之書過半便是後之好事者所加乃說管仲死後事輕重篇尤復鄙俗其注舊題房元齡撰據晁氏讀書志蓋尹知章作也〔幼官篇曰〕春夏秋冬氣十二日一代春秋各八冬夏各七通一歲三百六十日春秋候平氣中冬夏候極氣終而始中氣常贏極氣常短〔周益公平園續集〕洪文惠神道碑曰公諱适字景伯初名造字伯溫一字景溫鄱陽人相孝宗謚文惠罷相後知紹興府浙東安撫使自越歸得負郭地百畝因列岾雙溪之勝復置臺樹引水流觴種花藝竹名曰盤洲有盤洲集一百卷

國史志云曆爲算本治曆之善積算遠其驗難而差遲治曆之不善積算近其驗易而差亦速

曆元起於冬至卦氣起於中孚豳詩於十月曰爲

豳詩十月言改歲

改歲。周以十一月爲正。蓋本此。〔原注〕曰爲改歲用周正何以卒歲乃夏正

困學紀聞注卷九

地志不必及人物
明一統志誇多
杜君卿言地理四事
李宏憲斥地理通弊
宋儒言志主人物
四至八到

禹受地記
崐崘之高
侖槃水出崦嵫
醴泉瑤池
禹本紀古國書
赤縣神州
八極裨海大瀛海
中國八十一分之一
槩略取諸地

困學紀聞注卷十

餘姚翁元圻載青輯

地理〔何本載閻云〕萬斯同季野嘗謂余云撰一統志奚必及人物人物自有史傳諸書予甚駭其說及近覽元和郡縣圖志太平寰宇記意果不足重在此一州內或人物無或僅姓名貫址鄉閭舉生平亦寥寥數語不似明一統志誇多泛濫令人厭觀乃悟著書自有體要苟其人其事無關地理不容闌入善乎杜君卿有云言地理者在辨區域徵因革知要害察風土〔李宏憲云〕飾州邦而敘人物因邱墓而徵鬼神乃言地理者通弊至於邱壤山川攻守利害反略而不書元和宰相之言施於譔述如此若南軒論修誌不可不載人物典刑繫焉世教補焉此則儒生之見以此點綴郡邑志則可非所論於大一統之書卷帙浩繁者也〔又云〕地理東至某地若干里南至某地若干里西至某地若干里北至某地若干里謂之四至東南到某地若干里西南到某地若干里西北到某地若干里東北到某地若干里謂之八到惟杜氏通典係刻本宛然具存若元和郡縣志太平寰宇記繕寫本多譌或原有不備者矣〔又云〕古書中言地理者舉東可以該南舉西可以該北非若東之與西南之與北截然不相通也知此乃觸處無疑〔何云〕通典舉四至郡縣志詳八到寰宇記仍李宏憲之例

三禮義宗。引禹受地記。王逸注離騷。引禹大傳。豈即太史公所謂禹本紀者歟。〔集證玉海五十七〕三禮義宗明天地歲祭義引禹受地記云崐崘東南五千里之地謂之神州王逸注離騷引禹大傳云侖槃之水出崦嵫之山〔史記大宛傳〕禹本紀言河出崐崘其高二千五百餘里日月所相避隱爲光明也其上有醴泉瑤池自張騫使大夏之後窮河源惡覩所謂崐崘者乎禹本紀山海經所有怪物余不敢言之也〔按張騫傳〕天子案古圖書名河所出山曰崐崘通典疑所謂古圖書即禹本紀

鹽鐵論〔論鄒篇〕大夫曰。鄒子推終始之運。謂中國天下八十分之一。名赤縣神州。而分爲九州。絕陵陸

管子以水道
言民
風俗繫水土
情欲
山東兵强由
水土
蕭何收圖書
知阨塞

不通〔案〕〔論鄒篇〕以九字斷句下云川谷阻絕陵陸不通此所引有脫文乃爲一州有大瀛海圜其外所謂八極而天下際焉故秦欲達九州方瀛海朝萬國文學曰鄒衍怪說熒惑諸侯秦欲達瀛海而失其州縣愚謂秦皇窮兵胡越流毒天下鄒衍迂誕之說實啓之異端之害如此〔元圻案〕

一〔史記孟子荀卿列傳曰〕鄒衍深觀陰陽消息而作怪迂之變終始大聖之篇十餘萬言其語閎大不經以爲儒者所謂中國者於天下乃八十一分居其一分耳中國名曰赤縣神州赤縣神州內自有九州禹之序九州是也不得爲州數中國外如赤縣神州者九乃所謂九州也於是有裨海環之人民禽獸莫能相通者如一區中者乃爲一州如此者九乃有大瀛海環其外天地之際焉〔史記秦始皇本紀〕三十三年發諸嘗逋亡人贅壻賈人略取陸梁地爲桂林象郡南海西北斥逐匈奴自榆中並河以東屬之陰山又使蒙恬渡河取高闕陶山北假中築亭障以逐戎人

管子水地篇曰齊之水道躁而復故其民貪麤而好勇楚之水淖弱而清故其民輕果而賊越之水濁重而洎故其民愚疾而垢秦之水泔最而稽淤滯而雜故其民貪戾罔而好事齊〔案〕閣本無齊字晉之水

輿圖計里畫方二寸爲千里禹貢地域圖六體

枯旱而運。淤滯而雜。故其民諂諛而葆詐。巧佞而好利。燕之水萃下而弱。沈滯而雜。故其民愚戇而好貞。輕疾而易死。宋之水輕勁而清。故其民閒易而好正。是以聖人之化世也。其解在水。故水一則人心正。水清則人心易。此卽漢志所謂繫水土之風氣也。〔案〕〔漢書地理志下〕凡民函五常之性而其剛柔緩急音聲不同繫水土之風氣故謂之風好惡取舍動靜亡常隨君上之情欲故謂之俗 杜牧罪言亦云。山東之地。程其水土與河南等。常重十二。唐書作十二三 故其人沈鷙多材力。重許可。能辛苦。〔何本載閻云〕自周官屢言天下土地之圖九州之圖及地圖圖於地理爲尤切矣班固撰地理志一則曰秦地圖再則曰秦地圖書故蕭何入咸陽收丞相御史圖書藏之帝具知天下阸塞戶口多少彊弱處民所疾苦者以得此圖書也〔晉裴秀曰〕周秦地圖秘書殆絶僅有漢氏及括地諸雜圖粗具形似不爲精審於是作禹貢地域圖今亦不可得見矣見者元道士朱思本輿圖所謂蓋其平生之志而十年之力者明人轉相增竄名以己圖漸失其本眞獨計里畫方之法猶遵若玉律懸譔亦自唐賈耽來也舊書云其令工人畫海內華夷圖一軸廣三丈從三丈三尺率以一寸折成百里隋宇文愷曰裴秀輿圖以二寸爲千里〔何云〕〔元稹集〕有進西北地圖文字朱子集書牘中亦有之

○〔元圻案〕〔唐書杜佑傳〕佑子式方式方子牧牧字牧之善屬文作罪言曰生人常病兵兵祖於山東羨於天下不得山東兵不可死山東之地禹畫九土曰冀州舜以其分太大離爲幽

禹釃二渠引河
漯川爲二渠之一
勃海碣石
河從頓邱入勃海
海旁出爲勃
旁跌合聲爲勃
虖沱河徙駭河

州爲幷州程其水土與河南等常重十二三故其人沈鷙多材力重許可能辛苦魏晉以下工機纖雜意態百出俗益卑陋人益脆弱唯山東敦五種本兵矢他不能蕩而自若也所以兵常當天下〔晉書裴秀傳〕秀字季彥河東聞喜人也作禹貢地域圖十八篇其序曰制圖之體有六一曰分率所以辨廣輪之度也二曰准望所以正彼此之體也三曰道里所以定所由之數也四曰高下五曰方邪六曰迂直此三者各因地而置形所以校夷險之故也有圖象而無分率則無以審遠近之差有分率而無准望雖得之於一隅必失之於他方有准望而無高下方邪迂直之校則徑路之數必與遠近之實相違失准望之正矣〔閻氏〕引裴秀語漢氏下當依本文增輿圖二字

太史公班孟堅。謂禹釃二渠。以引其河。一貝邱。一漯川。見河渠書溝洫志李垂導河書曰。東爲漯川者。乃今泉源赤河。北出貝邱者。乃今王莽故瀆。而漢塞宣房所行二渠。蓋獨漯川。其一則漢決之。起觀城入蒲臺。所謂武河者也。晁補之河議曰。二渠於禹貢無見。〔閻按〕兗州之漯即禹廝二渠之一渠禹時河入海。蓋在碣石地理志。碣漢書作揭石在北平驪城縣西南。討勃海北距碣石五百餘里。而河入勃海。蓋漢元光武帝七年改元元光二三年。河徙東郡。所更注也。而言禹時河入勃海。何

爲鳥鼠朱圉之地秦德公徙鳳翔雍地章邯雍王爲槐里

哉〔閻按〕齊都賦海旁出爲㪍不獨今天津衞之海名勃碣石之海亦名㪍或曰抑別有證乎余曰莫妙乎太史公天官書中國山川東北流其維首在隴蜀尾沒于勃碣班固增其文曰尾沒於勃海碣石益明顯矣〔程易田云〕〔史記高祖本紀〕濟北有勃海之利索隱曰崔浩云勃旁跌也旁跌出者橫在濟北故齊都賦云海旁出爲勃名曰勃海郡余謂勃蓋旁跌合聲緩讀旁跌急讀則勃也此人口中自然之聲初無義有聲而後義具也〔集證〕〔玉海二十二〕祥符四年開滑州減水河五年祕閣校理李垂上導河形勝書三篇幷圖書目一卷考古揆今欲復河之故道又有導河形勝計功畢功圖今缺〇〔元圻案〕〔漢書地理志下〕右北平郡驪城注大揭石山在縣西南莽曰揭石溝洫志禹以爲河所從來高水湍悍難以行平地數爲敗迺釃二渠以引其河北載之高地過洚水至於大陸播爲九河同爲逆河入于勃海注臣瓚以爲禹貢夾右碣石入于河則河入海乃在碣石也武帝元光三年河移從東郡更注勃海禹時不注也〔欽定前漢書考證〕臣齊召南按尚書但云入于海〔史記河渠書〕始云入于勃海而班固用之本無差訛禹河自周定王以後雖漸遷移不定而其入海之口總在直沽至漢猶如故也孝武紀元光三年春河水徙從頓邱東南流入勃海其入勃海與禹時不異所異者改道從頓邱移徙耳地理志於魏郡鄴縣曰故大河在東北入海于勃海郡成平縣曰虖沱河民曰徒駭河此則禹貢故道也豈可曰禹時不注勃海乎使禹河不入勃海則史記于宣房既築又何以云道河北行二渠復禹舊跡也瓚說非是此說足以釋厚齋之疑〔東都事略李垂傳〕垂字舜工聊城人由進士第上兵制將制書自湖州錄事參軍召爲崇文校勘累遷修起居注丁謂惡之罷知亳州〔又文藝傳〕晁補之字无咎宗慤之曾孫也有雞肋集一百卷

蔡氏禹貢傳曰。鳥鼠地志在隴西郡首陽縣西南。今渭州渭源縣西也此以唐之州縣言若本朝輿地。當二云今熙州渭源堡。又曰朱圉地志在天水郡冀縣南。今秦州大潭縣也。按九域志。〔全云王存作〕建隆三年。秦州置大潭縣。熙寧七年。以大潭隸岷州。〔見九域志卷三〕今爲西和州。當云今西和州大潭縣。

朱文公詩傳曰。秦德公徙雍。今京兆府興平縣。按輿地廣記。〔全云歐陽忞作〕鳳翔府天興縣。故雍縣。秦德公所都也。興平乃章邯爲雍王所都之廢邱也。當云雍。今鳳翔府天興縣。〔元圻案〕〔太平寰宇記〕隴右道二渭州渭源縣本漢首陽縣地後魏改首陽爲渭源縣隴右道一秦州大潭縣本叓恭大潭兩鎮皇朝乾德元年合二鎮立大潭縣朱圉山在縣西俗名白巖山〔輿地廣記十五〕皇朝熙寧五年置渭源堡屬熙州有鳥鼠同穴山今謂之青雀山又岷州大潭縣皇朝建隆三年以叓恭大潭二鎮置大潭縣熙寧六年來屬有禹貢朱圉山〔史記項羽本紀〕項王立章邯爲雍王王咸陽以西都廢邱正義曰括地志犬邱故城一名廢邱古城在雍州始平縣東南十里·〔輿地廣記十五〕鳳翔府天興縣故雍縣秦德公既立卜居雍曰後世子孫飲馬於河遂都雍〔又十三〕京兆府興平縣本周犬邱懿王都之秦改曰廢邱漢高帝三年更名槐里晉置扶風郡而改槐里曰始平縣〔書錄解題地理類〕元豐九域志十卷知制誥丹陽王存正仲集賢校理曾肇子開官制所檢討邯鄲李德芻等刪定輿地廣記三十八卷廬陵歐陽忞撰政和中作忞爲文忠族孫行名皆連心字

呂氏春秋。禹南至九陽之山。羽人裸民之處。不死

羽人裸民國
丹邱不死鄉

九江爲洞庭
豫章尋陽柴
桑
帝女居洞庭
山
敷淺原彭蠡

之鄉。此屈子遠遊。所謂仍羽人於丹邱兮。留不死之舊鄉。朝濯髮於湯谷兮。夕晞余身兮九陽。〔集證〕〔文選孫綽天台山賦〕仍羽人於丹邱兮尋不死之福庭注楚辭曰仍羽人於丹邱兮留不死之舊鄉王逸注曰因就衆仙於光明也丹邱晝夜常明山海經有羽人之國不死之鄉○〔元圻案〕〔呂氏春秋愼行論求人篇〕高誘注曰南方積陽陽數極於九故曰九陽之山也羽人鳥喙背上有羽翼裸民不衣衣裳也鄉亦國也

朱文公謂漢之尋陽縣。在江北。今之江州。非古九江地。其說明矣。然漢柴桑縣屬豫章郡。而莽以豫章郡爲九江。柴桑縣爲九江亭。〔案〕〔漢書地理志〕豫章郡高帝置莽曰九江柴桑莽曰九江亭則九江之名。其誤久矣。以九江爲洞庭本於水經。〔集證〕〔水經三十五〕江水又東至長沙下雋縣北澧水沅水資水合東流注之湘水從南來注之注凡此諸水皆注于洞庭之陂〔山海經中山經〕洞庭之山帝之二女居之是常游於江淵澧沅之風交瀟湘之淵是在九江之閒而胡晁曾氏因之。〔全云〕胡旦晁說之曾旼○〔元圻案〕朱子九江彭蠡辨若曰古之九江卽今之江州古之敷淺原卽今之德安縣則漢九江郡本在江北而今所謂江州者實武昌郡之柴桑縣後以江北之尋陽并柴桑而立郡又自江北徙治江南故江南得有尋陽之名後又因尋陽而改爲江州實非古九江地也唯國初胡祕監旦近世晁詹氏說之皆以九江爲洞庭則其援證皆極精博而鄭漁仲謂東匯澤爲彭蠡東爲北江入於海十三字爲衍文亦爲得之　〔蔡氏傳曰〕九江今之洞庭也水經言九江在長沙下雋西北〔楚地記曰〕巴陵瀟湘之淵在九江之閒今岳州巴陵卽楚之巴陵漢之下雋

姑蔑太末
浙江出黟縣
南率山
漸江出南蠻
夷中
餘句之山
句踐地所至
越居吳王有
句東

齊儉道木閣
齊王走城陽
山中

楚北甘魚之
口

也洞庭正在其西北則
洞庭之爲九江審矣

國語注姑蔑。今太湖。當作太末。甬句東。今句章東。

海口外洲。韋昭注當作浹口。蓋傳寫之誤。〔原注〕〔唐盧潘引
地理志〕浙江出黟
縣南率山東入海今漢志云蠻夷中〔集證〕〔漢地理志〕丹陽郡黟縣漸江水出南蠻夷中
東入海師古曰黟音伊字本作黝其音同〔續漢郡國志〕會稽郡太末注左傳謂姑蔑〔句章
注〕山海經曰餘句之山無草木多金玉郭璞曰山在餘姚南句章北故二縣因以爲名句踐
欲遷吳王於甬東韋昭曰縣東洲〔羅願新安志〕率山在休寧縣東南四十里高五十七仞周
二十一里率水出焉寰宇記引山海經漸江出三天子都在率東蓋此山也〔漢地理志〕云浙
江出黟縣南率山東入海唐盧潘引此以解山海經率山今地理志率山乃作蠻夷中不可曉
槐按考御覽六十五引地理志作南率山率俗作蠻蓋因形近而誤〇〔元圻案〕〔越語〕句踐
之地南至於句無北至於禦兒東至於鄞西至於姑蔑韋昭注姑蔑今太湖是也〔左傳哀
六年〕見姑蔑之旗注姑蔑越地今東陽太末縣〔漢書地理志〕會稽郡太末孟康曰太音如
闥〔韓退之衢州徐偃王廟碑〕姑蔑之墟太末之里〔吳語〕越王使人告于吳王曰王其
無死民生於地上寓也其與幾何寡人其達
王於甬句東夫婦三百唯王所安以沒王年

戰國策。田單爲棧道木閣。迎齊王與后於城陽山

中。非但蜀有棧閣也。〔閻按〕淮南本經訓延樓棧道即宮室亦有之〔
全云〕宮室複道見史記漢書甚多〇〔元圻案〕〔
齊策〕燕人興師而襲齊墟王走而之城陽之山
中田單敗燕而反齊地故爲棧道木閣而迎之

楚北有甘魚之口。鮑氏注疑爲濟陰高魚非也。左

魚陂甘魚陂

沈黎汶山郡省并莋都丹駹夷漢置蜀西南諸郡

氏昭十三年傳次於魚陂注云竟陵縣城西北有甘魚陂。〔集證〕〔水經二十八〕沔水又東南與楊口合〔注〕竟陵城傍有甘魚陂〔左傳昭公十三年〕次于魚陂者也○〔元圻案〕〔書錄解題雜〕史類鮑氏校定戰國策十卷尚書郎括蒼鮑彪注〔秦策〕冷向謂魏冉曰楚包九夷又方千里南有符離之塞北有甘魚之口注未詳疑爲濟陰高魚元吳師道校注卽引王氏此條以正之

大事記解題沈黎郡汶山郡地理志不載按輿地廣記漢武帝置郡既而罷之〔案〕見解題十二愚按黃霸傳入穀沈黎郡後漢莋都夷傳武帝所開以爲莋都縣元鼎武帝二十五年改元元鼎六年以爲沈黎郡至天漢武帝四十一年改元天漢四年并屬爲西部置兩都尉一居旄牛主徼外夷一居青衣主漢人冉駹夷傳武帝所開元鼎六年以爲汶山郡至地節宣帝五年改元地節三年省并蜀郡爲北部都尉靈帝時復分蜀郡北部爲汶山郡〔原注〕〔宣帝紀〕地節三年十二月省汶山郡并蜀○〔元圻案〕〔史記大宛傳〕是時漢既滅越而蜀西南夷皆震請吏入朝於是置益州越巂牂牁沈黎汶山郡欲地接以前通大夏〔漢書武帝紀〕元鼎六年定西南夷以爲武都牂牁越巂沈黎文山郡班氏以沈黎汶山二郡旋卽省并故不列于地理志然汶山之省書於宣帝紀沈黎之并不書於武帝

荀卿爲蘭陵令
蘭陵有二

文中子父令銅川
銅鞮縣

紀亦記事之疏漏也〔歐陽忞輿地廣記三十〕黎州漢屬蜀越巂二郡唐大足元年置黎州取古沈黎郡爲名〔按〕沈黎郡本莋都地漢武帝開之置郡旣而罷之又茂州本冉駹國漢武帝開其地置文山郡尋罷屬蜀郡

荀卿爲蘭陵令。〔案〕〔史記荀卿傳〕荀卿乃適楚春申君以爲蘭陵令縣在漢屬東海郡。見漢書地理志今沂州承縣。誠齋延陵懷古有蘭陵令一章蓋誤以南蘭陵爲楚之蘭陵也古靈〔閻按〕古靈陳襄號〔全云〕安定弟子詩亦誤。〔閻按〕〔魏地形志〕蘭陵郡蘭陵縣有荀卿冢與史記卒因葬蘭陵合〔全云〕疑是淮陰之蘭陵當再考〔集證〕〔晉地理志〕元康元年分東海置蘭陵郡永嘉之亂淪沒石氏元帝渡江後幽冀諸州流人相率過江淮帝並僑立郡縣以司牧之置南東海南琅邪南東平南蘭陵等郡〔按〕今山東兗州府嶧縣漢蘭陵唐省入承縣楚之蘭陵也江蘇常州府武進縣西北有蘭陵廢城此南蘭陵也○〔元圻案〕楊萬里字廷秀自號誠齋吉水人官至寶謨閣學士致仕及韓侂冑用事召之不至開禧出師不食而死諡文節事蹟具宋史儒林傳著誠齋集一百三十卷〔書錄解題別集類中〕古靈集二十五卷樞密直學士長樂陳襄述古撰襄在經筵薦司馬光而下三十三人皆顯于時集序李忠定綱作也

文中子父曰銅川府君。〔原注〕隆爲銅川令〔案〕司馬溫公文中子補傳隆字伯高阮氏注上黨有銅鞮縣。本漢書地理志龔氏〔何本載閻云〕龔氏名鼎臣明道間人注隋初置銅川縣。今忻州秀容是。愚攷隋地理志定襄〔閻按〕當作樓煩始

同州本司州

子夏居西河石室

文中子河汾敝廬

統秀容郡秀容縣。開皇初置新興郡銅川縣。十八年置忻州。龔注是也。〔集證〕〔隋地理志〕定襄郡統縣一大利樓煩郡統縣三靜樂臨泉秀容秀容舊置泗州後周又置平寇縣州徙雁門開皇初置新興郡銅川縣郡尋廢十年廢平寇縣十八年置忻州大業初州廢又廢銅川〇〔元圻案〕〔書錄解題儒家類〕中說注十卷太常丞阮逸天隱撰〔又〕中說注十卷正議大夫淄川龔鼎臣輔之撰龔自云明道閒得唐本於齊州李冠比阮本改正二百餘處〔案〕龔注今佚

中說。同州府君龔氏本作司州。注云。宋武置司州於虎牢。西魏始改華州爲同。〔集證〕〔宋書州郡志〕武帝北平關洛河南底定置司州刺史治虎牢領河南滎陽宏農三郡〔隋地理志〕馮翊郡後魏置華州西魏改曰同州〇〔元圻案〕〔中說王道篇〕晉陽穆公之述曰政大論八篇其言帝王之道著矣同州府君之述曰政小論八篇其言王霸之業盡矣〔司馬溫公文中子補傳〕晉陽穆公名虬虬生彥官至同州刺史彥生傑官至濟州刺史封安康公諡曰獻傑生隆隆生通

子夏居西河。在汾州。〔案〕〔史記儒林傳〕子夏居西河正義曰今汾州文中子之教。興於河汾。〔閻按〕〔宋史地理志〕汾州治西河縣即今更名汾陽縣非古子夏設教地也詳見余博湖掌錄〔何本載閻云〕鄭注檀弓西河云龍門至華陰之地〔水經酈注〕酈言子夏石室正在其地與宋汾州無涉〔集證〕〔水經四〕河水南出龍門口又南崌谷水注之注云崌谷側谿山南有石室西面有兩石室北面有二石室皆因阿結牖連扃接闥似是棲遊隱學之所昔子夏教西河疑即此也〔按〕〔唐地理志〕汾州西河縣本隰城肅宗上元元年更名與子夏西河無涉張守節誤〇〔元圻案〕〔司馬溫公補傳曰〕晉陽穆公始家河汾之間〔中說事君篇〕楊素使謂子曰盍仕乎子曰疏屬之南汾水之曲有先人之敝廬在可以避風雨有田可以具饘粥不願仕也

地理志言風俗

桐柏大復山淮水又至廣陵淮浦

淮陵睢陵

漢地理志。言風俗。多取太史公貨殖傳。然太史公語尤奇峻。可以參觀。

地理志。〔南陽郡平氏〕禹貢桐柏大復山在平氏東南。淮水所出。東南至淮陵〔閻按〕陵似當作浦入海。〔案〕此班氏自注文禹貢集解云淮陵。晉猶存。不知何代廢省。今其地當在楚州界。愚攷宋州郡志。淮陵郡本淮陵縣。〔原注〕漢屬臨淮後漢屬下邳晉永寧元年爲淮陵國○〔案〕小註亦宋書州郡志文攷之兩漢及晉志俱合輿地廣記。淮南東路泗州招信縣本淮陵縣。漢屬臨淮郡。宋曰睢陵。置濟陰郡。今按漢晉有淮陵睢陵二縣。宋濟陰郡有睢陵縣。而淮陵郡無淮陵縣。蓋宋之睢陵。卽漢之淮陵也。〔原註〕廣記漢淮陵故城在淮陽軍下邳縣寰宇記〔全云〕樂史作古淮陵城。在招信縣西北二十五里。見河南道十六然則禹貢解以淮陵在楚州非也。〔集證〕〔山海經〕海內東經淮水出餘山義鄉西入海淮浦北水經淮水又至廣陵淮浦縣入於海閻氏謂淮陵當作淮浦是也〔經義考〕傅寅禹貢集解二

齊俗之侈始景公齊冠帶衣履天下

高枽山壺山出浯水浯溪在湘水南元次山家浯溪

卷存〔元圻案〕〔書錄解題地理類〕太平寰宇記二百卷太常博士直史館宜黃樂史子正撰起自河南周于海外當太宗朝上之〔史記夏本紀〕〔索隱曰〕桐柏一名大復山〔漢志〕淮浦屬臨淮郡〔後漢志〕屬下邳郡〔蔡氏傳〕淮入海在今淮浦

志謂齊俗彌侈。織作冰紈綺繡純麗之物。號爲冠帶衣履天下。〔案〕師古注曰冰謂布帛之細其色鮮潔如冰者也純精好也麗華靡也言天下之人冠帶衣履皆仰齊地臨淄屬齊郡有服官。齊三服官見漢書平帝紀五年詔說苑墨子曰。綿繡絺紵亂君之所造。其本皆興於齊景公喜奢而忘儉。幸有晏子以儉鐫之。然猶幾不能勝。〔集證〕〔說苑反質篇〕引墨子檢今墨子無之疑是節用中下兩篇佚文齊俗之侈。蓋自景公始。〔全云〕今世織造在江浙蘇杭二府而東人之技無聞〔集證〕〔漢書元帝紀〕初元五年詔罷齊三服官注李斐曰齊國舊有三服之官春獻冠幘縰爲首服紈素爲冬服輕綃爲夏服師古曰縰卽今之方目紗也紈素今之絹也輕綃今之輕紗也

瑯邪郡靈門縣壺山。浯水所出。原注音吾元次山名浯溪。亦有所本。非自造此字也。〔集證〕〔漢地理志〕靈門縣有高枽山壺山浯水所出　今山東莒州西南有靈門廢縣〔元圻案〕〔程氏大昌演繁露十四〕世傳浯溪本無浯字元結自名之恐不然也〔說文〕浯水出瑯邪靈門縣壺山東北入濰從水吾聲則浯非結所自名也　〔元次山浯溪銘序曰〕浯溪在湘水之南北匯於湘愛其勝異遂家溪畔溪世無名稱者也爲自愛之故名浯溪〔唐書元結傳〕後魏常山王遵十五代孫天寶十二載舉進士復舉制科會代宗立丐侍

引漳水溉鄴爲鹵生稻粱溝洫志民歌鄴令

西通武關鄖關洵水上有關

商周以封建禦邊唐以幽鎮扞契丹

親歸樊上作自釋曰結元子名也次山結字也少居商餘山著元子十篇故以元子爲稱

溝洫志。史起引漳水溉鄴。出呂氏春秋先識覽以賢令爲聖令。舄鹵爲斥鹵。〔閻按〕〔河渠書〕以引漳水溉鄴爲西門豹余謂西門豹當魏文侯時史起當襄王時皆爲鄴令皆鑿十二渠利民故左思魏都賦西門溉其前史起灌其後括地志亦云爾〇〔元圻案〕〔漢書溝洫志〕民歌之曰鄴有賢令兮爲史公決漳水兮灌鄴旁千古舄鹵兮生稻粱〔呂覽先識覽樂成篇〕民歌曰鄴有聖令時爲史公決漳水灌鄴旁終古斥鹵生之稻粱〔後漢安帝紀〕初元二年修西門豹所分漳水爲支渠以溉田〔水經十〕濁漳水注亦云豹引漳以溉鄴而呂覽謂史起曰魏氏之行田也以百畝鄴獨二百畝是田惡也漳水在其旁而西門豹弗知用何也

史記貨殖傳南陽西通武關鄖關正義云。地理志宛西通武關。而無鄖關。鄖當作洵。洵水上有關在金州洵陽縣。愚按漢志漢中郡長利縣有鄖關。長利今商州上津縣。武關在商洛縣。正義失之。〔集證〕今陝西商州東有武關湖北鄖陽府鄖陽縣西有廢長利縣鄖關在焉

古公事獯鬻。而商不與。晉拜戎不暇。昭十五年左傳而周不知封建之效也。唐以幽鎮扞契丹及幽鎮亡而

夷狄入由郡縣削弱
契丹緣起
石敬瑭求援契丹

滄州漢武臺
唐伐高麗刻石

蜀道難言開國
蜀王先世諸名
岷嶓庸蜀
秦滅蜀置守

契丹之患始熾。方鎮之效也。郡縣削弱則夷狄之禍烈矣。〔全云〕感燕雲之禍也○〔元圻案〕〔唐書地理志〕河北道鎮州常山郡幽州范陽郡皆置大都督府〔北狄傳〕契丹本東胡種至元魏自號契丹臣於突厥咸通中部落寖彊光啓時入寇幽薊劉仁恭討之十年不敢近邊〔五代史晉高祖紀〕天福元年唐廢帝下詔削奪石敬瑭官爵命張敬達等討之敬瑭求援於契丹契丹耶律德光入自雁門與唐兵戰敬達大敗敬瑭即位以幽涿薊檀順瀛漠蔚朔雲應新嬀儒武寰州入于契丹〔宋文鑑〕呂氏大鈞世守邊郡議曰在商之時古公以皮幣珠玉事獯鬻而商不知在周之時晉國拜戎不暇而周室不與然則三代禦邊之略蓋可知矣

九域志。滄州有漢武臺。唐太宗紀。貞觀十九年伐高麗。班師次漢武臺。刻石紀功。臺餘基三成。燕齊之士。爲漢武求仙之處。〔集證〕〔玉海一百六十二〕唐太宗實錄正觀十九年十月班師次漢武臺餘基三成旁有祠室塋域帝顧問侍臣對曰此是燕齊之士爲漢武求仙之處其地俯臨大海長瀾接天巉巖峻石奇怪之狀帝製文刻於石○〔元圻案〕〔史記封禪書〕李少君死天子以爲化去不死而使黄錘史寬舒受其方求蓬萊安期生莫能得而海上燕齊怪迂之方士多更來言神事矣

李太白蜀道難云。蠶叢及魚鳧。開國何茫然。爾來四萬八千歲。不與秦塞通人煙。其說本揚雄蜀記。愚謂岷嶓載於禹貢。庸蜀見於牧誓。非至秦

天下水數
水經注郭酈
二家
水經三國時
人作
桑欽通地理
無水經
山海經附益
地名
本草附益地
名
水經經注舉
水例

始通也。〔全云〕蜀記本不足據○〔元圻案〕〔文選左太沖蜀都賦注〕夫蜀都者蓋兆基於上世開國於中古劉淵林注揚雄蜀王本紀曰蜀王之先名蠶叢柏濩魚鳧蒲澤開明是時人民椎髻左衽不曉文字未有禮樂從開明上到蠶叢積三萬四千歲〔注〕又曰秦惠王討滅蜀王封公子通爲蜀侯惠王二十七年使張若與張儀築成都城其後置蜀郡以李冰爲守

水經引天下之水百三十七。江河在焉。〔案〕今本水經所列僅一百一十六水鄺氏注引枝流一千二百五十二。〔集證云〕見唐通典州郡四謂晉郭璞注三卷。後魏鄺道元注四十卷。皆不詳撰者名氏。不知何代之書。云濟水過壽張。則前漢壽良縣光武更名。〔案〕〔漢書地理志〕東郡壽良應劭曰世祖叔父名良故曰壽張又東北過臨濟。則狄縣安帝更名。〔漢志〕千乘郡狄應劭曰安帝更名曰臨濟荷〔通典作菏〕水過湖陸。則湖陵縣章帝更名。〔漢志〕山陽郡湖陵莽曰湖陸應劭曰章帝封東平王倉子爲湖陵侯更名湖陵〔後漢郡國志〕湖陸故湖陵章帝更名劉昭曰前漢志王莽改曰湖陸章帝復其號汾水過永安。則彘縣順帝更名。〔漢志〕河東郡彘應劭曰順帝改曰永安故知順帝以後纂序也。

愚按經云武侯壘。又云魏興安陽縣。注謂諸葛

武侯所居。魏分漢中立魏興郡。並見卷二十七沔水條下○〔閻按〕王褘水經序于立魏興郡下有又云江水又東逕永安宮南則昭烈託孤於武侯之地也又其言北縣名多曹氏時置南縣名多孫氏時置是又若三國以後人所爲也一段似王氏原文爲今刊本鈔本所遺殊爲可惜特補於此〔全云〕是歐陽圭齋序文非王語又云改信都從長樂。則晉太康晉武帝初元五年也。然則非後漢人所撰。隋志云郭璞注。而不著撰人。舊唐志云郭璞撰。愚謂所載及魏晉。疑出於璞也。新唐志始以爲桑欽。而又云一作郭璞撰。蓋疑之也。經云云何水又北薄骨律鎮城。注云赫連果城也。乃後魏所置。其酈氏附益歟。〔案錢氏大昕曰〕王氏所引武侯壘永安宮薄骨律鎮城皆注之溷入經文者按前漢儒林傳古文尚書塗惲受河南桑欽君長。晁氏讀書志謂欽成帝時人。意者欽爲此書。而後人附益。如山海經禹益所記。有長沙零陵桂陽諸暨之名。本草神農所述。有豫章朱崖趙國常山奉高真定臨淄馮翊之稱。爾雅作於周公。而云張仲孝友。蒼頡篇造於李斯。而云漢兼天下。皆非本文。顏之推嘗論之矣。自如山海經以下皆顏氏家訓書證篇之文通典州郡四又謂景純注解。疏略多迂怪。今郭注不傳。〔閻按〕〔漢地理志〕班固自注引桑欽言者七是欽通地理學有撰著故後人以水經歸之與至作郭璞撰可一言以折曰璞注山海經引水經者八此豈經出璞手哉〔何云〕〔焯按地理志〕引桑欽言者六敦煌郡效穀下乃小顏注也玉海第二十卷幷載之故閻文亦誤作七〔又云歐陽元功水經補正序云〕近代宇文氏以為經傳相淆者此說近之也〔集證〕〔歐陽元補正水經序〕按隋志有兩水經一郭璞注一酈善長注然皆不著撰人姓名唐杜祐作通典時尚見兩書言郭璞疎略于酈注無所言撰人則槪未之考也舊唐志始云郭璞作宋崇文總目亦不言撰人為誰但云酈注四十卷亡其五新唐志乃謂漢桑欽作水經今人言桑欽者本此崇文總目作於宋景祐與新志書同時又未知新志何所據以為說也余嘗參訂之說者疑欽為東漢順帝以後人以堯一縣疑之也今經言江水東逕永安宮南永安宮昭烈託孤於孔明之地也今特著於斯又若因其人而重者得非蜀漢閒人所為也不寧惟是也其言北縣名多曹氏置去縣名多孫氏置余又未暇一二數也斯則近代宇文氏以為經傳相淆者此說近之也〇〔元圻案〕〔唐六典七〕水部郎中員外郎掌天下川瀆陂池之政令凡天下水泉三億三萬三千五百五十有九其江河自西極達于東溟中國之大川者也其餘百三十有五水是為中川者也其千二百五十有二斯為小川者也注桑欽水經所引之天下之水百三十七江河在焉酈善長注水經引其枝流一千二百五十二〔四庫全書總目地理類〕水經注四十卷後魏酈道元撰道元字善長范陽人官至御史中尉事迹具魏書酷吏傳自晉以來注水經者凡二家郭璞注三卷今惟道元所注存道元自序一篇諸本皆佚惟永樂大典有之至於經文注語諸本率多混淆今攷驗舊文得其端緒凡水道所經之地經則云過注則云逕經則統舉都會注則兼及繁碎地名凡一水之名經則首句標明後不重舉注則文多旁

三輔黃圖作者
水經注引黃圖四
神名臺九室
棘門石柱橋
船庫官改縣

涉必重舉其名以更端凡書內郡縣經則但舉當時之名注則兼考故城之迹皆尋其義例一一釐定各以案語附於下方又水經作者唐書題曰桑欽然班固嘗引欽說與此經文異道元注亦引欽所作地理志不曰水經觀其涪水條中稱廣漢已爲廣魏則決非漢時鐘水條中稱晉寧仍曰魏寧則未及晉代推尋文句大抵三國時人今既得道元原序知並無桑欽之文則據以削去舊題亦庶幾闕疑之義云爾

三輔黃圖所載靈金內府及天祿閣青藜杖皆王嘉全云字子年苻秦時人拾遺記譎誕之說。程泰之雍錄謂黃圖。蓋唐人增續成之。〔原注〕〔水經注〕引黃圖今本所無〔閻案〕王氏弟應鳳字仲儀有訂正三輔黃圖〔集證〕〔按水經注〕引黃圖云神明臺上有九室〔又〕棘門在橫門外又杜南京兆主之杜北馮翊主之有令丞各領徒千五百人橋之北首壘石水中故謂之石柱橋也〔又〕有船庫官後改爲縣凡四條皆今本所無〇〔元圻案〕〔拾遺記〕漢太上皇佩一刀長三尺上有銘其字難識疑是殷高宗伐鬼方時所作也上皇遊酆沛山中有人歐冶鑄上皇問曰此鑄何器工者笑而答曰爲天子鑄劍今所鑄鐵鋼礪難成若得公腰間佩刀雜而冶之即成神器可以剋定天下上皇則解匕首投於爐中劍成工人持授上皇上皇以賜高祖佩於身以殲三猾及天下已定呂后藏於寶庫白氣如雲出於戶外狀如龍蛇呂后改庫名曰靈金藏惠帝即位以此庫貯禁兵器名曰靈金內府也〔又〕劉向校書天祿閣夜有老人著黃衣植青藜杖登閣而進見向暗中獨坐誦書老人乃吹杖端烟燃因以見向說開闢以前向因受五行洪範之文請問姓名云我是太一之精天帝聞金卯之子有博學者下而觀焉乃出懷中竹牒有天文地圖之書余略授子焉至向子歆從向受其術此二事三輔黃圖庫類閣類載之與此文略同而以高祖劍謂即佩之以斬白蛇者是也〔四庫全書總目地理類〕三輔黃圖六卷不著撰人名氏晁公武據所引劉昭續漢志註定爲梁陳間人作程大昌雍錄則謂晉灼所引黃圖多不見於今本而今本漸臺彪池高廟元始祭社稷儀皆明引舊圖知非晉灼之所見又據改槐里爲興平事在至德二載知爲唐肅宗

武侯家南陽隆中

天不足西北地不滿東南

九龍嘉德殿

以後人所作其說較公武爲有據又雍錄十卷宋程大昌撰是編考訂關中古跡以三輔黃圖唐六典宋敏求長安志呂大防長安圖記及紹興祕書省圖諸書互相考證于宮殿山水都邑皆有圖有說〔又〕〔小說類〕拾遺記十卷秦王嘉撰嘉字子年隴西安陽人事迹具晉書藝術傳故舊本繫之晉代然嘉實苻秦方士是時關中雲擾與典午隔絕久矣稱晉人者非也

殷芸小說云諸葛武侯躬耕於南陽南陽是襄陽墟名非南陽郡也〔閻按〕南陽爲墟名出異苑注杜者不甚遵之〔全云〕漢晉春秋云亮家於南陽之鄧縣在襄陽城西二十里曰隆中則非墟明矣○〔元圻案〕〔書錄解題小說類〕殷芸小說十卷宋殷芸撰〔邯鄲書目〕云或題劉餗非也其序事止宋初或稱商芸者宣祖未祧時避諱也〔隋經籍志雜傳類〕異苑十卷宋給事劉敬叔撰〔梁書殷芸傳〕芸字灌蔬陳郡長平人勵精勤學博洽羣書歷官祕書監司徒左長史

素問云何本無云字天不足西北左寒而右涼地不滿東南右熱而左溫〔元圻案〕〔書錄解題醫書類〕黃帝內經素問二十四卷此固出於後人依託要是醫書之祖也此四語見素問五常政大論篇第七十

漢袁良碑云帝御九龍殿引對飲宴集古錄跋謂九龍殿名惟見於此愚按張平子東京賦曰九龍之內寔曰嘉德注九龍本周時殿名門上有三銅柱柱有三龍相糾繞故曰九龍嘉德殿在

洛陽長生殿
上陽宮
元武門迎仙
宮東都改名神
都

皋陶釣雷澤
舜漁濩澤
服澤之陽

九龍門內。非但見於此碑也。〔集證〕〔後漢楊賜傳〕光和元年有虹蜺晝降於嘉德殿前注引洛陽記殿在九龍門內○〔元圻案〕〔歐陽公集古錄跋尾〕右漢袁良碑云君諱良字卿卿上一字摩滅陳國扶樂人也〔又云〕帝御九龍殿引對飲宴九龍殿名惟見於此

武后在洛陽。不歸長安。此通鑑所載也。張柬之等舉兵至后所寢長生殿。又遷后於上陽宮。皆在洛陽。程泰之雍錄。乃謂長安宮殿誤矣。〔集證〕〔玉海百六十一〕唐書張廷珪傳〕武后召見長生殿此殿在東都又一百五十七唐地理志上陽宮在東都禁苑之東東接皇城之西南隅上元中置○〔元圻案〕〔通鑑唐紀〕高宗永徽六年十月立武氏爲皇后故后王氏故淑妃蕭氏並囚於別院上嘗念之武后遣人杖王氏及蕭氏各一百斷去手足捉酒甕中曰令二嫗骨醉數日死又斬之武后數見王蕭爲祟被髮瀝血如死時狀後徙居蓬萊宮復見之故多在洛陽終身不歸長安又中宗神龍元年正月癸卯張柬之等迎太子至元武門斬關而入太后在迎仙宮柬之等斬易之昌宗於廡下進至太后所寢長生殿太后驚起問曰亂者誰耶對曰張易之昌宗謀反臣等奉太子令誅之太后見太子曰乃汝耶小子既誅可還東宮彥範進曰太子安得更歸天意人心久思李氏願陛下傳位太子以順天人之望乙巳太后傳位於太子丁未太后徙居上陽宮 洛陽本東都武后居之改名神都

馮衍賦。云皋陶釣於雷澤兮。賴虞舜而後親。未詳所出。〔案章懷注〕〔呂氏春秋曰〕舜陶於河濱漁于雷澤今言皋陶未詳 水經注沁水條引墨子曰。舜漁濩澤。今墨子尚賢篇曰。舜漁雷澤。堯得之服

王嘉爲南陵丞
南陵在霸陵南

治梁及岐
邑梁山狐岐山

澤之陽。服字疑卽濩字。〔元圻案〕〔水經注九〕沁水又南與濩澤水合水出濩澤城西白澗嶺下墨子曰舜漁濩澤應劭曰澤在縣西北又東逕濩澤縣故城南蓋以澤氏縣也〔路史有虞紀注〕濩澤在今澤州之陽城墨子言舜漁於此〔後漢書馮衍傳〕衍字敬通京兆杜陵人也幼有奇才博通羣書更始二年遣鮑永安集北方衍以計說永永以衍爲立漢將軍世祖卽位遣使招永衍疑不肯降審知更始已歿乃罷兵降於河內帝怨衍等不時至永以立功任用以衍爲曲陽令衍不得志乃作賦自厲命其篇曰顯志

漢王嘉傳。爲南陵丞。顏注南陵縣名。屬宣城。今本云屬宣州

按漢無宣城郡南陵縣。〔原注〕宣城縣屬丹陽郡〔何云〕貢父云南陵薄太后陵耳〔全云〕明見外戚傳何必引貢父

南陵屬京兆。文帝七年置。見地理志顏注不攷地理志何耶。〔集證〕按史記景紀二年置南陵風俗通正失篇薄后以孝景二年四月壬子薨葬南陵文帝先太后崩地理志云文帝七年置非也三輔黃圖文帝母薄姬葬南陵在霸陵南故曰南陵○〔元圻案〕〔漢書王嘉傳〕嘉字公仲平陵人也察廉爲南陵丞建平三年代平當爲丞相〔唐書地理志〕關內道京兆郡領縣二十無南陵蓋京兆之南陵唐時已廢而江南道宣州宣城郡有南陵遂據唐時之郡縣以入注而不攷地志以致誤

禹貢冀州。治梁及岐。先儒皆以爲雍州之山。晁氏謂冀州之呂梁狐岐山也。蔡氏集傳從之。〔原注〕朱文公曰梁山證據不甚明白〔閻按〕朱子不甚分明之言最精○〔元圻案〕〔地理今釋孔傳〕梁岐在雍州今陝西西安府韓城縣西北九十里之梁山鳳翔府岐山縣東北四十里之岐山也蔡傳疑

臨晉以限東諸侯武關函谷以限南北

鮑明遠登大雷岸大雷口小雷口集過雷池一步

雍州之山不當載于冀州指今山西汾州府永寧州東北之呂梁山一名骨脊山爲梁山汾州府孝義縣西之狐岐山一名薛頡山者爲岐山然二山去河甚遠不得爲河水所經〔曾旼云〕壺口梁岐一役也其施功皆同時不可分言於二州故并言于冀得此可以釋蔡氏之疑〔宋毛晃禹貢指南曰〕梁岐二山在雍州今于冀州言之者豈當時河患上及梁岐乎禹導底柱則壺口平而梁岐自治因河而言非以二山爲冀州之地也

賈誼書曰。所謂建武關函谷臨晉關者。大抵爲備山東諸侯也。壹通篇文武關在商州商洛。以限南諸侯。〔案〕秦昭王詐楚懷王入武關伏兵截其後卽此函谷在陝州靈寶。以限北諸侯。魏信陵君率五國之兵乘勝逐秦兵至函谷關抑秦兵秦兵不敢出卽此臨晉在同州朝邑。以限東諸侯。楚漢之際魏王豹盛兵蒲坂塞臨晉韓信陳船欲渡臨晉卽此〔集證〕按武關在今陝西雒南縣函谷在今河南靈寶縣臨晉在今陝西朝邑縣〇〔元圻案〕〔陳振孫曰〕賈子書漢志五十八篇今書首載過秦論末爲弔湘賦餘皆錄漢書語且略節誼本傳於第十一卷中其非漢書所有者輒淺駁不足觀決非誼本書也

鮑明遠登大雷岸。與妹書云。棧石星飯。結荷水宿。旅客貧辛。波路壯闊。其辭奇麗。超絕。翰墨畦逕。可以諷誦。明遠妹令暉。有文才。能詩。見鍾嶸詩品。〔案詩品曰〕鮑令暉歌詩往往斷絕清巧擬古尤勝昭常答武帝云臣妹才自亞於左芬臣才不及太冲爾大雷在舒州望

吳都賦茂苑長州或蘇或東陽

江縣。〔集證〕〔按隋地理志〕同安郡望江縣陳置大雷郡開皇十八年改名水經注所謂大雷口也〔集證〕〔太平御覽六十五〕水經曰雷水南經大雷戍西注大江謂之大雷口一派東南流入江謂之小雷口也宋鮑明遠登大雷岸與妹書乃此地晉有大雷戍陳置大雷郡庾亮報溫嶠書無過雷池一步。〔原注〕積兩爲池謂之雷池東入于江爲大雷口元和郡縣志云〔全云〕元和郡縣志李吉甫撰○〔元圻案〕〔四庫全書總目別集類〕鮑參軍集十卷宋鮑照撰照字明遠東海人晁公武讀書志作上黨人蓋誤讀虞炎序中本上黨人之語照或作昭蓋唐人避武后諱所改〔梁書鍾嶸傳〕嶸字仲偉潁川長社人選西中郎晉安王記室嘗品古今五言詩論其優劣名爲詩評〔隋書經籍志總集類〕鍾嶸詩評三卷或曰詩品〔晉書庾亮傳〕亮報嶠書曰吾憂西陲過於歷陽足下無過雷池一步也

余仕於吳郡。〔閣按〕仕吳郡乃淳祐登第初差監平江百萬東倉也嘗見長洲宰。其圃扁曰茂苑。蓋取諸吳都賦。〔案〕吳都文粹載唐方千茂苑堂詩米友仁記余曰長洲非此地也。問其故。余曰吳王濞都廣陵。漢郡國志。廣陵郡東陽縣有長洲澤。吳王濞太倉在此。此後漢書續郡國志文東陽今盱眙縣。故枚乘說吳王云長洲之苑。服虔以爲吳苑。韋昭以爲長洲在吳東。蓋謂廣陵之吳也。曰它有所据乎。曰隋虞綽撰長

洲玉鏡。蓋煬帝在江都〔閻按〕時贈諸葛穎亦有參翰長洲苑之句所作也。長洲之名縣。始於唐武后時。〔原注〕〔元和郡縣志〕苑在長洲縣西南七十里未足據也當從郡國志〔閻按〕萬歲通天元年析吳縣置長洲蓋取越絕書吳越春秋走犬長洲之文以名縣亦非無其地〔何本〕又載閻云〔漢王莽傳〕臨淮瓜田儀等爲盜賊依阻會稽長洲此則與元和志所云長洲苑同指在蘇州者而言非東陽也果屬東陽不得冠以會稽古人文字密〔集證〕〔太平御覽八百三十一〕引吳地記曰長洲在姑蘇南太湖北岸闔廬所遊獵處也吳王遣徐詳至魏魏太祖謂詳曰孤比老願濟橫江之津與孫將軍遊姑蘇之上獵長洲之苑吾志足矣按此指在蘇者言〇〔元圻案〕〔左思吳都賦〕造姑蘇之高臺臨四遠而特建帶朝夕之濬池佩長洲之茂苑〔漢書枚乘傳〕乘字叔淮陰人也爲吳王濞郎中吳王濞之謀爲逆也乘奏書諫吳王不納乘復說吳王曰夫吳有諸侯之位而實富於天子夫漢幷二十四郡方輸錯出其珍怪不如東山之府轉粟西向不如海陵之倉修治上林雜以離宮不如長洲之苑注服虔曰吳苑韋昭曰長洲在吳東〔隋書文學傳〕虞綽字士裕會稽餘姚人也晉王廣引爲學士大業初奉詔與虞世南庾自直等撰長洲玉鏡等書十餘部

欒城殺胡林

陳思王愁思岡

殺胡林在欒城縣。〔原注〕唐屬趙州後屬真定府〔紀異錄云〕林內射殺狐因以名之〔續通典云〕唐天后時襲突厥羣胡死於此故以名之〔集證〕〔唐地理志〕鎮州常山郡欒城縣本隸趙州大歷三年來屬〔張舜民使北記〕契丹怒晉出帝不稟北命擅登大寶自將兵南下執出帝北歸于鄴西愁死崗得疾至欒城殺狐林而崩愁死崗者本陳思王不爲文帝所容於此悲吟號爲愁思崗訛爲愁死殺胡林者村民林中射殺一狐因以名之〇〔元圻案〕〔書錄解題典故類〕續通典二百卷翰林學士承旨大名宋白太素等撰

巴州奇章山

隋牛宏封奇章公。僧孺其後也。奇章巴州之縣。梁

曾子書切於日用
曾子書編輯著志

普通六年置取縣東八里奇章山為名。隋唐志通典九域志輿地廣記皆云其章誤也。續通典作奇章。〔全云〕續通典宋白作〔又云〕柳公綽呼牛僧孺為奇章公以此○〔元圻案〕〔太平寰宇記一百三十九〕巴州其章縣本漢葭萌縣地梁武帝普通六年置取縣東八里其章山為名其章山一名隆城山是寰宇記亦誤作其章近刻輿地廣記三十二原闕利州路據宋刻本補云〔巴〕州會口縣其章鎮本梁置其章縣熙寧五年省入會口有奇章山縣名誤而山名不誤〔隋書牛宏傳〕宏字里仁安定鶉觚人在周襲封臨涇公開皇初授祕書監進爵奇章郡公〔唐書牛僧孺傳〕僧孺字思黯隋奇章公宏之裔工屬文第進士相穆宗敬宗立進封奇章郡公

諸子

漢志。曾子十八篇。〔何云〕疑曾子之書已亡後人採大戴記僞為之今世所傳。視漢士八篇矣。此晁氏讀書志之說十篇見於大戴禮。晁迂云。世知讀曾子者。殆未見其人也。朱文公云。所記雖或甚疎。亦必切於日用躬行之實。〔元圻案〕今本所傳有宋汪晫編曾子一卷凡十二篇〔四庫全書著錄〕晫字處微績溪人〔晁氏讀書志子部儒家類〕曾子二卷〔漢藝文志〕曾子十八篇〔隋志〕曾子二卷目一卷〔唐志〕曾子二卷今世傳曾子二卷十篇本也有題曰傳紹述本豈樊宗師歟視隋亡目一篇考其書已見于大戴禮予從父詹事公嘗病世之人莫不尊事孟子而知子思中庸者蓋寡知子思中庸者雖寡而知讀曾子者殆未見其人也〔朱子書劉子

律曆更相治閒不容翲忽

苟變可將五百乘子思之年可疑

澄所編〔曾子後曰〕世傳曾子書獨取大戴禮十篇充之劉清之子澄集其言行雜見語孟他書者為曾子七篇曾子之為人敦厚質實而其學專以躬行為主是以從之遊者所聞雖或甚淺亦不失謹厚脩潔之人所記雖或甚疏亦必有以切日用躬行之實

太史公序曆書曰。律居陰而治陽曆居陽而治陰。律曆更相治。間不容翲忽。出曾子天圓章。〔原注〕曾子云其間不容髮

通鑑載子思言苟變於衛侯。在安王二十五年。大事記云。去孔子沒百有三年。子思逮事孔子。未必至是時尚存。薛常州名季宣字士龍亦云。子思之年毋乃過於壽考乎。〔閻按〕言苟變事出孔叢子自不足信〇〔元圻案〕〔孔叢子居衛篇〕子思言苟變於衛君曰其材可將五百乘君曰變也嘗為吏賦於民而食人二雞子以故弗用也子思曰處戰國之世選爪牙之士而以二卵棄干城之將此不可使聞於鄰國也〔大事記一〕周威烈王十七年魯穆公元年穆公尊事孔伋〔解題曰〕伋子思也通鑑載孔叢子子思言苟變于衛侯三章於安王二十五年是歲慎公之三十八年也去孔子歿百有三年子思逮事孔子未必至是時尚存〔薛士龍浪語集三十八〕策問孟子題辭孟子學于子思〔資治通鑑外紀〕繆公訪子思之歲距孔子卒七十有二而周紀魯穆公薨子思見衛譁侯後此又三十有一年下距孟子見梁惠王之歲凡四十有一年上下一百四十五年之間而道學二傳未足過多子思之年無乃過于壽考乎〔劉道原通鑑外紀周紀八〕劉恕曰家語篇後敘孔子子孫及孔子世家皆云子思年六十二孔叢子

周廟欹器

黃帝金人三緘銘與几巾机金几箴銘

有子思與孔子相答問則孔子時子思已長矣孔子以周敬王四十一年壬戌卒至魯穆公三年甲戌當威烈王之十九年距孔子卒七十三年子思蓋九十餘矣〔漢藝文志云〕子思魯穆公師〔禮記檀弓云〕魯穆公問子思舊君反服孟子子思弟子亦言與穆公同時必不妄則家語世家不當云子思六十二歲而孔叢子云子思之居衞魯穆公卒去此又三十一年子思蓋百二十餘歲矣壽考若是當時莫之稱道固可疑也　呂薛之論實本於此

家語三恕篇　荀子宥坐篇　謂孔子觀於魯桓公之廟有欹器焉韓詩外傳三　說苑敬慎篇　皆云觀於周廟有欹器焉晉杜預傳云周廟欹器至漢東京猶在御座當以周廟爲是〔闇按〕〔南史祖冲之傳〕亦云造欹器獻竟陵王子良與周廟不異〔集證〕〔按北齊魏收傳〕亦云周廟之人三緘其口漏巵在前欹器留後俾諸來裔傳之坐右

皇覽記陰謀黃帝金人器銘武王問尚父曰五帝之誡可得聞乎尚父曰黃帝之戒曰吾之居民上也搖搖恐夕不至朝故爲金人三封其口曰古之愼言見太平御覽五百九十　按漢藝文志道家有黃帝銘六篇蔡邕銘論黃帝有巾机之法皇覽集於魏

孔子逆姑布子卿羸乎若喪家狗

文帝時漢七略之書猶存金人銘載家語觀周篇蓋六篇之一也〔集證〕〔三國志魏劉劭傳〕劭字孔才黃初中爲散騎侍郎受詔集五經羣書以類相從作皇覽〔隋書經籍志雜家〕皇覽一百二十卷繆卜等撰〔皇王大紀曰〕黃帝作輿几之箴以警宴安作金几之銘以戒逸欲

胡文定國名安銘龜山楊公曰孰能識車中之狀意欲施之韓詩外傳九云孔子出衞之東門逆姑布子卿曰二三子引車避有人將來必相我者也孔子下步姑布子卿曰羸乎若喪家之狗子貢以告孔子曰某何敢乎子貢曰何足辭也子曰汝獨不見夫喪家之狗歟既斂而槨布器而祭顧望無人意欲施之上無明王下無賢方伯王道衰政教失强陵弱衆暴寡百姓縱心莫之綱紀是人固以某爲欲當之者也某何敢乎文定蓋用此以比二程

非十二子止十子

史魚子思孟子見非

荀卿非十二子。〔按荀卿非十二子篇〕謂它囂魏牟陳仲史鰌墨翟宋鈃愼到田駢惠施鄧析子思孟子也韓詩外傳四引之止云十子而無子思孟子。〔何云〕〔韓嬰詩外傳〕嘗引孟子求放心之論所以止云十子不盡與荀卿同也〔按韓詩〕十子有范雎田文莊周而無它囂陳仲史鰌亦不盡同愚謂荀卿非子思孟子。蓋其門人如韓非李斯之流託其師說以毀聖賢。當以韓詩爲正。〔元圻案〕〔法言君子篇〕或曰荀卿非數家之言倪也至於子思孟軻詭哉吾於荀卿歟見同門而異戶也賈同責荀文亦未能辨晰及此

荀卿曰。盜名不如盜貨。田仲史鰌不如盜也。陳仲子猶可議。直哉史魚。以爲盜名可乎。非十二子史鰌與子思孟軻皆在焉。豈有法仲尼而非二三子者乎。〔元圻案〕此條非與上條相反乃所以實非斯假託之說也

楚辭漁父。吾聞之。新沐者必彈冠。新浴者必振衣。安能以身之察察。受物之汶汶者乎。荀子不苟篇曰。新浴者振其衣。新沐者彈其冠。人之情也。其誰

教非其人之喻

橫革直成爲禹輔 化益直窺橫革

能以己之僬僬。〔閻本云〕元板作潐潐受人之掝掝者哉。〔按〕今本荀子僬作潐〔楊倞注〕潐潐明察之貌掝當爲惑掝掝惛也荀卿適楚。在屈原後。屈原卒于楚頃襄王時春申君以荀卿爲蘭陵令在考烈王八年考烈王頃襄王太子完也豈用楚辭語歟。抑二子皆述古語也。〔何云〕曰吾聞之則述古語矣○〔元圻案〕〔說苑說叢亦曰〕新沐者必拭冠新浴者必振衣

荀子大略篇曰。非其人而教之。齎〔楊倞注〕齎與資同盜糧借賊兵也。獨不知李斯韓非乎。

成相荀子篇名曰。禹傅土。平天下。躬親爲民行勞苦。得益皋陶橫革直成爲輔。注云。橫革直成未聞。韓侍郎云。此論益皋陶之功。橫而不順者革之。直者成之也。楊倞注文愚嘗攷呂氏春秋開春論求人篇云。得陶化益眞窺橫革之交。五人佐禹。故功績銘乎金石。著於盤盂。陶卽皋陶也。化益卽伯益也。眞窺卽直成也。〔原注〕眞與直相類〔按盧氏文弨曰〕窺或本是𥈭字與成音近橫革卽橫革也。皆禹輔

罣牢天下

三見齊王不言事

千萬人情一人情

荀子監本建本互異五泰五帝

佐之名。〔原注〕之交未詳世本化益作井宋衷云伯益○〔元圻案〕小註引世本宋衷語見陸德明易井卦釋文

王霸篇。罣牢天下而制之。馬融傳注作皐牢。猶牢籠也。〔何云〕古人多書皐作罣一字也〔天官書〕黃澤作滜〔全云〕世本皐夷作罣夷〔集證〕〔楊倞註〕罣牢未詳罣或作畢言盡牢籠天下也新序作宰牢〔又按〕益爲皐陶之子列女傳作罣子○〔元圻案〕〔列子天瑞篇〕罣如殷敬順釋文音皐

孟子三見齊王不言事。〔何云〕三見而不言其亦遠乎人情矣此腐儒僞撰也〔全云〕不言者事耳非竟無言也曰。我先攻其邪心。楊倞注云。以正色攻去邪心。乃可與言也。大略篇此莊子外篇所謂正容以悟之使人之意也消。

荀子不苟篇曰。千人萬人之情。一人之情是也。阿房宮賦之語本此。〔元圻案〕阿房宮賦唐杜牧作

勸學篇。青出之藍。作青取之於藍。聖心循焉。作備焉。〔按大戴記亦作備〕玉在山而木潤。作草木潤。君子如嚮矣。作知。〔何本知作如〕嚮矣。賦篇請占之五泰。作五帝。〔何云〕

河間獻王言獻王有功諸經

非此書幾不復見五泰之文矣監本未必是。建本未必非。餘不勝紀。〔原注〕今監本乃唐與政台州所栞熙寧舊本亦未爲善當焕詳攷　五泰注云五帝也監本改爲五帝而刪注文〔何云〕此校勘者所當知○〔元圻案〕〔荀子賦篇曰〕功立而身廢事成而家敗棄其耆老收其後世人屬所利飛鳥所害臣愚不識請占之五泰〔楊倞注〕五泰五帝也〔謝金圃師校曰〕五泰宋本作五帝無五泰五帝也五字注今從元刻與困學紀聞合古音帝字不與敗世害韻五支六脂之別也

河間獻王之言。惟見於說苑。〔何云〕獻王之言亦見春秋繁露謂堯存心於天下。加志於窮民。痛萬姓之罹罪。憂衆生之不遂也。有一民飢。則曰此我飢之也。有一人寒。則曰此我寒之也。一民有罪。則曰此我陷之也。仁昭而義立。德博而化廣。故不賞而民勸。不罰而民治。先恕而後教。是堯道也。又曰禹稱民無食。則我不能使也。功成而不利於人。則我不能勸也。故疏河以導之。鑿江通於九派。灑五湖而定東海。民亦勞矣。然而不怨苦者。利歸於民也。

見君道篇又曰湯稱學聖王之道譬如日焉靜居獨思
譬如火焉夫捨學聖王之道若捨日之光獨思
若火之明也可以見小未可用大知惟學問可
以廣明德慧也又曰管子稱倉廩實知禮節衣
食足知榮辱夫穀者禮義所以行而人心所以
安也尚書五福以富爲始子貢問爲政孔子曰
富之既富乃教之此治國之本也見建本篇司馬公爲
獻王贊謂用其德施其志帝王之治復還其必
賢於文景遠矣〔閻按〕欲以河間獻王德代杜子春祀兩廡以有功周禮爲最先〔朱子云〕胡氏言使河間獻王爲君董仲舒爲相汲黯爲
御史大夫則漢治必盛某謂如此差除那裏得來 河間獻王之言亦見春秋繁露謂衣服容
貌者所以說目也聲言應對者所以說耳也好惡去就者所以說心也故君子衣服中而容貌
恭則目說矣言理應對遜則耳說矣好仁厚而惡淺薄就善人而遠僻圖則心說矣 〔全云〕
閻氏謂河間獻王當從祀孔廟以其有功周禮爲最先予謂獻王豈特有功周禮一經哉以毛
萇爲詩博士則毛詩之傳其功也貫公爲春秋左氏博士則左氏之傳其功也漢廷未立學官
河間已有博士其功大矣至其所集雅樂武帝存而不御以致元成時鄭聲繁興然王禹宋曄
猶能明其義者使哀帝能立之學官樂豈亡乎○〔元圻案〕〔漢書景十三王傳〕河間獻王德
以孝景前二年立脩學好古實事求是從民得善書必爲好寫與之留其真所謂書皆古文先

法言序在後

法言四家集注

宋咸升法言序

蘇氏論太元法言

太元法言擬經傳

秦舊書周禮尚書禮禮記孟子老子之屬皆經傳說記七十子之徒所論其學舉六藝立毛氏詩左氏春秋博士修禮樂被服儒術造次必於儒者武帝時獻王來朝獻雅樂對三雍宮及詔策所問三十餘事其對推道術而言得事之中文約指明〔司馬溫公河間獻王贊曰〕景帝之子十有四人栗太子廢而獻王最長嚮若遵大義屬重器用其德施其志必無神仙祠祀之煩宮室觀遊之費窮兵黷武之勞賦役轉輸之敝宜其仁豐義洽風移俗變煥然帝王之治復還其必賢於文景遠矣

法言序舊在卷後。司馬公集注始寘之篇首。詩書之序亦然。〔元圻案〕〔四庫全書總目儒家類〕法言十卷司馬光集註時惟李軌柳宗元宋咸吳祕之註尚存故光裒合四家增以己意各以其姓別之舊本十三篇之序列于書後蓋自書序詩序以來體例如是宋咸不知書序爲僞孔傳所移詩序爲毛公所移乃謂子雲親旨反列卷末甚非聖賢之旨今升之章首取合經義其說殊繆然光本因而不改今亦仍之

老泉太元論曰。疑而問。問而辨。問辨之道也。揚雄之法言。辨乎其不足問也。問乎其不足疑也。求聞於後世。而不待其有得。君子無取焉。東坡〔與謝民師書〕亦謂太元法言。雕蟲而變其音節。謂之經。可乎。〔何云〕以揚子爲無得不可也其言則可以爲監矣〔全云〕文人講道其語不摯況欲擬經益悖矣〇〔元圻案〕〔漢書揚雄本傳贊〕其意欲求文章成名於後世以爲經莫大於易故作太元傳莫大於論語作法言　〔法言吾子篇〕或問吾子少而好賦曰然童子雕蟲篆刻俄而曰壯夫不爲也　〔宋咸注法言序曰〕柳宗元刪定雖釋二三而不能盡其亡誤子

稱漢公甚於美新莽大夫

五兩綸半通銅半章印青綸佩

靈根朋孎爲心學

殿奏太平十二策太極殿原爲大與

厚蓋有取乎法言也

法言末篇稱漢公斯言之玷過於美新矣揚雄劇秦美新文見文選司馬公雖曲爲之辨然不能滌莽大夫之羞也〔何云〕言稱漢公法不法矣○〔元圻案〕〔法言孝至篇曰〕周公以來未有漢公之懿也勤勞則過於阿衡〔司馬溫公迂書〕謂莽自況伊周則與之況黃虞則不與也其志將曰爲伊周而止斯可矣不止而至於篡伊周豈然哉〔朱子通鑑綱目八〕於新莽天鳳五年書莽大夫揚雄死

五兩之綸半通之銅孝至篇注云半通闕〔原注〕〔今按仲長統昌言曰〕身無半通青綸之命注十三州志曰有秩嗇夫得假半章印半通半章也〔全云〕原注是正文〔元圻案〕後漢書仲長統傳統字公理山陽高平人也少好學博涉書記贍於文辭荀彧聞統名奇之舉爲尚書郎後參曹操軍事著論名曰昌言〔損益篇曰〕井田之變豪人貨殖館舍布于州郡田畝連於方國身無半通青綸之命而竊三辰龍章之服注十三州志曰有秩嗇夫得假半章印〔續漢輿服志曰〕百石青紺綸一采宛轉繆織長丈二尺〔說文〕綸青絲綬也〔鄭元注禮記曰〕綸今有秩嗇夫所佩也

美靈根閑朋孎太元之心學也〔何云〕亦老子之學也〔集證〕太元養初一藏心于淵美厥靈根測曰藏心於淵神不外也守初一閑朋孎守元有測曰閑朋孎善持有也

中說前述云隋文帝坐太極殿召見因奏太平之策十有二焉〔按中說魏相篇〕子謁見隋主一接而陳十二策編成四卷按唐會要武德元

文中子序述各經

河汾諸弟子

詩失於齊魯

封禪秦漢侈心

房魏不守師說

年五月。改隋大興殿爲太極殿。隋無此名。〔元圻案〕〔唐會要〕大內門武德元年五月二十一日改隋大興殿爲太極殿〔按帝號門記〕隋義寧二年五月二十二日高祖受禪於太極殿唐書高祖紀同義寧二年即武德元年也豈因受禪之故而先一日改殿名歟〔唐皮日休文中子碑曰〕文中子姓王氏諱通字仲淹生於陳隋之世以亂世不仕退於汾晉序述六經敷爲中說有禮論二十五篇續詩三百六十篇元經三十一篇易贊七十篇其高第弟子有薛收李靖魏徵李勣杜如晦房元齡惜乎德與命乖不及見吾唐受命而沒　唐會要一百卷宋王溥撰原本已佚　四庫全書從永樂大典裒輯成書

詩失於齊魯。當從龔氏本。云論失於齊魯。謂論語也。上文已言齊韓毛鄭。詩之末也。不當重出。〔元圻案〕一〔中說天地篇〕齊韓毛鄭詩之末也大戴小戴禮之衰也書殘於古今詩失於齊魯〔唐李行修請置詩學博士書云〕書殘于古今論失於齊魯正用文中子語可以證龔本之不誤然其意則論爲論詩也故其下云漢有毛鄭師道可觀

封禪秦漢之侈心。〔案王道篇〕封禪之費非古也徒以夸天下其秦漢之侈心乎此河汾篤論也。房魏學於河汾。〔唐司空圖文中子碑曰〕房魏數公皆爲其徒而議封禪之禮。不以爲非。安在其爲守師說乎。潔有許懋。而唐無人焉。曾謂房魏不如懋乎。〔元圻案〕〔通鑑唐紀〕太宗貞觀十四年十一月百官復表請封禪詔許之更命諸儒詳定儀注以太常卿韋挺等爲封禪使十五年四月詔以來年二月有事于泰山五月己酉有星孛於太微太史令薛頤上言未可東封起居郎褚遂良亦言之丙辰詔罷封禪　〔朱子

閉心閉口閉門中說去取文史

記注誣史道

綱目〕先是羣臣再請封禪上命顏師古議其禮房元齡裁定之〔范氏祖禹曰〕封禪實自秦始古未有也太宗方明而佞者猶倡其議獨魏徵以爲時未可而亦不以爲非也後議其禮徵亦與焉高宗明皇遂踵而行之終唐之世惟柳宗元以封禪爲非世俗之惑可勝歎焉〔梁書許懋傳〕懋字昭哲高陽新城人待詔文德省時有請封會稽禪國山者高祖將欲行焉懋建議曰舜柴岱宗是爲巡狩而鄭引孝經緯鉤命決云封于泰山禪于梁父此緯書曲說非盛德事不可爲法上嘉納之

龔氏注中說。引古語云。上士閉心。中士閉口。下士閉門。愚按楚辭橘頌云。閉心自謹。終不過失兮王逸注。閉心捐欲也。〔集證案〕〔說苑政理篇〕公儀休相魯魯君死左右請閉門休曰止池淵吾不稅蒙山吾不賦苛令吾不布吾已閉心矣何閉於門哉

中說。於文取陸機。於史取陳壽。自魏晉而下言之也。〔元圻案〕〔王道篇〕子謂荀悅史乎史乎謂陸機文乎文乎皆思過半矣〔又曰〕顏延之王儉任昉有君子之心焉其文約以則〔天地篇〕陳壽有志於史依大義而削異端范甯有志於春秋徵聖經而詰衆傳〔事君篇〕子曰君子哉思王也其文深以典

記註。興而史道誣矣。〔按〕〔問易篇〕史道興而經道廢矣記註興而史道誣矣是故惡夫異端者註當作注。記注謂漢晉以後起居注之類。虛美隱惡。史無直筆。故曰誣。阮逸謂若裴松之註三國志。恐

非。〔何云〕此論不謂厚齋已發之○〔元圻案〕〔通典職官三〕起居周官有左右史記其言事蓋今起居之本漢武有禁中起居後漢馬皇后撰明帝起居注則漢起居注在宮中爲女史之任又王莽時置柱下五史秩如御史聽事侍傍記其言行此又起居之職自魏至晉起居注則著作掌之其後起居皆近侍之臣錄記〔左傳〕晉侯使鞏朔獻捷於周王辭焉以鞏伯宴而私賄之使相告之曰非禮也勿籍則左右史非實錄也久矣

張元素問禮見魏相篇注云史傳未見。元素蒲州人。唐書有傳。注以爲未見非也。〔何云〕注甚疎略當時隋書舊唐書想民間難得耳○〔元圻案〕張元素蒲州虞鄉人傳見舊唐書七十五新唐書一百三新書傳稱貞觀四年詔發卒治洛陽宮乾陽殿且東幸元素上書云云帝顧房元齡曰洛陽朝貢天下中朕營之意欲便四方百姓今元素言如此使後必往雖露坐庸何苦即詔罷役魏徵聞元素言歎曰張公論事有回天之力可謂仁人之言哉舊書所紀略同通鑑删魏徵語不載

戎狄之德。黎民懷之。三才其舍諸。見王道篇此叔恬之言也。〔原注〕元魏之君唯稱孝文然治家無法佳兵不已再傳而遂亂安在其黎民懷之〔一〕〔何云〕此論未爲非周人之先固自竄于戎狄之閒矣〔全云〕原注是正文〔又云〕深寧非以其戎狄而外之也惜其治之未善耳何說謬○〔元圻案〕〔中說王道篇〕子述元經皇始之事歎焉門人未達叔恬曰夫子之歎蓋歎命矣書云天命不於常惟歸乃有德戎狄之德黎民懷之三才其舍諸子聞之曰凝爾知命哉〔魏書高祖孝文紀〕稱帝聽覽政事從諫如流哀矜百姓恆思所以濟益天地每言人君患於不均不能推誠御物苟能均誠胡越之人亦可親如兄弟誠得致治之要其太子恂之廢也因恂苦河洛暑熱與左右謀召牧馬輕騎奔代中庶子高悅道諫手刃之於禁中罪由自取孝文常戒恂曰字汝元道所寄不輕汝當尋名求義以順吾旨其教子亦有方矣惟好用兵以致不祥至其孫孝明帝崩尒朱榮乃謀廢立〔司馬温公文中子補傳云〕弟凝績叔恬即凝之字

王績題詩黃頰山壁白牛谿講道

仲長子光天隱獨遊頌河渚先生藏用以密中說擬論語

文中子遊馬頰之谷。遂至牛首之谿。龔氏本二云子
遊黃頰之谷。遂至白牛之谿。魏相篇注二云王績字無功通之弟
嘗題詩黃頰山壁。愚按負苓者傳。王績作見唐文粹九十九文中
子講道於白牛之谿。當從龔本。〔元圻案〕〔四庫全書別集類〕東皐子集三卷唐王績撰
唐志載績集五卷〔陳振孫云〕其友呂才鳩訪遺文編成五卷爲之序今本止三卷或後人從
文苑英華文粹諸書中采績詩文彙爲此編〔王績負苓者傳〕文中子講道於白牛之谿語
及周易薛收歎曰不及伏羲氏乎何辭之多也俄而有負苓者皤皤然委担而息曰吾子何歎
收曰伏羲畫卦而文王繫之不逮省文矣以爲文王病也負苓者曰文王焉病伏羲氏病甚者
也昔者伏羲氏之未畫卦也三才其不立乎四序其不行
乎百物其不生乎萬象其不森乎何營營乎而費畫也
仲長子光。中說稱之。王無功爲傳二云。著獨遊頌。及
河渚先生傳以自喻。文中子比之虞仲夷逸。又
爲祭文二云。明道若昧。進道若退。鳥飛知還。龍亢
靡悔。藏用以密。養正以蒙。不見其始。孰知其終。
〔元圻案〕〔天地篇〕薛收問仲長子光何人也子曰天人也收曰何爲天人乎曰眇然小乎所
以屬乎人曠然大乎何獨能成其天〔禮樂篇〕自太伯虞仲以來天下鮮避地者也仲長子光
天隱者也無往而不適矣又仲長子光曰在險而運奇不若宅平而無爲文中子以爲知言文
中子曰其名彌消其德彌長其身彌退其道彌進此人其知之矣〔關朗篇〕薛收問政於仲長

汾亭操因釣者作
薛收白牛谿賦
孔子龜山操

子光子光曰舉一綱衆目張弛一機萬事隳不知其政也收告文中子子曰子光得之矣〔周公篇〕子謂仲長子光曰山林可居乎曰會逢其適也焉知其可子曰達人哉隱居放言也〔唐書隱逸傳〕王績字無功絳州龍門人兄通隋末大儒也聚徒河汾間仿古作六經又爲中說以擬論語不爲諸儒稱道故事不顯惟中說獨傳〔王無功仲長先生傳〕先生諱子光字不曜自云洛陽人也開皇末結庵河渚間以息身焉守令至者皆親謁先生辭以痼疾未嘗交語著獨遊頌及河渚先生傳以自喻識者有以知其懸解也人有請道者則書老易二字示之文中子比之虞仲夷逸又祭仲長統文曰明道若昧進道若退鳥飛知還龍亢必悔嗟嗟夫子理融其內不忮不求無憎無愛古人有言微妙元通藏用以密養正以蒙嗟嗟夫子允執其中不見其始孰知其終云云

龍亢靡悔似當從集作必悔

無功答馮子華書曰吾家三兄生於隋末傷世擾亂有道無位作汾亭之操蓋孔氏龜山之流也吾嘗親受其調頗謂曲盡近得裴生琴更習其操洋洋乎覺聲品品集作器相得又曰吾往見薛收白牛谿賦韻趣高奇詞義曠遠嵯峨蕭瑟眞不可言壯哉邈乎揚班之儔也〔按〕楊升庵曰此賦今不傳高人姚義常謂吾曰薛生此文不可多得登太行俯滄溟高深極矣〔原注〕可附中說注〔全云〕原注是正文○〔元圻案〕〔中說禮樂篇〕子遊汾亭坐鼓琴有舟而釣者過曰美哉在山澤而有廊廟之志子驟而鼓南風曰

詩分四聲八病

嘻道利生民功足濟天下其有虞氏之心乎。聲存而操變矣子遽捨琴謂門人曰情之變聲也
如是乎起將延之釣者搖竿鼓檝而逝遂作汾亭之操　〔琴操〕季桓子受女樂孔子欲諫不
得退而望魯龜山作龜山操曰予欲望
魯兮龜山蔽之手無斧柯奈龜山何

李百藥曰。分四聲八病。按詩苑類格。沈約曰。詩病
有八。平頭上尾。蜂腰鶴膝。大韻小韻。旁紐正紐。
唯上尾鶴膝最忌。餘病亦通。〔元圻案〕〔中說天地篇〕李百藥見
子而論詩子不答百藥退謂薛收曰
吾上陳應劉下述沈謝分四聲八病剛柔清濁久有端緒音若壎篪而夫子不應我其未達歟
〔書錄解題文史類〕詩苑類格三卷李淑撰　〔唐書李百藥傳〕字重規定州安平人隋內
史令德林子也入唐官散騎常侍進左庶子宗正卿爵爲子所撰齊史行於世　〔梁書沈約
傳〕約字休文吳興武康人也撰四聲譜高祖問周捨曰何謂四聲捨曰天子聖哲是也　〔
南史陸厥傳〕時盛爲文章沈約謝朓王融以氣類相推轂汝南周彥倫善識聲韻約等文皆
用宮商將平上去入四聲以此制韻有平頭上尾蜂腰鶴膝五字之中音韻悉異兩句之內角
徵不同世呼爲永明體　〔集證〕〔魏慶之詩人玉屑〕沈約謂詩病有八一曰平頭謂第一
二字不得與第六第七字同聲如今日良宴會讙樂莫具陳今讙皆平聲日樂皆入聲二曰上
尾謂第五字不得與第十字同聲如青青河畔草鬱鬱園中柳草柳皆上聲三曰蜂腰謂第二
字不得與第五字同聲如聞君愛我甘竊欲自修飾君甘皆平聲欲飾皆入聲四曰鶴膝謂第
五字不得與第十五字同聲如客從遠方來遺我一書札上言長相思下言久離別來思皆平
聲五曰大韻謂如聲鳴爲韻上九字不得用驚傾平榮字六曰小韻謂除大一字外九字中不
得有兩字同韻如遙條不同七曰旁紐八曰正紐謂十字內兩字疊韻爲
正紐若不共一紐而有雙聲爲旁紐如流久爲正紐流柳爲旁紐

文中子世家傳系

杜淹文中子世家。二子長福郊。少福時。龔氏本載

王勃兄弟稱珠樹
劉禹錫王質碑

王無功北山賦弁序
文中子諸弟未實
援琴鼓蕩什
文中子之年

前述長子福獎。劉禹錫撰王質碑云。文中子生福祚。福祚生勉。勉生怡。怡生潛。質潛之季子。爲諫議大夫給事中。終宣歙觀察使。唐書有傳。福時之子。見於文藝傳者。勔勮勃助劼勸。〔原注〕太原府君召三子而教焉〔閻氏注云〕文中子三子福獎福祚福時福獎疑即福郊也書此以補世家之闕。〔元圻案〕杜淹字執禮如晦之叔也附見唐書如晦傳〔新唐書文藝傳〕王勃字子安兄勔弟助皆第進士助字子功初勔勮勃皆著才名故杜易簡稱三珠樹其後助劼又以文顯福時少子勸亦有文〔劉禹錫宣歙池等州都團練觀察處置使宣州刺史王公碑曰〕常侍諱質字華卿姓王氏自秦漢以還世多顯名由今而上十有一代名傑仕元魏爲幷州刺史子孫因家遂爲太原祁人幷州六代孫名通字仲淹在隋諸儒唯通能明王道隱居白牛谿既沒諡曰文中子文中生福祚爲蔡州上蔡主簿上蔡生勉舉進士試賢良皆上第仕至河中府寶鼎令寶鼎即公之曾祖也祖諱怡渝州司戶參軍考諱潛揚州天長縣丞公其季子也〔按舊唐書一百九十上〕王勃傳止附見勮勔而不及助劼勸三人又以勔爲勮之兄與新唐書不同杜淹文中子世家幷不及勃兄弟故云補世家之缺

王無功遊北山賦序〔文載文苑英華九十七〕云。余周人也。本家於祁。永嘉之際。扈遷江左。地實儒素。人多高烈。穆公銜建元之恥。歸於洛陽。〔案〕〔司馬溫公文中子補傳〕六世祖元則元則生煥煥生虬齊高帝受宋禪誅袁

李德林言文
問禮關朗
薛道衡見子
收
房杜魏爲門
人
王通好高自
大

燦蚪由是北奔魏魏孝文帝甚重之官并州刺史封晉陽公謚曰穆始家河汾之間同州悲永安之事退居河曲。〔中說周公篇〕太原府君曰温子昇何人也子曰險人也智小謀大永安之事同州府君常切齒焉始則晉陽之開國。終乃安康之受田。其賦云白牛溪裏岡巒四峙。信茲山之奧域。昔吾兄之所止。許由避地。張超成市。察俗刪詩。依經正史。紐帶青衿。鏘鏘儗儗。階庭禮樂。生徒杞梓。山似尼邱。泉疑泗浂。又注云此溪之集。門人常以百數。河南董恆。南陽程元。中山賈瓊。河南薛收。太山姚義。太原温彥博。京兆杜淹等十餘人稱爲俊穎。而姚義慷慨。同儕方之仲由。薛收以理達。方莊周。〔賦云〕樹即環林門成闕里姚仲由之正色薛莊周之言理門人多至公輔。而文中之道未行。〔以上皆無功自註文〕然無功不及房杜魏何哉。〔何云〕門徒當以賦注爲據鄭毅夫〔全云〕名獬論中說之妄。謂李德林卒於開皇〔隋文帝初元〕十二年。通時年八九歲。未有門人。而有德林請見。歸而有憂色。援琴鼓蕩之什。門人皆霑襟。〔集證〕〔晁氏讀書志〕通生于開皇四年而德林卒以十一年通適八歲未有門人通仁壽四年常一到長安時德林卒已九載矣〔按〕〔龍川文中子引云〕文中子沒於大業十三年則年三十三○〔案〕〔中說王道篇〕子在長安楊素蘇夔李德林見子與之言退而有憂色門人問子曰素言政而不及化是天下無禮也夔言聲而不及雅是天下無樂也德林言文而不及理是天下無文也吾所以憂也門人退援琴鼓蕩之什門人皆霑襟焉 〔隋書李德林傳〕德林字公輔博陵安平人也開皇十年出爲湖州刺史轉懷州刺史歲餘卒于官 關子明〔全云〕關朗 太和〔魏書孝文帝紀〕即位七年丁巳改元太和當宋順帝昇明元年中。見魏孝文。如存於開皇間。亦一百二三十歲矣。〔集證〕〔晁氏志云〕自太和丁巳至通生之年甲辰蓋一百七年矣 〔中說關朗篇〕或問關朗子曰魏之賢人也孝文沒而宣武立穆公起關朗退魏之不振有由哉 而有問禮於子明。〔杜淹文中子世家云〕開皇四年文中子始生十八年文中子有四方之志受書于東海李育問禮于河東關子明 是二者其妄不疑。晁氏讀書志謂薛道衡仁壽二年出襄州。〔隋書薛道衡傳〕道衡字元卿河東汾陰人也高祖受禪除內史舍人後進位上開府仁壽中出檢襄州總管有子五人收最知名 通仁壽四年。始到長安。〔通鑑隋文帝紀〕仁壽三年是歲龍門王通詣闕獻太平十二策上不能用罷歸 其書有內史薛公見子於長安。〔中說禮樂篇〕內史薛公見子於長安退謂子收曰河圖洛書盡在是矣往事之無失也 用此推之。則以房杜爲門

世說中說浮實

管子書多古字管子尹知章注召忽得天下不生

人抑又可知也。（何云）讀書志亦兼採鄭說○（元圻案）（杜淹文中子世家曰）門人自遠而至河南董恆太山姚義京兆杜淹趙郡李靖南陽程元扶風竇威河東薛收中山賈瓊清河房元齡鉅鹿魏徵太原溫彥博穎川陳叔達等咸稱師北面受王佐之道焉（朱子文中子續經說曰）強引唐初文武名臣以爲弟子是皆福郊福時之所爲而非仲淹之雅意然推原本始乃是其平日好高自大之心有以啓之

世說其言清以浮。有天下分裂之象。中說其言閎以實。有天下將治之象。（元圻案）（四庫全書總目小說類）世說新語三卷宋臨川王劉義慶撰梁劉孝標注義慶事迹具宋書孝標名峻以字行事迹具梁書（黃伯思東觀餘論）謂世說之名肇于劉向其書已亡故義慶所集名世說新書（段成式酉陽雜俎）引王敦澡豆事尙作世說新書可證不知何人改爲新語相沿已久不能復正矣

張巨山（何云）巨山名嵲讀管子曰。讀心術白心內業諸篇。知其功業之所本。然後知世之知管子者殊淺也。書多古字。如況作兄。釋作澤。此類甚衆。召忽曰。百歲之後。吾君下世。犯吾君命。而廢吾所立。奪吾糾也。雖得天下。吾不生也。兄與我齊國之政也。而注乃謂召忽謂管仲爲兄（大匡篇）澤命之渝

立后而手實
瀆田悉徙
管仲以爭利
無後

而注乃以爲澤恩之命。小問篇甚陋。不可徧舉。愚謂管子乃尹知章注。今本云房元齡非也。〔閻按〕張巨山名嵲襄陽人官敷文閣待制見宋史列傳第二百四文苑七〇〔元圻案〕〔書錄解題〕張巨山集三十卷嵲爲司勳郎官金人再取河南秦相惶恐上章引伊尹善無常主及周任不能者止之文以自解嵲之筆也秦德之遂擢修注掌制今　四庫書目作紫微集蓋從宋史藝文志　〔唐書儒學傳〕尹知章絳州翼城人馬懷素緒定秘書知章是正文字於易老莊書尤懸解　〔管子註〕唐志宋崇文總目皆作尹知章陳氏書錄作房元齡鄭樵通志又云尹知章註十九卷房元齡註二十卷晁氏讀書志以爲房元齡註尹知章所託今攷房尹本傳皆不載其註管子或亦不出於尹手未可知也

地員篇云。管仲之正天下也。其施七尺。〔原注〕施者大尺之名瀆田悉徙。五種無不宜。其立后而手實。〔原注〕謂立君以主之手實握此地之實數手實之名始見於此。呂惠卿因以行手實之法。蘇文忠論管仲之無後。利不可與民爭也。蓋有激云。〔元圻案〕〔地員篇〕正作匡此避宋諱　〔宋史呂惠卿傳〕立手實法用弟曲陽尉和卿計制五等丁產簿使民自上其家之物產官爲注籍尺椽寸土檢括無遺下至雞豚亦徧抄之許告隱匿賞以貲三分之一民不勝困　〔東坡論管仲無後云〕左氏云管仲之世祀也宜哉謂其有禮也而管仲之後不復見於齊者予讀其書大抵以魚鹽富齊耳夫以孔子稱其仁卽明稱其有禮然不救其無後利之不可與民爭也如此桑宏羊滅族韋堅楊慎矜王涯之徒皆不免於禍孔循誅死有以也夫　〔厚齋原注〕皆管子注文瀆田悉徙句下注

管子非一人一時筆　輕重篇鄙俗石璧菁茅之謀　管子有申韓老莊說

賓胥無弦章決獄　景公以射思晏子

云瀆田謂穿溝瀆而漑田悉徙謂其地每年皆須更易也

傅子〔全云〕名元謂管子書過半是後之好事者所加輕重篇尤鄙俗〔案〕傅子語劉恕通鑑外紀引之古史謂多申韓之言以智欺其民以術傾鄰國有不貲之寶石璧菁茅之謀見輕重丁篇使管仲信然何以霸哉〔元圻案〕二十五〕〔蘇子由古史管仲傳曰戰國之際諸子著書因管子之說而益增之其廢情任法遠於仁義者多申韓之言非管子之正也至其甚者言治國則以智欺其民言治外則以術傾鄰國於是有不貲之寶石璧菁茅之謀使管仲而信然則天下亦將以欺奪之尚何以霸哉〔朱子語類〕管子非仲所著仲任齊政事甚多稍間又有三歸之溺決不是閒工夫著書底人其書老莊說話亦有之想只是戰國時人收拾仲當時行事言語之類著之并附以他書〔葉水心曰〕管子非一人之筆亦非一時之書其言毛嬙西施吳王好劍推之當是春秋末年〔傅子晉司隸校尉鶉觚子〕北地傅元撰隋唐志皆載傅子一百二十卷宋史僅載五卷傳本久佚今四庫書從永樂大典所載編綴總爲一卷厚齋此條所引不載卷中〔書錄解題別史類〕古史六十卷蘇轍撰因司馬遷之書上觀詩書下攷春秋及秦漢雜錄爲七本紀十六世家三十七列傳

管仲曰決獄折中臣不如賓胥無請立爲大理小匡篇呂氏春秋審分覽勿躬篇云臣不若弦章按說苑弦章在景公時當以管子爲正〔何云〕後方論說苑多誤奈何取以爲證〇〔元圻案〕〔說苑君道篇〕晏子沒景公飲諸大

夫酒公射出質堂上唱善若出一口公作色太息弦章入公曰章自吾失晏子於今十有七年未嘗聞吾過今射出質而唱善者若出一口弦章曰此諸臣之不肖也此王氏所據也〔君道篇又云〕晏子對景公曰昔先君桓公左右多過刑罰不中則弦章侍一篇之中而前後互異說苑果不可據王氏偶未詳攷耳〔新序雜事篇〕又云臣不如弦寧

黃帝六相
黃帝討蚩尤

黃帝六相。一曰蚩尤。通鑑外紀。改爲風后。〔元圻案〕〔管子五行篇〕黃帝得六相而天地治神明至蚩尤明乎天道故使爲當時大常察乎地理故使爲廩者奢龍辨乎東方故使爲土師祝融辨於南方故使爲司徒大封辨乎西方故使爲司馬后土辨乎北方故使爲李通鑑外紀引用此文惟蚩尤改爲風后〔史記五帝紀〕蚩尤作亂黃帝禽殺蚩尤〔帝王世紀〕黃帝使力牧神皇討蚩尤氏擒於涿鹿之野〔周書〕黃帝執蚩尤殺之於中冀皆不云爲黃帝相而風后之名見於史記帝王世紀論語摘輔象諸書故劉道原改之

弟子職

作內政教士之子

弟子職。漢志附於孝經。朱子謂疑是作內政時士之子常爲士。因作此以教之。〔閻按〕馬公驌以爲蓋古塾師教條管子之作內政以教士之子者爾〔何云〕馬驌云管子作內政用以教士之子者爾蓋本朱子語〇〔元圻案〕〔漢書藝文志〕孝經十一家弟子職一篇注應劭曰管仲所作在管子書〔國語〕管子曰今夫士羣萃而州處閒燕則父與父言義子與子言孝其事君者言敬其幼者言悌少而習焉其心安焉不見異物而遷焉是故其父兄之教不肅而成其子弟之學不勞而能夫是故士之子恆爲士〔又管子曰〕君若欲速得志於天下諸侯作內政而寄軍令焉

老子攙入語
佳兵不祥章
常善救人章
河上公注有

晁景迂云。王弼注老子知佳兵者不祥之器。至於戰勝以喪禮處之。第三十一章非老子之言。不知常善

二王弼傅奕注老子

救人故無棄人常善救物故無棄物第二十七章獨得諸河上公而古本無有也傅奕能辯之〔元圻案〕此晁景迂跋王弼注老子語〔四庫全書提要〕晁公武讀書志曰太史公謂河上丈人通老子再傳而至蓋公蓋公即齊相曹參師也而葛洪謂河上公者莫知其姓名漢孝文時居河之濱侍郎裴楷言其通老子孝文詣問之即授素書道經兩說不同當從太史公云云然隋志道家載老子道德經二卷河上公注又載梁有戰國時河上丈人注老子經二卷亡則兩河上公各一人兩老子注各一書戰國時河上公書在隋已亡今所傳者實漢河上公書耳〔隋書經籍志〕道德經二卷今存〔唐志〕傅奕注老子二卷今　四庫書不著錄〔畢氏沅道德經攷異自序〕謂所見老子注家不下百餘本其佳者數十本唯唐傅奕多古字古言且為世所希傳故就其本互相參校云云今攷第三十一章後引王氏此條案曰今所傳王弼本獨此章無注故晁氏云爾第二十七章聖人常善救人故人無棄人常善救物故物無棄物攷云河上公王弼作故無棄人故無棄物淮南子同奕然則傅奕不以此文謂非老子本書也豈晁氏所見奕注非即畢氏所據之本耶

唯嗇早復

老子曰治人事天莫若嗇夫唯嗇是謂早復早復謂之重積德第五十九章　司馬公謂不遠而復不離於德可以修身朱文公謂能嗇則不遠而復重積德者先已有所積復養以嗇是又加積之也〔原注〕〔王弼注〕本作早服而注云早服常也亦當為復

老子言有所激申韓原於道德

生之徒十三

方伯謩文公高弟也。其言曰。老子之言。蓋有所激者生於衰周不得不然。世或黜之以為申韓慘刻原於道德。亦過矣。又曰。釋氏固夷也。至於立志堅決。吾亦有取焉。似與師說背馳。〔何云〕此荊公莊周論之唾餘也。〔又云〕朱子與黃直卿手筆曰伯謩不幸未去時亦安靜明了但可惜後來一向廢學身後但有詩數篇耳則方之所造可見其安靜明了或得之二氏者也王氏目為高弟蓋據放翁所作墓誌而云此條亦具載墓誌中伯謩名士繇一名伯休莆田人移居依朱子於建陽○〔元圻案〕何注一名伯休四字從閣本增〔東坡韓非論〕云太史公曰申子卑卑施於名實韓非引繩墨切事情明是非其慘礉少恩皆原于道德之意嘗讀而思之事固有不相謀而相感者莊老之後其禍為申韓　陸放翁方伯謩墓誌見渭南集三十六

生之徒十有三。第五十章韓非解老云。四肢與九竅。〔集證〕〔韓非解〕〔一老人之身三百六十節四肢九竅其大具也四肢與九竅十有三者十有三者之動靜盡屬于生焉屬之謂徒也○〔元圻案陳振孫曰〕石林老子解從之　〔宋邱昶賓朋宴語曰〕老氏論生之徒死之徒與動而之死地者皆十有三人多不能曉曲為異說不知正謂其形而言爾故河上公解以四肢九竅之數當之不知此說自見韓非子　〔容齋續筆九〕老子生之徒十有三死之徒十有三人之生動之死地者十有三夫何故以其生生之厚王弼注曰十有三猶云十分有三分取其生道全生之極十分有三耳取死之道全死之極十分亦有三耳而民生生之厚更之無生之地焉其說甚淺且不解釋後一節惟蘇子由以為生死之道以十言之三者各居其三矣豈非生死之道九而不生不死之道一而已乎老子言其九不言其一使人自得之以寄無思無為之妙其論可謂盡矣

常無常有荊公喜老子

無天下可有天下聖人適情

谷神章爲養生宗谷神亦作浴神五千文容成所說除日無歲無內外

首章以有無字下斷句。自王介甫始。〔原注〕朱文公謂名可名有名無名皆一義常無欲是說無欲〇〔元圻案〕道德經第一章道可道非常道名可名非常名無名天地之始有名萬物之母常無欲以觀其妙常有欲以觀其徼　〔晁氏讀書志〕〔道家類〕王安石注老子二卷介甫平生最喜老子故解釋最所致意如無名天地之始有名萬物之母常無欲以觀其妙常有欲以觀其徼皆于有無字下斷句與先儒不同　〔朱子語類〕問老子之道可道章或欲以常無常有爲句讀如何曰先儒亦有如此做句者不妥貼

惟無以天下爲者。可以有天下。〔集證〕今本道德經無此二語此卽舜禹有天下而不與之意。湯武之征伐。非利天下也。無利天下之心。而與天下同其利。然後可以得天下。〔元圻案〕〔文子十守篇〕老子曰夫所謂聖人者適情而已量腹而食度形而衣節乎己而貪污之心無由生也故能有天下者必無以天下爲也

谷神一章。第六章養生者宗焉。春秋繁露。循天之道篇謂養生之大者。在愛氣。閑欲以平意。平意以靜神。靜神以養氣。古之道士有言曰。將欲無陵。固守一德。此言神無離形。則氣多內充。董子亦有得於此。〔元圻案畢氏攷異〕陸德明曰谷河上本作浴云浴養也見釋文後漢陳相邊韶建老子碑銘引亦作浴神是與河上本同見隸釋　〔馬公驌繹史曰〕谷神列子引黃帝語也或云五千言

文子爲老子弟子　平王問道文子　文子語多取於他書　文子篇數分析　文子或計然辛研作　農家范子計然

古有是語而老子傳之三教論曰五千文者容成所說老子爲尹談蓋述而不作按莊子引容成氏曰除日無歲無外無內則容成氏固有書矣

文子者。老子弟子也。〔原注〕序曰亦曰計然姓辛名研字文子其書稱平王問道。〔原注〕老子與孔子同時〔又云〕范蠡師之其去平王之時遠矣序謂周平王時人非也〇〔案〕平王問道見今本道德篇其言曰玉在山而草木潤。珠生淵而岸不枯。上德篇荀子勸學取之譬若積薪燎。後者處上。上德篇汲黯取之。注見下條再實之木。其根必傷。符言篇明德后取之。〔後漢書后紀〕明德皇后馬氏伏波將軍援女也明帝崩后爲皇太后章帝欲封爵諸舅太后不聽曰馬氏無軍功奈何得與陰郭中興后等耶富貴之家祿位重疊猶再植之木其根必傷用兵有五。有義兵。有應兵。有忿兵。有貪兵。有驕兵。義兵王。應兵勝。忿兵敗。貪兵死。驕兵滅。道德篇魏相取之。〔漢書魏相傳〕上與趙充國等議欲因匈奴衰弱出兵擊其右地使不得復擾西域相上書諫曰臣聞之救亂誅暴謂之義兵兵義者王敵加於己不得已而起者謂之應兵兵應者勝爭恨小故不忍憤怒者謂之忿兵兵忿者敗利人土地貨寶者謂之貪兵兵貪者破恃國家之大矜民人之衆欲見威於敵者謂之驕兵兵驕者滅此五者非但人事乃天道也臨河欲魚。不如歸而織網。上德篇董仲舒取之。〔漢書董仲舒傳〕對策曰臨淵羨魚不如退而結網孔子無黔突。墨子無暖席。自然篇班固答賓戲杜甫同谷縣詩韓愈爭臣論取之心欲小。志欲大。智欲圓。行欲方。微明篇 孫思邈取之。〔唐書隱逸傳〕孫思邈京兆華原人通百家說善言老莊孟詵盧照鄰等師事之答照鄰曰心爲之君君尙恭故欲小膽爲之將以果決爲務故欲大仁者靜地之象故欲方知者動天之象故欲圓 德均則衆者勝寡。力敵則智者制愚。上禮篇 陸抗取之。〔三國志吳陸抗傳〕抗字幼節抗聞都下政令多闕上疏曰臣聞德均則衆者勝寡力侔則安者制危此蓋六國所以兼幷于強秦西楚所以北面于漢高也

欲治之主不世出。下德篇 王吉取之。〔漢書王吉傳〕吉字子陽琅邪皋虞人也爲諫大夫上疏言得失曰欲治之主不世出公卿幸得遭遇其時言聽諫從然未有建萬世之長策舉明主於三代之隆者也 寸而度之。至丈必差。銖而解解今本文子作稱之。至石必過。石稱丈量。徑而寡失。上仁篇 枚乘取之。〔漢書枚乘傳〕乘字叔淮陰人也爲吳王濞郎中吳王謀逆乘奏書諫曰夫銖銖而稱之至石必差寸寸而度之至丈必過石稱丈量徑而寡失云云 山有猛獸。林木爲之不斬。園有螫蟲。葵藿爲之不採。國有賢臣。折衝千里。上德篇 鄭昌取之。〔漢書蓋寬饒傳〕諫大夫鄭昌愍傷寬饒忠直以言事不當意而爲文吏所詆上書頌寬饒曰臣聞山有猛獸藜藿爲之不采國有忠臣姦邪爲之不起云云 文之所加者深。則權之所服者大。德之所施者博。則威之所制者廣。下德篇 班固刑法志取之。人之將疾。必

積薪燎後處上

先厭魚肉之味。國之將亡。必先惡忠臣之語。微明篇

越絕（德序外傳記曰）夫差狂惑賊殺子胥句踐至賢種蠡爲誅范蠡恐懼逃於五湖傳曰人之將死惡聞酒肉之味邦之將亡惡聞忠臣之氣 劉子實言篇 取之乳犬之噬虎。伏雞之搏貍。上德篇 何休注公羊。莊十二年傳 取之。又曰。士有一定之論。女有不易之行。守弱篇 同言而信。信在言前。同令而行。誠在令外。精誠篇 狡兔得而獵犬烹。高鳥盡而良弓藏。上德篇 皆見此書。其見於列莊淮南子者。不可縷數。（元圻案）（漢書藝文志道家文子九篇）老子弟子與孔子並時而稱周平王問似依託者也（厚齋藝文志攷曰）今本十二篇道原至上禮李暹注豈暹析之與晁氏曰曹子建表引文子李善注以爲計然今其書一以老子爲宗略無與范蠡謀議之事（唐志農家）范子計然十五卷注云范蠡問計然答則與文子了不同（北史）蕭大圜曰陶朱成術於辛文（柳子厚曰）文子書意皆本老子然考其書蓋駁書也其渾而類者少竊取他書以合之者多不知人之增益之歟或者衆爲聚斂以成其書歟

文子曰。虛無因循。常後而不先。譬若積薪燎。後者處上。上德篇 汲長孺學黃老言。故用文子之語。顏注云。積薪之言。出曾子。當攷。（元圻案）（漢書汲黯傳）黯字長孺濮陽人學黃老言治吏民好清靜擇吏丞任之

老萊子齒舌之喻
老萊子著書言道家
常摐語老萊子

壺邱子林列子二師
列禦寇有道士
列子子產同時
列子載戰國時事

〔又曰〕始黯列九卿矣而公孫宏張湯爲小吏已而宏至丞相湯御史大夫黯見上言曰陛下用羣臣如積薪耳後來者居上

戰國策二云。不聞老萊子之教孔子事君乎。示之其齒之堅也。六十而盡相靡也。孔叢子抗志篇云老萊子謂子思曰。子不見夫齒乎。雖堅剛卒盡相摩。舌柔順終以不弊。漢藝文志。老萊子與孔子同時。〔閣按〕史記老子傳亦云爾 當從國策。〔元圻案〕〔厚齋漢藝文志攷〕道家老萊子十六篇〔史記〕老萊子亦楚人也著書十五篇言道家之用與孔子同時〔大戴禮云〕德恭而行信終日言不在悔尤之內貧而能樂蓋老萊子之行也〔說苑〕常摐張其口而示老子曰吾舌存乎老子曰然吾齒存乎老子曰亡常摐曰子知之乎老子曰夫舌之存也豈非以其柔耶齒之亡也豈非以其剛耶又以爲老子對常摐之言

壺邱子林。列子之師也。〔按〕見列子天瑞篇釋文曰司馬彪注南華真經云名林鄭人也 呂氏春秋愼大覽下賢篇 二云。子產相鄭。往見壺邱子林。與其弟子坐必以年。下云是倚其相於門也 然則與子產同時。〔元圻案〕〔高誘注〕子產壺邱子弟子〔列子仲尼篇〕子列子既師壺邱子林友伯昏瞀人〔又黃帝篇云〕列子師老商氏然則列子有二師也〔漢藝文志道家列子八篇〕名禦寇先莊子故莊子稱之〔殷敬順釋文〕或名圄寇〔厚齋藝文志攷〕柳宗元曰劉向別錄曰列子鄭穆公時人穆公在孔子前幾百歲列子書言子產鄧析〔史記〕鄭繻公二十四年鄭殺其相駟子陽子陽正與列子同時是歲魯穆公

列子以仕衛爲嫁

西方聖人西極化人騰天列子與佛書表裏

狐父之盜餔餓者

十年不知向言魯穆公時遂誤爲鄭耶王氏自註曰或謂鄭繻公字誤爲繆公〔宋葉大慶攷古質疑三〕曰鄭繆公立於魯僖三十二年薨於魯宣三年正與魯文公並世〔列子書楊朱篇云〕孔子伐木於宋圍于陳蔡夫孔子生於魯襄二十二年鄭繆公之薨五十五矣陳蔡之厄孔子六十三歲統而言之已一百十八年列子繆公時人必不及知陳蔡之事況其載魏文侯子夏之問答則又後於孔子者也不特此爾第二篇載宋康王之事第四篇載公孫龍之言是皆戰國時事上距鄭繆公三百年矣〔莊子讓王篇云〕子列子窮貌有飢色客有言于鄭子陽曰列禦寇有道之士也居君之國而窮君無乃不好士乎子陽即令官遺之粟觀此則列子與鄭子陽同時〔史記鄭世家〕繻公二十五年殺其相子陽即周安王四年癸未歲也然則列子與子陽乃繻公時人劉向以爲繆公意者誤以繻爲繆歟然大慶未敢遽以向爲誤續見蘇子由古史列子傳亦引辭粟之事以爲禦寇與繻公同時又觀呂東萊大事記云安王四年鄭殺其相駟子陽遂及列禦寇之事然後因此以自信

列子以仕衛爲嫁於衛。從一而終。之死靡它。是之謂正。〔何云〕方言嫁往也自家而出謂之嫁由女而出爲嫁故上云國不足此條非本義〔全云〕厚齋蓋有爲言之○〔元圻案〕〔天瑞篇〕子列子居鄭國四十年人無識者國不足將嫁於衛

列子言西方之聖人。西極之化人。佛已聞於中國矣。〔何云〕列子亦寓言○〔元圻案〕〔仲尼篇〕商太宰曰孰者爲聖孔子曰西方之人有聖者焉〔周穆王篇〕周穆王時西極之國有化人來王執化人之袪騰而上者中天乃止暨及化人之宮〔石林葉氏曰〕天瑞黃帝篇與佛書相表裏

狐父之盜。〔案〕〔說符篇〕東方有人焉曰爰旌目將有適也而餓於道狐父之盜曰丘見而下壺飧以餔之史記曹相國世家正

盜跖漁父篇寓意
東坡疑莊子四篇
莊子祠堂記
食十漿餽五漿
楊朱爭席
莊子書可化拘滯

義括地志狐父亭在宋州碭山縣東南三十里

東坡欲去莊子盜跖漁父篇而邵子觀物外篇下謂盜跖言事之無可奈何者雖聖人亦莫如之何漁父言事之不可強者雖聖人亦不可強〔案〕下云此言有爲無爲之理順理則無爲強則有爲也〔全云〕邵子之說高於坡公○〔元圻案〕〔容齋續筆十二〕東坡作莊子祠堂記云讓王說劍皆淺陋不入於道反覆觀之得其寓言之終曰陽子居西遊于秦遇老子其往也舍者將迎其家公執席妻執巾櫛舍者避席煬者避灶其反也與之爭席矣去其讓王說劍漁父盜跖四篇以合于列禦寇之篇曰列禦寇之齊中道而反曰吾驚焉吾食于十漿而五漿先餽然後悟而笑曰是固一章也莊子之言未終而昧者勦之以入其言爾東坡之識見至矣盡矣今之莊周書寓言第二十七繼之以讓王盜跖說劍漁父乃至列禦寇爲第三十二篇讀之者可以渙然冰釋也予按列子書第二篇內首載禦寇饋漿事數百言即綴以楊朱爭席一節正與東坡之旨異世同符而坡公記不及豈非作文時偶忘之乎

五峯〔與張欽夫〕〔第十書〕云莊子之書世人狹隘執泥者取其大略不爲無益若篤行君子句句而求字字而論則其中無眞實妙義不可推而行也愚謂此讀莊子之法〔原注〕伊川一生不會看莊列

輪扁以書爲糟魄

道之傳授以心

韓詩外傳。楚成王讀書於殿上。而輪扁在下。作而問曰。不審主君所讀何書也。與莊子同而小異。〔原注〕漢古今人表作輪邊○〔元圻案〕〔韓詩外傳五〕楚成王讀書于殿上而輪扁在下作而問曰未審主君所讀何書也成王曰先聖之書輪扁曰此真先聖之糟粕耳非美者也成王曰子何以言之輪扁曰以臣輪言之夫以規爲圓以矩爲方此其可付乎子孫者也若夫合三木而爲一應乎心動乎體其不可得而傳者也以爲所傳真糟粕耳故唐虞之法可得而改也其喻人心不可及矣詩云上天之載無聲無臭其孰能及之〔莊子外篇天道〕桓公讀書于堂上輪扁斲輪于堂下釋椎鑿而上問桓公曰敢問公之所讀者何言耶公曰聖人之言也曰聖人在乎公曰已死矣輪扁曰是直聖人之糟魄已夫桓公曰寡人讀書輪人安得而議乎有說則可無說則死輪扁曰臣也以臣之事觀之斲輪徐則甘而不固疾則苦而不入不徐不疾得之於手而應於心口不能言有數存焉於其間臣不能以喻臣之子臣之子亦不能受之於臣是以行年七十而老斲輪古之人與其不可傳也死矣然則君之所讀者古人之糟魄已夫〔淮南子〕道應訓與莊子略同糟魄作糟粕

大宗師曰。道可傳而不可受。屈子遠遊曰。道可受兮不可傳。敢問其所以異。曰莊子所謂傳。傳以心也。屈子所謂受。受以心也。目擊而存。不言而喻。耳受而口傳之。離道遠矣。〔元圻案〕耳受口傳卽道聽塗說〔王介甫書洪範傳後曰〕古之學者雖問以口而其傳以心雖聽以耳而其受以意故爲師者不煩而學者有得也厚齋之意似本於此

庚桑楚篇皆禪
老子猶龍
用意如飛鴻
井魚
莊子善言風
調調刁刁

朱文公謂庚桑楚一篇皆是禪。

天運篇孔子見老聃歸三日不談弟子問曰夫子見老聃亦將何規哉孔子曰吾乃今於是乎見龍龍合而成體散而成章乘乎雲氣而養乎陰陽予口張而不能嚕予又何規老聃哉太平御覽七六百二十引莊子曰云云孔子曰吾與汝處於魯之時人用意如飛鴻者吾走狗而逐之用意如井魚者吾爲鉤繳以投之吾今見龍云云余口張不能嗋舌出不能縮又何規哉與今本異〔集證〕〔文選〕夏侯孝若東方朔畫贊李善注所引與今本同

初寮〔閻按〕初寮王安中號謂莊子之言風其辭若與風俱鳴於衆竅掩卷而坐猶覺寥寥之逼耳〔元圻案〕〔齊物論〕南郭子綦曰夫大塊噫氣其名爲風是唯無作作則萬竅怒呺而獨不聞之翏翏乎山林之畏佳大木百圍之竅穴似鼻似口似耳似枅似圈似臼似洼者似污者激者謞者叱者吸者叫者譹者宎者咬者前者唱于而隨

女以妄聽之奚

造物則奚

干縣令異解

成元英莊子疏

儒墨楊秉四家

公孫龍子字子秉

列子釋文

越雞魯雞

者唱喁泠風則小和飄風則大和厲風濟則衆竅爲虛而獨不見之調調之刁刁乎〔陳振孫曰〕王安中字履道官尚書左丞晁以道爲無極令安中既第修邑子禮自言以新學竊一第爲親榮非其志也以道曰爲學當謹初何患不遠到安中築室榜曰初寮其議論聞見多得於以道

齊物論。女以妄聽之奚。〔原注〕張文潛銘商瑤曰造物則奚句法本此〔全云〕原注是正文○〔元圻案〕〔張文潛商屯田墓誌〕公諱瑤字某淄川人景祐元年進士君少博學爲文詞豪健貌魁傑嚴整不可犯而平居樂易長者也銘曰有淄商公甚畜不施時棄其直則已光耀彼不人逢位下固宜嗇不使年造物則奚

飾小說以干縣令。雜篇外物疏云。縣高也。謂求高名令聞。〔原注〕有進士程文用此犯聖祖諱〔集證〕〔唐藝文志〕道士成元英注莊子三十卷疏十二卷元英字子實來州人貞觀間召至京師

謂惠子曰。儒墨楊秉四。與夫子爲五。徐無鬼列子仲尼篇釋文。公孫龍。平原君之客字子秉。〔原注〕秉謂公孫龍也○〔元圻案〕〔列子釋文〕唐殷敬順撰舊散附於張湛注中淆亂不可別與化任大椿芝田於道藏中得其原書遂版行大椿乾隆己丑二甲一名進士官至御史其官禮部時與元圻爲忘年交貧而好學篤行之士也

魯雞固能矣。注云。大雞也。今蜀雞。爾雅釋畜雞大者蜀。蜀韓文公守戒曰。魯雞之不期。蜀雞之不支。是以蜀雞爲小也。未詳。〔閻按〕昌黎熟于莊蜀本越字○〔元圻案〕〔庚桑楚庚桑子曰〕奔蜂不能化藿蠋越雞不能伏鵠卵

君親事其心

聖人神人不過問孔老孟莊同時

養知養恬

向秀注莊未竟郭象竊向注

魯雞固能矣雞之與雞其德非不同也有能與不能其才固有巨小也〔陸氏釋文〕越雞司馬彪向秀云小雞也或云荊雞

荊公曰。古之善事親者。非事其親之謂也。事其心而已矣。事其心。出人間世。〔元圻案〕〔人間世〕仲尼曰夫事其親者不擇地而安之孝之至也夫事其君者不擇事而安之忠之盛也自事其心者哀樂不易施乎前知其不可奈何而安之若命德之至也為人臣子者固有所不得已行事之情而忘其生何暇至於悅生而惡死

呂吉甫呂惠卿字曰。聖人之所以馭天下。神人未嘗過而問焉。此引外物篇之文蓋孔氏與老氏。同生於衰周。莊子與孟子俱遊於梁惠。其書之言。未嘗相及。以此而已。〔何云〕殊不足取〇〔元圻案〕〔書錄解題〕莊子義十卷〔參政清源〕呂惠卿吉甫撰〔郭象注〕神人即聖人也聖言其外神言其內 或問朱子孟子與莊子同時否曰莊子後得幾年然亦不爭多或云莊子都不說著孟子一句曰孟子平生只在齊魯滕薛大梁之間不曾過大梁之南莊子自是楚人想見聲聞不相接

以恬養知。知者主靜而識益明。以知養恬。恬者致知而本益固。〔元圻案〕〔外篇繕性〕古之治道者以恬養知生而無以知為也謂之以知養恬知與恬交相養而和理出其性

向秀注莊子。而郭象竊之。郗紹作晉中興書。而何法盛竊之。二事相類。〔元圻案〕〔四庫全書莊子提要〕郭象字子元河南人世說新語曰注莊子者數十家莫能究其旨統

鼓篋播精言
賣卜

郭注言恩怨
夢寐
杜夷幽求子

向秀于舊注外別爲解義妙演奇致大暢元風惟秋水至樂二篇未竟而秀卒子幼其義零落然頗有別本遷流象爲人行薄遂竊以爲己注乃自注秋水至樂二篇又易馬蹄一篇其餘衆篇或點定文句而已其後秀義別本出故今有向郭二莊其義一也晉書象本傳亦采是文〔按〕秋水篇與道大蹇句釋文云蹇向紀輦反則此篇向亦有注世說所云象自注秋水至樂二篇者尚未必實錄矣〔南史徐廣傳〕廣撰晉紀時有高平郗紹亦作晉中興書以示何法盛法盛有意圖之謂紹曰卿名位貴達不復俟此延譽我寒士無聞於時宜以爲惠紹不與至書成在齋內廚中法盛詣紹紹不在直入竊書紹無復兼本於是遂行何書

支離疏。鼓筴播精。人間世 文選夏侯孝若東方朔贊注作播糈。〔集證〕〔莊子釋文〕播精如字一音所字則當作數精司馬云簡米曰精崔云播精卜卦占兆也鼓筴播精言賣卦〔按〕釋文數字必糈字之誤〔山海經〕去糈用稌米注糈祀神之米〔離騷〕懷椒糈而要之注糈精米所以享神也〔說文云〕齎財卜問曰𧴪从貝疋聲讀若所然則播糈當作播𧴪○〔元圻案〕李善注糈音所

郭象注曰聖人之在天下煖然若陽春之自和故蒙澤者不謝淒乎若秋霜之自降故彫落者不怨。大宗師注 李太白日出入行云草不謝榮於春風木不怨落於秋天其語本此注又曰世有假寐而夢經百年者則無以明今之百年非假寐之夢者也。齊物論注 邯鄲枕南柯守之說皆原此意幽求子曰當其

墨翟禽滑釐
禽滑釐異文

庖丁行所無事

夢時覩山念木或志在舟楫因舟念水因水念魚東坡夢齋銘意出於此〔集證〕〔沈旣濟枕中記〕道士呂翁得神仙術遊邯鄲道中遇少年盧生以囊中枕授之生枕而夢一生榮辱備歷欠伸而寤黃粱尚未熟也〔李昌齡樂善錄〕淳于棼晝寢夢二使引自宅南古槐下入至一城榜曰大槐安國王見大悅出典南柯郡二十年許及覺命掘槐下窮其穴直上南枝卽南柯郡也棼大駭復命掩之○〔元圻案〕〔晉書儒林傳〕杜夷字行齊廬江灊人也少而恬泊操尚貞素博覽經籍閉門教授徵辟並不就所著幽求子二十篇行於世〔文子原道〕曰天常之道生成而不有成化而不宰萬物恃之而生莫之知德恃之而死莫之知怨郭象注本此〔東坡夢齋銘序〕曰人有牧羊而寢者因羊而念馬因馬而念車因車而念蓋遂夢曲蓋鼓吹身爲王公夫牧羊之與王公亦遠矣想之所因豈足怪乎銘曰我觀世人生非實中以寤爲正以寐爲夢忽寐所遇執寤所遭積執成堅如邱山高

莊子〔天下篇〕稱墨翟禽滑釐聞其風而悅之則滑釐墨者也史記儒林傳謂田子方段干木吳起禽滑釐之屬皆受業於子夏之倫爲王者師豈滑釐逃儒而入於墨亦若吳起之言兵歟〔原注〕〔說苑反質篇〕載禽滑釐問墨子〔集證〕〔墨子耕柱篇〕作駱滑釐〔呂氏當染篇〕〔作禽滑釐〕〔尊師篇〕作禽滑黎〔列子楊朱篇〕作禽骨釐〔古今人表〕作禽屈釐○〔元圻案〕〔呂氏春秋當染篇〕禽滑釐學於墨子〔列子湯問釋文〕滑釐音骨狸墨翟弟子也

庖丁解牛〔養生主〕行其所無事也管子〔制分篇〕云屠牛坦朝

屠牛坦刀莫鐵
胡子著知言
王坦之廢莊論
朱子取天運篇
莊子言六經分明
豫且射白龍中目
神龜以因見夢

解九牛而刃可以莫鐵。注莫猶削也則刃游間也。賈誼陳政事疏云解十二牛胡子知言云一目全牛萬隙開。橫渠詩語也。〔元圻案〕〔楊龜山語錄〕謂莊子養生主一篇孟子所謂行其所無事〔朱子語類〕論庖丁解牛一段至恢恢乎其有餘刃曰理之得名以此目中所見無全牛曰熟〔胡子知言〕云知易知春秋然後知經綸之業一目全牛萬隙開也〔書錄解題儒家類〕胡子知言一卷五峯胡宏仁仲撰文定公安國之季子張南軒師之

王坦之著廢莊論而其論多用莊語。胡文定春秋綱領有取於莊子之言其可廢乎。〔元圻案〕王坦之字文度湛之孫述之子晉書本傳謂坦之有風格尤非時俗放蕩著廢莊論論具載本傳　胡文定取莊子春秋經世先王之志也聖人議而不辯春秋以道名分之言〔朱子語類〕舉天運天其運乎一段曰數語好是他見得如此方說到此其才高如老子天下篇言詩以道志書以道事禮以道行樂以道和易以道陰陽春秋以道名分若見不分明焉敢如此道

豫且事有二。說苑正諫篇吳王欲從民飲。伍子胥曰昔白龍下清泠之淵。化爲魚。豫且射中目。白龍不化豫且不射。張平子東京賦所謂白龍魚服見困豫且者也。〔集證〕薛綜注引說苑史記龜策傳褚先生曰宋

冰炭結於五藏

齊物論非欲齊物

吹萬不同而自已

元王二年。江使神龜使於河。至於泉陽。漁者豫且。舉網得而囚之。置之籠中。夜半。龜來見夢於宋元王。莊子（外物篇）所謂神龜能見夢於元君而不能避余且之網者也。（繼序按）豫且即漁之二合聲

郭象（人間世）注。云喜懼戰於胸中。固已結冰炭於五藏矣。（閣本作臟）韓文公聽穎師琴詩。無以冰炭置我腸。本於此。（何云）方本已云爾○（元圻案）（四庫全書總目別集類）韓集舉正十卷外集舉正一卷宋方崧卿撰崧卿莆田人孝宗時嘗知台州軍事朱子因是書作韓文考異

齊物論。非欲齊物也。蓋謂物論之難齊也。是非毀譽。一付於物。而我無與焉。則物論齊矣。邵子（放言）詩謂（泥空終日著）齊物到頭爭。恐誤。張文潛曰。莊周患夫彼是之無窮。而物論之不齊也。而託之於天籟。其言曰。吹萬不同。而使其自已也。此言自以

莊子逸篇
諸巧雜十增二
莊子內外雜篇
各家莊子注
畏累虛

爲至矣。而周固自未離夫萬之一也。曷足以爲是非之定哉。雖然如周者亦略税駕矣。〔元圻案〕〔邵子觀物外篇下〕一莊子齊物未免乎較量較量則爭爭則不平不平則不和無私無爲者神妙致一之地也所謂一以貫之聖人以此洗心退藏於密〔張文潛柯山集〕有老子論此條所引蓋論莊子也今本柯山集從永樂大典錄出較舊本多十餘卷亦不載是篇

莊子逸篇。

陸德明敘錄曰。莊生宏才命世。辭趣華深。正言若反。故莫能暢其宏致。後人增足。漸失其真。故郭子元云。一曲之才。妄竄奇說。若閼弈意修之首。〔何云〕首猶篇也危言游鳧子胥之篇。凡諸巧雜。十分有二。〔案〕敘錄作三容齋隨筆十二引之亦作三漢書藝文志莊子五十二篇。卽司馬彪孟氏所注是也。言多詭誕。或似山海經。或類占夢書。〔漢書藝文志雜占〕黃帝長柳占夢十一卷甘德長柳占夢二十卷故注者以意去取。其內篇衆家並同。自餘或有外而無雜。唯子

鬭奕三士謀致人元天之上

游梟問雄黃逐疫巫咸爲黔首驅疾

插桃枝連灰鬼智不如童

元所注特會莊生之旨。(原注)北齊杜弼注莊子惠施篇今無此篇亦逸篇也 (集證)(陸氏序錄)孟氏注十八卷五十二篇不詳何人(隋志)司馬彪注十六卷云本二十一卷今闕孟氏注梁有錄一卷(北齊書杜弼傳)弼字輔元耽好元理老而愈篤又注老子惠施篇易上下繫名新注義苑並行於世(史記老莊列傳)畏累虛亢桑子之屬皆空語無事實(索隱曰)莊子畏累虛篇名也按今亦無此篇〇(元圻案)(容齋續筆十三)鬭奕游梟諸篇今無復存矣

鬭奕之隸與殷翼之孫。遏士之子。三士相與謀致人於造物。共之元天之上。元天者。其高四見列星。(原注)司馬彪曰元天山名 (全云)原注是正文 (集證)引見文選顏延年車駕幸京口侍遊蒜山詩注

游梟問雄黃曰。今逐疫出魃。擊鼓呼噪何也。雄黃曰。黔首多疾。黃帝氏立巫咸。使黔首沐浴齋戒。以通九竅。鳴鼓振鐸。以動其心。勞形趨步。以發陰陽之氣。飲酒茹葱。以通五藏。夫擊鼓呼噪。逐疫出魅鬼。黔首不知。以爲魅祟也。(集證)引見太平御覽五百三十禮儀類〇(元圻案)(史記秦始皇本紀)二十六年更名民曰黔首二字不應見莊子

插桃枝於戶。連灰其下。童子入不畏。而鬼畏之。是

子

童子夜嘯

小巫見大巫棄茅

尹儒夢受秋駕法

空閱來風桐乳致巢

鬼智不如童子也。〔元圻案〕引見藝文類聚八十六果部上

童子夜嘯。鬼數若齒。〔集證〕引見御覽三百九十二人事部○〔元圻案〕已見藝文類聚十九人部三

小巫見大巫。拔茅而棄。閣本作弃此其所以終身弗如。〔集證〕引見御覽七百三十五方術類　〔吳志張紘傳注〕吳書曰紘見陳琳作武庫賦應機論與琳書深歎美之琳答曰今景興在此足下與子布在彼所謂小巫見大巫神氣盡矣琳語本此○〔元圻案〕〔六朝事蹟〕大巫山在溧水縣北四十里小巫山在縣東北二十五里

尹儒學御三年。而無所得。夜夢受秋駕。明日往朝師。師曰。今將教子以秋駕。〔原注〕司馬彪曰秋駕法駕也　〔全云〕原注是正文　〔方樸山云〕淮南子道應訓載此較詳○〔元圻案〕此條見文選王融曲水詩序註〔又案〕〔左思魏都賦〕理秋御善注引莊子曰尹儒學御三年而無所得夜夢受秋駕于其師明日往朝其師其師望而謂之曰吾非獨愛其道也恐子之未可與也今將教子以秋駕尹儒作尹需而文亦增多二十二字蓋彼注有節文也當以魏都賦注爲正　〔漢書禮樂志〕師古注莊子有秋駕之法者亦言駕馬騰驤秋秋然也　淮南亦作尹需高誘注秋駕善御之術

空閱〔原注〕一作門○〔案〕〔宋玉賦〕空穴來風潘岳悼亡注引莊子亦作空穴來風。桐乳致巢。此以其能苦其性者。〔原注〕司馬彪曰門戶孔空風善從之桐子似乳著其葉而生其葉似箕鳥喜巢其中也　〔全云〕原注是正文　〔集證〕引見文選宋玉風賦○〔元圻案〕藝文類聚八十八載此條無第三句註文亦小異多缺誤

紼謳由斥苦　庚市子堅毀王　子貢出卜孔子病　孔子從弟子五人　離珠飼鳳凰　琅玕　鳳文聖仁賢智

紼謳所生。必於斥苦。〔原注〕司馬彪曰斥疏緩也苦用力也引紼所以有謳歌者爲人用力不齊故促急之也　〔全云〕原注是正文　〔集證〕引見世說任誕門注○〔元圻案〕世說注引司馬彪注斥疏緩也之上有紼引柩索也五字　〔酉陽雜俎砭誤〕引司馬彪注曰紼引柩索謳挽歌斥疏緩苦急促言引紼謳者爲人用力也與世說注所引不同

庚市子堅之毀王也。〔方樸山云〕王作玉　〔集證〕引見文選張景陽七命注又引淮南子莊子后解曰庚市子聖人無欲者也人有爭財相鬭者庚市子毀玉于其間而鬭者止也

孔子病。子貢出卜。孔子曰。汝待也。吾坐席不敢先。居處若齊。食飲若祭。吾卜之久矣。〔集證〕引見御覽八百四十九飲食部

老子見孔子從弟子五人。問曰。前〔案〕藝文九十載此條無前字爲誰。對曰。子路勇且多力。藝文作子路爲勇其次子貢爲智。曾子爲孝。顏回爲仁。子張爲武。老子歎曰。吾聞南方有鳥名。藝文作其名爲鳳爲鳳。鳳之所居也。藝文無鳳之也三字積石千里。河水出下。鳳鳥居上。藝文無此八字天爲生食。其樹名瓊枝。高百仞。以球琳琅玕爲寶。太平御覽作實藝文同天又爲生離

詹卷蒲衣師堯舜

不噉不義水

踞竈聽春秋

羊溝雞塗狸膏

珠。一人三頭遞起。藝文作遞臥遞起以飼琅玕。鳳鳥之文。戴聖嬰。仁右賢左智。藝文作右智左賢〔集證〕引見御覽九百十五羽族部〔按文選江文通雜體詩注〕引莊子云老子歎曰吾聞南方有鳥其名曰鳳居積石千里河海出下鳳皇居上天爲生樹名瓊枝高百二十仞以琳琅爲寶與此小異

詹卷堯聞其得道之士。乃北面而師事之。蒲衣八歲而舜師之。〔元圻案〕引見御覽四百四人事部四十五而舜師之作而爲舜之師

廉者不食不義之食。不噉不義之水。〔集證〕引見御覽八百四十九飲食部

仲尼讀讀今本太平御覽作作誤春秋。老聃踞竈觚而聽。〔原注〕觚竈額也〔集證〕引見御覽一百八十六居處部〇〔元圻案〕原注文亦見太平御覽〔藝文類聚八十〕莊子曰仲尼讀書老聃倚竈觚而聽之曰是何書也曰春秋也〔吾衍閑居錄曰〕古人穴地爲竈故席地可憑其觚

羊溝之雞。三歲爲株。相者視之。則非良雞也。然而數以勝人者。以狸膏塗其頭。〔原注〕羊溝鬬雞處株魁師也雞畏狸也〔集證〕引見御覽九百一十八羽族部〔爾雅翼〕鬬雞私取狸膏塗其頭輒鬬無敵此非有厭勝特是狸能捕雞異雞聞狸之氣則畏而走　羊溝亦作陽溝〔爾雅釋畜〕雞三尺爲鶤郭璞注陽溝巨鶤古之名雞〇〔元圻案〕〔藝文類聚九十一〕載此條多莊子謂惠子曰六字原注是司馬彪注文亦見藝文類聚

欲見鳳遭燕雀

豫章初生可抓

失時雀起

六驥致金鐵

孔子識沙邱辨士

鹿與牛舍

惠子始與莊子相見。而問乎莊子曰。今日自以爲見鳳凰。而徒遭燕雀耳。坐者俱笑。〔元圻案〕此條見何書當考

豫樟初生可抓而絕。〔何云〕抓玉篇古華切引也擊也 〔集證〕引見文選枚乘上書諫吳王注〔按〕〔漢書枚乘傳〕十圍之木始生如蘖足可搔而絕○〔元圻案〕〔汪藻浮溪集種德堂記〕百圍之木其始生也數寸之蘖耳足可搔而絕手可擢而拔亦作搔 〔字林〕搔先牢切抓壯交切

鵲上高城之垝。而巢於高榆之顛。城壞巢折。淩風而起。故君子之居世也。得時則義行。失時則鵲起。〔集證〕引見文選謝脁登孫權故城詩注 〔顏氏家訓勉學篇〕莊生有乘時鵲起之說故謝脁詩曰鵲起登吳台吾有一親表作七夕詩云今夜吳臺鵲亦共往填河此耳學之過也○〔元圻案〕〔藝文類聚九十二〕之垝句無之字垝作危榆作枝八十八引莊子與此條所引同 〔文選陸士衡贈馮文熊詩注〕引莊子曰鵲巢於高榆之顛巢折從風而起謝脁登孫權故城詩注與此文同〔又〕引司馬彪注曰垝最高危險之處也

金鐵蒙以大緤。載六驥之上。則致千里。〔集證〕引見御覽八百一十三珍寶部

孔子舍於沙邱。見主人曰。辨士也。子路曰。夫子何以識之。曰其口窮踦。其鼻空大。其服博。其睫流。〔集證〕御覽作其服博戲其睫流僞 其舉足也高。其踐地也深。鹿與而牛

青鵻愛子忘親

聲氏牛問夔

戴尊累十

亡羊得牛斷指得頭

羌人燔死揚灰

葉公好龍之喻

舍。〔集證〕引見御覽四百六十四人事部

青鵻愛子忘親。〔原注〕司馬彪曰鵻鳥專愛其子而忘其母也〔全云〕原注是正文〔集證〕引見御覽九百二十三羽族部○〔元圻案〕〔爾雅釋鳥〕鵻鳩寇雉郭注鵻大如鴿似雌雉鼠脚無後指歧尾爲鳥憨急羣飛出北方沙漠地

聲氏之牛夜亡而遇夔止而問焉我有四足動而不善子一足而超踊何以然夔曰以吾一足王於子矣〔集證〕引見御覽八百九十九獸部

市上之人有善戴尊者累十尊而行人有與之更者行道未半而以其尊顛〔原注〕酒尊也〔集證〕引見御覽七百六十一器物部

亡羊而得牛斷指而得頭〔集證〕引見御覽三百六十四人事部

羌人死燔而揚其灰〔元圻案〕引見太平御覽七百九十四四夷部今本作將子曰蓋莊字之誤

子張見魯哀公不禮士也託僕夫而去曰臣聞君好士故不遠千里而見君之禮士也有似葉公子高之好龍室彫文盡寫以龍於是天龍下之

驚怖顛病之徵

射所見以鉤異

函牛鼎蟻不措足

鄭龍不愛身活人田而得士

窺頭於牖施尾〔選注作拖尾〕於堂葉公見之棄〔閣本作弃〕而還走〔選注作退走〕失其魂魄五色無主是葉公非不好龍也好夫似龍而非龍也今君非不好士也好夫似士而非士者也〔集證〕引見文選任彥升天監三年策秀才文注

流脈並作則爲驚怖陽氣獨上則爲癲病〔集證〕引見御覽七百三十九疾病部

以十鈞射者見天而不見雲以七鈞射者見鵠而不見鵠以五鈞射者見鵠而不見雀〔集證〕引見藝文類聚巧藝部

函牛之鼎沸蟻不得措一足焉〔原注〕喻聖主之法明好至不敢蹈也〔集證〕引見後漢書劉陶邊讓兩傳注

趙簡子出田鄭龍爲右有一野人簡子曰龍下射彼使無驚吾馬三命鄭龍鄭龍不對簡子怒鄭龍曰昔吾先君伐衛克曹退爲踐土之盟不戮

梁君以白雁射人　公孫龍下車撫心　齊景不以人祠旱　獵而得善言

一人。吾〔案〕吾當作君今一朝田。而曰必爲我殺人。是虎狼殺人。故將救之。簡子愀然曰。不愛其身以活人者。可無從乎。還車輟田曰。人之田也得獸。今吾田也得士。〔集證〕引見御覽四百五十七人事部〇〔元圻案〕今本御覽作鄭龍曰昔踐土之盟不戮一人虎狼殺人固將殺之簡子還車輟田曰今吾田也得士文多缺誤

梁君出獵。見白雁羣。梁君下車。彀弩〔原注〕一作弓欲射之。道有行者。不止。白雁羣駭。梁君怒。欲射行者。其御公孫龍〔新序作公孫襲〕下車撫其心。梁君忿然作色而怒曰。龍不與其君。而顧與他人何也。公孫龍對曰。昔者齊景公之時。〔原注〕齊一作宋天旱三年。卜之曰。必以人祠。乃雨。景公下堂頓首曰。吾所以求雨者。爲民也。今必使吾以人祠乃且雨。寡人將自當之。言未卒而天大雨方千里者。何爲。有德於

視皮輒囊喻學

易牙知秋禽

祝牧謂妻戴佩

泰山梁父勒石

槐兔目鼠耳鵪鶉布穀之

天而惠施於民也。今主君以白雁之故而欲射殺人。無異於虎狼。梁君援其手與上車歸入郭門呼萬歲曰。樂哉今日獵也。人獵皆得禽獸。吾獵獨得善言而歸。〔元圻案〕亦見御覽四百五十七。藝文類聚六十六。載此條文有增減

人而不學命之曰視皮。〔原注〕一作肉 一學而不行命之曰輒囊。〔原注〕輒繫者也。一作撮 〔集證〕引見御覽六百七學部。○〔元圻案〕〔史記〕李斯傳注索隱。莊子及蘇子曰。人而不學。譬之視肉而食。或蘇子亦有是言也

秋禽之肥易牙和之。非不美也。彭祖以為傷壽。故不食之。〔集證〕引見御覽八百四十九飲食部

祝牧謂其妻曰。天下有道。我戴子佩。天下無道。我負子戴。〔集證〕引見御覽四百三人事部。○〔元圻案〕今本御覽誤入子思子之下

易姓而王。封於泰山禪於梁父者。七十有二代。其有形兆堫埒勒石。凡千八百餘處。〔集證〕引見後漢祭祀志劉昭補注

槐之生也。入季春五日而兔目。十日而鼠耳。更旬

變
深目鳶肩
禮若亢鋸之柄
叔文相莒母猶績
好學爲福學猶飛鳥羽翼
不學變心行
莊子逸篇十九
老子指歸引莊子
僮子行任車
卵胎爲鴻虎

而始規。二旬而葉成。〔原注〕鶬爲鸇鸇爲布穀布穀爲鶬此物變也〔集證〕引見御覽九百五十四木部〇〔元圻案〕今本御覽誤作淮南子〔藝文類聚八十八〕載莊子槐之生也云云無更旬二句

盧敖見若士。深目鳶肩。〔集證〕引見御覽三百六十九人事部

禮若亢鋸之柄〔原注〕亢舉也禮有所斷割猶舉鋸之柄以斷物也〔集證〕引見御覽七百六十三器物部〇〔元圻案〕注亦見御覽

叔文相莒三年。歸其母自績。謂母曰。文相莒三年。有馬千駟。今母猶績。文之所得事。皆將弃之已。母曰。吾聞君子不學詩書射御。必有博塞之心。小人不好田作。必有竊盜之心。婦人不好紡績織紝。必有淫佚之行。好學爲福也。猶飛鳥之有羽翼也。〔集證〕引見御覽六百七學部〔閻按〕余孫名學翼取此

漢七略。所錄若齊論之問王知道。孟子之外書四篇。今皆亡傳莊子逸篇十有九。〔按〕〔漢志〕莊子五十二篇今郭象止定爲三十三篇是逸十有九篇也淮南鴻烈。多襲其語。唐世司馬彪注猶存。

積微之善至
吉祥
身我神道
始不始生不
生
金玉成積國
不安
速賞深罰盜
愈多
胸瘕不可鑿
蝨蠆蟣蝨不
射斫
同明同形同
利同功
陰陽始終
嬰兒忠於仇
讎
窮谿之獸無
兕虎
嚴君平以諱
稱莊子
道德經象天
地
楚人賣矛及
盾
號二首
有繫謂之縣

後漢書文選世說注。藝文類聚。太平御覽。間見之斷圭碎璧。亦足爲篋匵之珍。博識君子。或有取焉。

〔闇按〕漢嚴遵老子指歸引莊子甚多皆不見今莊子書其爲逸篇可知備載之以補王氏之漏焉　任車未虧僮子行之及其傾覆也顛高墮谷千人不能安卵之未剖也一指麾之及其爲飛鴻也奮翼凌霄罾繳不能逮也胎之能乳也一繩制之及其爲牡也羅網不能禁也虎也執羣獸食牛馬劍戟不能難也故漣滴之流久久而成江海小蛇不死化爲神龍積微之善以至吉祥小惡不止乃至滅亡　我之所以爲我者豈我也哉我猶爲身者非身身之所以爲身者以我存也而我之所以爲我者以有神也神之所以留我者道使然也　道之所生天之所興始始于不始生生于不生存存于不存亡亡于不亡　夫起福生利成功遂事備物致用使人大富天下奢僭財貨不足民人愈醜福滿山澤金玉成積國愈不安民益少利飾智相愚以詐相要防隄邪淫奸宄之路密分別同異是非之變衆則國家昏而政事衰作方遂使彫琢文彩奇變異怪以褻有德以別尊卑巧故滋起後出愈奇令速賞深罰峻刑嚴斲肌膚斷四支疏遠不隱親近不和罪至夷滅賞至封侯天地振慄盜賊愈多　夫飢而倍食渴而大飲熱而投水寒而入火所苦雖除其身必死胸中有瘕不可鑿喉中有疾不可剡也　蝨蠆著面不可射也蟣蝨著身不可斫也　夫日月之出入也同明人之死生也同形春秋之分也同利元聖之與野人也同容通者之與閉塞也同事道士之與赤子也同功凡此數者其中異而其外同非聖人莫之能明　夫陰而不陽萬物不生陽而不陰萬物不成天地之道始必有終終必有始　夫嬰兒未知而忠信于仇讎及其壯大有識欺紿兄嫂三軍得意則下亡虞窮谿之獸不避兕虎其身匪易事理然也　〔全云〕張南漪語予曰道德指歸前有谷神子序其曰嚴君平姓莊氏故稱莊子班氏避明帝諱更之爲嚴然則篇中所稱莊子者皆君平自稱也故卷首卽稱莊子曰老子之作上經象天下經象地其發明宗旨幾二百言此後每設爲問答必曰何以言之何以明之何以效之或曰敢問而後以莊子答之蓋皆君平自稱之言無疑也閻潛邱乃以爲莊周逸篇之文以補王厚齋之漏何其憒也其所引亦不完南漪之言覈而篤然余弃疑是書乃贗本〇〔元圻案〕近仁和御史孫志祖讀書脞錄續編困學紀聞載莊

襄公知大體
禹問兩祖浣
女
玉女投壺天
笑
霓電虹
水靜猶明
海水周流致
地動
朽瓜爲魚
梁麗衡城
何子朗擬馬
捶
不生不化
盲無與乎眉
目
鷂鸇布穀之
變
則不假文履
闕膏翠蚌致
災
鳴鐸以聲毀
薰燒膏銷
縱橫家蘇子

子逸篇數十然未盡也〔穀梁傳〕哀二年疏引莊子楚人賣矛及楯者見人來買矛卽謂之曰此矛無何不徹見人來買楯則又謂之曰此楯無何能徹者買人曰還將爾矛刺爾楯若何〔顏氏家訓勉學篇〕引莊子魄二首〔文選吳都賦注〕有槃謂之縣無謂之解〔西征賦注〕引襄公之應目夷知大體者也〔難蜀父老注〕引兩祖女浣於白水之上者禹過之而趨曰治天下若何女曰股無胈脛不生毛顏色烈凍手足胼胝何以至是也〔藝文類聚二〕引陰陽伏於黃泉陽氣上通於天陰陽不爭故爲霓玉女投壺天爲之笑則電〔又〕陽炙陰爲虹〔八〕引水靜則明濁則混水靜猶明而況精神聖人之心靜乎〔又〕引海水三歲一周流波相薄故地動〔八十七〕引朽瓜化爲魚物之變〔九十一〕引鷂爲鸇鸇爲布穀布穀復爲鷂此物變也〔初學記二十五〕引梁麗可以衝城司馬彪注麗小船也皆今莊子所無〔又南史〕何子朗嘗爲敗家賦擬莊周馬捶蓋馬捶亦逸篇也〔愚按〕〔列子天瑞篇〕生物者不生化物者不化張湛注曰莊子亦有此文併引向秀注今莊子無此文〔陸德明莊子釋文逍遙遊〕聾者无以與乎鐘鼓之聲此下更有盲者无以與乎眉目之好夫刖者不自爲假文履今逍遙遊亦無此二句〔天道篇〕水靜則明燭鬚眉平中準大匠取法焉水靜猶明而況精神聖人之心靜乎與藝文類聚八所引稍有不同耳不得竟謂之逸文若初學記所引梁麗可以衝城見在秋水篇孫氏或未詳考

太平御覽九百八十三香部引蘇子曰。蘭以芳自燒。膏以明自銷。翠以羽殃身。蚌以珠致破。蘇秦能爲此言。而不能保其身。漢書楚父老之言本於此。〔原注〕文鐸引老子曰鳴子以聲自毀膏燭以明自煎〔全三六〕楚老父之言見於龔勝傳〇〔元圻案〕〔史記蘇秦列傳〕秦詳爲得罪於燕而亡走齊齊宣王以爲客卿其後齊大夫多與蘇秦爭寵者而使人刺殺秦〔漢書兩龔傳〕兩龔皆楚人也勝字君賓舍字君倩並著名節故世謂之楚兩龔莽既篡國遣使迎勝勝不飲食死有老父來弔哭甚哀既而曰嗟乎薰以香自燒膏以明自銷龔生竟夭天

孝己事親夜五起
舜讓天下
蒲衣太子晉服師曠
尸子書二十篇
勝母盜泉朝歌
舜祠田漁雷澤
舜着日月父母

年非吾徒也遂趨而出莫知其謂〔漢書藝文志縱橫家〕蘇子三十一篇名秦

尸子曰孝己事親一夜而五起。視衣厚薄枕之高下也。見文選馬季長長笛賦注○〔按〕〔北堂書抄一百二十九〕引尸子作孝己一夕五起視衣之厚薄枕之高卑愛其親也。又曰蒲衣生八年。舜讓以天下。周王太子晉生九年而服師曠。見太平御覽三百八十五漢書稱孝己。〔漢書陳平傳〕今有尾生孝己之行注如淳曰孝己高宗之子有孝行〔又武五子傳〕孝己被謗伯奇流放〔文選〕馬融長笛賦注引世紀曰孝己母早死高宗惑後妻之言放之〔莊子外物篇〕人親莫不欲其子之孝而孝未必愛故孝己憂而曾參悲莊子稱蒲衣子。〔應帝王第七〕齧缺問於王倪四問而四不知齧缺因躍而大喜行以告蒲衣子蒲衣子曰而乃今知之乎有虞氏不及泰氏云云其事見此。〔原注〕太子晉事見周書○〔元圻案〕〔周書太子晉解〕晉平公使叔譽于周見太子晉而與之言五稱而三窮歸告公曰太子晉行年十五而臣弗能與言師曠曰請使瞑臣往師曠見太子云云師曠曰王子汝將爲天下宗乎〔史記荀卿傳〕楚有尸子集解引劉向別錄曰楚有尸子疑謂在蜀今按尸子書晉人也名佼爲二十篇書凡六萬餘言〔漢藝文志班固自注〕又以佼爲魯人〔後漢書呂強傳注〕尸子書二十篇十九篇陳道德仁義之紀一篇言九州險阻水泉所起

鄒陽曰。里名勝母。曾子不入。尸子謂孔子至於勝母。暮矣而不宿。過於盜泉。渴矣而不飲。惡其名也。見文選陸士衡猛虎行注〔集證〕水經注沂水條盜泉出汴城東北卞山之陰尸子曰孔子至於勝母暮矣而不宿于盜泉渴矣而不飲惡其名也故論語比考讖曰水名盜泉

劉彥和文心雕龍

程子子華子
傾蓋語孔子
鬼谷子師
河圖上躋下
沈水樞
風輪
有大造於趙
宗

仲尼不漱即斯泉矣〔淮南子〕曾子至孝不過勝母墨子非樂不入朝歌○〔元圻案〕〔漢書鄒陽傳〕陽齊人也景帝少弟梁王待士鄒陽之梁陽爲人有智略不苟合羊勝公孫詭惡之孝王下陽吏陽上書曰臣聞盛飾入朝者不以私汙義底厲名號者不以利傷行故里名勝母曾子不入邑號朝歌墨子回車

尸子曰舜兼愛百姓務利天下其田太平御覽有歷山二字也荷彼耒耜耕彼南畝與四海俱有其利太平御覽有其漁二字雷澤也旱則爲耕者鑿瀆狩狩太平御覽作儉儉與險通則爲獵者表虎故有光若日月天下歸之若父母見太平御覽八十一文心雕龍祝盟篇舜之祠田云荷此耒耜耕彼南畝四海俱有謂之祠田豈他有所據乎〔元圻案〕〔梁書文學傳〕劉勰字彥和東莞莒人官通事舍人步兵校尉撰文心雕龍五十篇論古今文體引而次之沈約大重之謂爲深得文理常陳諸几案

程子見家語致思篇子華子見莊子讓王篇近有子華子之書謂程本字子華即孔子傾蓋而語者後序謂鬼谷子之師水心葉適字正則水心其號也銘鞏仲至〔全云〕名豐東萊弟子所謂程子即此書也朱文公讀子華子漫記謂詞艱而理淺

程子前後不一人

叔向讒萇宏

殷法刑棄灰
衞鞅論囚赤

近世巧於模擬者所爲。決非先秦古書。〔集證〕〔玉海五十三書目儒家〕子華子十卷載劉向校錄序曰向所校讎中外書子華子凡二十四篇以相校除復重十三篇定著十篇又曰子華子程氏名本字子華晉人也善持論聚徒著書自號程子○〔元圻案〕〔莊子讓王篇〕韓魏相與爭侵地子華子見昭僖侯昭僖侯有憂色　朱子曰此子華子者計必一能文之士所作如論河圖之二與四抱九而上蹐六與八蹈一而下沈五居其中據三持七巧亦甚矣惟甚巧所以知其非古書也又以洛書爲河圖亦仍劉牧之謬或云王銍性之姚寬令威多作僞書二人皆居越中恐出其手然又恐非其所能及觀其書與前後三序皆一手文字前一篇託爲劉向而殊不類向他書後二篇乃無名氏歲月而皆託爲之號類若世之匿名書者至其首篇風輪水樞之云正是竝緣釋氏之說其卒章宗君二祥蒲璧等事皆剽剟他書傅會爲說其自序出處又與孔叢子載子順事略相似又言有大造於趙宗者卽指程嬰而言以左傳考之趙朔既死其家內亂朔之諸弟或放或死而朔之妻乃晉君之女故武從其母畜於公宮安得所謂大夫屠岸賈者興兵以滅趙氏而嬰與杵臼以死衞之哉且其曰有大造者又呂相絕秦語其不足信甚明　〔晁公武曰〕藝文志不錄子華子書觀其文辭近世依託爲之　〔葉正則聱仲至墓銘曰〕聞於程子天地之生材甚愛甚惜必有慳固之心嚴賢者違天地所慳固使之氣沮志奪怫然而怒聚爲陰陽之罰則其人雖大必折雖炎必撲荒落而類圮敗而辱激哉是言也　〔日知錄〕莊子所云子華子乃韓昭釐侯時人按史記年表韓昭侯元年上距孔子之卒凡二百二十一年其非孔子所見之程子明甚

韓子內儲說。謂叔向讒萇宏。按左傳哀三年。周人殺萇宏。叔向之沒久矣。〔元圻案〕〔內儲說下〕叔向之讒萇宏也爲萇宏書謂叔向曰子爲我謂晉君所與君期者時可矣何不亟以兵來因佯遺其書周君之庭周以萇宏爲賣周也誅萇宏說苑記誅萇宏事與韓非子略同

韓子曰。殷之法。刑棄灰於街者。子貢以爲重。問之

渭

周衛亡於從
衡
西周君獻地
三十六

失度孤男成
駒
侯侈雅侈推
哆
桀染羊辛歧
踵戎
桀時有干莘
桀夷終號公
鼓
崇侯虎導紂

仲尼。仲尼曰。知治之道也。〔案〕見內儲說上又曰且夫重法者人之所惡也而無棄灰人之所易也使人行其所易而無離所惡此治之道以商鞅之法爲殷法。又託於仲尼。法家侮聖言至此。〔集證〕〔劉歆新序〕論衛鞅內刻刀鋸之刑外深鈇鉞之誅步過六尺者有罰棄灰於道者被刑一日臨渭而論囚七百餘人渭水盡赤

五蠹韓非子篇名曰。周去秦爲從。期年而舉。衛離魏爲衡。半歲而亡。是周滅於從。衛亡於衡也。按史記赧王倍秦。與諸侯約從。衛爲衡之事未詳。〔方樸山云〕衛成而秦帝從成而楚王周滅於從衛亡於衡正相對望　〔全云〕六國盡亡而衛尚存韓子之言謬矣〇〔元圻案〕〔史記周本紀〕赧王五十九年秦取韓陽城負黍西周恐倍秦與諸侯約從將天下銳師出伊闕攻秦昭王怒使將軍摎攻西周西周君奔秦盡獻其地三十六周君王赧卒

說疑韓非子篇名曰。有扈氏有失度。讙兜氏有孤男。三苗有成駒。桀有侯侈。紂有崇侯虎。晉有優施。此六人者。亡國之臣也。崇侯優施事甚著。古今人表。桀時有雅侈。〔按〕在下中今本作推餘皆闕。呂氏春秋仲春紀當染篇云。夏桀染於羊辛。岐踵戎。〔畢氏沅曰〕墨子及古今人表抱朴子良規篇與此書愼大篇皆作干辛說苑尊賢篇作干莘

優施驪姬

燔詩書明法令

楚損枝官 韓非子注

岐踵戎墨子諸書多作推哆亦作推侈 殷紂染於崇侯惡來。〔高誘注〕惡來嬴姓飛廉之子 周厲王染於虢公長父榮夷終。幽王染於虢公鼓祭公敦。〔高誘注〕傳曰榮夷公好專利而不知大難虢石父讒諂巧佞之人也以此教王其能久乎畢氏按墨子作染於傅公夷蔡公穀 此四王者。所染不當。古今人表。桀時有干辛。在下中 榮夷終郎榮夷公。虢公鼓郎虢石父。〔原注〕墨子云夏桀染于干莘推哆〇〔元圻案〕此墨子所染篇文〔傅子矯違篇〕桀信其佞臣推哆以殺其正臣關龍逢而夏以亡紂信其佞臣惡來以剖其正臣比干之心而殷以亡〔史記周本紀〕崇侯虎譖西伯於殷紂帝紂乃囚西伯于羑里〔詩以伐崇墉正義〕崇侯虎導紂爲無道之事故伐之〔晉語〕公之優曰施通於驪姬姬問焉曰吾欲爲難安始而可優施曰必於申生是故先施讒於申生

韓子和氏篇。曰。商君教秦孝公燔詩書而明法令。愚按史記商君傳。不言燔詩書。蓋詩書之道廢。與李斯之焚之無異也。〔何云〕意者商鞅所燔止於國中至李斯乃流毒天下

又和氏篇。云。吳起教楚悼王。損不急之枝官。注謂非要急若樹之枝也。養樹者必披落其枝。爲政者亦損其閒宂。宋景文屬疾第五首。詩何言漢樸學。正似楚

儒服妨耕戰
公孫龍堅白
異同辨
鄧析子無厚
篇

持鱣拾蠶
深宮之女皆
儀秦

虞鄭之扁鵲
輪矢不自爲
圜直

枝官〔原注〕枝官二字前未有用者○〔元圻案〕〔四庫全書韓非子提要曰〕韓子注不知何人作考元至元三年何犿本稱舊有李瓚注然瓚爲何代人犿亦未之言王應麟玉海已稱不知誰作諸書亦別無李瓚注韓子之文不知犿何所據也

又問辨篇二云儒服帶劍者衆而耕戰之士寡堅白無厚之詞章而憲令之法息愚謂堅白公孫龍之言也無厚鄧析之言也〔元圻案〕〔漢書藝文志名家〕公孫子十四篇〔列子釋文〕龍字子秉趙人〔史記荀卿傳〕趙亦有公孫龍爲堅白同異之辨〔平原君世家〕公孫龍善爲堅白之辯及鄒衍過趙言至道乃絀公孫龍〔鄧析子無厚篇〕天不能屏勃厲之氣全夭折之人使爲善之民必壽此于民無厚也凡民有穿窬爲盜者有詐僞相迷者此皆生於不足起於貧窮而君必執法誅之此於民無厚也堯舜位爲天子而丹朱商均爲布衣此於子無厚也周公誅管蔡此於弟無厚也

漁者持鱣婦人拾蠶利之所在皆爲賁諸〔說林下〕呂太史西漢手筆曰利之所激深宮之女皆儀秦也文法本此〔集證〕〔說苑說叢〕蠋欲類蠶鱓欲類蛇人見蛇蠋莫不身灑然女工修蠶漁者持鱓不惡何也欲得錢也

叔瞻宮之奇二人俱見〔左傳〕亦虞鄭之扁鵲也〔案〕此韓非喻老篇文

後魏崔浩謂王猛之經國苻堅之管仲也慕容恪之輔少主慕容暐之霍光也此二語朱子語類解可以託六尺之孤取之 劉裕之

左下鉅魏孱
費金璧
西門豹納璽
烹阿封卽墨
郭開后勝受
間金

平逆亂。司馬德宗之曹操也。筆墨畦逕。皆有自來。〔元圻案〕〔史記扁鵲傳〕扁鵲者渤海郡鄚人也桑公奇之悉取其禁方書盡與扁鵲忽然不見殆非人也扁鵲以其言飲藥三十日視見垣一方人以此視病盡見五藏癥結〔魏書崔浩傳〕浩字伯淵清河人也常授太宗經書與軍國大謀浩曰臣嘗論近世人物不敢不上聞若王猛之治國云云　〔通鑑晉穆帝紀〕升平元年秦東平王苻堅素有時譽呂婆樓曰僕里舍有王猛其人謀略不世出殿下宜請而致之堅因招猛一見如舊友語及時事堅大悅自謂如劉元德之遇諸葛孔明也堅廢生自立免左丞程卓官以王猛代之舉異才修廢職課農桑恤困窮禮百神立學校旌節義繼絕世秦民大悅　又升平三年燕主慕容儁寢疾謂大司馬太原王恪曰吾病必不濟今二方未平景茂沖幼國家多難吾欲效宋宣公以社稷屬汝何如恪曰太子雖幼勝殘致治之主也臣實何人敢干正統儁怒曰兄弟之間豈虛飾耶恪曰陛下若以臣能荷天下之任者豈不能輔少主乎儁喜曰汝能爲周公吾復何憂　〔晉書德宗紀〕元興元年桓元稱帝遷帝爲平固王居之潯陽三年下邳守劉裕起京口討元元誅帝復位六年裕滅燕十三年滅秦十四年裕爲相國宋公受九錫命冬裕弒帝於東堂

必恃自直之箭。百世無矢。恃自圜之木。千世無輪。顯學篇劉夢得用此語。〔原注〕恃作俟○〔元圻案〕〔劉夢得答連州薛郎中論書儀書曰〕語曰俟自直之箭則百世無一矢俟自圓之木則千歲無一輪執矯揉之器者視之灌叢無非良材耳　劉夢得名禹錫自云系出中山唐書有傳

鉅孱之費金璧。西門豹之納璽。戰國之時。官邪賂章。毀譽決於左右之口。於此可見。若阿卽墨之斷者。幾何人哉。〔原注〕趙之郭開齊之后勝皆受秦閒金魏信陵君之以毀廢亦以萬金爲間三國遂墟矣○〔元圻案〕〔外儲說〕左下鉅者

秦萬金間信陵

二目視一國鄭長者之書

聖人治吏不治民

高赫為賞首楚傒胥邱負

齊之居士孱者魏之居士齊魏之君聽左右之言故二子費金璧而求入仕也〔又云〕西門豹為鄴令左右相與比周而惡之居期年上計君收其璽豹自請復以治鄴因急事左右期年上計文侯拜之豹納璽而去〔史記田敬仲世家〕威王召即墨大夫而語之曰自子之居即墨也毀言日至然吾使人視即墨田野闢民人給官無留事東方以寧是子不事吾左右以求譽也封之萬家召阿大夫語曰自子之守阿譽言日聞然使使視阿田野不闢民貧苦是子以幣厚吾左右以求譽也是日烹阿大夫及左右嘗譽者併烹之〔戰國策〕秦使王翦攻趙趙使李牧司馬尚禦之王翦多與趙王寵臣郭開金使為反間趙王使趙葱顏聚代將斬李牧廢司馬尚王翦大破趙軍虜趙王遷又齊君王后死後后勝相齊多受秦間金王使賓客入秦皆為變辭勸王朝秦不修攻戰之備〔史記信陵君列傳〕公子破秦軍于河外乘勝逐秦軍至函谷關秦王患之乃行金萬斤於魏求晉鄙客令毀公子于魏王魏果使人代公子將公子自知再以毀廢乃謝病不朝與賓客為長夜飲四年竟病酒而卒

人主以二目視一國。一國以萬目視人主。外儲說右上此名言也。鄭長者之書見漢藝文志。〔閻按〕人主二句見韓非子為齊宣王之語宣王聞之鄭長者有言夫虛靜無為而無見也方為鄭長者語王氏漢藝文志攷證却合〔集證〕〔漢志道家〕鄭長者一篇六國時先韓子韓子稱之師古曰劉向別錄云鄭人不知其名王氏志攷曰袁淑真隱傳鄭長者隱德無名著書一篇言道家事韓非稱之世傳是長者之辭因以為名

吏者。民之本綱也。聖人治吏不治民。內儲說右下○〔何云〕人主治三公九卿三公治臺諫監司九卿治其屬監司治其屬斯言不可以韓非廢。〔閻按〕韓謂搖木者拊其木張網者引其綱

韓子難一篇謂趙襄子賞有功者五人高赫為賞首。〔閻按〕

咎犯善隱
石乞侍坐屈建
仲尼使視介子推
荀息累棋加雞子
楚共王逐申侯
晉文遇欒武子
葉公問樂王鮒

史記作共呂氏春秋作赦淮南人閒訓與韓子同仲尼聞之曰。善賞哉襄子。賞一人。而天下爲人臣者。莫敢失禮。〔按〕〔史記趙世家〕三國共滅知氏共分其地于是襄子行賞高共爲上張孟同曰晉陽之難唯共無功襄子曰方晉陽急羣臣皆懈唯共不敢失人臣禮是以先之事在孔子後。孔鮒已辨其妄。〔孔叢子答問篇〕昔我先君以哀公十六年四月己丑卒至二十七年荀瑤與趙魏伐鄭是時夫子卒已十一年矣而晉四卿皆在也後悼公十四年知氏亡此先後甚遠而韓非公稱之曾無怍意是則世多好事者皆非之罪也〔馬氏繹史曰〕知伯之滅去孔子卒二十七年然傳記若此者衆。

說苑尊賢篇周威公問於甯子曰。取士有道乎。甯子曰。楚平王有士曰楚傒胥邱負客。出亡之晉。晉人用之。是爲城濮之戰。城濮在楚成王時。以爲平王繆矣。〔原注〕甯子甯越〇〔史記十二諸侯年表〕城濮之戰在楚成王四十年歷穆莊共康郟敖靈而後平王立又正諫篇曰。晉平公好樂。多賦斂。治城郭。有咎犯者。見門大夫以樂見平公。納之。對曰。臣不能爲樂。臣善隱。咎犯晉文公舅平公文公之六世孫又權謀篇曰。石乞侍坐於屈建。屈建曰。白公其爲亂乎。屈建楚共王時人白公勝平王之孫又尊賢篇曰。介子推行年十

延陵生誤延陵王

徙赤菽賜田宅償表仕長大夫

五而相荆仲尼聞之使人往視。介子推從晉文公出亡文公得國隱而死不聞有相荆事其時夫子猶未生也又曰。晉靈公造九層臺荀息聞之上書求見曰。臣能累十二博棊加九雞子其上。〔集證〕說苑佚文也引見後漢皇后紀上注文選魏都賦西征賦注同〔案〕靈公獻公曾孫荀息於獻公卒後死里克之難按犯建子推息四人事蹟皆在前。劉子政博極羣書何述紀之誤也。新序。雜事篇楚共王逐申侯。申侯成王時人共王成王之曾孫晉文遇欒武子也。武子欒書也晉景公十三年書將中軍景公文公之孫葉公諸梁問樂王鮒。樂王鮒見左傳襄二十一年葉公諸梁見哀十六年皆不同時。

韓子。十過篇云。趙襄子召延陵生令將軍車騎先至晉陽。戰國策云。延陵王誤也。鮑氏改王爲君亦未之攷。〔集證〕元吳師道本趙策直作延陵君不復知鮑氏之改王爲君矣

韓子。內儲說上云。吳起欲攻秦小亭置一石赤菽。何本作黍東門外令人能徙此於西門外者賜之上田宅人爭

鞅徙木予金效吳起

宿沙煑鹽善漁

魯仲連子十四篇

徙之乃下令曰明日攻秦能先登者仕之大夫賜之上田宅於是攻之一朝而拔呂氏春秋似順論愼小篇云吳起治西河欲諭其信於民夜日置表於南門之外令於邑中曰明日有人能僨南門之外表者仕長大夫明日日晏矣莫有僨表者民相謂曰此必不信有一人曰試往僨表不得賞則已何傷往僨表來謁吳起起自見而出仕之長大夫自是之後民信吳起之賞罰愚按商鞅入秦在吳起死後二十一年徙木予金事見史記商君列傳其祖吳起之遺智歟〔元圻案〕〔容齋四筆六〕商鞅變法恐民不信乃募民徙三丈之木而予五十金有一人徙之輒予金乃下令吳起治西河云云予謂鞅本魏人其徙木示信蓋以效起〔史記吳起傳〕起之死在周安王二十一年二十六年而烈王立七年而顯王立顯王八年爲秦孝公元年衛鞅入秦

說文鹽字部古者宿沙今說文作夙古宿夙通初作煑海鹽魯仲連子曰古善漁者宿沙瞿子使漁於山則雖十宿沙子

柳子厚辨鶡冠子
伯己什己等五至
郭隗言師友臣役
伍里扁鄉縣郡
軌里連鄉
禍福倚伏
至德若不繫舟
烈士貪夫所徇
鶡冠子用鵩賦

不得一魚焉。見太平御覽九百三十五又曰宿沙瞿子善煮鹽。使煮漬沙。雖十宿沙。不能得焉。見御覽八百六十五〇〔元圻案〕一〔漢書藝文志儒家〕魯仲連子十四篇王氏攷曰隋志五卷錄一卷春秋正義史記正義文選注太平御覽引之〔史記魯仲連列傳〕魯仲連者齊人也好奇偉俶儻之畫策而不肯仕宦任職好持高節

鶡冠子博選篇用戰國策郭隗之言。王鈇篇用齊語管子之言。不但用賈生鵩賦而已。柳子之辯其知言哉。〔元圻案〕〔博選篇曰〕博選者以五至爲本者也故北面而事之則伯己者至先趨而後息先問而後默則什己者至人趨己趨則若己者至憑几據杖指麾而使則廝役者至樂嗟苦咄則徒隸之人至矣故帝者與師處王者與友處亡主與其徒處〔戰國策〕郭隗對燕昭王曰帝者與師處王者與友處霸者與臣處亡國與役處詘指而事之北面而受學則百己者至先趨而後息先問而後默則什己者至人趨己趨則若己者至憑几據杖眄視指使則廝役之人至若恣睢奮擊呴籍叱咄則徒隸之人至矣此古服道致士之法也王誠博選國中之賢者而朝其門下天下之士必趨於燕矣〔王鈇篇鶡冠子曰〕其制邑里都使矔習者五家爲伍伍爲之長十伍爲里里置有司四里爲扁陸佃注扁當爲甸後皆放此扁爲之長十扁爲鄉鄉置師五鄉爲縣縣有嗇夫治焉十縣爲郡有大夫守焉〔齊語〕管子于是制國五家爲軌軌爲之長十軌爲里里有司四里爲連連爲之長十連爲鄉鄉有良人焉以爲軍令〔世兵篇〕禍乎福之所倚福乎禍之所伏禍與福如糾纆渾沌錯紛其狀若一交解形狀孰知其則〔又曰〕衆人唯唯安定禍福憂喜聚門吉凶同域失反爲得成反爲敗吳大兵強夫差以困越棲會稽句踐霸世達人大觀乃見其可〔又曰〕至德無師泛泛乎若不繫之舟能者以濟不能者以覆天不可與謀地不可與慮聖人捐物從理與舍衆人域域迫于嗜欲小知立趨好惡自懼夸者死權自貴矜容烈士徇名貪夫循財至博不給知時何羞〔賈子鵩賦〕禍兮福所倚福兮禍所伏憂喜聚門兮吉凶同域彼吳強大兮夫差以敗

玉璞鼠腊尹文子

慎子言聰明瞽聾

承桑修德廢武

越棲會稽兮句踐霸世又曰夫禍之與福兮何異糾纆命不可說兮孰知其極〔又曰〕天不可預慮兮道不可預謀遲速有命兮焉識其時〔又曰〕小智自私兮賤彼貴我達人大觀兮物無不可貪夫徇財兮烈士徇名夸者死權兮衆庶每生〔又曰〕至人遺物兮獨與道俱衆人惑惑兮好惡積億〔又曰〕其生兮若浮其死兮若休澹乎若深淵之靜泛乎若不繫之舟〔柳子厚辯鶡冠子曰〕余讀賈誼鵩賦嘉其詞而學者以爲盡出鶡冠子吾意好事者僞爲其書反用鵩賦以文飾之非誼有所取之決也〔太史公伯夷列傳〕稱賈子曰貪夫殉財烈士殉名夸者死權不稱鶡冠子遷號爲博極羣書假令當時有其書遷豈不見耶〔書錄解題道家〕鶡冠子三卷陸佃解〔按〕〔漢志〕鶡冠子楚人居深山以鶡爲冠今書十九篇韓吏部稱十有六篇故陸謂非其全也韓公頗道其書至柳柳州則曰淺鄙言也好事者僞爲其書反用鵩賦以文飾之自今攷之柳說爲長〔李善注〕文選鵩賦多用鶡冠子顏師古注賈誼傳略不一及豈所見與柳子厚同歟

戰國秦策鄭璞之說亦見尹文子。〔元圻案〕〔尹文子大道下〕鄭人謂玉未理者爲璞周人謂鼠未腊者爲璞周人懷璞謂鄭賈曰欲買璞乎鄭賈曰欲之出其璞視之乃鼠也〔漢志名家〕尹文子一篇說齊宣王先公孫龍師古曰劉向云與宋鈃俱游稷下

諺云不聽不明不能爲王不瞽不聾不能爲公見慎子。〔集證〕不聽不明四句在亡篇中引見御覽四百九十六〇〔元圻案〕〔書錄解題法家〕慎子一卷趙人慎到撰漢志四十二篇先申韓申韓稱之唐志十卷滕輔注今纔五篇〔案〕莊周荀卿書皆稱田駢慎到到趙人駢齊人見于史記列傳

吳子初見魏文侯曰承桑氏之君修德廢武以滅其國柳子佩韋賦桑宏和而却武兮渙宗覆而國舉桑

吳子四十六篇
韓信多多益辦
治衆始治寡部曲爲分什伍爲數
孫子十三篇
傷農事害女紅
李克七篇
鐘鼎銘番吾之蹟
華山之博
郭有道碑無

謂承桑氏也。〔原注〕一本改桑字爲乘誤○〔元圻案〕〔漢志兵權謀〕吳起四十六篇今存六篇說國料敵治兵論將應變勵士〔宋高似孫子略〕謂其尚禮義明教訓或有得于司馬法者

程子伊川遺書曰。韓信多多益辦。是分數明。按孫子勢篇治衆如治寡。分數是也。杜牧注。謂韓信多多益辦。〔集證〕曹公注部曲爲分什伍爲數○〔元圻案〕〔四庫全書總目兵家類〕孫子一卷周孫武撰漢志載孫子兵法八十二篇圖九卷杜牧亦謂武書本數十萬言皆曹操削其繁剩筆其精粹以成此書然史記孫子列傳稱十三篇在漢志之前牧之言固未可以爲據也　多多益辦史記淮陰侯傳作益善此從漢書

漢景帝後二年詔曰。雕文刻鏤。傷農事者也。錦繡纂組。害女紅者也。農事傷則飢之本也。女紅害則寒之原也。夫飢寒並至而能無爲非者寡矣。本李克對魏文侯之言。〔原注〕見說苑○反質篇 藝文志。儒家李克七篇。〔元圻案〕班固自注曰子夏弟子爲魏文侯相

韓子外儲說左上謂鐘鼎之銘。皆番吾之跡。華山之博也。

蔡邕謂唯郭有道無愧。昌黎猶不免諛。白樂天

愧昌黎諛墓持金爲劉乂壽周武帝除天下碑

伊尹五就呂尚三就鬼谷子從橫家

蘇秦張儀師鬼谷子捭闔之術先揣摩

立碑詩曰豈獨賢者嗤仍傳後代疑〔闇案〕番音婆番吾趙地名漢爲蒲吾縣今之平山縣也李吉甫言周武帝時除天下碑唯林宗碑詔特留〔何云〕此條當入前韓子中〇〔元圻案〕〔後漢書郭太傳〕字林宗太原介休人也或問范滂曰郭林宗何如人滂曰隱不違親貞不絶俗天子不得臣諸侯不得友吾不知其他蔡邕謂盧植曰吾爲碑銘多矣皆有慚德唯郭有道無愧色耳〔唐書劉乂傳〕劉乂者一節之士聞韓愈接天下士步歸之後以爭語不能下賓客因持愈金數斤去曰此諛墓中人得耳不若與劉君爲壽

鬼谷子午合篇伊尹五就桀五就湯然後合於湯呂尚三入殷朝三就文王然後合於文王〔原注〕孫子用間篇當參攷伊呂聖人之耦豈詭遇求獲者此戰國辯士之誣聖賢也伊尹三聘而起太公避紂海濱當取信於孟子〔闇按〕王氏竟忘伊尹事出孟子〇〔元圻案〕今本鬼谷子作伊尹五就湯五就桀然後合於湯呂尚三就文王三入殷而不能有所明然後合於文王厚齋此條所引據太平御覽〔孫子用間篇〕昔殷之興也伊摯在夏周之興也呂牙在殷故惟明君賢將能以上智爲間者必成大功此兵之要三軍之所恃而動也〔隋書經籍志縱横家〕鬼谷子三卷皇甫謐注鬼谷子周世隱於鬼谷新舊唐書作三卷蘇秦撰柳子厚曰漢時劉向班固錄書無鬼谷子鬼谷子後出而險盭峭薄恐其妄言亂世難信〔晁氏讀書志曰〕史記謂鬼谷子戰國時隱居潁川陽城之鬼谷因以自號蘇秦張儀師之受縱横之事尹知章敘謂此書即授儀秦者

尹知章序鬼谷子曰蘇秦張儀往事之受捭闔之術十有二章復受轉丸胠篋轉丸胠篋今亡三章然秦儀

一珍倣宋版印

陸賈轉丸飛鉗騁其巧伏其精

蒯通善長短說從橫家蒯子主父偃戰國策名短長書雋永長書脩書

用之裁得溫言酒食貨財之賜秦也儀也知道未足行復往見具言所受於師行之少有口吻之驗耳未有傾河塡海移山之力豈可更聞至要使弟子深見其閫奧乎先生曰爲子陳言至道齋戒擇日而往見先生乃正席而坐嚴顏而言告二子以全身之道文心雕龍論說篇云轉丸騁其巧辭飛鉗伏其精術〔原注〕程子曰秦儀學于鬼谷其術先揣摩然後捭闔捭闔既動然後用鉤鉗〇〔元圻案〕〔鬼谷子捭闔篇〕捭之者料其情也闔之者結其誠也〔又飛箝篇曰〕引鉤箝之辭飛而箝之鉤箝之語其說辭也乍同乍異或量能立勢以鉤之或伺候見𡾟而箝之〔周禮春官典同正義〕鬼谷子有飛鉆揣摩之篇察是非語飛而鉆持之

蒯通善爲長短說主父偃學長短縱橫術邊通學短長史記田儋傳索隱云戰國策亦名長短書〔全云〕唐人趙蕤著長短經十卷俊談王霸機權正變之說蓋本於此〔集證〕〔漢志從橫家〕蒯子五篇主父偃二十八篇〇〔元圻案〕〔漢書蒯通傳〕蒯通范陽人也通論戰國說士權變亦自序其說凡八十一首號曰雋永〔史記田儋傳〕太史公曰蒯通者善爲長短說論戰國之權變八十一首索隱言欲令此事長則長說之欲令此事短則短說之故戰國策亦名短長書是也〔又主父

邊通學短長

鬻子書遺語自長自短非增損

柔仁廉清各有貴列貴虛駢貴齊朱貴己臏貴勢廖貴先兒貴後

偃傳〕主父偃者臨淄人也學長短縱橫之術〔又張湯傳〕邊通學短長剛暴彊人也〔劉向校戰國策序曰〕書本號或曰國策或曰國事或曰短長或曰事語或曰長書或曰修書臣向以爲戰國時游士輔所用之國爲之策謀宜爲戰國策〔漢書張湯傳注〕短長術興於六國時長短其說隱謬用相激怒也又蘇秦張儀之謀趣彼爲短歸此爲長戰國策名長短術也

鬻熊爲周文王師。著書二十二篇。〔漢書藝文志〕諸子之最先者。今存十四篇。列子天瑞篇。引運轉無已。天地密移。力命篇引。語文王曰。自長非所增。自短非所損。賈誼書〔脩政語下〕引。文王武王成王問。皆今書所無。〔元圻案〕〔史記楚世家〕周文王之時季連之苗裔曰鬻熊子事文王早卒〔漢書〕魏相奏記霍光稱文王見鬻子年九十餘與早卒之說不合攷漢志道家鬻子說二十二篇又小說家鬻子說十九篇〔文心雕龍諸子篇〕鬻熊知道而文王咨謀諸子肇始莫先於斯〔唐逢行珪鬻子序曰〕鬻子名熊楚人周文王之師也著書二十二篇名曰鬻子編秩殘缺依漢書藝文志雖有六篇今此本乃有十四篇未知孰是

呂氏春秋〔審分覽不二篇〕曰。老聃貴柔。孔子貴仁。墨翟貴廉。關尹貴清。子列子貴虛。陳駢貴齊。〔案〕〔高誘注〕陳駢齊人也作道書二十五篇貴齊齊生死等古今也陽朱貴己。孫臏貴勢。〔孫子有勢篇〕王廖貴先。兒良貴後。〔注〕王廖謀兵事貴先建策也兒良作兵謀貴後荀子〔天論〕曰。慎子有見於後。無

見後見詘見齊不見畸陳駢作道書王廖兒良宋鈃見少無見多

梓人傳本呂覽莊注予功以主不以佐賞巧匠遺規矩

見於先。〔楊倞注莊子論慎到曰〕塊不失道以其無爭先之意故曰見後而不見先也老子有見於詘。無見於信。〔注〕其意多以屈爲伸以柔勝剛故曰見詘而不見信也墨子有見於齊。無見於畸。〔注〕畸謂不齊也墨子著書有上同兼愛是見齊而不見畸也宋子有見於少。無見於多。〔注〕宋子名鈃宋人也〔下篇云〕宋子以人之情爲欲寡而皆以己之情爲欲多爲過也據此說則是見少而不見多也墨子有見於齊。兼愛也。陽朱貴己。爲我也。呂氏以孔子列於老氏之後。秦無儒故也。

迂齋云。梓人傳柳子厚作規模從呂氏春秋來。愚按呂氏分職篇云。使衆能與衆賢功名大立於世不予佐之者。而予其主其主使之也。譬之若爲宮室必任巧匠。奚故曰匠不巧則宮室不善。夫國重物也。其不善也。豈特宮室哉。巧匠爲宮室爲圓必以規。爲方必以矩。爲平直必以準繩。功已就不知規矩繩墨。而賞巧匠也。巧匠之宮室已成

起昌陵疏本呂覽
屠黍去晉歸周

不知巧匠而皆曰善此某君某王之宮室也柳子立意本於此〔元圻案〕〔楊升庵謂郭象莊子注曰〕工人無爲於刻木而有爲於運矩主上無爲於親事而有爲於用臣柳子厚演之爲梓人傳今案傳中實兼取其意

劉向論起昌陵疏自古及今未有不亡之國也見本傳本於呂氏春秋孟冬紀安死篇

說苑權謀篇晉太史屠餘見晉平公之驕以其國法歸周周威公見而問焉曰天下之國孰先亡對曰晉先亡居三年晉果亡愚謂平公後三年晉未亡也是時兩周未分亦無周威公〔案〕〔宋葉大慶攷古質疑四〕按晉平公以魯昭十年卒自是年以至春秋之終又歷七十四年晉雖衰而未嘗亡也〔又〕周威公乃當考王威烈王之世恐所謂晉平公者誤矣呂氏春秋先識覽晉太史屠黍見晉公之驕高誘注以爲晉出公當從呂覽然晉政在大夫久矣非以驕亡也屠黍不可爲知幾〔元圻案〕〔史記六國表〕周元王三年晉出公錯立定王十三年晉哀公元年〔晉世家〕出公十七年四卿攻出公出公奔齊

臧三耳三牙

壹動而五美附

冠履不易用
日中必熭
太公六韜
金版六弢
尉繚子

道死當在定王之十二年〔周本紀〕定王子哀王哀王弟思王思王弟考王相繼立考王封其弟于河南是爲桓公桓公卒子威公代立然則晉出公亦卒于兩周未分以前

孔叢子公孫龍臧三耳。呂氏春秋作藏三牙。〔何云〕牙字乃耳字篆文作目傳寫之誤〔集證〕〔繫辭傳〕藏諸用鄭本作臧〔惠棟云〕說文無藏字新附有之漢書皆以臧爲藏〇〔元圻案〕〔孔叢子公孫龍篇〕公孫龍言臧三耳甚辯析子高弗應明日平原君曰疇昔公孫龍之言信辯也答曰僕願得又問于君今爲臧三耳甚難而實非也謂臧兩耳甚易而實是也不知君將從易而是者乎亦從難而非者乎平原君弗能應〔呂氏春秋審應覽淫辭篇〕作三牙〔按呂覽本味篇〕堯舜得伯陽續耳〔畢氏校云〕尸子韓非子作續牙皆隸轉寫之此誤耳爲牙之證畢氏于淫辭篇校云餘姚盧氏作三耳是也但此下又言馬齒則此書似是作三牙

賈誼疏壹動而五業附。見漢書本傳 新書云五美附。〔原注〕見五美篇

業字當作美。

六韜曰。冠雖弊禮加之於首。履雖新法踐之於地。賈誼之言本此。〔案〕〔誼本傳疏曰〕臣聞之履雖鮮不加於枕冠雖弊不以苴履〔新書階級篇〕作弗以加枕弗以苴履 韓非子外儲說左下亦云冠雖穿弊必戴於頭。履雖五采必踐之於地。黃帝曰。日中必熭。操刀必割。見本傳政事疏 顏注此語見六韜。守土篇 主上之操也。亦見政事疏 語出尉繚

因水因地因時
張夫人諫苻堅
有因成無因敗

淸澈富熅
調和大暢
郊祀歌后土
富熅

子。〔元圻案〕〔四庫全書總目兵家類〕六韜六卷舊本題周呂望撰考莊子有金版六弢〔經典釋文〕曰司馬彪崔譔云金版六弢皆周書篇名本又作六韜謂太公文武虎豹龍犬也則戰國之初原有此名然卽以爲太公六韜未知所據漢志兵家不著錄惟儒家有周史六弢六篇班固自注曰惠襄之閒或曰顯王時或曰孔子問焉則六弢別爲一書顏注以今之六韜當之毋亦因陸德明之說而牽合附會歟〔又〕尉繚子五卷周尉繚撰其人當六國時不知其本末漢志雜家有尉繚子二十五篇兵形勢家有尉繚子三十一篇今雜家亡而兵家傳二十四篇

淮南詮言訓曰。禹決江河因水也。后稷播種樹穀。因地也。湯武平暴亂因時也。故天下可得而不可取也。霸主可受而不可求也。張夫人諫苻堅之言本於此。〔集證〕〔晉書列女傳〕苻堅將入寇江左羣臣切諫不從張氏進曰黃帝服牛乘馬因其性也禹鑿龍門決洪河因水之勢也后稷之播殖百穀因地之氣也湯武之滅夏商因人之欲也是以有因成無因敗

賈誼書禮篇云。德渥澤洽。調和大暢。則天淸澈。地富熅。物時熟。吳斗南謂漢郊祀歌后土富媼昭明三光。媼當作熅。〔元圻案〕〔吳仁傑兩漢刊誤補遺四〕后土富媼張晏曰坤爲母故稱媼刊誤曰言后土富媼者由漢以土德也仁傑曰媼當作熅字之誤也見賈誼新書按字書熅有二義一曰烟熅天地合氣也一曰鬱烟也富熅以烟熅爲義后土富熅照明三光卽新書天淸澈地富熅物時熟之意

文仲勝盜自矜

寒壽暑夭
蠶以寒餓引
日多
道家冷醫家
溫

春貸秋賦民
皆欣
魚德蝯賜
種樹傳本淮
南

鹽鐵論周秦篇 文學曰。臧文仲治魯。勝盜而自矜。子貢曰。民將叛。而況民盜乎。文仲子貢不同時。斯言誤矣。

仲長子昌言曰。北方寒。其人壽。南方暑。其人夭。〔閻案〕暑氣多夭寒氣多壽出淮南墬形訓 此寒暑之方驗於人也。均之蠶也。寒而餓之。則引日多。溫而飽之。則引日少。此寒溫飢飽之爲修短驗於物者也。見太平御覽八百二十五 論養生者。盍於此觀之。〔原注〕韓子蒼醫說用此意物理論曰道家則尙冷以草木用冷生醫家則尙溫以血脈以煖通〇〔元圻案〕〔後漢書仲長統傳〕統字公理山陽高平人也每論說古今及時俗行事恆發憤歎息因著論名曰昌言凡三十四篇十餘萬言 物理論云云見藝文類聚醫類

淮南子說山訓 曰。春貸秋賦。民皆欣。春賦秋貸。衆皆怨。得失同。喜怒爲別。其時異也。〔方樸山云〕此狙公賦芧之說 爲魚德者。非挈而入淵。爲蝯賜者。非負而緣木。縱之其所而已。〔案〕〔荀子天論〕謂萬物各得其和以生各得其養以成聖人順其天政亦此意 亦見文子上德篇 此柳子

聾馬爲聵蟲 狂馬猘狗 龍聽以角不以耳

學猶渴飲河海 李少君家錄 葛稚川乞爲句漏令 抱朴子內外篇

種樹郭橐駝傳之意。

文子道德篇聾蟲雖愚不害其所愛注云聾聵無耳淮南子說林訓曰狂馬不觸木猘狗不自投於河雖聾蟲而不自陷又況人乎又曰馬聾蟲也注云喻無知孝皇問王季海曰聾字何以從龍從耳對曰山海經龍聽以角不以耳。〔原注〕山海經檢此語未見〔閻按〕季海名淮金華人孝宗朝丞相〔集證〕〔山海經〕龍聽以角之說宋黃東發曾駁之不知所據何本〔張世南游宦紀聞〕引焦氏易林云牛龍耳聵〔本草注〕引生育論云龍耳虧聰故謂之龍亦龍聽不以耳之證○〔元圻案〕王淮事見羅大經鶴林玉露十三

傅子曰人之學者猶渴而飲河海也大飲則大盈小飲則小盈見太平御覽六百七伊川作明道行實謂如羣飲於河各充其量。

抱朴子論仙篇按董仲舒所撰李少君家錄仲舒儒者豈肯爲方士家錄蓋依託也。〔元圻案〕論仙第二〔抱朴子內篇〕按董仲舒所

漢武禁中起居注
漢武故事
穆天子傳體制
女史內起居注
夢與少君登嵩山
西京雜記
荀悅申鑒

撰李少君家錄云少君有不死之方而家貧無以市其藥物故出于漢以假塗求其財道成而去　晉葛洪字稚川句容人元帝爲丞相時辟爲掾以平賊功賜爵關內侯遷散騎常侍自乞爲句漏令終于羅浮山事跡具晉書本傳〔隋書經籍志道家〕抱朴子內篇二十一卷〔雜家〕抱朴子外篇五十卷今本作內外篇八卷〔史記封禪書〕李少君者故深澤侯舍人主方匿其名常自謂七十能使物却老居久之少君病死天子以爲化去不死

又按漢禁中起居注。即西京雜記所謂。葛洪家有漢武帝禁中起居注一卷。漢武故事二卷。通典職官三云。漢武帝有禁中起居注。馬后撰明帝起居注。則漢起居。似在宮中。爲女史之任。荀悅申鑒曰。先帝故事。有起居注。動靜之節必書焉。〔閻案〕〔隋書經籍志〕謂穆天子傳體制與今起居注正同蓋周時內史所記王命之副也　〔何云〕明亦有內起居注毛傳所謂女史彤管之法也　〔集證〕〔史通史官篇〕古者人君外朝則有國史內朝則有女史內之與外其任皆同至漢武帝時有禁中起居注明德馬皇后撰明帝起居注凡斯著述似出宮中求其職司未聞位號○〔元圻案〕〔抱朴子論仙〕按漢禁中起居注云少君之將去也武帝夢與之共登嵩山半道有使者乘龍持節從雲中下云上帝請少君帝覺以語左右曰如我之夢少君將舍我去矣數日而少君稱病死　西京雜記今本六卷舊唐書經籍志曰晉葛洪撰〔宋黄長睿東觀餘論〕謂事皆劉歆所說葛稚川采之其稱余者皆歆本文此條所引今本無此文　漢武故事今本一卷舊稱班固注晁公武讀書志引張柬之洞冥記跋謂出于王儉　荀悅淑之孫後漢書本傳悅字仲豫獻帝頗好文學悅侍講禁中累遷祕書監侍中時政移曹氏悅志在獻替而謀無所用乃作申鑒五篇其所論辯通見政體

韋編鐵擿漆書

黃石公素書三略

風后化老子授張良

朱買臣好學流粟漂麥

袪惑（抱朴子篇名）篇。有古強者。云孔子常勸我讀易。云此良書也。某竊好之。韋編三絕。鐵擿三折。今乃大悟。（內篇二十）史記世家韋編三絕。鐵擿見於此。（原注）擿一作擿此方士寓言也（集證）（太平御覽六百十六）引論語比考讖曰孔子讀易韋編三絕鐵擿三折漆書三滅葛氏蓋本緯書

魏李蕭遠運命論。張良受黃石之符。誦三略之說。言三略者。始見於此。（原注）漢光武詔引黃石公記未有三略之名含神霧云。風后為黃帝師。又為禹師。化為老子。授張良書。見史記留侯世家索隱今有素書六篇。謂黃石公圯上授子房。世人多以三略為是。荊公詠張良詩云。素書一卷天與之。（元圻案）（李運命論）載文選李善注集林曰李康字蕭遠中山人也性介立不能和俗著遊山九吟魏明帝異其文遂起家為尋陽長政有美績（又）賦注引黃石公記序曰黃石者神人也有上略中略下略（四庫全書總目兵家類）黃石公三略三卷案黃石公事見史記三略之名則始見於隋書經籍志云下邳神人撰成氏注唐宋藝文志並同光武詔引黃石公柔能制剛弱能制強之語出此書軍讖之文又素書一卷舊本題黃石公撰宋張商英注疑即商英所僞撰

太平御覽。十引鄒子曰。朱買臣字翁子漢書有傳孜孜脩學。不

禮從宜不從俗 慎子十二論

鄭簡公任子產抱鐘而朝 景公田署梁忘返 秦士子牛治齊獄 衰祝子游主宗廟 申田主田野倉庫 齊景以五子

知雨之流栗此鄒子之書非戰國之鄒子也〔何云〕買臣流栗高鳳漂麥〇〔元圻案〕〔後漢書逸民傳〕高鳳字文通南陽葉人也少爲書生家以農畝爲業而專精誦讀晝夜不息妻嘗之田曝麥于庭令鳳護雞時天暴雨而鳳持竿誦經不覺潦水流麥其後遂爲名儒

慎子曰禮從俗政從上使從君國有貴賤之禮無賢不肖之禮〔原注〕見初學記禮事類〔集證〕〔藝文類聚〕引此下有有長幼之禮無勇敢之禮有親疏之禮無愛憎之禮四句曲禮曰禮從宜使從俗言事不可常也謂禮從俗則非〔元圻案〕〔史記孟荀列傳〕慎到趙人著十二篇

尸子曰鄭簡公謂子產曰飲酒之不樂鐘鼓之不鳴寡人之任也國家之不乂朝廷之不治與諸侯交之不得志子之任也子無入寡人之樂寡人無入子之朝自是以來子產治鄭城門不閉國無盜賊道無餓人孔子曰若鄭簡公之好樂雖抱鐘而朝可也見太平御覽五百七十五愚謂爲邦必放鄭聲

比四支晏子言爲知本

蔡中郎祕論衡 王充師班彪矜己 王充厚辱其先詆孔刺孟 宋人學而名毋 蔡氏談助

此孔子之言也。豈有抱鐘而朝之言哉。程子謂未有心蠹而能用管仲者。於鄭簡公亦云。〔全云此倣孟子行辟人之意而失之〇〔元圻案〕〔賈山至言徐樂世務書〕篇末議論皆主尸子之意皆言治而忘其本者〔晏子春秋〕景公田于署梁十有八日而不返晏子往見公曰國人皆以君安野而不安國好獸而惡民公曰何哉吾爲夫婦獄之不正乎則泰士子牛存矣爲社稷宗廟之不享乎則泰祝子游存矣爲諸侯賓客莫之應乎則行人子羽存矣爲田野之不闢倉庫之不實則申田存焉爲國家之有餘不足聘乎則吾子存矣寡人之有五子猶心之有四支心有四支故心得佚焉晏子曰心有四支而心得佚焉可得令四支無心十有八日不亦久乎晏子之言庶幾知本

論衡蓋蔡中郎所祕玩。而劉氏史通〔序傳篇〕譏之曰。充自紀述其父祖不肖。爲州閭所鄙。而答以瞽頑舜神。鯀惡禹聖。盛矜於己。而厚辱其先。何異證父攘羊。學子名母。名教之罪人也。葛文康公〔闔捿〕〔文康名勝仲字魯卿丹陽人見文苑傳〕亦曰。充刺孟子猶之可也。至詆訾孔子以繫而不食之言爲鄙。以從佛肸公山之召爲濁。又非其說駿舊館而惜車於鯉。又謂道不

周成魯哀問
舜冠
冒皮句頸

行於中國。豈能行於九夷。案俱見論衡問孔篇若充者。豈足以語聖人之趣哉。即二說觀之。此書非小疵也。呂南公謂充飾小辯以驚俗。蔡邕欲獨傳之。何其謬哉。〔元圻案〕〔後漢書王充傳〕充字仲任會稽上虞人也師事扶風班彪好博覽而不守章句著論衡八十五篇二十餘萬言〔注〕〔袁山松漢書曰〕充所作論衡中土未有傳者蔡邕入吳始得之恆祕玩以爲談助其後王朗爲會稽太守又得其書及還許下時人稱其才進或曰不見異人當得異書問之果以論衡之益由是遂見傳焉　〔戰國策〕宋人有學者三年反而名其母其母曰子學三年反而名我何也其子曰吾所賢者無過堯舜堯舜名吾所大者無大天地天地名今母賢不過堯舜母大不過天地是以名母也　充本傳注抱朴子曰蔡邕得異書或搜求其帳中隱處果得論衡抱數卷持去邕丁寧之曰唯我與爾共之勿廣也〔宋高似孫子略曰〕袁山松後漢書載充作論衡中土未有傳者蔡邕入吳始見之以爲談助談助之言可以了此書矣　呂南公字次儒南城人見宋史文苑傳陳振孫載其熙寧初試禮部不利會以新經取士遂罷舉欲脩三國志題其齋曰衮斧書將成而卒著灌園集三十卷今存二十卷

家語問舜冠。謂魯哀公問閣本有於字孔子。〔集證云〕見好生篇荀子哀公篇同尚書大傳以爲成王問周公。〔集證云〕今本大傳無〔北堂書鈔〕引書大傳曰成王問周公曰舜之冠何如焉周公曰古之人有冒皮而勾頸然鳳凰巢其樹麒麟聚其域也〔荀子〕哀公篇注引尚書大傳曰古之人衣上有冒而句領者鄭康成注云言在德不在服也古之人三皇時也冒覆項也勾領繞頸也禮正服方領也

東戶季子雁行不拾遺餘糧宿畝首子思子二十三篇

老氏以無爲德咸言虛不言無劉邵人物志

泰否出絕不常

出乎顏淵韋元成

子思子曰。東戶季子之時。道上雁行而不拾遺。餘糧宿諸畝首。見初學記九帝王部餘糧棲畝本於此。〔元圻案〕末句閣本作小注〔文選左思魏都賦〕餘粮棲畝而弗收頌聲載路而洋溢〔李善注〕淮南子曰昔容成氏之時置餘粮于畝首〔胡廣碩〕曰餘粮棲于畝畝〔淮南繆稱訓云〕東戶季子之世道路不拾遺耒耜餘粮宿諸晦首文與子思子略同〔高誘注〕東戶季子古之人君〔漢志儒家〕子思二十三篇〔晁氏讀書志〕子思子七卷今本一卷乃宋汪晫編〔王氏漢志攷〕謂取諸孔叢子蓋即此本此條蓋正王楙野客叢書以餘粮棲畝始於左思之誤

劉邵人物志曰。易以咸。〔案〕咸今本人物志作感誤爲德。以謙爲道。老子以無爲德。以虛爲道。此八觀篇文愚謂咸言虛。而不言無。與老氏異。〔元圻案〕邵撰邵字孔才邯鄲人事迹具三國志本傳其注爲劉昞所作〔四庫全書總目子部雜家類〕人物志三卷魏劉昞字延明燉煌人〔阮逸序曰〕其述性品之上下材質之兼偏考其行事而約人於中庸之域誠一家之善志也

宋咸注法言云。天地不常泰。亦不常否。聖人不常出。亦不常絕。〔元圻案〕法言五百篇聖人有以擬天地而參諸身乎宋咸注夫天地之道或泰而通或否而塞泰則萬物阜否則萬化閉弗一而常也夫聖人之道或存而出或亡而絕出則萬化遂絕則萬化滅亦弗一而常也是故天地不常泰云云

或問賢。曰。顏淵黔婁四皓韋元成。法言重黎篇王介甫曰。

黔婁子四篇
覆舟奔車無夷孔
魏武刪削孫闔廬盡觀十三篇婦人試戰魏武新書

出乎顏淵則聖人矣出乎韋元成則衆人矣〔元圻案〕〔漢志道家〕黔婁子四篇〔高士傳〕黔婁先生者齊人也魯恭公欲以爲相辭齊王聘爲卿又不就著書四篇言道家之務〔漢書韋賢傳〕賢少子元成字少翁元帝永光中代于定國爲丞相守正持重不及父賢而文采過之

奔車之上無仲尼覆舟之下無伯夷此韓非安危篇語也余襄公〔全云〕名靖謹箴用之〔集證〕〔太平御覽〕引殷康明愼云奔車之上無仲尼覆舟之下無伯夷言愼也〔山谷漫尉詩云〕覆轍索孤竹奔車求仲尼皆用韓非語〇〔元圻案〕余靖字安道韶州曲江人起家進士歷官工部尚書謚曰襄事迹具宋史本傳著武溪集二十卷　四庫書著錄

杜牧注孫子序云孫武著書數十萬言魏武削其繁剩筆其精切凡十三篇因注解之孜之史記本傳闔廬曰子之十三篇吾盡觀之矣〔原注〕非筆削爲十三篇也〔何云〕非筆削句亦正文〇〔元圻案〕〔太平御覽〕載魏武帝策曰孫子者齊人也名武爲吳王闔廬作兵法一十三篇試之婦人卒以爲將西破强楚入郢北威齊晉後百歲餘有孫臏是武之後也審計重舉明畫深圖不可相誣而但世人未之深亮訓說況文繁富行于世者失其指要故撰爲略解焉〔漢藝文志兵權謀〕吳孫子兵法八十二篇圖九卷　〔杜牧注孫子序〕武所著書凡十數萬言曹魏武帝削其繁剩筆其精切凡十三篇成爲一編曹自爲序因注解之然其所爲注解十不釋一非曹不能盡注解也予尋魏志見曹自作兵書十餘萬言諸將征伐皆以新書從事意曹自爲新書馳驟其說自成一家事業不欲隨孫武後盡解其書今新書已亡不可復知予因取孫武書備其注其曹之所注亦盡存之分爲上中下三卷

迷陽草味美多刺

楚狂遊北門郤曲傷足

莊子楚狂之歌所謂迷陽人皆不曉胡明仲〔全云〕胡致堂寅云荊楚有草叢生脩條四時發穎春夏之交花亦繁麗條之腴者大如巨擘剝而食之其味甘美野人呼爲迷陽其膚多刺故曰無傷吾行無傷吾足〔閻按〕問楚中人亦云不識迷陽草但有一種花名刺子其抽條可食兒童呼爲陽馬蓁恐即迷陽草○〔元圻案〕〔莊子人間世〕孔子適楚楚狂接輿遊其門曰鳳兮鳳兮何如德之衰也來世不可待往世不可追也天下有道聖人成焉天下無道聖人生焉方今之時僅免刑焉福輕乎羽莫之知載禍重乎地莫之知避已乎已乎臨人以德殆乎殆乎畫地而趨迷陽迷陽無傷吾行郤曲郤曲無傷吾足

困學紀聞注卷十

考史
世有三亡
國策韓非誤
張儀

鄒忌田巴論
諛美
管晏遊觀對

困學紀聞注卷十一　餘姚翁元圻載青輯

考史

戰國策張儀說秦王曰。世有三亡。而天下得之。姚氏序〔戰國策後序〕云。韓非子第一篇初見秦。文與此同。鮑氏失於攷證。〔原注〕呂成公麗澤集文取此篇○〔元圻案〕韓非子初見秦王曰臣聞天下陰燕陽魏連荊固齊收韓而成從將西面以與強秦爲難臣竊笑之世有三亡而天下得之其此之謂乎臣聞之曰以亂攻治者亡以邪攻正者亡以逆攻順者亡〔戰國策〕張儀說秦王文與韓子同鮑彪注云此上原有張儀字而所說皆儀死後事又曰論事深切著明荀卿不如秦所以取天下蓋行其說也而史失其人猥以張儀名之惜哉據此鮑氏知此說之不出于張儀而不知其出于韓非也故王氏以爲失攷〔元吳師道國策校注〕引此條補之曰張儀當作韓非〔又晉姚宏序後曰〕予讀呂子大事記引剡川姚宏知其亦注是書考近時諸家書錄皆不載後得于一舊士人家其自序云嘗得本於孫朴之子愨朴元祐在館中取曾鞏本參以蘇頌錢藻劉敞所傳并集賢院新本上標錢劉校字而姚又會萃諸本定之每篇有異及他書可正者悉注於下因高誘注閒有增續簡質謹重深得古人論撰之意大與鮑氏率意竄改者不同宏字令聲待制舜明廷輝之子爲删定官忤秦檜死大理獄弟寬令威憲令則皆顯於時〔四庫全書簡明目錄雜史類〕戰國策注三十二卷舊本題高誘注今考其書實宋姚宏因誘注殘闕而補之又注十卷宋鮑彪撰又注十卷元吳師道撰取姚宏鮑彪注參校而雜引諸書以證之增所遺者謂之補糾所失者謂之正

鄒忌不如徐公美。見齊策 新序云。齊有田巴先生行修。於外。王聞其賢。聘之將問政焉。田巴改製新衣。

狐咺諫齊王檀衢東閭行刑所

狐援類洩治

拂飾冠帶。顧謂其妾。妾曰佼。將出門。問其從者。從者曰佼。過於淄水。自照視醜惡甚焉。遂見齊王。齊王問政。對曰今者大王召臣。臣問妾。妾愛臣。諛臣曰佼。問從者。從者畏臣。諛臣曰佼。臣至臨淄水而觀。然後知醜惡焉。今王察之。齊國治矣。〔集證〕此條新序今佚引見御覽三百八十二 與鄒忌之言略同。洪景盧〔全云〕文敏公邁號盤洲弟 謂孟子所書齊景公問晏子。與管子內言戒篇相似。蓋傳記若是者多矣。〔元圻案〕〔容齋三筆一〕孟子所書齊景公問于晏子云云〔管子內言戒篇曰〕威公將東游問于管仲曰我游猶軸轉斛南至琅邪司馬曰亦先王之游已何謂也對曰先王之游也春出原農事之不本者謂之游秋出補人之不足者謂之夕夫師行而糧食其民者謂之亡從樂而不反者謂之荒先王有游夕之業于民無荒亡之行于身威公退再拜命曰寶法觀管晏二子之語一何相似豈非傳記所載容有相犯乎管氏既自爲一書必不誤當更考之晏子春秋也〔集證〕今按晏子春秋內篇問下與孟子同

齊負郭之民有狐咺者。正議閔王。斮之檀衢。見齊策 按呂氏春秋。貴直論。狐援說齊湣王曰。殷之鼎陳

於周之廷。其社蓋於周之屏。其干戚之音。在人之游。士國之音不得至於廟。士國之社不得見於天。士國之器陳於廷。所以爲戒。王必勉之。其無使齊之大呂。〔按〕〔史記索隱曰〕大呂齊鐘名 陳之廷。無使太公之社蓋之屏。無使齊音充人之游。齊王不受。狐援出而哭國五日。〔呂覽作三日〕其辭曰。先出也衣絺紵。後出也滿囹圄。吾今見民之洋洋然東走而不知所處。齊王問吏曰。哭國之法若何。吏曰。斮。王曰。行法。狐援乃言曰。有人自南方來。鮒入而鯢居。〔高誘注〕鮒小魚鯢大魚魚之賊也啖食小魚而鯢居人國喻爲人害 使人之朝爲草而國爲墟殷有比干。吳有子胥。齊有狐援。已不用若言。又斮之東閭。〔齊策〕斮之檀衢下又云齊孫室子陳舉直言殺之東閭〔呂覽本篇云〕更陳斧質于東閭蓋行刑之所 每斮者以吾參夫二子者乎。漢古今人表作狐爰。在中下 注。即狐

田單以即墨復齊
即墨大夫諫入秦
汪立信移書似道
文天祥策四鎮

咺也。愚謂殺諍臣者必亡。狐援其洩冶之類乎。〔元圻案〕洩冶事見左傳宣公九年洩冶臣也狐咺民也咺乃後世韋月將之流幸則郇模不幸則歐陽澈

齊威王封即墨大夫。〔注見上卷〕燕取齊七十餘城唯莒即墨不下。田單以即墨破燕。齊王建將入秦即墨大夫入見。畫臨晉武關之策。建不聽而亡。吁何即墨之多君子也。建能聽即墨大夫之謀。則齊可以勝秦矣。國未嘗無士也。〔何云〕是故趙襄子曰尹鐸之所寬也〔全云〕此亦有慨於汪文諸公策略之不用○〔元圻案〕〔齊策〕燕昭王以樂毅爲上將軍與秦楚三晉合謀以伐齊齊兵敗閔王出走于外燕兵獨至臨淄齊城之不下者唯獨莒即墨〔史記田單列傳〕燕引軍東圍即墨即墨大夫敗死城中相與推田單曰安平之戰田單宗人以鐵籠得全習兵立以爲將軍以即墨距燕昭王卒惠王立田單縱反間燕使騎劫代樂毅單遣使約降燕軍益懈擊之而齊七十餘城皆復爲齊乃迎襄王於莒入臨淄而聽政〔齊策〕齊王建入朝于秦即墨大夫入見齊王曰齊地方數千里帶甲數十萬夫三晉之大夫皆不便秦而在阿鄄之間者以百數王收而與之十萬之衆使收三晉之故地即臨晉之關可入矣鄢郢大夫不欲爲秦而在城南下者百數王收而與之十萬之師使收故地即武關可以入矣如是則齊威可立秦國可亡矣齊王不聽遂入秦處之松柏之間餓而死〔馮琦宋史紀事本末〕度宗咸淳十年京湖制置使汪立信移書賈似道曰內郡何事乎多兵宜盡出之江干以實外禦籌兵帳現兵可七十餘萬人而沿江之守則不過七千里若距百里而屯屯有守將十屯爲府府有總督其尤要害處輒三倍其兵無事則屯舟長淮往來游徼有事則東西齊奮戰守並用刁斗相聞餽餉不絕互相

孫武策吳破敵
國策逸文遺事

應援以爲聯絡之因選宗室大臣忠良有幹用者立爲統制分東西二府以蒞任得其人率然之勢此上策也似道得書抵之地尋中以危法罷免之又帝㬎德祐元年七月元主詔伯顏直趨臨安八月文天祥至臨安上疏言宜分境內爲四鎮建都統居中以廣西益湖南而建閫于長沙以廣東益江西而建閫于隆興以福建益江東而建閫于番陽以淮西益淮東而建閫于揚州責長沙取鄂隆興取蘄番陽取江東揚州取兩淮地大力衆乃足以抗敵約日齊奮有進無退日夜以圖之彼備多力分疲于奔命而吾民之豪傑者又伺閒出於其中如此則敵不難却也時議以爲迂闊不報

太平御覽一〔三百三十〕引戰國策曰。吳子問孫武曰。敵人保山據險。擅利而處。糧食又足。挑之則不出。乘閒則侵掠。爲之奈何。武曰。分兵守要。謹備勿懈。潛探其情。密候其怠。以利誘之。禁其牧採。久無所得。自然變改。待離其故。奪其所愛。〔何云〕陸遜破昭烈于猇亭微得此意

今本無之。〔元圻案〕〔通典一百五十九兵十二〕載吳子問孫武曰云云與此文同惟保山據險作保據山險擅利而處作常利而處之牧採作樵牧故作固

又多敵據險隘我能破之也兩句〔姚寬戰國策後序曰〕正文遺逸引戰國策者司馬貞索隱五事豫讓鑿襄子之衣衣盡血呂不韋言周凡三十七王白圭爲中山將亡六城還拔中山馬犯謂周君馬犯謂梁王云王病逾作瘉字廣韻七事晉有大夫芬質音撫文切羊干者著書顯名安陵丑雍門中大夫藍諸晉有亥唐趙有大夫庫賈音肇訓門也齊威王時有左執法公旗蕃玉篇一事騶仰而噴鼓鼻也太平御覽二事涸若耶以取銅破忠山而出錫鄢廟之椽非一木之枝先王之法非一國之志元和姓纂一事引風俗通云晉大夫芸賢春秋後語二事趙

燕王與樂閒書樂毅答書燕王

絕交去國

公孫宏有三漢晉時有公孫宏

武靈王遊大陵夢處女鼓瑟平原君躄者注云躄攣跛之名後漢地理志一事東城九門注云碣石山在縣界後漢第八贊一事廉頗爲人勇鷙而好士藝文類聚一事蘇秦爲楚合從元戎以鐵爲矢長八寸一弩十矢俱發北堂書鈔一事楚人以弱弓微繳加歸鴈之上者徐廣注史記一事韓兵入西周令成君辯說秦求救張守節正義一事碣石九門本有宮室以居舊戰國策一事羅尙見秦王曰秦四塞之險利于守不利于戰李善注文選一事蘇秦說孟嘗君曰秦四塞之國高誘注云四面有關山之固故曰四塞之國也皆今本所無吳師道曰此序題姚寬撰附于姚注本者皆與宏序同特疏列逸文加詳考其歲月則在後乃知姚氏兄弟皆嘗用意此書寬所著者今未之見　王氏此條令威獨未之及故備錄姚序以互相攷補云

樂閒入趙。燕王以書謝焉。見燕策 新序以爲惠王遺樂毅書。〔元圻案〕〔新序雜事三〕田單患樂毅善用兵欲去之昭王又賢不肯聽讒會昭王死惠王立田單使人讒之惠王使騎劫代樂毅樂毅去之趙不歸田單設詐大破燕軍殺騎劫復收七十餘城而燕惠王大慚使人遺樂毅書曰寡人不佞不能奉順君志故稍捐國而去寡人不肖明矣敢竭其願而君弗肯聽也故使使者陳愚志云云〔吳師道國策補注曰〕考之毅答惠王書云今足下使人數之以罪而史所載惠王讓毅無數罪之語前章燕王使人讓毅且計之曰云云當是此章之首蓋錯簡也知新序之說爲是〔馬氏繹史曰〕史記國策皆以爲燕王喜與樂閒書按二書往復辭旨頗相酬答當以新序爲是　燕王名喜惠王之曾孫〔史記樂毅傳〕毅奔趙後燕王復以其子樂閒爲昌國君

新序樂毅書君子絕交無惡言去國無惡聲。〔元圻案〕〔國策〕作君子絕交不出惡聲忠臣去國不潔其名

戰國有兩公孫宏。一在齊爲孟嘗君見秦昭王。一在中山。言司馬憙招大國之威求相與漢平津

由余仕戎伐戎
樂毅不圖燕

侯爲三。〔案〕〔史記將相年表〕武帝元朔五年以公孫宏爲丞相封平津侯韓子說林云。公孫宏斷髮而爲越王騎。是又一人也。〔集證〕〔容齋四筆云〕後漢明帝時有幽州從事公孫宏交通楚王英見于虞延傳又按晉惠帝時亦有與平津侯同姓名者爲楚王瑋長史見晉書王渾潘岳楚王瑋傳○〔元圻案〕〔戰國策〕公孫宏語孟嘗君曰君不如使人先觀秦王意者秦王帝王之主也君恐不得爲臣矣暇從以難之意者秦王不肖之主也君從以難之未晚孟嘗君曰然願因公往矣又司馬喜使趙爲己求相中山公孫宏陰知之中山君出司馬喜御公孫宏參乘公孫宏曰爲人臣招大國之威以爲己求相于君何如君曰吾食其肉不以分人司馬喜頓首于軾曰臣自知死至矣君曰何也曰臣抵罪君曰行吾知之矣居頃之趙使來爲司馬喜求相中山君大疑公孫宏宏走出

禹貢正義。鄭康成云。戰國策碣石在九門。姚宏云。戰國策遺逸。如司馬正引馬犯謂周君徐廣引韓兵入西周。李善引呂不韋言周三十七王。歐陽詢引蘇秦謂元戎以鐵爲矢。史記正義引九門本有宮室而居。今本所無。〔元圻案〕姚宏所舉佚文較姚寬少二十事其呂不韋一事寬舉史記索隱而不及文選〔容齋四筆二〕謂韓非子新序說苑韓詩外傳高士傳所引用者多今本所無然則寬所舉亦有所遺也

晏元獻論秦穆公以由余爲賢。用其謀伐戎。夫臣

舜造漆器禹雕俎褚遂良論奢靡之始

節有死無貳戎使由余觀秦終竭謀慮滅其舊疆豈鍾儀操南音事見左傳文公九年樂毅不謀燕國之意哉秦穆之致由余而闢戎土也失君君臣臣之訓矣元獻之論有裨世教故錄之〔元圻案〕〔史記秦本紀〕由余其先晉人也亡入戎能晉言聞繆公賢故使由余觀秦秦以女樂遺戎王戎王受而說之由余數諫不聽遂去降秦秦用由余謀伐戎王益國十二開地千里〔閻氏潛邱劄記二〕綱目赧王三十六年趙王欲使樂毅謀伐燕毅泣曰臣疇昔之事昭王猶今日之事大王也若復得罪在他國終身不敢謀趙之奴隸況子孫乎趙王乃止按綱目減省通鑑原文爲識者所不取此段則原文所無而綱目補出者煞有關係嘗問諸人人莫能應余考之出三國志魏武帝紀注〔三國志魏武帝紀〕建安十五年冬作銅雀臺注引魏武故事載公十二月己亥令曰昔樂毅走趙趙王欲與之圖燕樂毅伏而垂泣對曰臣事昭王猶事大王臣若獲戾放在他國沒世然後已不忍謀趙之徒隸況燕後嗣乎孤每讀此書未嘗不愴然流涕也

唐太宗問褚遂良曰舜造漆器禹彫其俎其事見韓子十過篇由余對秦穆公曰舜作食器流漆墨其上國之不服者十三禹作祭器墨染其外朱畫其內國之不服者三十三〔元圻案〕〔唐書褚遂良傳〕遂良字登善散騎常侍亮子帝嘗怪舜造漆器禹彫其俎諫者十餘不止小物何必爾耶遂良曰彫琢害力農纂繡傷女工奢靡之始危亡之漸也漆器不止必金爲之金又不止必玉爲之故諫者救其源不使得開及夫橫流則無復事矣

齊威刑毀譽
威王姬知佞臣
烹阿封即墨

田文非孟嘗君
吳起商文論事君

薛士龍曰。齊威之霸。不在阿即墨之斷。而在毀譽者之刑。今按毀譽者。乃佞臣周破胡。見列女傳。〔閻案〕士龍名季宣永嘉人即前所謂薛常州也齊威之霸三語乃使還言于孝宗以攻其左右者〇〔元圻案〕〔列女傳〕虞姬者名娟之齊威王之姬也威王即位佞臣周破胡專權擅勢即墨大夫賢而日毀之阿大夫不肖反日譽之虞姬謂王曰破胡讒佞之臣也不可不退王大悟封即墨大夫以萬戶烹阿大夫與周破胡遂收故侵地齊國大治〔薛士龍浪語集〕奉使淮西回上殿第三劄子曰齊威之霸其機不在阿即墨大夫之誅賞而係乎毀譽不公而齊威之刑賞不行焉則爲欺者殆無以禁之矣　〔呂成公薛常州墓誌曰〕薛季宣字士龍除大理寺主簿虞丞相允文自遣公行淮西還曰齊威之霸不在阿即墨之斷而在毀譽者之刑臣觀近政非無阿即墨之斷奈何毀譽之人自若上欣然開納　〔四庫全書簡明目錄史部傳記類〕古列女傳七卷續傳一卷漢劉向撰續傳不知誰作或曰班昭或曰項原皆影附無據也

大事記。周安王十六年魏以田文爲相。解題曰。田文與孟嘗君姓名適同。而在前。呂氏春秋審分覽作商文所載吳起問答。與史記略同。以上皆解題文西山讀書乙記。謂田文游俠之宗主。以主少國疑自任。未見其可也。誤以爲孟嘗君。〔元圻案〕〔審分覽執一篇〕吳起謂商文曰事君果有命矣夫商文曰何謂也吳起曰治四境之內成訓教變習俗使君臣有義父子有序子與我孰賢商文曰吾不若子曰今日釁質爲臣其主安重明日釋璽辭官其主安輕子與我孰賢商文曰吾不若子曰士馬成列馬與人敵人

三閭大夫掌族屬昭屈景忠楚屈氏亦爲甲氏漢徙諸國關中

在馬前援桴一鼓使三軍之士樂死若生子與我孰賢商文曰吾不若子吳起曰三者子皆不吾若而位則在吾上命也夫事君商文曰世變主少羣臣相疑黔首不定屬之子乎屬之我乎吳起默然不對少選曰與子商文曰是吾所以加于子之上矣〔四庫全書簡明目錄〕宋真德秀讀書記六十一卷原本分甲乙丙丁四集今惟存甲集三十七卷皆論天人理氣之奥乙集二十二卷論虞夏以來名臣事迹略倣編年之體　今本止甲集無乙集

王逸序注楚辭自云。屈原爲三閭大夫。三閭之職掌王族三姓〔全云〕蓋公族大夫之職　曰昭屈景。屈原序其譜屬率其賢良以厲國士。漢與徙楚昭屈景於長陵以彊幹弱支。則三姓至漢初猶盛也。莊子庚桑楚曰昭景也。著戴也。甲氏也。著封也。非一也。說云昭景甲三者皆楚同宗也。此陸氏莊子釋文之文　甲氏其即屈氏歟。秦欲與楚懷王會武關。昭雎屈平皆諫王無行。襄王自齊歸。齊求東地五百里。昭常請守之。景鯉請西索救於秦。東地復全。三閭之賢者。忠於宗國。所以長久。〔全云〕昭奚恤昭陽亦戰將〇〔元圻案〕漢徙齊諸田楚昭屈景燕趙韓魏後實關中見漢書婁敬傳昭雎之諫見史記楚世家屈平之諫見本傳

卞莊子館莊子
陳軫論救韓魏

秦爭韓魏
范雎遠交近攻策
韓玘亡韓
范雎論穰侯失策
李斯論趙高逆謀

〔戰國策〕楚襄王爲太子之時質于齊懷王薨太子辭于齊王而歸齊王隘之予我東地五百里乃歸子傅慎子曰獻之太子歸即位齊來取地昭常曰不可予也萬乘者以地大爲萬乘今去東地五百里是去戰國之半也常請守之景鯉曰楚不能獨守臣請西索救于秦〔新序〕載屈盧不從白公爲亂亦三閭之賢者也

陳軫傳卞莊子刺虎。戰國策作管莊子。索隱引戰國策作館莊子。館謂逆旅舍。其人字莊子。〔何云〕論語稱卞莊子之勇索隱所引或傳寫之誤而註者又妄爲之說歟〇〔元圻案〕〔史記陳軫傳〕惠王曰今韓魏相攻或謂寡人救之便或曰勿救便願子爲寡人計之陳軫對曰亦嘗有以夫卞莊子刺虎聞於王者乎莊子欲刺虎館豎子止之曰兩虎方且食牛食甘必爭爭則必鬬鬬則大者傷小者死從傷而刺之一舉必有雙虎之名卞莊子以爲然〔戰國策三〕陳軫謂楚王曰王不聞夫管與之說乎有兩虎諍人而鬬管莊子將刺之管與止之曰云云蓋以管與而幷誤以卞莊子爲管莊子索隱又誤管爲館也

晉楚之爭霸在鄭。秦之爭天下在韓魏。林少穎謂六國卒并於秦。出於范雎遠交近攻之策。取韓魏以執天下之樞也。其遠交也。二十年不加兵於楚。四十年不加兵於齊。其近攻也。今年伐韓。明年伐魏。更出迭入。無寧歲。韓魏折而入於秦。四國所以相繼而亡也。秦取六國。謂之蠶食。蓋

周赧後繫秦西周公東周君

蠶之食葉。自近及遠。古史云。范雎自爲身謀。未見有益於秦。愚謂此策不爲無益。然韓不用韓玘。魏不廢信陵。則國不亡。〔閻按〕韓玘亡韓事不經見僅李斯上書短趙高云宋子罕劫君齊田常取國繼以信高之志若韓玘爲韓安相也斯與同時事定有據而王氏用此亦新矣哉〇〔元圻案〕〔史記范雎列傳〕夫穰侯越韓魏而攻齊綱壽非計也少出師則不足以傷齊多出師則害于秦王不如遠交而近攻得寸則王之寸得尺亦王之尺今夫韓魏中國之處而天下之樞也王其欲霸必親中國爲天下樞以威楚趙楚強則附趙趙強則附楚楚趙皆附齊必懼矣齊懼必卑辭重幣以事秦齊附而韓魏因可虜也〔林少穎史論曰〕秦之所以能併諸侯者其實出於遠交近攻之策是謀也出于司馬錯成于范雎〔蘇子由古史四十九范雎蔡澤列傳〕蘇子曰范雎相秦其所以利秦者少而害秦者多以魏冉之專忘其舊勳而逐之可也而弁逐宣太后使昭王以子絕母不已甚乎及雎任秦事殺白起而用王稽鄭安平使民怨於內兵折於外實不若魏冉之一二以予觀之范雎蔡澤自爲身謀取卿相可耳未見有益于秦也〔史記李斯列傳〕上書言趙高之短曰高有邪佚之志危反之行如子罕相宋也私家之富若田氏之於齊也兼行田常子罕之逆道而劫陛下之威信其志若韓玘爲韓安相也〔索隱曰〕玘亦作起弁音怡韓大夫弒其君悼公者

周赧王卒於乙巳。明年丙午。秦遷西周公。而東周君猶存也。壬子。秦遷東周君。而周遂不祀。事在秦莊襄王元年作史者。當自丙午至壬子。繫周統於七國之上。〔何云〕自威烈王後即當與七國平書〔又云〕三晉猶王所命而齊威朝周秦楚皆故臣也王雖微弱可遂與之等夷乎乃得春秋存陳

六國篡於異姓召公澤及戰國

秦先取蜀後楚

白起勝楚

之義大事記周赧後即繫秦。〔閻按〕通鑑已然朱子以為未當。綱目以七國如楚漢並書之。〔元圻案〕〔史記周本紀〕考王封其弟于河南是為桓公以續周公之官職桓公卒子威公代立威公卒子惠公代立乃封其少子于鞏以奉王號東周惠公王赧時東西周分治王赧徙都西周五十九年秦攻西周西周君奔秦盡獻其邑三十六秦受其獻歸其君於周周君王赧卒秦遷西周公於𢘿狐後七年秦莊襄王滅東西周〔通鑑周紀〕終于赧王五十九年乙巳是歲赧王崩次年丙午即以秦紀繫年昭襄王之五十二年也胡三省注曰西周既亡天下莫適為主通鑑以秦卒併天下因以昭襄繫年〔大事記卷五〕終於周赧王五十九年卷六終於秦昭王五十二年解題曰是歲秦既滅周故以秦年統諸國

七國。齊魏趙韓皆大夫篡。楚為黃。秦為呂。唯燕為舊國。召公之澤遠矣。惠王不用樂毅。太子丹乃用荊軻。其能國乎。〔閻按〕楚為黃者僅幽王悍十年悍卒而猶立是為哀王仍考烈王所生也秦長安君亦爾惜讀史者不能析別之

○〔元圻案〕〔史記春申君列傳〕春申君者楚人也名歇姓黃氏李園求事春申君為舍人進其女弟即幸于春申君知其有身李園乃與其女弟謀承間以說春申君言之楚王召入幸之遂生子男立為太子〔楚世家〕考烈王卒子幽王悍立十年幽王卒同母弟猶代立〔呂不韋列傳〕安國君中男名子楚質于趙呂不韋取邯鄲姬子楚從不韋飲見而說之遂獻其姬姬自匿有身至大期時生子政昭王薨安國君立子楚為太子秦王立一年薨謚為孝文王太子楚代立是為莊襄王三年薨太子政立

老泉權書強弱篇謂秦之憂在六國。蜀最僻最小。最先取。楚最彊。最後取。非其憂在蜀也。〔按史記秦本紀〕惠文君後元九年伐蜀滅之秦始皇本紀二

國策文不易得董晉語回紇懷光譚忠說劉總韓愈狀晉謚矣

富比陶衛魏冉商君

十四年王翦蒙武攻荊破荊軍昌平君死愚謂取蜀。則楚在掌中矣。白起所以再戰而燒夷陵也。〔何云〕宋之亡也蜀先破而襄陽隨之〔又云〕穆公幷國二十而遂霸西戎惠公取蜀而秦以益強富厚輕諸侯蓋皆得蠶食之策齊楚最遠故最後取之也○〔元圻案〕〔史記楚世家〕頃襄王二十年秦將白起拔我西陵二十一年白起拔郢燒先王墓夷陵索隱曰夷陵陵名後爲縣屬南郡〔平原君列傳〕毛遂曰白起小豎子耳率數萬之卒興師以與楚戰一戰而舉鄢郢再戰而燒夷陵三戰而辱王之先人〔林少穎論秦惠王伐蜀曰〕用兵之法攻堅則瑕者堅攻瑕則堅者瑕蜀瑕而韓堅故先蜀而後韓韓魏瑕而齊楚堅故先韓魏而後齊楚此蓋先瑕而後堅也瑕者既爲我所有則堅者果何所恃哉與老泉同意

魯仲連書。富比乎陶衛。延篤注戰國策。云陶朱公子荊。王劭云。魏冉封陶。商君封衛。今按商君封於商。非封衛也。〔全云〕商君卻有衛鞅之稱王劭亦非無據○〔元圻案〕〔戰國策鮑彪注〕陶穰侯邑衛自梁襄王後稱君吳師道曰索隱引延篤云陶朱公子荊非也王劭曰魏冉封陶商君姓衛謂此云爾姚氏亦引之今按史記魯仲連傳王劭注亦作商君姓衛鞅本傳曰商君者衛之諸庶孽公子也名鞅姓公孫氏其祖本姬姓也所載姓氏甚明作姓衛皆誤

李文叔書戰國策曰。爲是說者非難。而載是說者爲不易得。使秦漢而後復有爲是說者必無能載之者矣。愚謂董晉之答回紇語。李懷光譚〔閻按〕

文苑英華作談忠之說劉總詞氣雄健。有先秦風。韓杜二一公之筆力足以發之也。〔原注〕董晉行狀燕將錄〔閻按〕〔董晉行狀曰〕先皇帝時公副李涵使回紇回紇之人來曰唐之復土疆取回紇力焉約我爲市馬既入而歸我賄不足我於使人乎取之涵懼不敢對視公公與之言曰我之復土疆爾信有力焉吾非無馬而與爾爲市爲賜不既多乎爾之馬歲至吾數皮而歸資邊吏請致詰也天子念爾有勞故下詔禁侵犯諸戎畏我大國之爾與也莫敢校焉爾之父子寧而畜馬蕃者非我誰使之於是其衆皆環公拜李懷光反公知其謀與朱泚合也患之造懷光言曰公之功天下無與敵公之過未有聞于人某至上所言公之情上寬明將無不赦宥焉乃能爲朱泚臣乎彼爲臣而背其君苟得志於公何有且公既爲太尉矣彼雖寵公何以加此彼不能事君能以臣事公乎公能事彼而有不能事君乎彼知天下之怒朝夕戮死者也故求其同罪而與之比公何所利焉公之敵彼有餘力不如明告之絕而起兵襲取之清宮而迎天子庶人服而請罪有司雖有大過猶將掙焉如公則誰敢議語已懷光拜曰天賜公活懷光之命〔燕將錄曰〕元和十四年春趙人獻城十二冬誅齊三分其地忠因說總曰凡天地數窮合必離離必合河北與天下相離六十年矣此亦數之窮也必與天下復合且建中時朱泚摶天子狩畿甸李希烈僭於梁王武俊稱趙朱滔稱冀田說稱魏李納稱齊郡國往往弄兵者抵目而視當此之時可謂危矣然天下卒爲無事自元和以來劉闢守蜀棧道劍閣自以爲子孫世世之地然甲卒三萬數月見羈李錡橫大江撫石頭全吳之兵不得一戰反束帳下田季安守魏盧從史守潞皆天下之精甲駕趙爲騎鼎立相視可謂强矣然從史繞塹五十里萬戟自護身如大醉忽在檻車季安死墳杵未收家爲逐客蔡人被重葉之甲圍三石之弦持九尺之刃突前跳後卒如搏鶚一可支百者累數萬人四歲不北二三可謂堅矣然夜半大雪忽失其城齊人經城數千里倚渤海牆太山塹大河精甲數億鈐劍其阨可爲安矣然兵折于潭趙首竿於都市此皆君之自見亦非人力所能及蓋上帝神兵下來誅之耳今天子巨謀纖計必平章于大臣鋪樂張獄未嘗戴星俳倡顛訢之臣顏澀不展縮衣節口以賞戰士此志豈須臾忘於天下哉今國兵駸駸北來趙人已獻城十二助魏破齊唯燕未得一日之勞爲子孫壽後世其能帖帖無事乎吾深爲君憂之總泣且拜曰今幸枉大教吾心定矣

滅周生高覆齊生景滅國自滅

秦滅於始皇二世時七國並起

始皇除謚期萬世

〔何云〕韓學左傳〔全云〕董晉庸人耳韓公爲之點綴生色本來面目希矣譚忠則信有策士風○〔元圻案〕〔唐書董晉傳〕晉字混成河中虞鄉人貞元九年同中書門下平章事贊謂晉懦弛苟安滋欲以恩信傾賊迂暗之人爲可語功名會哉〔又藩鎮劉總傳〕譚忠絳人喜兵善謀尋蓋健男子云　胡三省于唐代宗紀董晉使回紇下注云此韓愈狀晉之辭容有溢美

秦昭王五十一年滅周是歲漢高祖生於豐沛天道之倚伏可畏哉。〔原注〕史記昭王五十一年赧王卒皇甫謐曰是歲高祖生　〔閻按〕臣瓚以高帝爲漢王年四十二則生於秦莊襄王四年甲寅是亦秦亡之歲哉〔集證〕〔袁文甕牖閒評〕秦始皇初即位漢高祖以是年生梁武帝弒東昏侯覆齊祚而侯景亦以是年生陰極陽生陽極陰生之理詎不信耶○〔元圻案〕秦莊襄王以四年薨始皇即以是年即位故袁氏云爾

秦莊襄王元年滅東周三年始皇立〔閻按〕秦本紀爲四年此從六國表而伯翳之秦亦滅二世元年廢衞君是歲諸侯之起者五國三年而秦亡然則滅人之國乃所以自滅也。〔何云〕元滅宋而國亡於瀛國之子亦可異矣〔又云〕天道有不可誣非妄爲報應之說○〔元圻案〕〔史記秦楚之際月表〕秦二世元年七月楚隱王陳涉起兵入秦八月武臣始至邯鄲自立爲趙王九月項梁號武信君齊王田儋始沛公初起韓廣自立爲燕王魏王咎始起者七國此云五國者蓋以沛公非諸侯後而項梁初起亦不假楚號也

秦皇欲以一至萬新莽推三萬六千歲歷紀宋明

新莽推歷紀改元 宋明帝給期 光武復租惕還期

趙王不忍獻五城 尹翁歸不可干私 傅堯俞不敢餽陳金

燔書愚民 指鹿爲馬東

帝給三百年期。其愚一也。漢世祖曰日復一日。安敢遠期十歲乎。真帝王之言哉。〔元圻案〕〔史記始皇本紀〕制曰朕聞太古有號毋謚中古有號死而以行爲謚如此則子議父臣議君也甚無謂朕弗取焉自今以來除謚法朕爲始皇帝後世以計數二世三世至于萬世傳之無窮〔賈山至言〕秦皇帝曰死而以謚法是以父子名號有時相襲也以一至萬則世世不相復也故死而號曰始皇帝其次曰二世皇帝者欲以一至萬也〔漢書王莽傳〕天鳳六年春莽見盜賊多乃令太史推三萬六千歲紀歷六歲一改元布天下〔宋書明帝紀〕帝末年好鬼神多忌諱以南苑借張永云且給三百年期訖更啓其事類皆如此〔後漢書光武帝紀〕建武十九年秋幸南陽進幸汝南南頓縣舍復南頓田租父老叩頭言願賜復十年帝曰天下重器常恐不任日復一日安敢遠期十歲乎吏人又言陛下實惜之何言謙也帝大笑復增一歲

魏公子退讓。而口不忍獻五城。尹翁歸不私。而不敢見其邑子。是以君子正容以悟之。使人之意也消。〔全云〕宋宏之對光武亦其類也〇〔元圻案〕〔史記信陵君列傳〕趙孝成王德公子之矯奪晉鄙兵而存趙與平原君計欲以五城封公子趙王掃除自迎執主人之禮引公子就西階公子側行辭讓從東階上自言辠過以負於魏無功於趙趙王侍酒至暮口不忍獻五城以公子退讓也〔漢書尹翁歸傳〕翁歸字子兄河東平陽人也徵拜東海太守過辭廷尉于定國定國家在東海欲屬託邑子兩人令坐後堂待見定國與翁歸語終日不敢見其邑子既去定國乃謂邑子曰此賢將汝不任事也又不可干以私　宋傅堯俞以陳師道貧懷金欲餽之竟不敢出口事正相類

箝語燔書。秦欲愚其民。而不能愚陳涉。指鹿束蒲。

補箋脯 子嬰刺趙高 銷刃箝語

比干秣馬金 闕歌

殽桃林春秋 屬晉 史記字數

三皇五帝諸 說

〔何云〕東蒲爲脯見風俗通〔集證〕〔西征賦〕野蒲變而爲脯苑鹿化以爲馬善注引風俗通曰秦相趙高指鹿爲馬束蒲爲脯二世不覺

高欲愚其君而不能愚子嬰。〔元圻案〕〔漢書異姓諸侯王表序〕秦既稱帝隳城銷刃箝語燒書師古曰箝謂箝籥其口不聽妄言也即所謂禁耦語者也〔賈誼過秦論〕于是廢先王之道焚百家之言以愚黔首〔藝文類聚〕引史記云趙高將爲亂先設驗獻蒲以爲脯惑二世有言蒲者誅之今史記無〔史記始皇本紀〕子嬰與其子二人謀曰丞相高殺二世恐誅乃詐以義立我我聞高乃與楚約滅秦宗室而王關中今使我齋見廟此欲因廟中殺我我稱病不行丞相必自來來則殺之高果自往子嬰遂刺殺高于齋宮

韋昭洞歷記。紂無道。比干知極諫必死。作秣馬金闕歌。〔原注〕古歌尚質必無秣馬金闕之語蓋依託也〔全云〕此條注是正文〔又云〕洞歷記本僞作〔何云〕豈有感于己之遇皓與叢脞至此書何足傳〔集證〕〔吳志韋曜傳〕曜因獄吏上辭曰昔見世間有古歷注其所記載多虛無錯謬尋按傳記考合異同采撫耳目所及以作洞歷紀起自庖犧至于秦漢凡爲三卷當起黃武以來別作一卷事尙未成　此條所引見御覽五百七十二

賈生過秦曰。秦孝公據殽函之固。春秋時殽桃林晉地。非秦有也。〔閻按〕孝公非春秋時〔全云〕此言春秋時之秦尙弱耳

史記正誤。〔原注〕〔索隱正義〕史剡通鑑考異古史大事記解題所攷正者皆不著○〔元圻案〕〔張守節裴氏集解序〕注云史記五十二萬六千五百言

五帝本紀。列黃帝顓辛堯舜。謂孔子所告宰予。儒

者或不傳及春秋國語發明五帝繫姓章矣書缺有閒乃時見於他說五峯胡氏曰仲尼繫易歷敘制器致用兼濟生民者獨稱犧農黃帝堯舜氏蓋以是爲五帝也而顓辛無聞焉太史公所載特形容之虛語爾〔案〕此是胡致堂所作復州重修伏羲廟記述其弟五峯語 朱子答呂子約書曰易大傳孔聖之言八卦文字之祖何故遺而不錄〔元圻案〕〔胡五峯皇王大紀五帝紀論曰〕包犧神農黃帝堯舜是五君有先天地開闢之仁後天地制作之義故孔子曰包犧氏沒神農氏作神農氏沒黃帝堯舜氏作按黃帝之後少昊顓頊高辛皆嘗帝天下矣孔子所以越而遺之者以三君居位僅可持其世而已未嘗有制作貽萬世故也則五帝之名實定矣 〔國朝王氏鳴盛十七史商榷曰〕周禮春官掌三皇五帝之書則五帝以前固有三皇矣僞孔安國書序以伏羲神農黃帝爲三皇少昊顓頊高辛堯舜爲五帝而史記則以黃帝顓頊高辛堯舜爲五帝無少昊考昭公十七年左傳少昊氏鳥名官杜預云少昊金天氏黃帝之子疏引大戴禮帝系云黃帝生元囂史記云黃帝生二子其一曰元囂是爲青陽據世本及春秋緯皆言青陽卽是少皞黃帝之子代黃帝有天下號曰金天氏雖史記言青陽降居江水與諸書言有天下不同而其爲黃帝之子則同意者亦如帝摯立而不終故當統于黃帝爲一代而不得別爲一帝僞孔說非矣且史記所數五帝本大戴禮五帝德篇此孔子之言豈可不依又易繫辭以伏羲神農爲上古黃帝堯舜爲後世聖人二者顯有區別然則羲農爲皇黃帝等爲帝明甚紀聞引五峯說大繆王禮堂先生據繫辭以定三皇五帝說最精當然則五帝之數當以大戴史遷爲正而不錄伏羲神農究屬史遷之疎〔王符潛夫論曰〕世傳三皇五帝多以伏羲神農爲三皇其一者或曰

舜歷試在位年壽

太康至少康百年史記不著少康功

燧人或曰祝融或曰女媧其是與非未可知也將何據乎述其可信者而闕其可疑者庶幾得之

舜年二十以孝聞年三十堯舉之年五十攝行天子事年六十一代堯踐帝位踐帝位三十九年書舜與正義曰舜年六十二爲天子大禹謨朕宅帝位三十有三載乃求禪禹孟子云舜薦禹於天十七年是在位五十年明矣史記皆謬〔元圻案書載舜三十徵庸三十在位五十載陟方乃死計舜年百有十歲如史記則止百歲〔林氏尚書全解曰舜居於側微者三十年歷試二年居攝二十八年共爲三十堯崩居三年之喪畢而後即帝位五十年而崩大禹謨朕宅帝位三十有三載孟子曰舜薦禹於天十有七年以三十有三載并十有七年是舜崩之年蓋年百有一十二歲而太史公曰云云其說特異於經當以經之言爲證按此舜年當百有十三歲漢孔氏傳曰服喪三年其一在三十之數正義曰三年之喪二十五月而畢其一即在三十在位之數惟有二年是舜年六十二爲天子是舜凡壽百一十二歲也

夏本紀太康崩弟仲康立仲康崩子相立相崩子少康立左傳襄四年正義曰太康失邦及少康紹國尚有百載乃滅有窮本紀不言羿浞之事是遷

祖乙去相居耿

思盤庚違序說

太甲桐亳年數

說之疏。〔閻按〕左傳正義與史記索隱正義正同〔何云〕夏統中絶百載不紀羿浞子孫紹復大業所以可尚也○〔元圻案〕〔通志夏統按曰〕計太康失邦至少康復夏蓋百年之閒夏之亂甚矣少康之功高矣司馬遷之紀不志其事可謂疏矣〔明徐孚遠曰〕史遷時左傳未出不知羿浞之事故不著少康之功

殷本紀。祖乙遷於邢。書盤庚正義曰。鄭元云。祖乙去相居耿。而國爲水所毀。於是修德以禦之。不復徙也。〔元圻案〕〔索隱曰〕邢音耿近代本亦作耿今河東皮氏縣有耿鄉

小辛立。殷復衰。百姓思盤庚。乃作盤庚三篇。與書序違。非也。〔元圻案〕〔書序曰〕盤庚五遷將治亳殷民咨胥怨作盤庚三篇〔史記索隱曰〕由不見古文也

太甲既立三年。伊尹放之於桐宮。居桐宮三年。悔過反善。伊尹乃迎而授之政。謂太甲歸亳之歲。已爲卽位六年。遷說妄也。〔閻按〕孟子敘太甲亦兩三年字蓋凡六年而後歸亳與今孔書異詳尚書古文疏證卷四第六十條〔何云〕按閻說似精核其實孟子兩三年字與史記不同孟子伊尹放之於桐三年則非既立三年也云於桐處仁遷義三年卽上三年之內以漸悔過遷善則非先後六年也雖有兩三年字不當忘其皆有于桐字○〔元圻案〕三年六年之說書與史不合竊以理揆之孟子言太甲顛覆湯之典刑伊尹身受顧命必無遽行放遷之事故書曰惟嗣王不惠于阿衡正義曰太甲以元年十二月卽位比至放桐之時未知凡經幾月必是伊尹數諫久而不順方始放之然亦不能因循至三年之久也故正義以爲必是二年放之序言三年復歸者

祥雉立廟說違序

九世廢嫡無中丁

太戊爲太甲孫

謂卽位之三年非在桐宮三年也況太甲中篇書惟三祀十有二月朔伊尹以冕服奉嗣王歸于亳其文甚明義門之辨孟子兩三年亦最確

祖己嘉武丁之以祥雉爲德立其廟爲高宗遂作高宗肜日及訓與書序相違〔元圻案〕〔書序〕云高宗祭成湯有飛雉升鼎耳而雊祖己訓諸王作高宗肜日高宗之訓〔金氏履祥曰〕此篇首稱高宗肜日終言無豐于昵高宗廟號也似謂高宗之廟昵近廟也似是祖庚繹于高宗之廟惟史記謂此書作于祖庚之時爲得之而其說又不分明

帝陽甲之時殷衰自中丁以來廢適而更立諸弟子弟子或爭相代立比九世亂皇王大紀七商成湯論曰以其世攷之自沃丁至陽甲立弟者九世中丁之名誤也

太戊爲太甲之孫三代表云太戊小甲弟則亦是沃丁弟太甲子書正義謂本紀世表必有一誤〔元圻案〕〔竹書紀年〕太甲十二年沃丁十九年小庚五年小甲十七年雍己十二年而後太戊立如太戊爲太甲子則太戊卽位之時已五十四五歲矣又七十五年而陟則年且百四十歲當以本紀爲是

不窋失官奔狄 公劉避桀居豳

古公三子皆同母

文王受命稱王 武成言大統未集 受命作周

周本紀。不窋末年。夏氏政亂。去稷不務。不窋以失其官而奔戎狄之間。周語云。不窋自竄於戎狄之間。韋昭云。不窋去夏而遷于豳。詩正義按公劉之篇。公劉避亂適豳。公劉者。不窋之孫。〔閻按〕二事一當太康一當桀竄戎狄者不窋遷豳者公劉唯韋昭誤以爲一事〔集證〕詩大雅公劉正義按豳譜以公劉當太康之時韋昭之注國語以不窋當太康之時不窋乃公劉之祖不應共當一世夏氏之衰太康爲始太康禹之孫公劉不窋之孫計不窋疑當太康公劉應在其後漢書婁敬傳周之先自后稷堯封之邰積德累善十餘世公劉避桀居豳

古公有長子曰太伯。次曰虞仲。太姜生季歷。左傳僖五年正義曰。如史記之文。似王季與太伯別母。還言疏繆。太伯虞仲避季歷適荆蠻。若有嫡庶。不須相避。知其皆同母也。〔元圻案〕史記曰太姜生少子季歷季歷娶太任皆賢婦人生昌有聖瑞以明太任之克嗣徽音育此聖子耳且曰生少子足明先有伯仲正義規還似誤

詩人道西伯蓋受命之年稱王。而斷虞芮之訟。歐陽公泰誓論以爲妄說。五峯胡氏皇王大紀十曰。詩人言文

王受命。指其至誠動天。得天人之助耳。李子思曰。以虞芮質成之年。爲文王興王業之初則可。而謂文王於是自稱王則不可。朱文公謂武成有惟九年。大統未集之說。若以在位五十年推之。不知九年當從何處數起。亦未見史遷全不是。歐公全是。不若兩存之。〔原注〕劉道原曰遷不見古文尚書以文王受命七年而崩孔安國見武成篇故泰誓傳曰周自虞芮質厥成諸侯並附以爲受命之年至九年卒劉歆三統歷以爲九年閻按一九年大統未集出孔書辨見尚書古文疏證卷二第二十六條○〔元圻案〕唐梁肅受命稱王議曰太史公道西伯以受命之年稱王而斷虞芮之訟十年而崩或謂大雅序文王受命作周泰誓序十有一年武王伐殷妄徵二經以實其說予謂反經非聖不可以訓仲尼美文王之德曰三分天下有其二以服事殷又曰內文明而外柔順以蒙大難文王以之未有南面稱王而謂之服事易姓創制而謂之柔順仲尼稱武王之烈曰湯武革命又曰武王末受命未有父受命而子復革命父爲天子子云未受當武王會孟津也告諸侯曰汝未知天命未可以誓師也曰惟我文考大統未集予小子其承厥志孰有王者出征復俟天命大統既改而復云未集禮大傳稱牧之野既事而退柴于上帝追王太王王季文王改正朔書徽號若虞芮之歲稱王則不應復云追王王制既行則不應復云改物是皆反經者也殷道未絕紂惡未極而遂稱王以令天下則不可謂至德也此其非聖者也予以爲大雅作周之義蓋承夫積德累仁爲海內所歸往武王因之遂成大業非謂革命易姓爲作周也泰誓紀年蓋武王周公追考前文陳王業之盛自虞芮始故斷爲受命之歲仲尼因而序之曰十有一年武王伐殷非所謂自稱王而爲之數也宋諸儒之論皆本於此

武王觀兵盟津

武王封先聖後焦薊鑄黎封地異名

武王祭於畢。觀兵盟津。歐陽公泰誓論曰。伯夷傳又載父死不葬之說。皆不可爲信。程子伊川曰。觀兵必無此理。今日天命絕。則紂是獨夫。豈容更待三年。見遺書十九 林氏之奇全解尚書曰。漢儒以觀政轉爲觀兵。而爲周師再舉之說。〔閻按〕觀政亦出孔書。辨見同上。○〔元圻案〕〔劉原父七經小傳上〕孔氏曰。觀兵孟津。以卜諸侯伐紂之心。諸侯僉同。乃退以示弱。非也。詩云。匪棘其欲。聿追來孝。聖人豈有私天下之心哉。觀兵孟津者。所以憚紂也。欲其畏威悔過。反善自修也。如紂遂能改者。武王亦北面事之而已矣。然則進所以警其可畏。退所以待其可改。及其終不畏。終不改。然後取之。此篇稱紂罔有悛心云云。足以知武王之退。非示弱而襲之明矣。

武王追思先聖。乃襃封神農之後於焦。封黃帝之後於薊。今本史記作祝 封帝堯之後於祝。今本史記作薊 封帝舜之後於陳。禮記樂記 正義曰。追思先聖。乃封之。與樂記未及下車義反。當以記爲正。〔元圻案〕〔呂氏春秋愼大覽〕武王勝殷。入殷。未下轝。命封黃帝之後于鑄。封帝堯之後於黎。〔禮記〕作封黃帝之後於薊。封帝堯之後于祝。正義引史記文同。然則今本史記薊祝二字。蓋互易而誤。〔繼序按〕大封必於廟。因祭策命。豈可于下車行之。樂記乃甚言其速耳。

襄王叔帶爲母弟

周召共政曰共和
共伯行天子事
邱首共山

后稷封邰由堯

襄王母早死後母曰惠后生叔帶左傳曰母弟俱是惠后所生正義曰史記謬也〔元圻案〕〔僖五年正義曰〕二十四年傳曰不穀不德得罪于母氏之寵子帶書曰天王出居於鄭避母弟之難也如彼傳文則襄王與子帶俱是惠后所生史記謬也

周召二相行政號曰共和呂成公曰古史案汲冢紀年共伯和干王位故謚共和左傳王子朝告諸侯曰諸侯釋位以間王政宣王有志而后效官昭二十六年推是而言則厲宣之間諸侯有去其位而代王爲政者莊子曰共伯得之於邱首〔元圻案〕〔漢書古今人表〕共伯和在中上師古曰共國名也伯爵也和共伯之名也共音恭而遷史以爲周召二公行政號曰共和無所據也〔魯連子〕衞州共城縣本周共伯之國也共伯名和好行仁義諸侯賢之周厲王奔于彘諸侯奉和以行天子事號曰共和元年十四年厲王死共伯使諸侯奉王子靖爲宣王〔呂氏春秋開春論〕共伯和修其行好賢仁而海內皆以來爲稽矣〔蘇子由古史周本紀〕共伯和者厲王時之賢諸侯也諸侯皆往宗焉因以名其年謂之共和凡十四年〔自注〕按汲冢云云〔馬氏繹史曰〕諸書多言共伯和史記獨言周召共政未知孰是〔陸氏莊子讓王篇〕釋文共首本或作邱首共山在河內共縣西〔魯連子云〕共伯後歸于國得意共山之首

舜封棄於邰號曰后稷詩大雅生民篇正義曰稷之功成

伐紂卜龜不吉

穆王卽位年壽

五羖大夫事互異

實在堯世其封於邰必是堯之封故箋傳皆以爲堯本紀以后稷之號亦起舜時其言不可信也

武王伐紂卜龜兆不吉羣公皆懼惟太公强之書泰誓中正義曰太公六韜云卜戰龜兆焦筮又不吉太公曰枯骨朽蓍不踰人矣彼言不吉者六韜之書後人所作史記又採用六韜好事者妄矜太公非實事也〔全云〕書云朕夢協朕卜則六韜之妄明矣

穆王卽位春秋已五十矣立五十五年書呂刑正義曰孔傳云穆王卽位過四十矣不知出何書遷若在孔後或當各有所據〔方樸山云〕推此名有所據之語則凡與書序違者不必苦駁矣

秦本紀晉獻公虜虞君與其大夫百里奚以爲秦穆公夫人媵於秦百里奚亡秦走宛楚鄙人執

賜秦岐西地秦獻岐東地秦境東至河終南山在岐東秦襄穆相去年遠

之。穆公以五羖羊皮贖之。范太史曰。商鞅傳又載趙良之言曰。五羖大夫。荆之鄙人也。自鬻於秦客。被褐食牛。期年。穆公知之。舉之牛口之下。而加之百姓之上。史記所傳。自相矛盾如此。朱文公曰。按左傳。媵秦穆姬者。乃井伯。非百里奚也。〔闇按〕孟子言百里奚先去虞自不至爲晉所虜益知井伯者另一人且史記載繆公四年乙丑迎婦于晉左則僖五年丙寅以媵秦穆姬亦差一年〔方樸山云〕史載趙良之言不得改之以從己非矛盾也

賜襄公岐以西之地。襄公生文公。於是文公遂收周餘民有之。地至岐。岐以東獻之周。詩秦譜正義曰。鄭氏詩譜言。横有周西都宗周畿內八百里之地。則是全得西畿。與本紀異。按終南之山在岐之東南。大夫之戒襄公。已引終南爲喻。則襄公亦得岐東。非唯自岐以西也。如本紀之言。文

紀高后違經漢呂唐武立紀

汲黯公孫宏事謬　汲黯歷官至卒年史記有錄無書　渥洼神馬

公獻岐東於周。則秦之東境終不過岐。而春秋之時。秦境東至於河。明襄公救周。卽得之矣。本紀之言。不可信也。〔元圻案〕秦之列爲諸侯始于襄公更一百十九年而穆公立遂霸西戎〔史記六國表序〕太史公讀秦記至犬戎敗幽王周東徙洛邑秦襄公始封爲諸侯及文公踰隴攘夷狄尊陳寶營岐雍之間而穆公修政東竟至河則與齊桓晉文侯伯侔矣可見拓土開疆非一日之積史記未必全非

呂后本紀。夾漈鄭氏曰。遷遺惠而紀呂。無亦奬盗乎。〔閻按〕漢書有惠帝紀帝崩卽紀高后不紀兩少帝豈無因〔何云〕本紀者紀其政之所自出但以例周衰而後卽違反耳〔集證〕〔文心雕龍〕史傳篇云孝惠委機呂后攝政班史立紀違經失實何則庖犧以來未聞女帝者也此夾漈所本〇〔元圻案〕〔黃東發史記抄曰〕惠帝立七年名惠帝子者踐阼復二人史遷皆係之呂后意者亦女后專制之變也然呂氏盡殺高帝子孫在內者欲奪天下而歸之呂大逆無道漢之賊也豈止專制而已而可紀之哉遷爲漢臣子特微辭見意爾〔漁仲通志〕於前漢呂后紀又謂漢呂唐武之后立紀議者紛紜不已殊不知紀者編年之書也若呂后之紀不立則八年正朔所系何朝武后之紀不立則二十年行事所著何君不察實義徒事虛言史家之大患也似與此條所引矛盾

樂書。得神馬渥洼水中。爲太乙之歌。後伐大宛得千里馬。爲歌。中尉汲黯進曰。云云。丞相公孫宏曰。黯誹謗聖制。說齋唐氏曰。按漢書武帝紀元鼎四年秋。馬生渥洼水中。作天馬之歌。太初四

年春貳師將軍廣利斬大宛王首獲汗血馬來作西極天馬之歌而元狩二年春三月丞相宏薨則先元鼎四年已八年矣汲黯傳渾邪王降之歲汲黯坐法免官隱田園者數年至更立五銖錢復起爲淮陽太守居淮陽十歲而卒按武紀昆邪之降在元狩二年而行五銖錢在五年又十歲則元封四年也其去太初四年尚六年則汲黯之卒亦久矣今樂書乃云得大宛馬而作天馬之歌汲黯嘗有言而公孫宏又從而譖之不亦厚誣古人哉況黯在武帝時始爲謁者遷滎陽令稱疾歸乃召爲中大夫又出爲東海太守又召爲主爵都尉又公孫宏請徙爲右內史數歲而免官又數歲而起爲淮陽太守則未

咸池五車天潢參白虎位申非正西

嘗爲中尉也假使黯之言在馬生渥洼之年則宏之死固已久矣漢書司馬遷傳言史記十篇有錄無書而注言樂書亦亡則此非遷之作明矣使遷在當時而乖舛如此不亦繆乎〔元圻案〕〔史記汲黯列傳云一居淮陽七歲而卒與漢書十年亦不同〔漢書武帝紀〕元鼎四年注李斐曰南陽新野有暴利長當武帝時遭刑屯田敦煌界數于此水旁見羣野馬中有奇異者與凡馬來飲此水利長先作土人持勒靽於水旁後馬玩習久之代土人持勒靽收得此馬獻之欲神異此馬云從水中出〔蘇林曰〕洼音窐曲之窐〔玉海四十九〕論史門載唐仲友兩漢精義唐書精義著其目而無卷數蓋因仲友知台州爲朱子所劾當時儒者不甚重其書也厚齋于紀聞取此條而通鑑問答四復依此以答或人汲黯好直諫之閒可謂無門戶之見矣

天官書東宮蒼龍南宮朱鳥西宮咸池北宮元武吳氏仁傑兩漢刊誤補遺五曰蒼龍朱鳥元武各總其方七宿而言咸池別一星名晉天文志所謂天潢南三星曰咸池魚囿者是已豈所以總西方七宿哉又列參白虎於昴畢之後何其類例之駁也〔元圻案〕一吳氏又曰隸釋華山碑用其說云歲在戊午名曰咸池援志文證其爲胃昴畢三宿謂歲星以五月與胃昴畢晨出東方而以午年臨其分故以咸池爲名按古者謂期爲歲取歲星行一

敬王元王年數違異 貞王定王貞定王 史記疏略牴牾

歲十二年周而復始也以史記歲星次舍推之則歲陰在午歲星居酉正當胃昴畢之分然歲星又自有超舍之說左傳襄十八年丙午是年歲在豕韋則歲星居亥而當室壁之分矣此碑所用歲名以史記歲星次舍言之則可爾〔錢氏大昕曰〕天官書咸池曰天五潢〔又曰〕五帝車舍古人言咸池者皆兼五車天潢三柱而言後世臺官析爲數名僅以三小星當咸池之名而史漢之文不能通矣〔淮南天文訓〕斗杓爲小歲正月建寅月从左行十二辰咸池爲大歲二月建卯月从右行四仲終而復始斗爲帝車咸池以五車爲匡衛皆有運行之象故指其所建以定四時洪文惠謂咸池經星不可離次周流四仲當是神耳若知五車與咸池同一星則無疑于周流四仲之說矣史公以紫宮房心權衡咸池虛危爲天之五官坐位故舉以領諸方列宿初不以四獸主四方七宿參爲白虎其位在申不當西方正位故列于昴畢之後虞仲翔說易以坤爲虎而不取兌爲虎之說與史漢合

十二諸侯年表。敬王四十一年。孔子卒。四十三年。敬王崩。周本紀。敬王崩。子元王立。八年崩。子定王立。六國年表。定王元年。左傳盡此。左傳〔哀公十九年〕正義曰。杜世族譜云。敬王三十九年。魯哀公十四年。獲麟之歲也。四十二年而敬王崩。敬王子元王十年。春秋之傳終矣。與史記不同。史記世代年月事多舛錯。故班固以〔疑脫一爲字〕文多抵梧。按世本。敬王崩。貞王介立。貞王崩。元王赤立。宋忠

吳世家光僚世次史公採用世本說閶廬刺王僚

注引太史公書云元王仁生貞王介與世本不相應不知誰是則宋忠不能定也〔全云〕世本有二漢志世本十五篇而隋志有世本王侯大夫譜二卷不著作者又劉向世本二卷宋忠世本四卷則所謂王侯大夫譜者疑卽漢志之世本蓋古經也孔疏所見之世本未必卽史公所見之世本〔又云〕魏志蜀志皆作宋忠隋志作宋衷字仲子自劉表歸曹操而死於魏諷之難帝王世紀敬王三十九年春秋經終四十四年敬王崩子貞定王立貞定王崩子元王立是世本與史記參差不同書籍久遠事多紕繆杜違史記亦何怪焉〔集證〕〔周本紀〕敬王崩子元王仁立元王八年崩子定王介立索隱曰世本云元王赤〔皇甫謐云〕貞定王考據二文則是元有二名一名仁一名赤也如史記則元王爲定王父定王卽貞王也依世本則元王是貞王子必有一乖誤然此定當爲貞字誤耳豈周有兩定王代數又非遠也皇甫謐見此疑而不決遂彌縫史記世本之錯謬因謂爲貞定王未爲得也○〔元圻案〕〔漢書司馬遷傳贊曰〕其言秦漢詳矣至於采經摭傳分散數家之事甚多疏略或有抵牾

吳世家以光爲諸樊之子僚爲夷昧之子左傳昭公二十七年正義曰世本云夷昧及僚夷昧生光服虔云夷昧生光而廢之僚者夷昧之庶兄夷昧卒僚

斷髮文身不可用太伯仲雍虞仲

代立故光曰我王嗣也是用公羊爲說也杜言
光吳子諸樊子用史記爲說也班固司馬遷傳本二云遷
采世本爲史記而今之世本與遷言不同世本
多誤不足依馮故杜以史記爲正〔全云〕世本若不誤則劉向必不更作矣然觀向之
新序說苑亦未必不誤也朱子之時世本尚存見語類〇〔元圻案〕〔公羊襄二十九年傳曰〕謁也餘祭也夷昧也與季子同母者四季子弱而才兄弟同欲立之謁曰請無與子而與弟弟
兄迭爲君而致國乎季子故謁也死餘祭也立餘祭也死夷昧也立夷昧也死季子使而亡焉僚者長庶也即之闔廬曰將從先君之命與則國宜之季子者也如不從先君之命與則我宜
立者也僚焉得爲君乎于是使專諸刺僚〔註〕闔廬謁之長子光　謁即諸樊也〔古今人表〕吳遏在下上〔班固自注云〕壽夢子〔吳越春秋吳王壽夢傳〕吳人立餘昧子州于號爲吳王
僚也〔王僚使公子光傳〕光曰前君壽夢有子四人長曰諸樊則光之父也與史記合
傳言太伯端委仲雍斷髮史記云二人皆文身斷
髮亦不可用文身斷髮自避害耳遠適荊蠻則
周人不知其處何以須亦不可用也皆遷之謬
〔原注〕〔石林葉氏曰〕以春秋傳考之斷髮文身蓋仲雍泰伯無與焉　〔閻按〕〔近〔岱〕辨〕論語虞仲亦非仲雍蓋虞仲乃逸民非繼世有土之君也　〔方樸山云〕亦不可用此句最害道
聖人之心事〇〔元圻案〕〔左傳哀七年正義曰〕漢書地理志云越人文身斷髮以避蛟龍之害〔應劭曰〕常在水中故斷其髮文其身以象龍子故不見傷害傳言太伯端委云云

太宰嚭入越求誅

越王滅吳誅太宰嚭。通鑑外紀（周紀八）曰。左傳哀二十四年閏月。哀公如越。季孫懼。因太宰嚭而納賂焉。在吳亡後二年也。嚭入越亦用事。安得吳亡即誅哉。〔元圻案〕〔呂成公大事記解題二〕周敬王四年越將妻公季孫肥使因太宰嚭納賄乃止解題曰嚭亡吳者也句踐不以爲首誅而又寵秩之其不終霸也宜哉〔吳越春秋越伐吳外傳〕越王謂太宰嚭曰子爲臣不忠無信亡國滅君乃誅嚭幷妻子〔越絕書〕吳王占夢同是史記所本

微子牽羊把茅

宋世家。武王克殷。微子乃肉袒面縛。左牽羊。右把茅。書（微子之命）正義曰。面縛縛手於後。故口銜其璧。又安得左牽羊右把茅也。〔方樸山云〕說得微子左右遂無一人可笑莫如此語○〔元圻案〕〔左傳僖六年正義〕說與書正義正同

燕世家召公疑周公

燕世家。成王既幼。周公攝政。當國踐阼。召公疑之。作君奭。書正義曰。此篇是致政之後。言留輔成王之意。其文甚明。還妄爲說耳。〔元圻案〕君奭序亦言召公不說

衛莊公再娶夫人

衛世家。莊公娶齊女爲夫人而無子。又娶陳女爲

衛武篡兄共伯國
武公暮年箴戒
共伯髧髦早死

夫人生子早死。陳女女娣生完。完母死。莊公命夫人齊女子之。下云立為太子 詩邶風燕燕篇 正義曰。禮諸侯不再娶。且莊姜仍在。左傳唯言又娶於陳。不言為夫人。左傳言莊姜以為己子。云完母死。亦非也。〔全云〕詩尙有戴嬀大歸之作。然則安在其死也。史公蓋未見毛傳

武公殺兄篡國。〔按〕〔衛世家〕周宣王四十二年。釐侯卒。太子共伯餘立。共伯弟和有寵于釐侯。多予之賂。和以其賂賂士。以襲攻共伯于墓上。共伯入釐侯羨自殺。衛人因葬之釐侯旁。諡曰共伯。而立和為衛侯。是為武公 呂成公曰。武公在位五十五年。國語又稱武公年九十有五。猶箴儆於國。計其初即位。其齒蓋已四十餘矣。使果弑共伯而篡立。則共伯見弑之時。其齒又加長於武公。安得謂之蚤死乎。髦者子事父母之飾。諸侯既小斂則脫之。史記謂釐侯已葬。而共伯自殺。則是時共伯已脫髦矣。詩安得猶謂之髧彼兩髦乎

夷姜稱夫人

鄭桓庶弟母弟兩岐

虢鄶獻十邑 桓公寄孥謀虢鄶

是共伯未嘗有見弒之事。武公未嘗有簒弒之惡也。〔閻按〕東萊此論亦本之小司馬索隱而援證至爲精詳王魯齋猶作騎牆之見何歟 〔何云〕此論有功名教然司馬索隱實發其端 〔集證〕按索隱云季札美康叔武公之德又國語稱武公年九十五猶箴誡於國又詩著衛世子恭伯早卒不云被殺若武公殺兄而立豈可以爲訓而形之於國史乎蓋太史公採雜說而爲此記耳

初宣公愛夫人夷姜。夷姜宣公庶母 左傳桓公十六年 正義曰烝淫而謂之夫人。謬也。

鄭桓公世家云宣王庶弟。年表云宣王母弟。詩鄭譜正義曰世家年表自乖異。〔元圻案〕〔詩鄭譜正義曰〕僖二十四年左傳曰鄭有厲宣之親以厲王之子而兼云宣王明是其母弟也服虔杜預皆言母弟

虢鄶果獻十邑。桓公竟國之。詩鄭譜 正義曰詩譜武公卒取十邑。如世家則桓公皆自取十邑。馬遷見國語有史伯爲桓公謀取十邑之文。不知桓身未得。故傳會爲此說耳。外傳云皆子男之國虢鄶爲大。則八邑各爲其國。非虢鄶之地。無由

齊徙薄姑治臨菑

齊頃欲王晉景

諸侯相朝授玉

得獻之桓公也。〔原注〕〔左傳正義曰〕按鄭語桓公始謀未取之也武公始國非桓公也全滅虢鄶非獻邑也遷之言皆謬〔閻按〕〔詩集傳〕檜下亦仍馬遷之訛〇〔元圻案〕〔鄭語〕桓公問於史伯曰王室多故余懼及焉何所可以逃死對曰其濟洛河潁之閒乎是其子男之國虢鄶爲大虢叔恃勢鄶仲恃險是皆有驕侈怠慢之心而加之以貪冒君若以周難之故寄孥與賄焉必將背君君若以成周之衆奉辭伐罪無不克矣若克二邑鄔蔽補丹依柔歷莘君之土也公說乃東寄孥與賄十邑皆有寄地外傳不終言桓公取邑之事〔韓非子〕鄭桓公將欲襲鄶先問鄶之豪傑良臣辯智果敢之士盡與其名姓擇鄶之良田賂之鄶君以爲內難也而盡殺其良臣桓公襲鄶遂取之亦不言有兼取九邑之事

齊世家胡公始徙都薄姑。周夷王之時。獻公因徙薄姑都治臨菑。詩齊譜正義曰。詩烝民云。仲山甫徂齊。傳曰。古者諸侯逼隘。則王者遷其邑而定其君。蓋去薄姑遷於臨菑。以爲宣王之時始遷臨菑。與世家異。毛公在遷之前。其言當有據。〔元圻案〕一胡公丁公伋之曾孫獻公胡公之弟夷王宣王之祖

頃公十一年。晉初置六卿。賞鞍之功。頃公朝晉。欲尊王晉景公。景公不敢當。晉世家景公十二年。

魯哀歸卒有山氏

西伯太公陰謀

言兵宗太公

齊頃公如晉。欲上尊景公爲王。景公讓不敢。左傳成三年正義曰。此時天子雖微。諸侯並盛。晉文不敢請隧。楚莊不敢問鼎。又齊弱於晉。所較不多。豈爲一戰而勝。便卽以王相許。準時度勢。理必不然。齊侯朝于晉。將授玉。遷之意。所以有此說者。當讀此傳將授玉以爲將授王。遂飾成爲此謬辭耳。〔集證〕〔按齊世家索隱曰〕王劭按張衡曰禮諸侯朝于天子執玉既授而反之若諸侯自相朝則不授玉齊頃公戰敗朝晉而授玉是欲尊晉爲王此彌縫史遷之說耳〔成三年正義云〕凡諸侯相朝升堂授玉于兩楹之間是諸侯相朝未嘗不授玉也定十五年邾隱公來朝執玉將亦尊魯爲王乎王劭曲說未足據

魯世家。哀公奔越。國人迎哀公復歸。卒於有山氏。左傳哀二十七年正義曰。傳稱國人施罪於有山氏。不得復歸。而卒於其家也。遷妄耳。〔元圻案〕〔呂成公大事紀解題二〕潁濱蘇氏曰子貢言哀公不沒于魯而史記稱哀公自越歸卒于有山氏歸于有山氏而不歸國事未可信也

齊世家。周西伯昌。與呂尚陰謀修德以傾商政。其

事多兵權與奇計故後世之言兵及周之陰權皆宗太公爲本謀石林葉氏曰其說蓋出六韜夫太公賢者也其所用王術也其所事聖人也則出處必有義而致君必有道自墨翟以太公於文王爲忤合而孫武謂之用間且以嘗爲文武將兵故尚權詐者多並緣自見說齋唐氏曰三分有二而猶事商在衆人必以爲失時三后協心而後道洽在常情必以爲無功二聖人信之篤守之固至誠惻怛之心寬厚和平之政浹於斯民固結而不可解此豈矯拂而僞爲亦出於自然而已彼太史公曾不知此乃曰周西伯昌囚羑里歸與呂尚陰謀修德以傾商政又曰周公聞伯禽報政遲乃歎曰魯後世其北面事

鄂侯哀侯事

晉城求爲絳都

齊矣。此特戰國變詐之謀，後世苟簡之說，殆非文王之事，周公之言也。遷不能辨其是否，又從而筆之於書，使後人懷欲得之心，務速成之功者，藉此以爲口實，其害豈小哉。〔元圻案〕今本墨子無太公忤合語，惟鬼谷子有午合篇，說見上卷。

晉世家，鄂侯郄（閣本作郤）立六年，當魯隱公五年卒，子哀侯光立。詩唐譜正義曰：案左傳隱五年，曲沃莊伯伐翼，翼侯奔隨。秋，王命虢公伐曲沃，而立哀侯於翼。六年，翼九宗五正頃父之子嘉父逆晉侯於隨，納諸鄂，晉人謂之鄂侯，則哀侯之立，鄂侯未卒。世家言卒，非也。

獻公使士蔿盡殺諸公子，而城聚都之，命曰絳。詩唐譜正義曰：案左傳，士蔿使羣公子盡殺游氏之

文侯錫命誤重耳史公未見書序文侯重耳相去世代

申生母非齊桓女秦穆夫人非女弟夷吾重耳母非姊妹

族乃城聚而處之。則城聚以處羣公子。非晉都也。言命聚曰絳非也。

天子使王子虎命晉侯爲伯。周作晉文侯命。夾漈鄭氏曰。於時去文侯十有五世。而誤以文侯爲重耳。〔集證〕〔葉大慶考古質疑〕僖公二十八年襄王命重耳左傳以爲用平禮言用平王享文侯仇之禮以享重耳也史記乃幷引父義和丕顯文武云云是指義和爲重耳今以書序考之平王錫晉文侯秬鬯圭瓚作文侯之命非不明白史記乃牴牾如此蓋是時孔子百篇之序遭巫蠱事未立于學官遷不及見所以與書序之言不同〇〔元圻案〕〔史記索隱云〕仇至重耳爲十一代而十三侯夾漈曰于時去文侯十有五世與索隱不合而攷之世家則自文侯至文公實十四君而歷世止六侯緡爲哀侯之弟武公與孝侯獻公與鄂侯奚齊君卓惠公文公與哀侯懷公與小子侯皆兄弟行也

申生母齊桓女也。同母女弟爲秦穆夫人。〔按〕〔莊二十八年左傳〕晉獻公娶於賈無子烝于齊姜生秦穆夫人及太子申生言及則當爲女兄夷吾母重耳母女弟也。左傳僖公十五年正義曰。按傳申生之母本是武公之妾。武公末年。齊桓始立。不得爲齊桓女也。虢射惠公之舅。〔僖十四年正義曰〕晉語云秦飢惠公命輸之粟虢射請勿與慶鄭請與之公曰非鄭之所知也遂不與秦侵晉至虢公謂慶鄭曰寇深矣奈何鄭曰非鄭之所知也君

武王夢生子名虞夢龍夢蘭

陳佗免厲公事史記分一人爲二史記以無爲有

其訊射也公曰舅所病也是號射爲惠公之舅也 狐偃文公之舅。二母不得爲姊妹也。皆遷之妄〔全云〕左傳晉獻公娶二女于戎生文公者姬姓故曰犬戎狐姬生惠公者子姓故曰小戎子史公蓋因大小戎之稱而誤以爲姊妹耳秦穆夫人亦共世子之姊非妹也

夢天謂武王曰。余命女生子名虞。左傳昭元年 正義曰。邑姜方震而夢。明是邑姜夢矣。安得以爲武王夢也。薄姬之夢龍據其心〔案〕〔史記外戚世家〕薄姬曰昨暮夜妾夢蒼龍據吾腹 燕姞之夢蘭爲己子。見左傳宣三年 彼皆發夢於母。此何以夢發於父。是何本是作皆 遷之妄〔元圻案〕史傳所紀符瑞多傅會之辭是以司馬公通鑑皆削而不書孔疏謂夢必發于母則更鑿矣

陳世家。桓公鮑卒。弟佗其母蔡女。故蔡人爲佗殺五父及桓公太子免而立佗。是爲厲公。太子免之三弟。長者名躍。中曰林。少曰杵臼。與蔡人共殺厲公而立躍。是爲利公。詩陳譜 正義曰。案左傳

舜姓姚氏後賜姓嬀

桓五年文公子佗殺太子免而代之則是佗自殺免非蔡人爲佗殺免也六年蔡人殺陳佗莊二十二年傳曰陳厲公蔡出也故蔡人殺五父而立之五父與佗一人［按］桓五年杜注佗桓公弟五父也不得云爲佗殺五父也六年殺佗十二年陳侯躍卒則厲公卽是躍躍既爲厲公則無復利公矣桓十二年正義曰世本本無利公既誤以佗爲厲公又妄稱躍爲利公世家言佗死而躍立立五月而卒然則躍亦以桓六年卒矣而春秋躍卒在桓十二年非徒五月皆史記之謬左傳桓公十二年正義曰束晳言遷分一人以爲兩人以無爲有謂此事也［闇按］索隱亦辯其誤而此援證尤精［何云］此事索隱亦已辨之

舜居嬀汭其後因姓嬀氏左傳昭公八年正義曰世本舜姓姚氏虞思猶姓姚也至胡公周乃賜姓爲嬀

謂胡公之前。已姓嬀。妄也。〔元圻案〕詩譜正義亦辨之〔哀元年左傳曰〕少康逃奔有虞虞思於是妻之以二姚注思有虞君也姚虞姓昭八年左傳史趙曰胡公不淫故周賜之姓使祀虞帝注胡公滿遂之後也事周武王賜姓曰嬀封諸陳〔文選王融曲水詩序注〕引帝王世紀曰瞽瞍之妻曰握登生舜于姚墟故姓姚氏 王莽自稱爲舜後曰虞帝之先受姓曰姚其在陶唐曰嬀在周曰陳在齊曰田皆不足據

楚世家。高陽生稱。稱生卷章。卷章生重黎。高辛氏之火正。能光融天下。帝嚳命曰祝融。詩檜譜正義曰。楚語稱顓頊命南正重司天以屬神。命火正黎司地以屬民。則黎爲火正。高陽時也。言高辛者。以重黎是顓頊命之。歷及高辛。仍爲此職。故二文不同也。黎實祝融。重爲南正。而楚世家同以重黎爲祝融。謬也。世家又云帝嚳誅重黎。而以其弟吳回爲重黎後。復居火正爲祝融。鄭語以八姓爲黎後者。以吳回繫黎之後。復居黎職。故本之黎也。〔按〕〔鄭語〕史伯曰夫荊重黎之後也夫黎爲高辛氏火正命之曰祝融其功大矣夫成天地之大功者其子孫未嘗不章祝融亦能昭

顓天地之光明以生柔嘉材者也其後八姓於周未有侯伯〔韋昭注〕八姓己董彭禿妘曹斟芊也

左傳。昭二十九年少皞氏有子曰重。顓頊氏有子曰黎。史記以重黎爲一人。又言以吳回爲重黎。皆謬。〔全云〕史公推原司馬氏本於重黎而僞誤如此可謂數典而忘祖〇〔元圻案〕書堯典正義亦以史記爲謬　〔史記索隱曰〕重氏黎氏二官代司天地重爲木正黎爲火正據左氏少昊氏之子曰重顓頊氏之子曰黎今以重黎爲一人乃是顓頊之子孫者劉氏云少昊氏之後曰重顓頊氏之後曰重黎對彼重則單稱黎若自言當家則稱重黎故楚及司馬氏皆重黎之後非關少昊之重　〔日知錄〕〔太史公自序曰〕重黎氏世序天地其在周陳伯休父其後也〔晉書宣帝紀〕其先出自帝高陽之子重黎〔宋書〕載晉衞瓘等奏云大晉之德始自重黎實佐顓頊以重黎爲一人亦昔人相沿之謬索隱引劉氏此順非而曲爲之說

蚡冒熊達

蚡冒卒。弟熊達立。是爲楚武王。左傳文公十六年正義曰。杜註蚡冒。楚武王父。不從史記。劉炫以世家規杜。云。蚡冒是兄。不得爲父。〔元圻案〕〔馬氏繹史〕楚世系圖從史記余友王汾原曰傳云王毋亦監乎若敖蚡冒至於文武云云似杜注爲長

楚莊王好讔 伍參子伍舉

莊王卽位三年。伍舉入諫曰。願進隱。愚按莊王時有嬖人伍參。其子伍舉。在康王時。康王。莊王之孫。呂氏春秋審應覽。云。荆莊王立三年。不聽而

燕世家孟子勸伐燕

好讔。成公賈入諫曰。願與君王讔。新序雜事四云。士慶。然則非伍舉也。〔元圻案〕〔史記滑稽傳〕又以爲淳于髡說齊威王〔韓非子喻老篇云〕楚莊王涖政三年無令發無政爲也右司馬御坐而與王隱不著其名〔吳越春秋王僚使公子光傳〕作伍舉與史記同

燕世家。孟子謂齊王曰。今伐燕。此文武之時。不可失也。朱文公集注曰。或問勸齊伐燕有諸。史記蓋傳聞此說之誤。

三代世表。稷契皆爲帝嚳之子。堯亦帝嚳之子。左傳文公十八年正義曰。世族譜取史記之說。又從而譏之。按。鯀則舜之五世從祖父也。而及舜共爲堯臣。堯則舜之三從高祖而妻其女。此史記之可疑者。〔何云〕五世從祖父而年均者多矣崇禎時晉府宗室多有與孝宗同行者亭林嘗記之〇〔元圻案〕〔路史發揮曰〕舜非顓頊之後有數驗史云自窮蟬以來微在庶人夫窮蟬既云帝子何得未幾微爲匹庶一也男女辨姓禮之大經舜既堯之五世從元孫豈得御堯之女二也夫源流之最可攷者惟氏姓也故昔者帝王之姓各有所循非賜不改少昊青陽高陽元囂高辛之姓皆累世不易惟舜之姓非先王之姓三也且以所言舜爲堯之從孫堯乃舜之從祖堯授天下于從孫舜受天下于從祖自其家人爲得謂之至公而能以天下與

微子封宋

管蔡周公長如畢公毛公

人哉顓頊之傳帝嚳何以不謂之傳賢不降之授帝嚳何以不謂之異位胡得獨稱堯舜乎四也八元八愷帝堯固多用之然不云堯舉者以其親也至舜則非其親而能用故美其能舉五也舜苟堯親非大相遠也顧豈不知而必資夫嶽薦然後舉之歷試諸艱而後授之六也是皆經傳明證顯驗可以信者

杞世家其殷後則初封武庚於殷墟復以叛而誅之更命微子爲殷後〔按〕〔杞世家〕止云殷破周封其後於宋此條殷後初封武庚于殷墟云云乃約舉宋世家之文杞世家當作宋世家 詩周頌振鷺序 正義曰書序微子之命是宋爲殷後成王始命之樂記武王投殷之後於宋其實武王之時始封於宋未爲殷後也成王命爲殷後當爵爲公地方百里史記以爲成王之時始封微子於宋與樂記又乖

管蔡世家武王同母兄弟十人蔡叔周公弟也左傳定四年 正義曰僖二十四年傳富辰言文之昭十六國蔡在魯上明以長幼爲次賈逵等皆言蔡叔周公兄故杜從之〔全云〕此卻未必可據畢公與于十亂之中毛公亦參牧野之役而一在康叔之後一在聃季之後是富

耼季載叔振鐸耼季載卽南季

魏惠王及襄哀紀年

辰之爲錯舉明矣若據諸家則管叔亦弟也又云洪景盧嘗辨之○〔元圻案〕〔定四年左傳〕將長蔡于衞不聞長蔡于魯也祝佗私於萇宏宏以蔡叔康叔之兄爲說如蔡叔果周公之兄則祝佗止以何不先魯一言折之足矣〔列子篇楊朱曰〕周公攝天子之政召公不說四國流言居東三年誅兄放弟買杜之說未可信也

耼季載杜云毛叔耼又不數叔振鐸者杜以振鐸非周公同母故不數之或杜別有所見不以管蔡世家爲說。此亦左傳定四年正義文○閻按毛叔鄭見周本紀杜注名耼非〔全云〕深寧以杜註廣史記之異同耳閻氏但據史記將謂深寧未之見耶又云此斷當從史記者〔集證定宇惠氏曰〕按白虎通引詩傳文王十子末云南季載南采也猶祭伯毛伯之謂左傳作耼史記作冉冉與南同音故亦作南南季未改封世爲卿士隱公九年南季來聘其後也司馬遷云冉季載其後世無所見未之攷耳

魏世家三十六年惠王卒。杜預左傳後序曰古書紀年篇魏惠王三十六年改元從一年始至十六年而稱惠成王卒卽惠王也疑史記誤分惠成之世以爲後王年也朱文公曰惠襄哀之年見於竹書明甚史記蓋失其實邵子皇極之書乃從史記而不取竹書。〔閻按〕余從史記詳孟子生卒年月考〔集證〕〔日知錄〕今按惠王卽位三十六年稱王改元又十

六年卒而子襄王立卽紀年所謂今王無哀王也襄哀字近史記誤分爲二人耳〔又云〕〔秦本紀〕惠文王十四年改元又與魏惠同時此稱王改元之證〔又云魏世家〕襄王四年予秦河西之地七年魏盡入上郡于秦今按孟子書惠王自言西喪地于秦七百里乃悟史記所書襄王之年卽惠王之後五年後七年也以孟子證之自明〇〔元圻案〕〔通鑑周紀〕愼靚王二年魏惠王薨子襄王立〔考異曰〕〔史記魏世家云〕惠王三十六年卒子襄王立十六年卒子哀王立二十三年卒子昭王立按杜預春秋後序云太康初汲縣有發舊塚者得古書其紀年篇起自夏殷周皆三代王事無諸國別也惟特紀晉國起自殤叔次文侯昭侯以至曲沃莊伯皆用夏正編年相次晉國滅獨紀魏事下至魏哀王之二十年蓋魏國之史記也哀王於史記襄王之子惠王之孫也〔古書紀年篇〕惠王三十六年改元從一年始至十六年而稱惠成王卒卽惠王也疑史記誤分惠成之世以爲後王年也哀王二十三年乃卒故特不稱謚謂之今王〔裴駰魏世家注〕引和嶠云紀年起自黃帝終于魏之今王今王者魏惠成王子按太史公書惠成王但言惠王惠王子曰襄王襄王子曰哀王惠王三十六年卒襄王十六年卒幷惠襄爲五十二年今按古文惠成王立三十六年改元稱一年改元後十六年卒太史公書爲誤分惠成之世以爲二王之年數也〔世本〕惠王生襄王而無哀王然則今王者魏襄王也彼旣魏史所書魏事必得其眞今從之　〔邵子皇極經世之六〕周烈王五年庚戌魏武侯卒公子罃國趙伐魏立公子罃是爲惠王周顯王三十四年丙戌魏惠王卒子襄王繼周愼靚王二年魏襄王卒子哀王繼與史記同

反言論秦魏成敗

太史公曰。天方令秦平海內。其業未成。魏雖得阿衡之佐。曷益乎。〔何云〕此則嗟惜深痛之詞未可輕議 史通雜說中 曰。論成敗者。當以人事爲主。必推命而言。則其理悖矣。〔何云〕索隱引譙周語已辨天之亡者由有賢而不用不待史通也〔方樸山云〕此有激而反言猶所云天帝醉耳史通不能以意逆志非善讀史者〇〔元圻案〕〔史記信陵君傳曰〕秦聞公子死日夜出兵

趙朔娶晉成姊

屠岸賈滅趙事難信程嬰匿武事無據王文恪記宣宗失實

東伐魏十八年而虜魏王屠大梁蓋深惜信陵君之以毀廢而咎魏之自壞其長城也合觀此贊則史公之意自見

趙世家。趙朔娶晉成公姊爲夫人。左傳(成八年)正義曰。按傳趙衰適妻是文公之女。若朔娶成公之姊則亦文公之女。父之從母。〔案〕父指盾也〔爾雅釋〕親母之姊妹爲從母不可以爲妻。且文公之卒。距此四十六年。莊姬此時尚少。不得爲成公姊。賈服先儒。皆以爲成公之女。故杜從之。〔閻按〕衰內子爲叔隗文公女則妾

屠岸賈誅趙氏。殺趙朔趙同趙括。又云公孫杵臼取他兒代武死。程嬰匿武於山中。居十五年。左傳(成八年)正義曰。欒書將下軍。則於時朔已死矣。不得與同括俱死也。晉君明。諸臣強。無容有屠岸賈輒廁其間。如此專恣。呂成公曰。史記失於傳聞之差。是時晉室正盛。而云云索莊姬子於宮中

孔子世家小聖人墮都攝相年不合

晉宮中自有紀綱不容如此案朱子說同趙朔已亡而云與同括同時死以二一者考之見其誤〔閻按〕事之徵信史不若傳傳不若經成公八年大書晉殺其大夫趙同趙括不聞有趙朔蓋朔已前死矣朔死而武生于是年已七歲從母畜公宮無遺腹之說雖收其田以韓厥言輒反之冠而見卿大夫皆歷歷訓誡無庸有爲客匿孤之事趙世家似得之傳聞〔何云〕程嬰公孫杵臼之事最爲無據疑戰國時任俠好奇者爲之非其實也〔馮定遠云〕太史公去春秋時不遠晉國亦必有史是固可信吾謂不盡然自始皇焚書列國典籍皆已蕩然史公雖去春秋不遠然傳聞之誤亦必已多如王文恪明憲宗已後人其紀宣宗爲憲宗之子略無足據者事之有無當斷之以理不在歷年之遠近也〔全云〕洪景盧亦嘗辨之○〔元圻案〕〔容齋隨筆十〕春秋于魯成公八年書晉殺趙同趙括於十年書晉景公卒相去二年而史記乃有屠岸賈欲滅趙氏程嬰公孫杵臼共匿趙孤十五年景公復立趙氏之說以年世攷之則自同括死後景公又卒厲公立八年而弑悼公立又五年矣其乖妄如是程嬰杵臼之事乃戰國俠士刺客所爲春秋時風俗無此也〔史通申左篇云〕當晉景行霸公室方強而云韓氏攻趙有程嬰杵臼之事東萊之說本此

孔子世家王文公曰仲尼之才帝王可也何特公侯哉仲尼之道世天下可也何特世其家哉處之世家仲尼之道不從而大置之列傳仲尼之道不從而小而還也自亂其例何云例不可議涪水李氏曰欲尊大聖人而反小之其所以稱夫子者識

伯夷傳多寫作怨
叩馬之諫難信
伐商已在位十一年
弟子傳言子貢失實
[illegible]

會稽之骨。辨墳羊之怪。道楛矢之異。測桓釐之災。斯以爲聖而已矣。何其陋也。〔方樸山云〕〔潏水李氏曰〕欲尊大聖人而反小之然左傳國語所載亦不過此數事

皇王大紀曰。遷載孔子言行。不得其眞者尤多。〔全云〕潏水原本作淇水按淇水乃李侍郎清臣有集其年輩稍前於潏水潏水則復也閻氏改淇爲潏殆以是書引潏水爲多耳〇〔元圻案〕歐陽公謂三傳述經欲大聖人而反小之欲尊聖人而反卑之史遷不免此病此潏水之論所本 〔胡五峯皇王大紀六十五〕周敬王二十三年孔子從而祭膰肉不至不脫冕而行遂適衞論曰司馬遷載孔子墮三都之明年由大司寇攝行相事夫聖人之所以大過人者無宅焉如天之生物隨其分限無不可爲而過者無可爲而不及者爲司空而正封域則溝合昭公之墓爲司寇而治姦亂則誅少正卯而墮三都及成不墮而三家之慮變矣聖人色斯舉矣安有明年由大司寇攝相之事遷載孔子言行不得其眞者尤多未知其所以得寶錄之名者何故

伯夷傳。朱文公語錄曰。孔子謂求仁得仁。又何怨。傳但見伯夷滿身是怨。〔何云〕此亦妄論

致堂胡氏曰。叩馬之諫。孔氏未嘗及也。〔原注〕程子曰史記所載諫詞皆非也武王伐商即位已十一年矣安得父死不葬之語 〔方樸山云〕此皆誤讀史記者余有伯夷列傳解頗正之 〔程易田云〕注引程子之言閻本作即位已十一年何本作十三年余檢史記及鄭康成說皆作受命七年文王崩史記受命十一年伐商漢書受命九年文王崩十三年伐商余有此書泰定元刻作十一年則何本作三字者據康成及漢書改之也〇〔元圻案〕原注引伊川語見遺書卷十九

仲尼弟子傳。子貢一出。存魯亂齊破吳彊晉而霸

乖違

有若爲師撤坐商瞿五大夫之語

越通鑑外紀周紀七曰戰國之時齊魯交兵者數矣一不被伐安能存哉田氏弱齊一當吳兵安能亂哉吳不備越而亡勝齊安能破哉四卿擅權晉以衰弱修兵休卒安能彊哉越從吳伐齊滅吳乃彊此安能伯哉十年之中魯齊晉未嘗有變吳越不爲是而存亡遷之言華而少實哉〔元圻案〕一〔蘇子由古史三十二子貢傳〕蘇子曰予觀左氏傳齊之伐魯本於悼公之怒季姬而非陳恆吳之伐齊本怒悼公之反覆而非子貢吳齊之戰陳乞猶在而恆未任事凡太史公所記皆非也〔宋黃東發史記日抄曰〕子貢雖曰存魯其機辯儀秦不及也史之言未必盡然

有若狀似孔子共立爲師宋景文公曰此鄒魯間野人語耳觀孟子書則始嘗謀之後弗克舉安有撤坐之論乎〔何云〕商瞿五丈夫之語其陋正與辨專車之骨相似○〔元圻案〕〔史通暗惑篇〕有若名不隸於四科譽無偕于十哲遠尼父既沒方取爲師以不答所問始令避坐同稱達者何見事之晚乎且退老西河取疑夫子猶使喪明致罰投杖謝愆何肯公然自欺詐相策奉此乃兒童相戲非復長老所爲

宰予與田常作亂龜山楊氏答胡康侯第二書曰田常爲亂於

闕止子我誤宰我

稱去邠事誤滕爲梁

齊。齊君蓋弗勝也。宰予附田常。則誰得而殺之。使其爲齊君而死。則予何罪焉。當是時有闞止。字子我。死於田常之亂。是必傳之者。誤而爲宰我也。〔何云〕此亦索隱之言〔閻按〕〔洪景盧曰〕孟子載三子論聖人賢于堯舜等語疑是夫子歿後所談不然師在而各出意見議之無復質正恐非也然則宰我不死于田常更可見矣此處會爲尤妙云又按因闞止字子我與宰予字相涉而誤亦索隱之言〔一全云〕謂宰我死於舒州之難亦不害其爲賢者蓋考呂覽說苑則是宰我爲簡公死非爲陳恒死不過才未足以定亂耳其死較子路反似過之史記誤以爲陳恒之黨故曰孔子恥之而索隱又以爲闞止之誤則春秋同時同名之人往往有之晉有兩士匄魯有二顏高齊有二賈舉并同姓矣何必舒州之難死者不可有二宰我乎蓋但當知宰我之所以死不必恥則不必諱矣若以賢于堯舜之語爲弟子稱頌其師必當在身後是則野人之言也〔孫頤谷志祖云〕宰予之見殺于田常乃以忠而得禍韓非子難言篇呂氏春秋愼勢篇淮南子人間訓說苑正諫篇以及李斯上秦二世書均可證蓋死于田常之亂而非與田常爲亂也〔集證〕〔張淏雲谷雜記〕司馬貞索隱蘇子由古史皆據左傳謂宰予爲闞止然無確證終不能破人惑也考說苑正諫篇齊簡公有臣曰諸御鞅諫簡公曰田常與宰予此二人甚相憎也臣恐其相攻願公去一人簡公曰非細人之所敢議也居無幾何田常果攻宰予於庭賊簡公於朝說苑所云與左氏哀十四年傳正同獨以闞止爲宰予則後人誤以闞氏之子我爲宰氏之子我最分明〇〔元圻案〕〔東坡史評曰〕李斯上書諫二世曰田常爲簡公臣布惠施德下得百姓上得羣臣陰取齊國殺宰予于庭是宰予不從田常而滅其族李斯事荀卿去孔子不遠宜知其實

孟子列傳。梁惠王謀欲攻趙。孟軻稱大王去邠。葛

刺客傳皆有害名教　曹沫卻盟事難信　豫讓真義士

氏曰。於孟子無所見。但有對滕文公之語。〔何云〕魏趙匹也安得以太王去邠之言進哉

刺客傳說齋唐氏曰。諸侯棄甲兵之讐爲盟會之禮。乃於登壇之後。奮匕首而劫國君。賊天下之禮者非沫乎。〔何云〕曹沫之事亦戰國好事者爲之春秋初未有此風也況魯又禮義之國哉君臣之義有死無殞。專諸感公子光之豢養而親剸刃於王僚。賊天下之義者非諸乎。父母全而生之。子全而歸之。政纔終老母之年。遂殺身以爲仲子賊天下之仁者非政乎。樊將軍以困窮歸燕丹軻說取其首。以濟入秦之詐賊天下之信者非軻乎。以賊禮賊義賊仁賊信之人。並列於傳。又從而嗟歎其志。不亦繆哉。豫子以不忘舊君。殺身而不悔。抗節致忠。行出乎列士。〔按〕此二句賈子語乃引而寘

諸四子之間不亦薰蕕之共器乎〔全云〕高漸離卻在諸人之上有豫讓風豫讓之後爲高漸離漸離之後爲留侯是一脈非聶政比○〔元圻案〕〔黃氏震史記抄〕謂荊軻所交田光高漸離之流多慷慨輕生至今讀易水之歌使人悲惋〔蘇子由古史〕謂考之春秋無曹沫劫盟之事而四人者亦皆非賢于春秋法皆當書盜而不名〔胡致堂讀史管見〕謂豫讓眞義士

張叔傳未嘗言按人呂成公曰景帝誅鼂錯時丞相青翟中尉嘉廷尉歐歐張叔之名劾奏錯之大逆無道錯當要斬父母妻子同產無少長皆棄市廷尉歐卽張歐也安得謂不按人哉則歐固謹於細而略於大也〔何云〕此天子納袁盎之說自示意于丞相等行之非叔所欲劾奏也譏其不能如釋之之守法則得矣〔全云〕鄧公能言之而歐居其官者反不能之良足罪矣

張叔未嘗言按人張歐不如釋之守法

商君傳趙良曰五羖大夫相秦六七年而東伐鄭三置晉君呂成公曰秦穆納晉惠在僖九年納晉文在僖二十四年相距十九年〔閻按〕九當作六

五羖相秦事失實

司馬相如傳贊揚雄以爲勸百而風一江氏瑔曰

楊雄後還而引其語

韓魏陪楚莊葬馬史記載事先後顛倒

貨殖傳述子貢

陽由與黯俱爲忮同車不均茵伏

汲黯折宏揖青

雄後於遷甚久遷迺得引雄辭何哉蓋後人以漢書贊附益之〔何云〕索隱言之矣

滑稽傳韓魏處戰國之時而云其君陪楚莊王葬馬史通謂以後爲先〔元圻案〕〔史通申左篇〕秦繆居春秋之始而云其女爲荊昭夫人列女傳韓魏處戰國之時而云其君陪楚莊王葬馬〔又云〕或以先爲後或以後爲先日月顛倒上下翻覆

貨殖傳子貢廢著鬻財〔按〕〔史記集解〕徐廣曰子貢傳云廢居廢著猶廢居也〔漢貨殖傳〕作發貯鬻財〔注〕多有積貯趣時而發鬻賣之史通雜說曰太史公述儒林則不取游夏之文學著循吏則不言冉季之政事至於貨殖爲傳獨以子貢居先成人之美不其缺如〔方樸山云〕貨殖二字本取論語不得不及子貢所以記緣起也〇〔元圻案〕〔黃氏震史記抄曰〕結駟連騎謝原憲于藿藜間而終身恥其言之過於是名教之樂爲不可及矣

酷吏周陽由傳與汲黯俱爲忮司馬安之文惡俱在二千石列同車未嘗敢均茵伏〔原注〕漢書作馮呂成公曰吾觀汲黯廷折公孫宏質張湯揖衞青〔按〕〔史記汲鄭列

陳涉例湯武春秋

夾漈譏孟荀傳

傳〕黯數質責湯于上前曰公上不能褒先帝之功業下不能抑天下之邪心安國富民使囹圄空虛二者無一焉又上方向儒術尊公孫宏而黯嘗毀儒面觸宏等徒懷詐飾智以阿人主取容又大將軍青既益尊然黯與亢禮人或說黯黯曰夫以大將軍有揖客反不重耶所謂眼高四海。空無人者也。此東坡題李太白真語彼周陽由孤豚腐鼠。何足以辱同車。而反謂黯不敢均茵馮。班固之陋至此。愚按班史實本於史記。〔全云〕馬班不應顛倒至此或者黯與陽由同列而相惡故不得已而同車不肯均茵耳其曰不敢則繆語也〔方樸山云〕同車未敢均茵伏專承司馬安句不關汲黯○〔元圻案〕史記文意蓋謂陽由與黯俱有堅忮之行故雖以司馬安之文惡同列而不敢均茵耳若謂黯亦不敢均茵則與黯俱為忮句當云汲黯文忮矣其誤蓋由于索隱二人同載車上之語〔王楙野客叢書〕謂黯蓋遠之非畏之則司馬安又將何說然言與黯俱為忮終是擬非其倫也

自序桀紂失其道。而湯武作。周失其道。而春秋作。秦失其政。而陳涉發迹。〔何云〕自序但言失道則失國耳夾漈鄭氏曰。湯武仗大義。平殘賊。易謂順天應人。烏可與陳涉同日而共議哉。〔何云〕無謂○〔元圻案〕〔明陳氏子龍曰〕三代以來從無以匹夫起兵者自陳涉創之太史公比之湯武春秋雖非倫乎著所始則一也〔錢氏大昕曰〕史但言三代與秦皆以失道而亡秦之亡起于陳涉耳何嘗以陳涉比湯武哉夾漈以譏史公謬矣

獵儒墨之遺文。明禮義之統紀。絕惠王利端。作孟

游俠傳取近仁義

六家要指宗道德家儒與五家並數

封禪書意旨泥金檢玉

子荀卿傳。鄭氏曰。孟子距楊墨。荀卿亦非墨子儒墨固異矣。豈嘗獵其遺文哉。(閻按)(何屺瞻曰)獵儒墨之遺文謂附見傳中諸子也明禮義之統紀謂荀絕惠王利端謂孟夾漈或讀之不詳

仁者有守。義者有取焉。作游俠傳。鄭氏曰。游俠之徒未足爲煦煦孑孑之萬一。況能當仁義之重名乎。(元圻案)救人於厄振人不贍不既信不倍言亦近仁近義之一端故曰有取焉非以仁義許之也

太史公論六家之要指。西山眞氏曰。列儒者於陰陽墨名法道家之間。是謂儒者特六家之一爾。而不知儒者之道。無所不該。五家之所長儒者皆有之。其短者吾道之所棄也。談之學本於黃老。故其論如此。(全云)六家要指原歸宿于道德家雖儒弗如故班固譏之○(元圻案)(太史公自序)謂儒者博而寡要勞而少功道家使人精神專一動合無形贍足萬物其爲術也因陰陽之大順采儒墨之善撮名法之要與時遷移應物變化立俗施事無所不宜指約而易操事少而功多

封禪書。皇王大紀五帝紀論曰。自史遷載管仲言上古封

禪之君七十有二。後世人主希慕之。以爲太平盛典。然登不徧於四岳。封非十有二山。入懷晏安。不行五載一巡狩之制。出崇泰侈無納言計功行賞之實。鐫文告成。明示得意。而非所以教諸侯德也。泥金檢玉。遂其侈心。而非所以教諸侯禮也。心與天道相反。事與聖賢相悖。故太平之典方舉。而天災人禍隨至者多矣。梁許懋曰。燧人之前。世質民淳。安得泥金檢玉結繩而治。安得鐫文告成。是故考舜典可以知後世封禪之失。稽懋言可以知史遷著書之謬。〔何云〕三代之金止以爲飾玉取其德不貴其貨泥金檢玉非侈事也　〔方樸山云〕此正史遷作封禪書之旨細讀篇首引書處自見〔全云〕何說是戹言三代未嘗不重金玉○〔元圻案〕五峯胡氏之論甚正然太史公作書之旨實非司馬相如比也一書主意全在結末然而其效可睹矣一句遷在武帝時記武帝事豈能盡言哉班固武帝紀全取此書蓋以帝所以有輪臺之悔者皆惑於方伎神仙之說有以致之〔黄氏日抄曰〕封禪之事起于求神仙狂侈之心遷作書反覆纖悉以著求神仙之妄是善讀史記者

開金縢書擿蚤事
張釋之歷官事實
文景時廷尉

魯世家開金縢書呂子進曰考之於書啓金縢之
書在周公未薨前而無揃蚤事此蓋一事傳之
者不同耳〔元圻案〕索隱已辨之　呂子進名希純公著次子登第爲太常博士哲宗朝歷寶文閣待制謫道州安置後入黨籍
張釋之傳事孝文帝十歲不得調張廷尉事景帝
歲餘爲淮南王相洪氏〔全云〕景盧容齋續筆二○曰漢百官公卿
表文帝即位三年釋之爲廷尉至十年書廷尉
昌廷尉嘉又二人凡歷十三年景帝乃立而張
歐〔按〕漢書作歐師古曰讀與驅同　爲廷尉則是釋之未嘗十年不調
及未嘗以廷尉事景帝也〔何云〕此論審○〔元圻案〕〔呂成公大事記十解題曰〕漢百官表文帝前三年
書中郎將張釋之爲廷尉按本傳釋之事孝文帝十歲不得調則拜廷尉不在前三年明矣班
固作表去文帝已二百年恐簡篇漫滅誤以後三年爲前三年耳今書於後三年之末或曰表
於後元年書廷尉信孝景元年書廷尉歐中間無爲廷尉者豈可置釋之爲廷尉于後三年乎
曰年表後元年雖書廷尉信而後七年又書奉常信則既徙爲他職矣景帝元年議刑復書廷
尉信安知非後三年以前信已徙他官而釋之補其處乎又安知非景帝元年七月以前釋之
已出爲諸侯相然後復用信信就職未幾而易以張歐乎　〔吳斗南兩漢刊誤補遺三〕按本
傳釋之初用中郎將袁盎薦爲謁者盎爲中郎將諫徙淮南厲王事在六年又載釋之爲中郎
將從行至霸陵事在九年皆與表不合又本傳明言釋之事文帝十年不調自騎郎遷謁者僕

公劉至太王歷年

魏服戎晉和秦
戎絳和北戎
平王末諸戎

射歷公車令中大夫中郎將最後乃爲廷尉據此則釋之所歷歲月爲甚久其爲廷尉似是後三年表誤〔又曰〕漢紀載釋之爲廷尉在十三年按釋之爲公車令劾太子梁王共車入朝不敬文帝子有兩梁王此謂孝王武也文帝十二年始徙王梁十四年入朝後元年二年比年入朝釋之之劾當在十四年以後是時方爲公車令耳其爲廷尉決不在十三年據呂吳之說則漢表未足信也元圻更考本傳釋之爲廷尉在文帝幸霸陵之後文帝年二十三自代入即位如幸霸陵在前三年則其時帝方二十五歲似不應遽興北山石槨之歎且釋之之官終于廷尉其爲淮南相在景帝初年以前劾太子不敬而出也如文帝十年昌已代爲廷尉則以後十四年釋之爲何官本傳不容不書而猶曰張廷尉事景帝歲餘也

匈奴傳。夏道衰。公劉變於西戎。其後三百有餘歲。戎狄攻太王亶父。王氏述曰。自后稷三傳而得公劉。自亶父三傳而武王滅商。則公劉在夏之中衰。而亶父宜在商之季世。不啻五六百年。而曰三百歲。未知何所據。〔元圻案〕〔周益公王致君司業文集序曰〕君諱述字致君世家宛邱擢進士第官至少司成

秦穆公得由余。西戎服於秦。後百有餘年。晉悼公使魏絳和戎翟。以左氏考之。魯文公三年。秦始霸西戎。〔原注〕史記差一年襄公四年。晉魏絳和戎。裁五十餘歲。〔閻按〕魏絳和者北戎非西戎也王氏未及辨〔全云〕厚齋之言亦本通典曰平王之末渭首有狄獂邽冀之戎涇北有義渠之戎洛川有大荔之戎渭南有驪戎襄王時秦晉

齊人歌田成非諡
鸜鵒謠稠父宋父
正統時城隍兩滴謠
劉秀謠飛來讖
過泗水求九鼎

自瓜州遷陸渾戎于伊川允姓戎于渭汭秦穆公霸西戎及晉悼公復和西戎卽此條之說也〔又云〕考陸渾戎卽陰戎允姓戎卽姜戎秦晉共遷之則晉亦是通道瓜州而分其地蓋晉自汾西逕上郡以相接是晉未嘗不與諸戎連也但悼公所和者北戎〔又云〕晉亦跨及西戎如白狄之境便亦與秦接壤閻說似精而未確

田敬仲世家齊人歌之曰嫗乎采芑歸乎田成子史通暗惑篇曰田常見存而遽呼以諡此之不實昭然可見〔原注〕〔蘇氏曰〕田常之時安知其為成子而稱之〔集證〕〔韓子外儲說右上〕周秦之民相與歌之曰謳乎其已乎苞乎其往歸田成子乎遷之說本此〔方樸山云〕輿人之誦衡口而出本非筆記字無定畫既事而驗作書者飾成之耳此歌田成子其音則云未必卽此三字也安得以呼其諡駁之卽如鸜鵒童謠在文武世所謂稠父宋父豈卽昭定命名本字師已因有來巢之事而兩公名音頗近遂附著之左氏又從事後實注之不然豈有身為魯大夫而敢名其君者乎且卽鸜之鵒之亦未必是此鸜鵒字〔又云〕正統時京師謠曰土地土地城隍土地而郕王應之可例推史記此條〔繼序按〕方說是矣然滕公之銘又曷為解又按正統時謠云兩滴兩滴蓋音如與弟也〇〔元圻案〕光武之將興也先有劉秀當為天子之謠岳武穆之將擒楊公也公自言有除是飛來之讖吉凶先見理有或然

周本紀秦取九鼎寶器而遷西周君於𢊍狐秦始皇本紀還過彭城齋戒禱祠欲出周鼎泗水使千人沒水求之弗得涌水李氏曰是時泗水在彭城宋之分九鼎何緣而至宋夫取九鼎者秦

商頌非正考父追作

微子箕子比干去留太師疵少師彊奔周

昭襄王也。始皇乃莊襄之子也。世數年歲相去不遠。始皇東游過彭城。於泗水欲出周鼎。竟不得。兩說牴牾如此。

宋世家。襄公之時。其大夫正考父美之。故追道契湯高宗。殷所以興。作商頌。曹氏粹中曰。自戴公至襄公。凡一百五十有一年。正考父既佐戴公。而能至於襄公之時作頌。何其壽耶。朱子曰。太史公蓋本韓詩之說。頌皆天子之事。非宋所有。其辭古奧。亦不類周世之文。〔何云〕孟僖子之言可據以難〇〔元圻案〕〔史記索隱曰〕今按毛詩商頌序云正考父于周之太師得商頌十二篇以那爲首國語亦同此說今五篇存皆商家祭祀樂章非考父追作也又考父佐戴武宣則在襄公前且百許歲安得述而美之斯繆說耳　此條與第三卷辨證略同

殷本紀曰。微子數諫紂不聽。乃與太師少師謀遂去。比干强諫而死。箕子佯狂爲奴。而後太師少

師摭其祭樂器以奔于周。武王乘此東伐。劉氏度曰。以書考之。太師即箕子也。少師即比干也。〔閻按〕〔周本紀〕明著太師名疵少師名彊皆伶官若已殺比干。囚箕子。則所謂太師少師奔周者。又何人也。宋世家曰。箕子不忍彰君之惡。乃佯狂爲奴。比干見箕子諫不聽。乃直諫而死。微子曰。義可以去矣。於是太師勸微子遂行。及武王伐商。微子遂持其祭器造于軍門。肉袒面縛。以降於周。今以論語考之。微子則先去。箕子奴次之。比干死又次之。聖人之言。固有次第。且微子已行矣。則武王伐商之際。何反歸於國。以自取面縛之辱也。蔡氏沈書傳曰。按左傳。微子適周。乃在克商之後。所謂去者。特去其位而逃遯於外耳。〔元圻案〕〔周密齊東野語〕書微子篇曰父師少師殷其弗或亂正四方〔孔注〕父師太師三公箕子也少師孤卿比干也〔史記殷紀〕

天道與善難窺測

秦廢太后逐穰侯

乃云紂淫亂不止微子諫不聽與太師少師謀遂去比干曰爲人臣者不得不以死爭乃强諫紂剖比干心箕子懼乃佯狂爲奴紂又囚之殷之太師少師乃持其祭器奔周〔周紀又云〕紂殺比干囚箕子太師疵少師强抱其樂器奔周又〔宋世家〕微子數諫紂弗聽欲死之及去未能自決乃問於太師少師箕子披髮佯狂爲奴比干諫紂剖其心太師少師乃勸微子去遂行〔注〕但云時比干已死而云少師者似誤蓋三處皆以太師少師非箕子比干獨周紀明言太師名疵少師名强〔漢古今人物表〕亦有太師疵少師强殊與孔注不合然二子同武帝時人何以見異而言不同歟及蘇子由作古史乃用安國之說劉道原作通鑑外紀則又從史記之言二公必各有所見故耳　〔宋詩紀事五十二〕劉度紹興中祕書省校書郎

伯夷傳天道無親常與善人若伯夷者可謂善人非耶程子曰天道甚大安可以一人之故妄意窺測如曰顏何爲而夭跖何爲而壽皆指一人計較天理非知天也〔元圻案〕此劉元承記伊川語見遺書十八

秦廢太后逐穰侯朱文公曰經世書只言秦奪太后權蓋實不曾廢〔閻按〕戰國策亦是廢〔何云〕考之戰國策則秦廢太后乃實事經世書不足據○〔元圻案〕〔邵子皇極經世之六〕周赧王四十九年乙未秦罷穰侯相國及宣太后權以客卿范雎爲相封應侯魏冉就國〔呂成公大事記解題五〕范雎傳書廢太后逐穰侯高陵華陽涇陽君於關外按本紀明言宣太后薨葬芷陽酈山九月穰侯出之陶是宣太后之沒書薨書葬初未嘗廢魏公子無忌諫魏王親秦之辭止曰太后母也而以憂死亦未嘗言其廢也穰侯雖免相猶以太后之故未就國及太后既葬之後始出之陶耳范雎傳所載特辨士增飾之辭欲誇范雎之事而不知甚昭王之惡也皇極經世書蓋得其實〔戰國策三〕秦昭襄王時范雎曰今秦太后穰侯用事

以臣事使臣武子

不蜚不鳴進讔兩見

高陵涇陽佐之臣將恐後世之有秦國者非王之子孫也秦王懼於是乃廢太后逐穰侯出高陵走涇陽于關外

孔子世家匡人拘孔子益急孔子使從者爲甯武子臣於衞然後得去致堂胡氏曰穆公末武子之子相巳與孫良夫將兵侵齊〔按〕〔成二年左傳〕衞侯使孫良夫石稷甯相向禽將侵齊注甯相甯俞子武子非老則卒矣穆公卒歷定公獻公凡三十七年至靈公三十八年而孔子來使有兩武子則可若猶俞也其年當百有五六十矣何子長之疎也〔閻按〕甯氏滅於獻公手

三年不蜚不鳴楚世家謂伍舉進隱於莊王滑稽傳謂淳于髡說齊威王此一事而兩見然莊王時嬖人伍參見左氏傳舉其子也新序以爲士慶呂氏春秋以爲成公賈不言伍舉〔何云〕此條重出惟滑稽傳前未之及

困學紀聞注卷十一

西元二〇二一年六月一日重製一版

困學紀聞 冊三（宋王應麟撰 清翁元圻注）

平裝四冊基本定價參仟元正
（郵運匯費另加）

發行人 張敏君
發行處 中華書局
臺北市內湖區舊宗路二段一八一巷八號五樓（5FL., No. 8, Lane 181, JIOU-TZUNG Rd., Sec 2, NEI HU, TAIPEI, 11494, TAIWAN)
客服電話：886-8797-8396
公司傳真：886-8797-8909
匯款帳戶：華南商業銀行西湖分行
179100026931
印 刷：維中科技有限公司
海瑞印刷品有限公司

No. N2041-3

國家圖書館出版品預行編目(CIP)資料

困學紀聞/(宋)王應麟撰 ;(清)翁元圻注. -- 重製
一版. -- 臺北市 : 中華書局, 2021.06
冊 ;　公分
ISBN 978-986-5512-58-3(全套 : 平裝)

1.筆記 2.南宋

071.5　　110008827